[英]利德尔·哈特 著
肖石忠 译

第二次世界大战战史

上

HISTORY OF THE SECOND WORLD WAR

岳麓書社·长沙　博集天卷

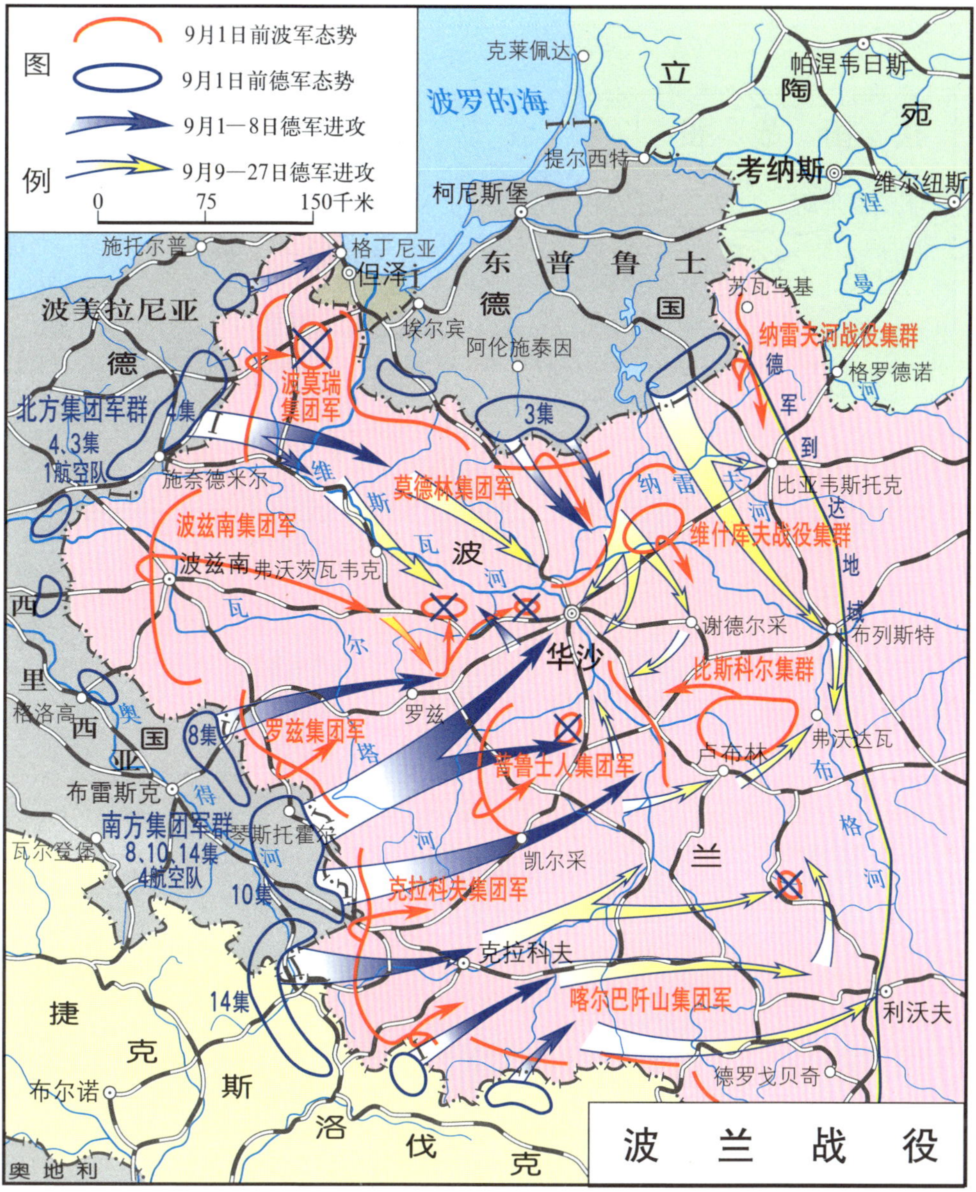

图例
9月1日前波军态势
9月1日前德军态势
9月1—8日德军进攻
9月9—27日德军进攻
0
75
150千米
克莱佩达
波罗的海
立
陶
宛
帕涅韦日斯
提尔西特
考纳斯
维尔纽斯
柯尼斯堡
涅
曼
河
施托尔普
格丁尼亚
但泽
东
普
鲁
士
德
国
苏瓦乌基
波美拉尼亚
埃尔宾
阿伦施泰因
德
纳雷夫河战役集群
格罗德诺
波莫瑞
集团军
北方集团军群
4集
4、3集
1航空队
3集
德
军
到
施奈德米尔
维
斯
瓦
河
莫德林集团军
纳
雷
夫
河
比亚韦斯托克
达
地
域
波兹南集团军
维什库夫战役集群
波兹南
弗沃茨瓦韦克
波
瓦
尔
河
华沙
谢德尔采
布列斯特
西
里
西
亚
比斯科尔集群
格洛高
奥
得
河
罗兹
8集
罗兹集团军
国
弗沃达瓦
卢布林
布
格
河
普鲁士人集团军
布雷斯克
南方集团军群
8、10、14集
4航空队
琴斯托霍尔
瓦尔登堡
塔
凯尔采
兰
10集
克拉科夫集团军
克拉科夫
14集
喀尔巴阡山集团军
利沃夫
捷
克
布尔诺
斯
德罗戈贝奇
洛
伐
克
奥地利

波兰战役

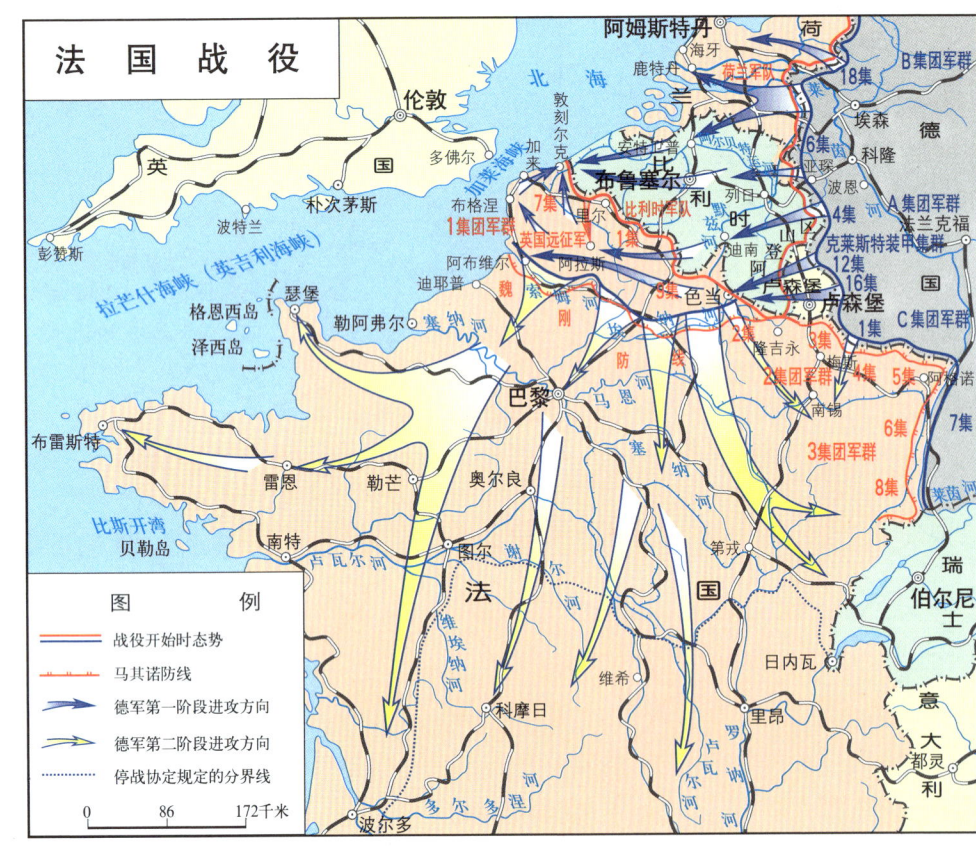

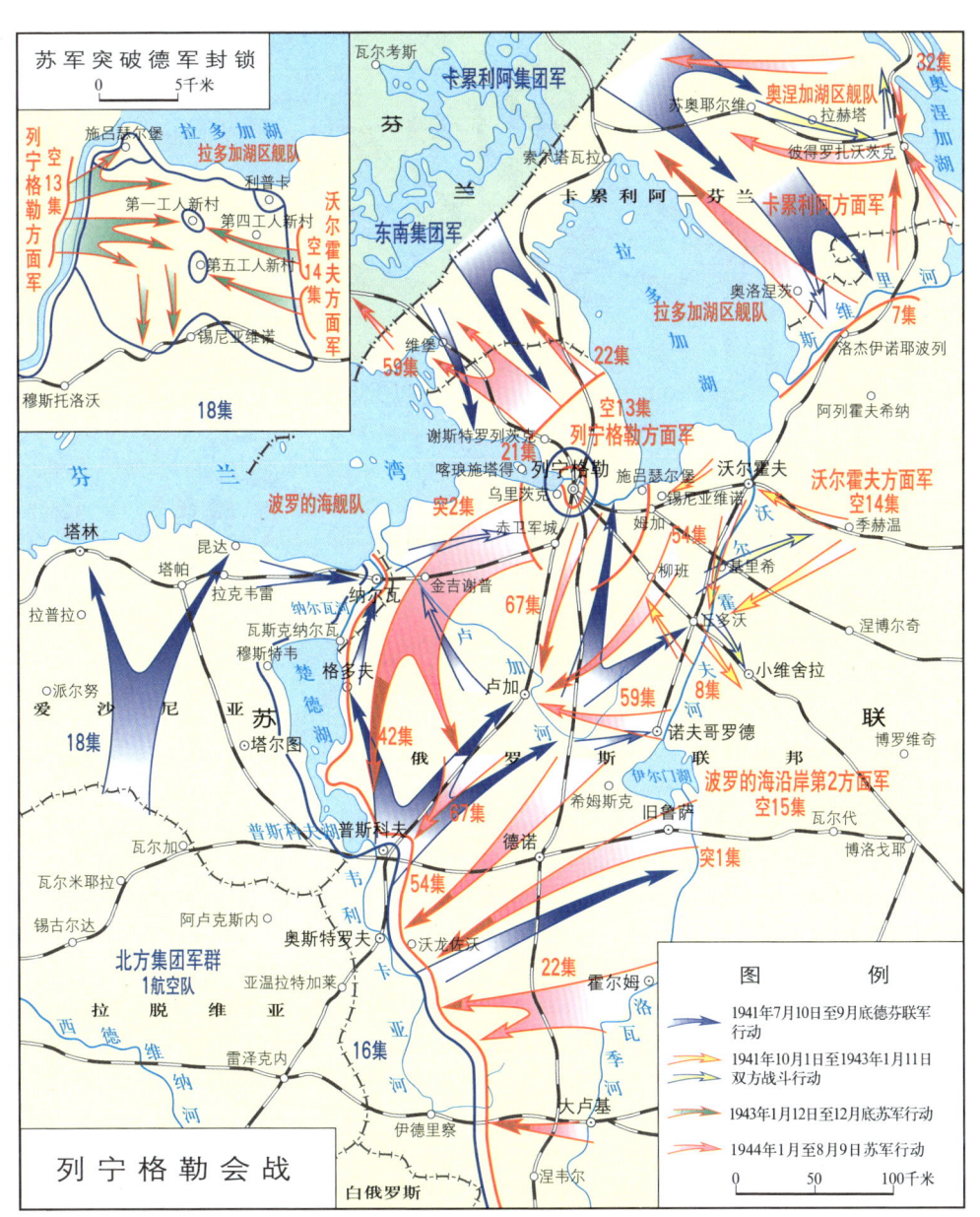

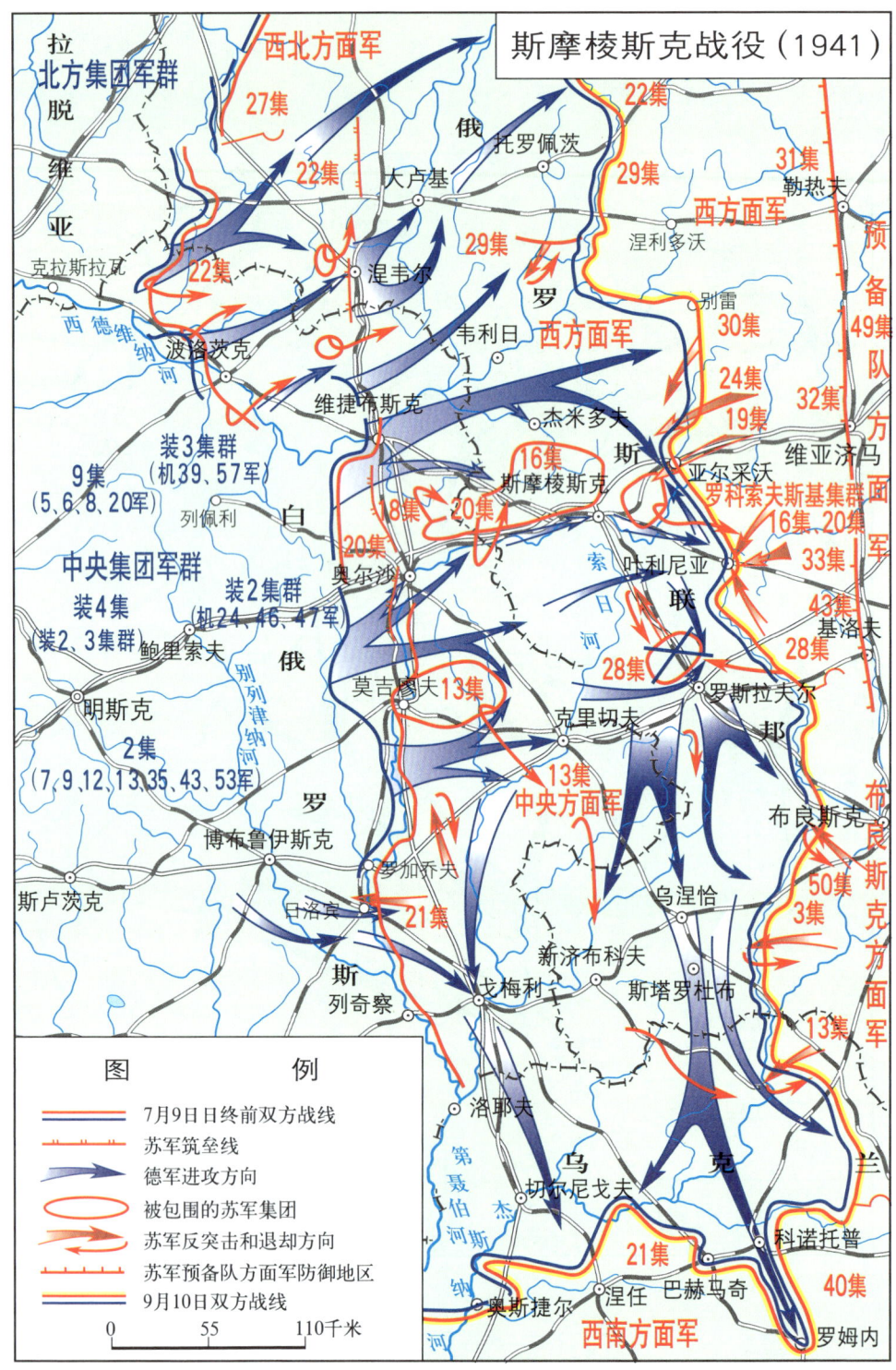

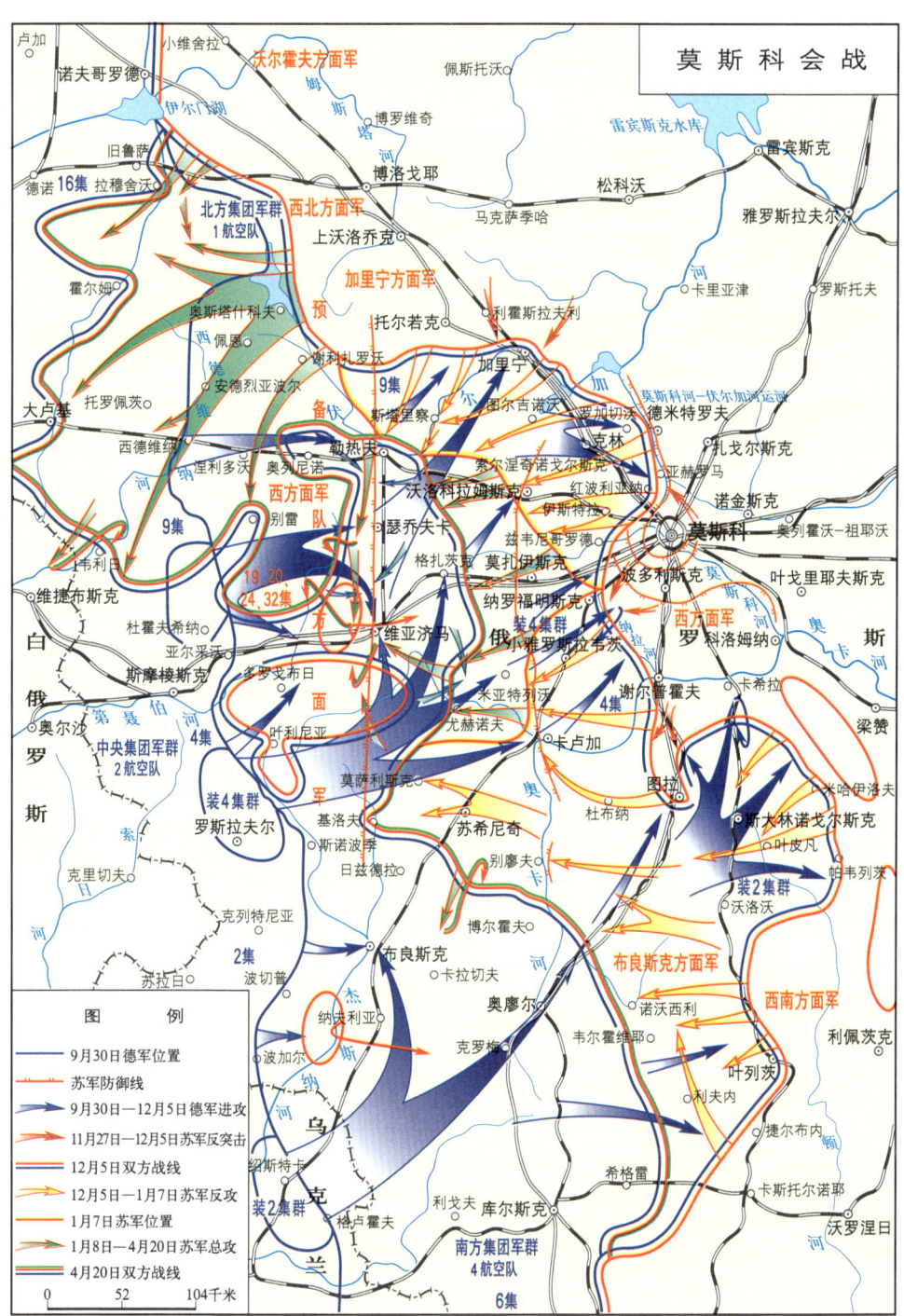

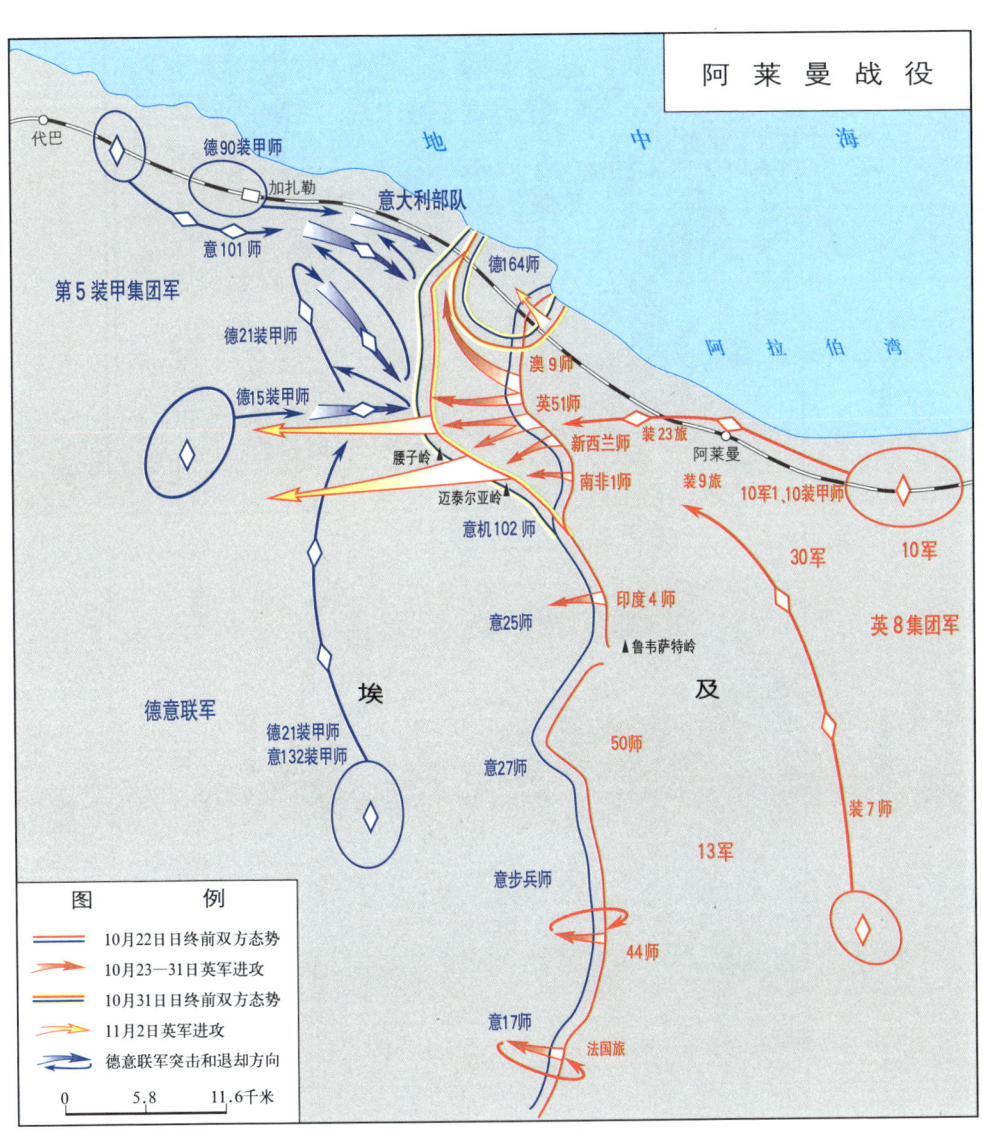

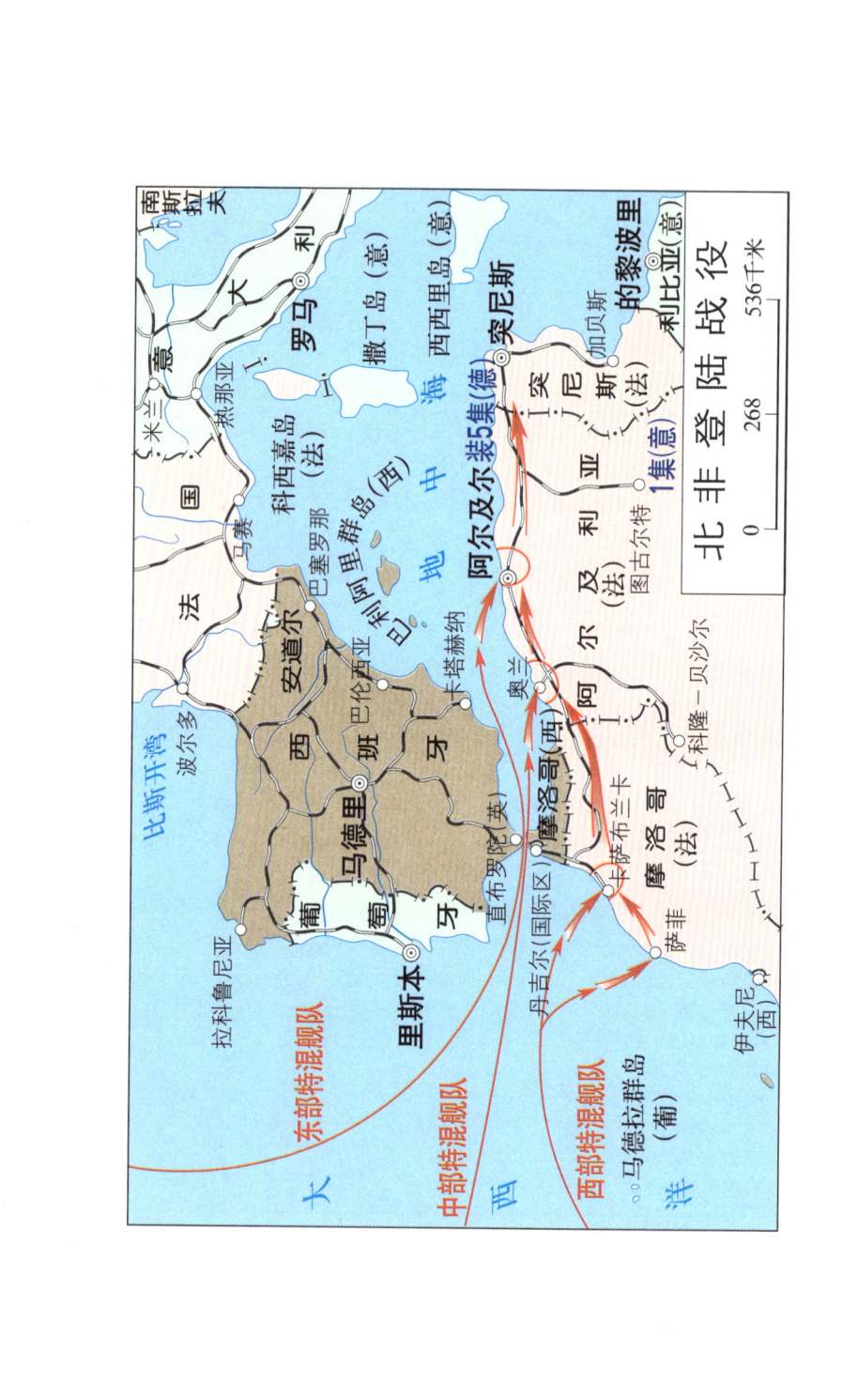

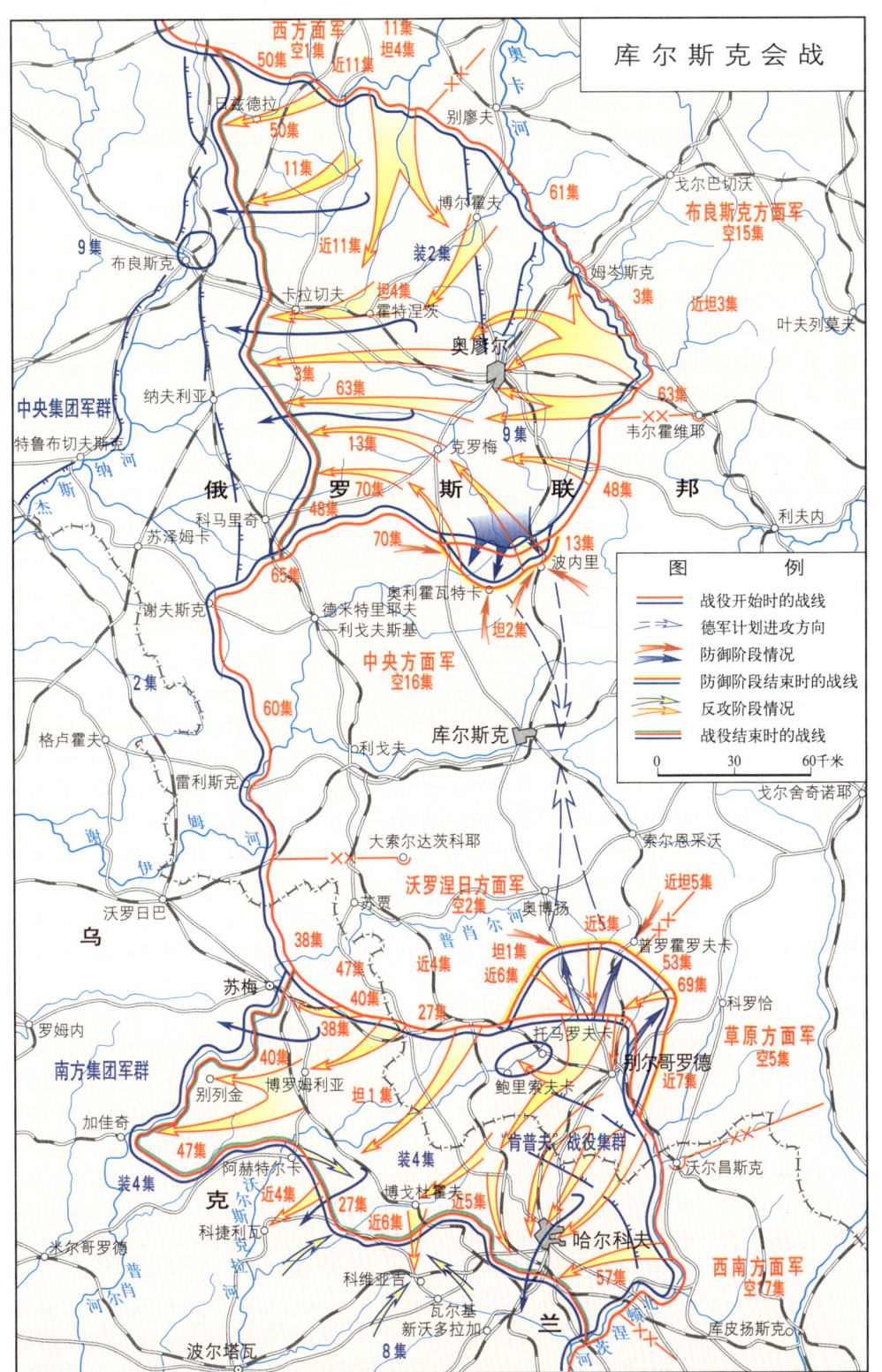

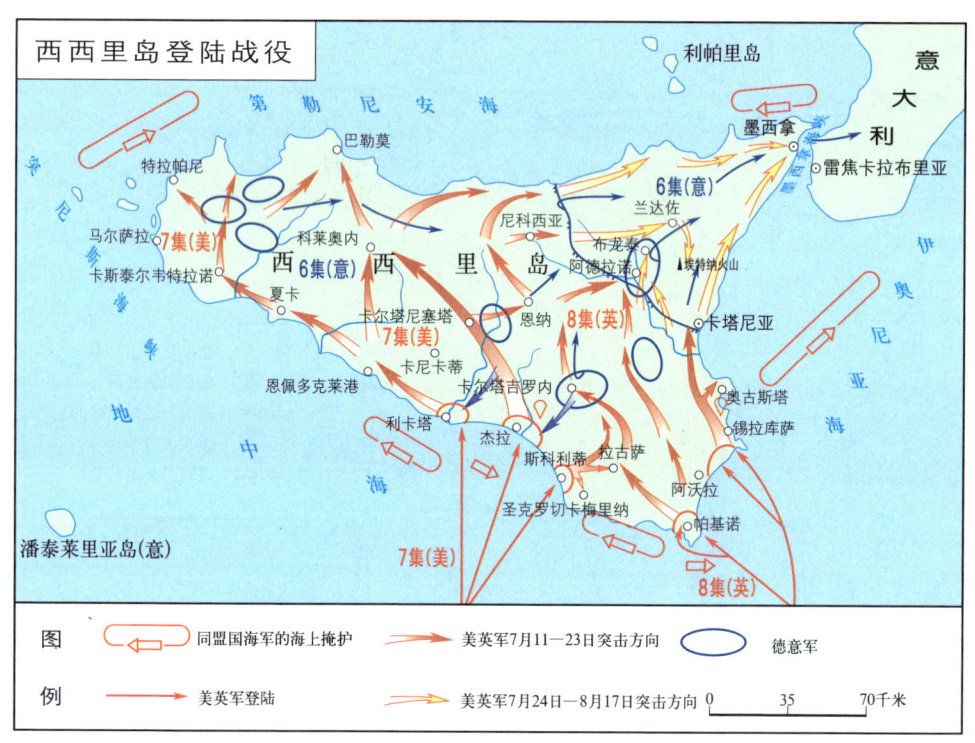

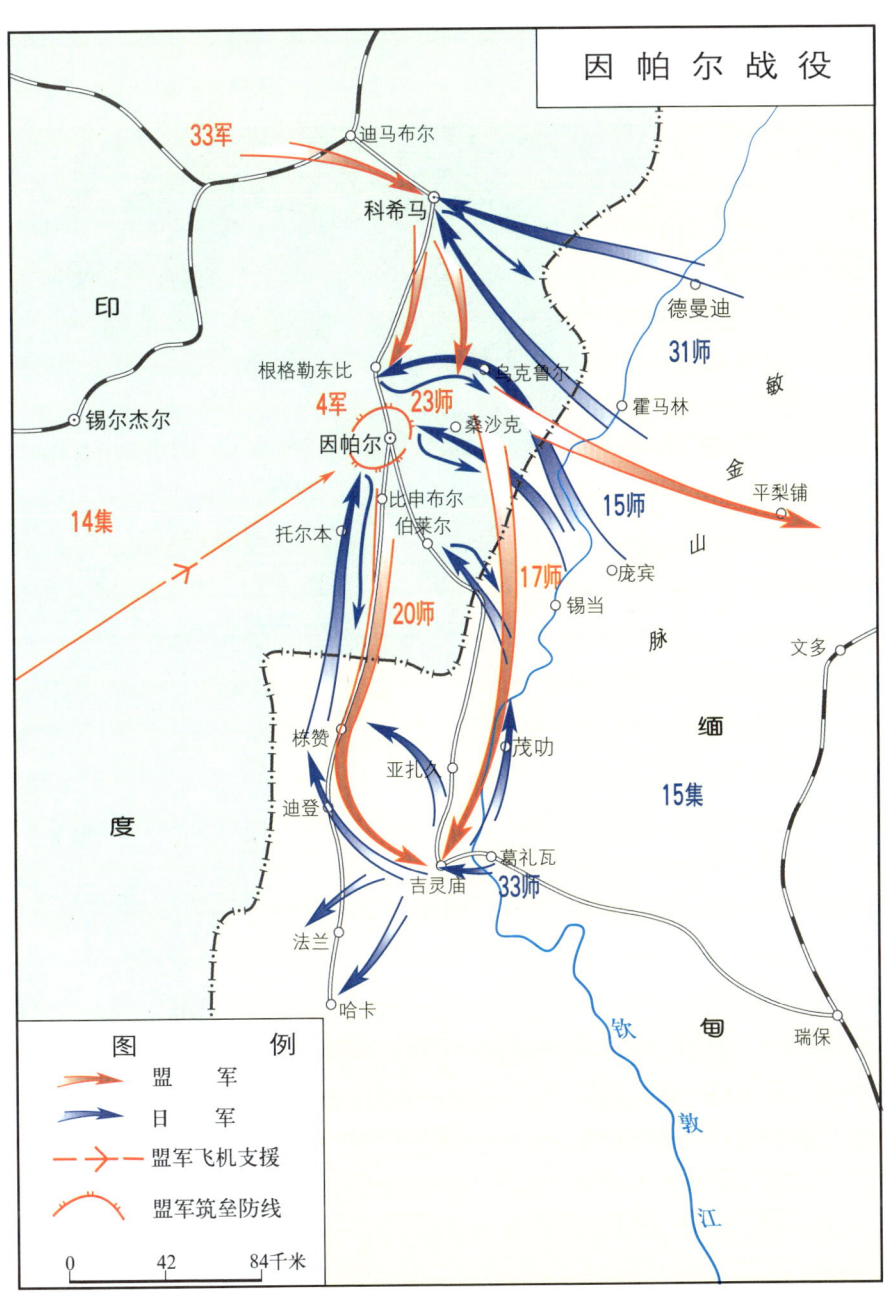

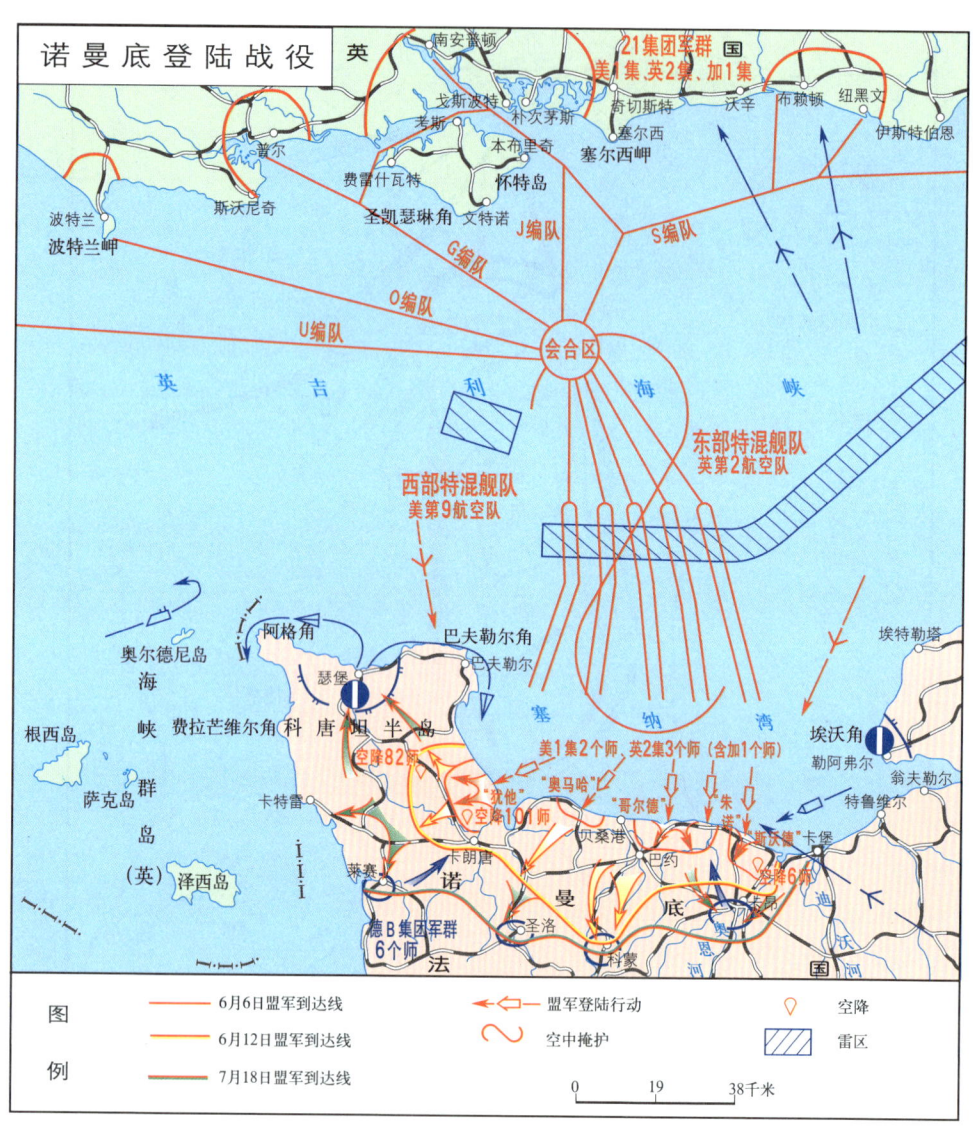

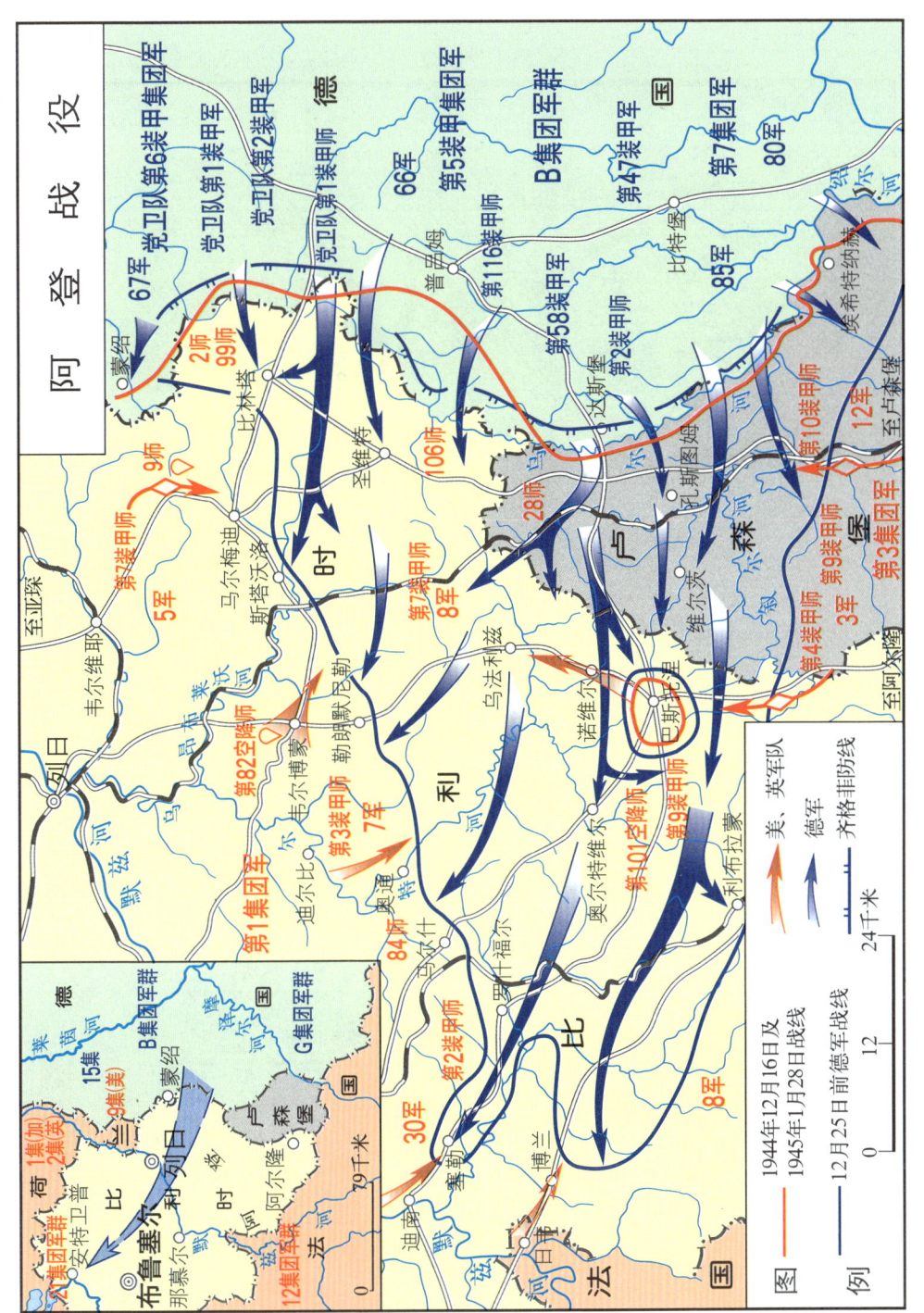

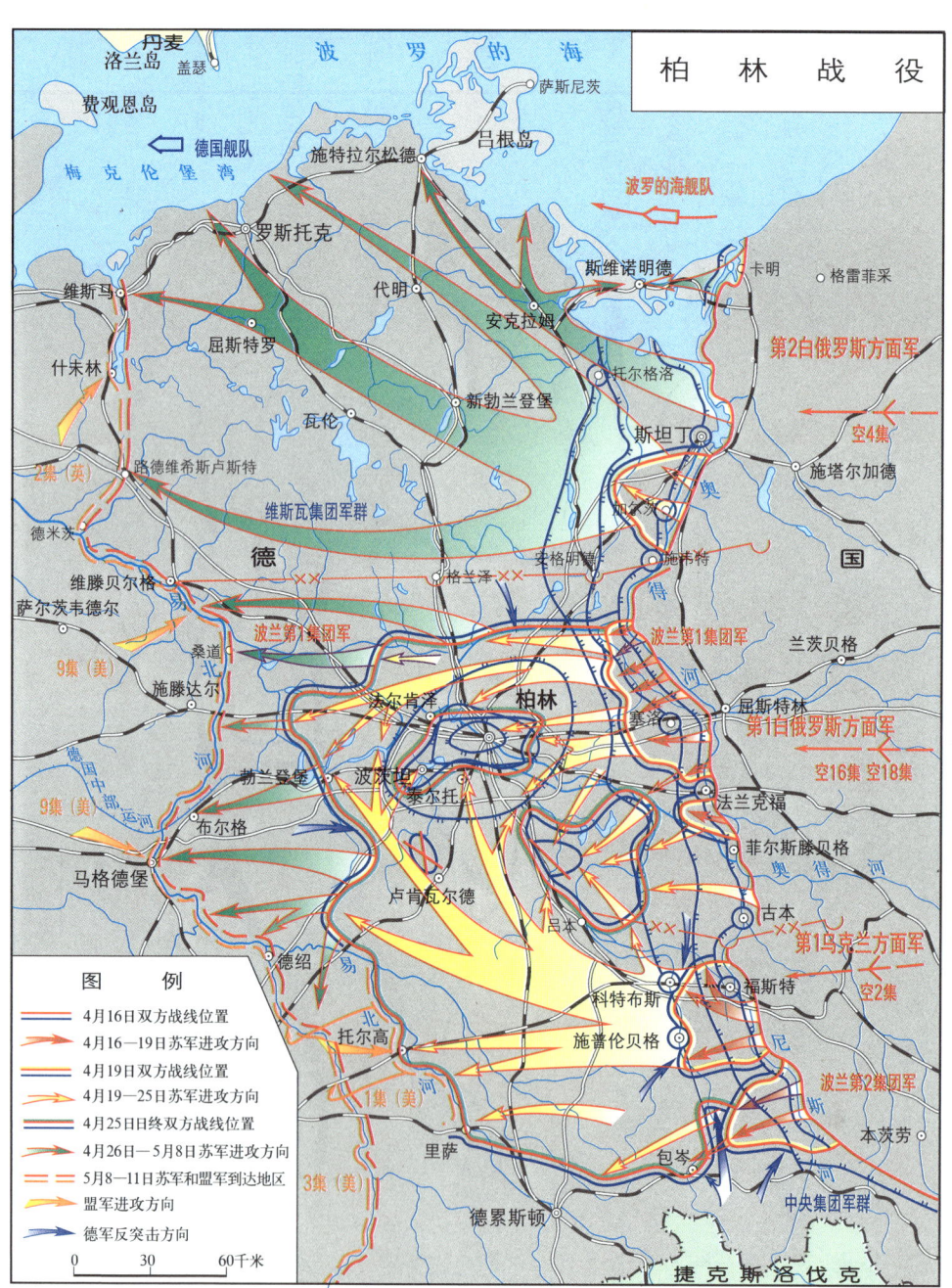

译者序

利德尔·哈特的生平与军事理论贡献

巴兹尔·亨利·利德尔·哈特（1895—1970），是英国著名的军事理论家和军事历史学家。代表作有《间接路线战略》《第二次世界大战战史》等。他是一位具有超前眼光的"先知"，在第一次世界大战之后曾力主建设快速机动的装甲兵部队，推崇机械化战争的作用，提出"间接路线战略"。

1895年10月31日，他出生于法国巴黎，出生之时名字为巴兹尔·亨利·哈特，1921年在姓氏中添加了母姓"利德尔"，成为巴兹尔·亨利·利德尔·哈特，习惯上称巴兹尔·利德尔·哈特或利德尔·哈特。

利德尔·哈特先后在普特尼的威灵顿学校、伦敦的圣保罗学校和剑桥大学基督圣体学院接受正规教育。1914年第一次世界大战爆发后，他自愿加入英国陆军，成为国王约克郡轻步兵团的一名军官，随该团在西线服役。1915年冬，因炮弹爆炸导致脑震荡，被送回英国，随后晋升为上尉。1916年，利德尔·哈特重返前线并参加索姆河战役，负伤三次；1916年7月19日，因中毒气而被迫撤离前线。西线的参战经历对他的人生影响深远。

此后利德尔·哈特被调往斯特劳德和剑桥担任志愿部队的副官，负责训练新兵。他撰写了几本关于步兵操练和训练的小册子，引起了英国第

18（东部）师师长弗雷德里克·马克斯少将的注意。战后，他调至皇家陆军教育团，编写新版《步兵训练手册》。在手册中，他努力吸取1918年的经验教训。

1921年和1922年，利德尔·哈特有两次轻微的心脏病发作，在战后规模不大的陆军中晋升无望。1924年6月起处于领取半薪的状态，成为《晨邮报》草地网球记者和助理军事记者，负责报道温布尔登网球赛。1927年以上尉军衔从陆军退役。1925年至1935年任《每日电讯报》军事记者，1935年至1939年任《泰晤士报》军事记者。与此同时，他还担任《不列颠百科全书》的军事编辑。

20世纪20年代中后期，利德尔·哈特撰写了一系列关于重要军事人物的历史著作，并借此阐述了自己的观点：正面进攻是一种注定会失败、需要付出巨大生命代价的战略。他还认为，英国在第一次世界大战中遭受巨大损失是由于其指挥官未能认识到这一历史事实：英国在1914年决定派遣一支庞大的部队直接干预欧洲大陆的战争是一个错误。他声称，从历史上看，"英国的作战方式"应该是将欧洲大陆的地面战留给盟友，只通过海军力量进行干预，陆军则以"有限责任"的方式在远离主要战线的地方与敌人作战。

利德尔·哈特在其早期关于机械化战争的著作中，曾提议将步兵与快速机动的装甲兵部队一同运送。他将他们描述为"坦克陆战队员"，就像皇家海军舰艇上运送的士兵一样。他建议步兵乘坐自己的履带式车辆，并下车协助装甲兵部队占领设防更牢固的阵地。这一理论与后来流行几十年的机械化步兵理念类似，与约翰·富勒少校的坦克集团军理念形成了鲜明对比，后者侧重于大规模装甲兵部队。利德尔·哈特预见到需要一支由机动步兵和炮兵组成的合成部队，这与海因茨·古德里安在德国发展的装甲师构成相似，但不完全相同。

根据利德尔·哈特的回忆录，在1935年11月至1936年11月为《泰晤士报》撰写的一系列文章中，他主张英国在下一场欧洲战争中的作用应该交给空军。他认为，英国空军可以击败敌人，同时可以避免英国在欧洲大陆部署大规模部队带来高伤亡却只发挥有限的影响力。这些想法影响了英国财政大臣内维尔·张伯伦，他在国防政策与需求委员会的讨论中主张建立一支强大的空军，而不是一支在欧洲大陆作战的庞大陆军。

1937年，张伯伦出任英国首相，使得利德尔·哈特在20世纪30年代末的英国大战略中发挥了影响力。5月，利德尔·哈特制订了重组英国陆军以保卫大英帝国的方案，并将其提交给国防协调大臣托马斯·因斯基普。6月，利德尔·哈特经人介绍结识了陆军大臣莱斯利·霍尔－贝利沙。时至1938年7月，两人一直保持着非正式的密切顾问关系。利德尔·哈特向霍尔－贝利沙提供想法，而霍尔－贝利沙则在内阁或委员会中为这些想法进行辩论。

1937年10月20日，张伯伦写信给霍尔－贝利沙说："我一直在读利德尔·哈特的《武装的欧洲》。如果你读过，可能会觉得这本书很有趣，尤其是关于'英国陆军的角色'的章节。"霍尔－贝利沙回信说："我立刻就读了利德尔·哈特书中的'英国陆军的角色'部分。他的理论给我留下了深刻的印象。"

1939年9月德国入侵波兰后，英国战时内阁推翻了利德尔·哈特提出的张伯伦政策。鉴于欧洲战争即将来临，内阁转而主张陆军派出55个师的部队进入欧洲大陆，援助波兰、挪威和法国。

第二次世界大战结束后，利德尔·哈特负责对多名被盟军俘虏的德国高级将领进行了广泛的采访。利德尔·哈特对他们的观点进行了评论。这些成果结集于1948年英国版《山的那一边》和1948年美国精简版《德国将领访谈录》。

几年后，利德尔·哈特有机会翻阅了埃尔温·隆美尔在战争期间保存的笔记。隆美尔的笔记，一部分被他本人销毁，另一部分由隆美尔家族于1950年用德文出版，名为《没有仇恨的战争》。其余笔记，包括隆美尔写给妻子的信件，则被美国当局没收了。在利德尔·哈特的帮助下，这些笔记后来被归还给了隆美尔的遗孀。随后，利德尔·哈特编辑、精简了《没有仇恨的战争》，并帮助整合了新材料。这些文字，连同弗里茨·拜尔莱因中将和利德尔·哈特的笔记和评论，于1953年出版，名为《隆美尔文件》。

1954年，利德尔·哈特出版了他最具影响力的著作《间接路线战略》。1967年，该书出版了第二版（扩充版）。该书主要致力于对间接作战方法进行历史研究，并运用这一概念来分析各种战争和战役。

1966年1月，女王在新年授勋仪式上授予利德尔·哈特爵士称号。

1970年1月29日，利德尔·哈特在英格兰白金汉郡梅德曼汉镇斯泰茨庄园的家中去世，享年74岁。

利德尔·哈特的"间接路线战略"

利德尔·哈特认为间接作战更容易取胜。正如利德尔·哈特所解释的那样，攻击对手预料到的地点会使取胜变得更加困难："按照对手自然预期的路线作战，将巩固对手的平衡，从而增强其抵抗力。"这与间接作战形成对比，间接作战需要出其不意地发动物理上或心理上的攻击："间接性通常是物理上的，而且总是心理上的。在战略上，绕最长的路往往是回家的捷径。"

利德尔·哈特的"间接路线战略"有七个关键主题：1. 敌人平衡的破坏应该是其失败的前奏，而不是彻底毁灭的前奏。2. 通过谈判结束无利可图的战争。3. 间接路线更适合民主。4. 军事力量依赖于经济承受力。通过在经济上摧毁敌人来击败他，没有任何风险。5. 从隐含意义上讲，战争是国家之间的活动。6. "理性和平主义"概念。7. 胜利往往是敌人自我打击的结果。

对利德尔·哈特的评价及其影响

英国军事历史学家布莱恩·霍尔顿·里德这样评价利德尔·哈特："20世纪60年代，利德尔·哈特的名声达到了顶峰。1960年，他访问以色列，引发的公众关注超过了除玛丽莲·梦露之外的任何一位外国访客。"

美国军事历史学家克里斯托弗·巴斯福德的评价是："利德尔·哈特于1970年去世，他作为军事理论家享有崇高的声誉。然而，死后的评价并不一致。"

在利德尔·哈特声望巅峰时期，约翰·F.肯尼迪总统称他为"教导将军的上尉"，并引用他的著作攻击艾森豪威尔政府，称其过于依赖核武器。利德尔·哈特的影响力甚至延伸到了英美以外国家的军队。澳大利亚的萨姆·鲍姆加滕中校在谈到利德尔·哈特对澳大利亚陆军的影响时表示："间接路线也是影响机动理论发展的关键因素之一，而机动理论是整个20世纪90年代陆军思想的主导元素。"巴基斯坦的沙法特·沙阿中将称利德尔·哈特的《间接路线战略》一书是"军事历史和理论的开创性著作"。

利德尔·哈特的传记作者亚历克斯·丹切夫指出，利德尔·哈特的著作至今仍在世界各地被翻译出版，其中一些著作已经成书70年了。

利德尔·哈特引发的争议

一、对装甲兵部队建设与作战方法的影响

第二次世界大战结束后，利德尔·哈特指出，德国国防军采纳了由约翰·富勒和他本人的构想发展而来的理论，并在闪电战中运用这些理论对付盟军。

一些学者，例如政治学家约翰·米尔斯海默，对英国军官，尤其是利德尔·哈特，在1939年至1941年期间对德国装甲兵部队作战方法的发展

产生了多大的影响提出了质疑。他说，在战后采访纳粹德国国防军元帅和将军时，利德尔·哈特试图梳理出自己对德军作战实践的影响。采访之后，许多将帅表示利德尔·哈特对他们的战略产生了影响。然而这种说法以前从未有过，也没有任何战前的文献可以支持他们的说法。用米尔斯海默的话来说，是利德尔·哈特"把话塞到德国将军们的嘴里"，目的是"挽回失去的声誉"。

以色列国防军作战理论研究所创始人兼所长西蒙·纳维准将表示，第二次世界大战后，利德尔·哈特"创造"了"闪电战"，作为一种军事实践，"它与理论截然相反。闪电战由一系列行动组成，这些行动的安排更多地取决于成败，而非设计"。纳维表示："通过操纵和设计，利德尔·哈特歪曲了闪电战形成的实际情况，掩盖了其起源。通过对一个浮夸概念的理想化，他强化了闪电战的神话。他把自己对运动战的理解，强加于肤浅的闪电战概念之上，制造了一个理论问题，花了40年时间才得以解开。"纳维声称，在给德国埃里希·冯·曼施泰因元帅、海因茨·古德里安上将、埃尔温·隆美尔元帅的亲属和同事的信中，利德尔·哈特"将他自己捏造的闪电战版本强加给隆美尔，并迫使其承认这是原始方案"。

纳维指出，古德里安回忆录在德国出版的版本与在英国出版的版本不同，在德文版中刻意淡化了约翰·富勒少将和利德尔·哈特等英国军事理论家的影响。一个例子是富勒在1920年发表的康布雷战役报告，当时富勒是皇家坦克部队的参谋。利德尔·哈特声称，古德里安阅读并采纳了他在装甲战方面的发现和理论，这有助于形成后来被称为"闪电战"的作战理论基础。虽然德文版的古德里安回忆录提到了利德尔·哈特，但并未提及他在装甲战理论发展中发挥的作用。两个版本差异的解释，可以在两人的通信中找到。在一封写给古德里安的信中，利德尔·哈特提醒这位德国上将，应该给予他应得的荣誉。①

另一方面，也有学者为利德尔·哈特辩护。理查德·斯温评论说，虽然某些反对利德尔·哈特说法的意见确实有道理，但利德尔·哈特本人并不是一个无赖，而米尔斯海默对他进行人身攻击的企图也是没有道理的。

历史学家杰伊·鲁瓦斯评论说，利德尔·哈特和约翰·富勒确实预见了装甲兵部队在闪电战中的作用。他认为，利德尔·哈特高估了他对德国将领的影响力，但事实上，包括以色列国防军的伊加尔·阿隆少将和法国陆军的安德烈·博弗尔上将等在内的许多国家的军事领导人都了解他的理论，并认为他的观点值得思考。鲁瓦斯说，据弗里德里希·冯·梅伦辛少将回忆，隆美尔多次提到利德尔·哈特，并对他评价很高——尽管在鲁瓦斯看来，这并不足以让隆美尔成为他的学生。鲁瓦斯认为利德尔·哈特是一位需要公众认可和社会影响力的学者，同时也是一位天生慷慨的人，他与他人建立联系的努力不应在没有证据的情况下被归因于动机。

约瑟夫·福布斯认为，有关利德尔·哈特、古德里安和隆美尔的亲友合谋夸大利德尔·哈特影响力的说法纯属无稽之谈。福布斯表示，米尔斯海默认为利德尔·哈特在《德国将领访谈录》一书中塞满德国人捏造的评论以凸显自己，这毫无根据。为什么这么说呢？在关于古德里安的章节中，古德里安指出，他相信的是英国"机动部队"负责人珀西·霍巴特少将的理论，而非利德尔·哈特的理论；德斯蒙德·扬曾向隆美尔元帅的儿子曼弗雷德·隆美尔推荐利德尔·哈特，说他或许可以帮助出版其父亲

---

① 约翰·米尔斯海默在其著作《利德尔·哈特与历史之重》中，认为利德尔·哈特编《隆美尔文件》是出于一己私利：他曾"哄骗"隆美尔的遗孀添加材料，暗示隆美尔受到了利德尔·哈特机械化战争理论的影响，将隆美尔视为自己的"学生"，并将隆美尔在1940年取得的巨大胜利归功于自己。战略研究所发表了一篇关于米尔斯海默著作的评论，指出米尔斯海默"正确地批评了'上尉'（利德尔·哈特）……操纵历史"。

的回忆录，但这并不能证明他们合谋给予利德尔·哈特过多的认可；此外，《德国将领访谈录》中只有一句话提到了利德尔·哈特的影响。福布斯认为，米尔斯海默之所以声称书中充斥着德国人捏造的评论以夸大利德尔·哈特的作用，更多的是依据弗兰克·马欣的评论，而非文本本身。

二、"隆美尔神话"的制造者

战后德国的军备重整，高度依赖于德国国防军所需的形象提升。利德尔·哈特是这两项相互关联的举措的早期支持者，他在1948年出版的关于希特勒将领的书中，提供了关于隆美尔的第一个广泛传播的资料的来源。他用一章的篇幅来写隆美尔，将他描绘成纳粹政权的局外人。1951年这本书重版，该章增补部分以赞扬隆美尔的"天赋和表现"作为结尾，称赞他"有资格在历史上的'伟大统帅'中占有一席之地"。

1953年，《隆美尔文件》出版。该书由利德尔·哈特、弗里茨·拜尔莱因中将及隆美尔的遗孀和儿子曼弗雷德·隆美尔共同编辑，利德尔·哈特作序。历史学家马克·康纳利认为，《隆美尔文件》是开启"隆美尔复兴"和"隆美尔神话"的两部奠基性著作之一（另一部是德斯蒙德·扬所著的传记《隆美尔：沙漠之狐》）。这本书使人们更加认识到隆美尔是一位杰出的指挥官。在序言中，利德尔·哈特将隆美尔与阿拉伯的劳伦斯进行了比较，声称他们是"两位沙漠战大师"。

三、诺曼底登陆计划遭到泄露？

2006年9月4日，英国军情五处公布的档案显示，早在1944年初，军情五处就怀疑诺曼底登陆计划已被泄露。在诺曼底登陆前，利德尔·哈特撰写过一篇题为《关于入侵欧洲大陆问题的若干思考》的论文，并在军政要员中广为流传。利德尔·哈特可能在该论文中正确地推断了盟军即将发动的登陆作战的诸多方面，包括登陆地点。当时军情五处怀疑利德尔·哈特从英国防空司令部总司令弗雷德里克·派尔上将手中获得了盟军的登陆计划。

军情五处对利德尔·哈特进行了监视，截取了他的电话和信件。调查显示，没有任何迹象表明利德尔·哈特参与了任何颠覆活动。派尔也从未被起诉。利德尔·哈特声称他的工作仅仅是推测。看来，利德尔·哈特只是思考过同样的问题，并得出了与盟军最高司令部类似的结论。

《第二次世界大战战史》中译本的说明

第一，力求客观、完整、准确地再现《第二次世界大战战史》英文版的整体结构、观点、情感。即忠于原著，不依个人好恶随意增删修改。

第二，力求在军事专业翻译方面有所"突破"，将必要的隐含信息比较专业地呈现出来。例如，在军衔翻译上，不是一概笼统地翻译为"将军"，而是根据所属军种（陆军、海军、海军陆战队、空军）的不同及具体的军衔等级，分别译为少将、中将、上将、五星上将（海军少将、海军中将、海军上将、海军五星上将，陆战队少将、陆战队中将，空军少将、空军中将、空军上将）等；在人名、地名翻译上，除约定俗成的译法外，一般按新华通讯社译名室编的《英语姓名译名手册》《世界人名翻译大辞典》、中国地名委员会编的《外国地名译名手册》、萧德荣主编的《世界地名翻译手册》等规范处理，保持译名前后统一。

第三，在译者注方面，为重要政治人物和军事将领补充了一定数量的注释，包括历任高级职务及其任职时间、高级军衔及其晋升时间等内容，这在一定程度上丰富了《第二次世界大战战史》中译本的内容，期待能够为读者带来更好的阅读体验。

毋庸讳言，书中未为中国抗日战争设置专章叙述，对苏联卫国战争的篇幅安排也分量不足，这与中国抗日战争和苏联卫国战争对世界反法西斯战争的巨大贡献极不相称。但需要说明的是，《第二次世界大战战史》英文版出版于1970年，作者在研究和写作期间，中国抗日战争的档案资料尚未开放，正式出版的官方学术著作等学术研究成果较为匮乏，且作者不懂汉语，无法利用有限的中文学术资料；而苏联档案资料和正式出版的官方学术著作虽然相对较多，但作者"单枪匹马"开展研究，且不懂俄语，难以利用和驾驭更多的俄文资料。因此，书中存在这种重大缺陷和不足，应该还是可以理解的。

这部《第二次世界大战战史》中译本，由肖石忠担任主译，负责组织计划与校译统稿，参加翻译的人员还有刘宇宁、丁子杰、萧思思、张晓立。本书的翻译工作，得到了赵丕少将、萧裕声少将、姚百慧教授、游战洪教授、周萍主任的大力支持和帮助。曾德明先生、刘书乔先生对本书的编辑出版给予大力支持并付出了大量辛劳。我们谨在此表示衷心的感谢。

限于译者的学识水平，这部中译本的疏漏与错误在所难免。恳请专家、学者和广大读者不吝赐教，以便将来再版时修订。

肖石忠

2025 年 7 月

利德尔·哈特夫人的序言

几个月前,当出版社请我为先夫所著《第二次世界大战战史》作序时,我很快意识到,为了感谢在成书过程中所有提供过帮助的人,有数百人应被提及——从元帅到士兵、教授、学生和朋友,巴兹尔在他活跃、好学的一生中与他们广泛接触。在他的《利德尔·哈特上尉回忆录》前言中,他写道:"回忆录最令人愉快的一面,是它记录了友谊——在这方面我非常幸运。"这部《第二次世界大战战史》也受益于这些友谊。

还是个小男孩时,巴兹尔就痴迷于游戏和游戏攻略,他保存着相关游戏的记录和剪报,就像他记录航空业早期的情况一样,当时飞行员是他这个学童心中的英雄。这个习惯他保持了一生,并贯穿于他不断扩大的兴趣领域,就这样,在他去世时,留下了数十万份剪报、信件、备忘录、小册子等资料,内容涵盖从装甲战到服装时尚等广泛主题。后来,他以日记的形式,即所谓的"谈话笔记",记录下那些特别令他感兴趣的话题讨论,而且尽可能是在讨论发生后立即着手。

他战后的第一部著作是《山的那一边》,记录了他与多位在英格兰被俘的德国将领的谈话内容。许多人都是他战前著作的读者,渴望与他讨论亲身经历的战役。1963年12月,在回顾过去时,他写了一篇《关于本书创作缘由与过程的说明》,解释自己为什么如此重视这种记录:

> 在20世纪20至30年代探究第一次世界大战的事件时,我逐渐意识到,由于缺乏独立的、具有历史思维的调查者去核实并记录军事

首脑们当时的真实想法——以此验证他们事后的回忆——历史研究遭受了多大的局限。因为很明显，重大事件亲历者的记忆往往会在回顾时被美化或扭曲，且随着岁月流逝愈发失真。不仅如此，官方文件常常未能揭示他们的真实观点与意图，有的甚至在撰写时就刻意加以掩盖。

因此，在第二次世界大战期间，当我拜访英军和盟军指挥官时，我做了大量的"历史笔记"，记录我与他们的讨论，特别是他们当时的观点——作为对档案记录的补充，以及核实后来的记忆和叙述的一种手段。

战争结束时，我得到了一个初步审讯当时身为战俘的德军指挥官的机会，并与他们就其所参与的军事行动及更广泛的议题进行了多次长谈。这种调查自然无法完全同步揭示他们在特定事件或决策前的真实想法，但它至少是赶在记忆随时间流逝变得模糊之前进行的，同时他们的陈述也能与其他目击者的证词以及文件记录相互印证。

《第二次世界大战战史》的读者可以从脚注引用的这些谈话中看到，它们如何经受住"时间流逝"的考验，以及巴兹尔多年来持续不断的交叉验证。

1946年初，皇家坦克团的上校团长委托巴兹尔撰写该团及其前身部队的历史，涵盖两次世界大战及两次世界大战之间的岁月。这是一项艰巨的任务，耗时多年，直到1958年这本书才由卡塞尔出版社出版。但当巴兹尔开始撰写这部《第二次世界大战战史》时，《坦克兵》所需的研究提供了很大的帮助，因为他本人认识当年参战双方的许多年轻指挥官，还与许多老朋友（如蒙哥马利元帅、亚历山大元帅和奥金莱克元帅）、他的"坦克人"以及"山的那一边"的许多德国将军有过多次长谈。

1946年独立战争后，以色列各级军官都来拜访巴兹尔，向他咨询军队的编制问题。其中就有伊加尔·阿隆，他成为巴兹尔的密友——正是伊加尔在斯泰茨庄园图书馆的照片上题写了现在被广为引用的"献给教导将军的上尉"几个字。1961年,巴兹尔受邀访问以色列,并在武装部队和大学演讲。以色列人对巴兹尔的教诲赞不绝口,巴兹尔经常有些遗憾地说,他"最好的学生"是德国人和以色列人,而不是他的英国同胞。

1951年,隆美尔夫人问他是否愿意编辑她丈夫的文件,他同意了。于是我们和隆美尔元帅的遗孀、隆美尔元帅的儿子曼弗雷德、曾任隆美尔元帅参谋长的弗里茨·拜尔莱因中将以及柯林斯出版公司的马克·博纳姆·卡特之间建立了良好的关系,马克·博纳姆·卡特是这家出版公司非常能干的编辑。

1952年,巴兹尔在加拿大和美国的军事学院授课。这几个月很累,但很有收获,他得以重晤在战时结识的这两个国家的旧交,并认识新朋友。在他所获得的荣誉中,最让他高兴的就是成为美国海军陆战队的荣誉陆战队员,直到去世前,他每天都戴着那枚在荣誉授予仪式上授予他的金领带夹。

1965年,他被邀请担任加州大学戴维斯分校历史系客座教授。这样,他在70岁时成了教授,讲授两次世界大战的课程。这是一次激动人心的经历,他非常享受,但不幸的是,我们逗留的时间缩短了几个月,因为他必须返回英国接受一次大手术。临终之际,他不顾医生劝阻,期待着应美国海军战争学院之邀于1970年4月重返美国,就战略问题进行系列讲座。

旅行是巴兹尔生活中不可或缺的部分,他接受了许多邀请,访问欧洲各国并在各参谋学院讲课。他是一位出色的地图解读者,他对美国内战中谢尔曼指挥的多次战役的生动记述,是通过深入研究大比例尺地图写成的,在他访问南部各州战场之前很久就完成了。上次战争结束后,我们几乎每年都会去西欧,研究战场和登陆海滩,拜访老朋友,手拿地图核实《第二次世界大战战史》所用的资料。他喜欢美丽的乡村、大教堂和美食,所以在旅途中,他总是把《米其林指南》、战场地图和旅游指南放在车里,并每天向我口述关于地形、食物和教堂建筑的详细笔记,以便随后存入家里不断增加的档案之中。

巴兹尔一直批评撰写第一次世界大战历史的官方历史学家，他说有时"官方"抵消了"历史"，但他对大多数撰写第二次世界大战历史的人评价很高，他的档案里充满了与英国、英联邦和美国的许多历史学家的通信。与来自世界各地的历史学家（尤其是年轻的历史学家）和学生的友谊丰富了他的生活，他花大量时间阅读和批评他们的论文和书籍的草稿，这让他忽略了自己的工作，但给他带来了无限的乐趣。正如上述学者之一的罗纳德·莱文所写："……他只在他认为应该的时候给予称赞，如果他认为你在事实或观点上是错误的，他就会痛骂你。"年轻的学者、学院人士、作家、记者——还有年纪较大的——都来到图书馆工作，查阅这里向他们开放的所有书籍和论文。白天或晚上的任何时候，吃饭时或在花园散步时，都会有"辅导"。科雷利·巴内特、安德烈·博弗尔上将、亨利·伯纳德上校、布赖恩·邦德、艾伦·克拉克、A. 古塔尔上校、阿拉斯泰尔·霍姆、迈克尔·霍华德、罗伯特·奥尼尔、彼得·帕雷特、巴里·皮特、W. R. 汤普森、迈克尔·威廉斯，只是众多当代历史学家中最著名的一些人，他们起先是为了讨论和工作而来，后来成为定期的通信者，让我们非常高兴的是，他们一次又一次以朋友的身份回来。还有许多人来自美国和加拿大，比如杰伊·鲁瓦斯和唐·舒尔曼，他们及他们的家人成了我们忠实的朋友。

因此，这部《第二次世界大战战史》的创作要归功于所有这些人，以及巴兹尔广泛关注的战略和防务以外众多领域的数百人，我没有列举他们的名字，我相信他们会原谅我的。没有人比巴兹尔更相信老师会"被学生教导"，他的学生和朋友是最能激励人心的人。在撰写《第二次世界大战战史》时，巴兹尔有一些非常能干的助手。例如，当时在历史学家彼得·西姆金斯办公室任职、现在帝国战争博物馆工作的克里斯托弗·哈特，为太平洋战役做了一些有价值的工作的保罗·肯尼迪，帮助撰写了空军章节的彼得·布莱德雷。

多年来，秘书们以极高的效率开展工作，对这部《第二次世界大战战史》文稿的不断录入与修改所表现出的兴趣与耐心，为巴兹尔减轻了不少负担。在我们住在沃尔弗顿公园期间，迈拉·汤姆森小姐（现在的斯莱特夫人）和我们在一起长达八年。后来，在斯泰茨庄园，达芙妮·博桑奎特夫人和埃德娜·罗宾逊夫人尽其所能地提供了帮助，在本书编撰的最后阶段，温迪·史密斯夫人、帕梅拉·伯恩斯夫人和玛格丽特·霍斯夫人也做出了宝贵的工作。

其他不计其数应该感谢的人中，还有这部著作英国版的出版方卡塞尔出版社的董事和员工们。德斯蒙德·弗劳尔于1947年委托巴兹尔撰写这部著作，并耐心等待它完成。还要感谢戴维·海厄姆，他不仅是巴兹尔许多书籍的作品经纪人，更是巴兹尔多年的挚友。

出版社和我特别感谢以下人士，他们在巴兹尔去世前后慷慨地阅读了《第二次世界大战战史》的各个章节或全部内容，并提出了批评和修改意见：G. R. 阿特金森、布赖恩·邦德、诺布尔·弗兰克兰博士、海军中将彼得·格雷顿爵士、阿德里安·利德尔·哈特、马尔科姆·麦金托什、斯蒂芬·罗斯基尔海军上校、布赖恩·斯科菲尔德海军中将、艾伯特·西顿上校、肯尼思·斯特朗少将和 M. J. 威廉斯博士。他们中的一些人慷慨地允许巴兹尔引用自己著作中的内容——西顿上校的著作甚至在出版之前就被引用了。

我们还要感谢安·弗恩和理查德·纳特基尔分别在研究和绘制地图方面所做的工作；再次感谢赫比·杰罗德小姐，尽管工作压力很大，她还是制作了一流的索引。

在众多帮助过我们的人中，我知道我们最应该感谢的是卡塞尔出版社的肯尼思·帕克。他是巴兹尔的编辑和朋友，在巴兹尔去世后，承担了组织《第二次世界大战战史》出版的重任。没有他，这本书的出版可能还要拖延更久。巴兹尔在《利德尔·哈特上尉回忆录》的前言中说，他"很幸运……有一位最令人鼓舞、知识渊博、要求严格的编辑，与他共事是一件愉快的事"。除了这些，我想特别感谢他在编辑出版《第二次世界大战战史》方面所做的工作。

巴兹尔的个人收入不多，因此《第二次世界大战战史》的研究一直进展缓慢，因为他必须靠新闻工作和撰写其他更快出版的书籍来维持生活。1965年至1967年间，他得到了沃尔夫森基金会的资助，他很感激伦纳德·沃尔夫森先生对《第二次世界大战战史》表现出的浓厚兴趣。1961年，伦敦国王学院军事研究主任迈克尔·霍华德慷慨地将斯泰茨庄园的马厩改建为图书馆，并在谷仓里建成一间小公寓，供来访的历史学家使用。这大大增加了我们的工作空间和学者们的舒适度。此外，这些年来，我们居住的三个不同地区的税务局了解到巴兹尔工作的性质和问题，让我们得以在英格兰生活和工作。若非如此，我们将被迫流亡国外，《第二次世界大战战史》和巴兹尔的其他许多著作和教学都将受到影响。

因此，我想把本书献给"所有提供过帮助的人们"，无论其姓名是否在此序言中被提到。

凯瑟琳·利德尔·哈特

1970年7月

于英格兰白金汉郡梅德曼汉镇斯泰茨庄园

目　录

第一编　序幕

第 1 章　战争是如何爆发的……………………………………002

第 2 章　双方的力量对比………………………………………014

第二编　爆发，1939—1940

第 3 章　占领波兰………………………………………………026

第 4 章　"假战争"………………………………………………034

第 5 章　芬兰战争………………………………………………046

第三编　涌动，1940

第 6 章　征服挪威………………………………………………054

第 7 章　征服西欧………………………………………………069

第 8 章　不列颠战役……………………………………………095

第 9 章　始自埃及的反击………………………………………119

第 10 章　征服意属东非…………………………………………131

第四编　泛滥，1941

第 11 章　占领巴尔干半岛和克里特岛 ………………… 138

第 12 章　希特勒转向苏联 ……………………………… 148

第 13 章　入侵苏联 ……………………………………… 163

第 14 章　隆美尔进入非洲 ……………………………… 178

第 15 章　"十字军行动" ………………………………… 190

第 16 章　潮起远东 ……………………………………… 208

第 17 章　日本的征服浪潮 ……………………………… 219

第五编　潮转，1942

第 18 章　苏德战场局势的转变 ………………………… 250

第 19 章　隆美尔的高潮 ………………………………… 275

第 20 章　非洲局势的转折 ……………………………… 290

第 21 章　"火炬行动"——来自大西洋的新浪潮 ……… 318

第 22 章　争夺突尼斯 …………………………………… 346

第 23 章　太平洋的潮流转向 …………………………… 355

第 24 章　大西洋战役 …………………………………… 386

第六编　退潮，1943

第 25 章　肃清非洲 ……………………………………… 416

第 26 章　重返欧洲——经由西西里岛 ………………… 451

第 27 章　进攻意大利——投降与受阻 ………………… 466

第 28 章　德军在苏联的退潮 …………………………………… 496

第 29 章　日本在太平洋的衰落 ………………………………… 519

第七编　潮落，1944

第 30 章　攻占罗马和在意大利第二次受阻 …………………… 546

第 31 章　解放法国 ……………………………………………… 566

第 32 章　解放苏联 ……………………………………………… 591

第 33 章　轰炸的逐渐增强——对德国的战略空中攻势 ……… 613

第 34 章　解放西南太平洋和缅甸 ……………………………… 641

第 35 章　希特勒的阿登反攻 …………………………………… 672

第八编　结局，1945

第 36 章　从维斯瓦河攻往奥得河 ……………………………… 698

第 37 章　希特勒对意大利控制的崩溃 ………………………… 705

第 38 章　德国的崩溃 …………………………………………… 711

第 39 章　日本的崩溃 …………………………………………… 717

第九编　尾声

第 40 章　尾声 …………………………………………………… 740

本书参考引用的图书文献 ………………………………………… 752

利德尔·哈特上尉的其他著作 …………………………………… 760

第二次世界大战战史

History of the Second World War

第一编　序幕
PART I THE PRELUDE

第1章 战争是如何爆发的

1939年4月1日,世界媒体报道了这样一个消息:内维尔·张伯伦[①]的内阁正在改变其绥靖和孤立政策,承诺英国将保卫波兰,抵御德国的威胁,以确保欧洲和平。

然而,9月1日,阿道夫·希特勒[②]的德军越过波兰边境。两天后,在徒劳地要求他撤军后,英国和法国参战。另一场欧洲战争开始了——后来发展成第二次世界大战。

西方盟国参加那场战争具有双重目的。直接目的是履行他们维护波兰独立的承诺。最终目的是消除对他们自己的潜在威胁,从而确保自身安全。结果,两个目的都没有达到。他们不仅未能阻止波兰首先被征服并被德国和苏联瓜分,而且以表面上的胜利告终的六年战争之后,被迫默许了苏联对波兰的统治——放弃了对与他们并肩作战的波兰人的承诺。

与此同时,为摧毁希特勒德国而付出的所有努力,导致欧洲在这一过程中遭到严重破坏和削弱,以至面对新的更大威胁时,其抵抗能力大大降低——而英国与其欧洲邻国一样,已沦为美国的可怜附庸。

这些都是在苏联和美国投入巨大力量对抗德国之后,人们满怀希望地

[①] 内维尔·张伯伦(1869—1940),1937年至1940年任英国首相。因为在第二次世界大战前夕对纳粹德国实行绥靖政策而备受谴责。——译者注

[②] 阿道夫·希特勒(1889—1945),德国纳粹党领袖,德意志第三帝国元首、总理、国防军最高统帅。1945年4月30日自杀身亡。发动第二次世界大战的元凶之一。——译者注

追求胜利并付出惨痛代价取得胜利的铁一般的事实。这一结果打消了"胜利意味着和平"的普遍幻想。它证实了过去经验的警告,即胜利是"沙漠中的海市蜃楼"——使用现代武器和无限制手段的一场长期战争所造成的沙漠。

在探讨战争的起因之前,有必要先评估战争的后果。认清战争带来的后果可能会为更客观地审视战争的起因铺平道路。就纽伦堡审判而言,只要假设战争的爆发及其所有后续行动纯粹是由于希特勒的侵略就足够了。但是,这种解释太过简单和肤浅。

希特勒最不想做的就是再次引发大战。他的人民,尤其是他的将军们,对任何此类风险都深感恐惧——第一次世界大战的经历已经给他们留下了心理创伤。强调这些基本事实并不是要粉饰希特勒固有的侵略性,也不是要粉饰许多热切追随他的德国人的侵略性。尽管希特勒毫无顾忌,但长期以来在追求自己的目标时他都十分谨慎。军事首脑们则更加谨慎,对于任何可能引发全面冲突的举动感到焦虑。

德国的大部分档案在战后被缴获,因此可供查阅。这些档案表明,德国人对自己发动大战的能力怀有深深的恐惧和根深蒂固的怀疑。

1936年,当希特勒重新占领莱茵兰非军事区时,他的将军们对他的决定及其可能在法国引发的反应感到震惊。由于他们的抗议,起初只有几支象征性的部队被派出,以试探风向。当希特勒希望派部队帮助佛朗哥打西班牙内战时,将军们再次抗议其中的风险,于是希特勒同意限制援助。但是,希特勒无视将军们对1938年3月进军奥地利的担忧。

不久之后,希特勒透露他打算对捷克斯洛伐克施压以收回苏台德区。总参谋长贝克[①]上将起草了一份备忘录,指出希特勒激进的扩张主义计划

[①] 路德维希·贝克(1880—1944),德国陆军总参谋长,德国上将。因反对希特勒的战争计划而于1938年退役,后因涉嫌参与刺杀希特勒事件而于1944年7月自杀身亡。——译者注

必将导致世界性灾难和德国的毁灭。这份备忘录在一次高级将领会议上宣读，并在得到他们的普遍赞同后，呈送给了希特勒。由于希特勒没有表现出改变政策的迹象，贝克辞去总参谋长的职务。希特勒向其他将军保证，法国和英国不会为捷克斯洛伐克而战，但将军们根本不信，他们策划了一场军事叛乱，想通过逮捕希特勒和其他纳粹领导人来避免战争风险。

然而，当张伯伦同意希特勒对捷克斯洛伐克的苛刻要求，并与法国人达成协议，同意在那个不幸的国家失去领土和防御失败之际袖手旁观时，他们的反制计划就彻底失败了。

对张伯伦来说，《慕尼黑协定》意味着"我们这个时代的和平"。对希特勒来说，这不仅意味着对外国对手的又一次更大的胜利，也意味着对他的将军们的一次更大的胜利。在希特勒毫无争议和不流血的成功一再驳斥了他们的警告之后，将军们自然失去了信心和影响力。希特勒本人也自然而然地变得过于自信，相信自己会继续轻松取胜。即使当他意识到进一步的冒险可能会引发一场战争时，他也觉得这只会是一场小规模且短暂的战争。他偶尔的疑虑被持续不断的令人陶醉的成功所淹没。

如果希特勒真的考虑过一场涉及英国的全面战争，他就会尽一切可能建立一支能够挑战英国制海权的海军。但事实上，他甚至没有将海军建设到1935年《英德海军协定》设想的有限规模。他不断向海军将领们保证，他们可以忽略与英国开战的任何风险。慕尼黑会议后，希特勒告诉他们，至少在未来六年内，他们不必担心与英国发生冲突。即使在1939年夏天，直到8月22日，他还在重复这样的保证——尽管信心正在减弱。

那么，希特勒是如何卷入这场他极力避免的大战的呢？答案并非仅仅或主要在于希特勒的侵略性，还在于他长期以来从西方列强的顺从态度所获得的鼓励，但这些国家在1939年春突然转变了态度。这种逆转是如此突然和出乎意料，以至于战争不可避免。

如果你允许任何人给锅炉加煤，直到蒸汽压力超过危险点，那么任何由此引发的爆炸的责任都将由你承担。物理学的这一真理同样适用于政治学——尤其是国际事务的处理。

自从1933年希特勒掌权以来,英法两国政府对这个危险的独裁者的让步远远超过他们对德国前民主政府的让步。他们一直表现出避免麻烦和搁置棘手问题的倾向——以牺牲未来为代价来维持目前的舒适状态。

另一方面,希特勒在思考他的问题时非常理性。他的政策方针受到他在1937年11月阐述的"遗嘱"中所提出的思想的指导——该"遗嘱"的一个版本保存在所谓的《霍斯巴赫备忘录》中。这一观点基于这样的信念:如果要维持德国人民的生活水平,德国就迫切需要为不断增长的人口提供更多的生存空间。在他看来,德国不可能实现自给自足,尤其是在粮食供应方面。德国也不可能通过从国外购买获得所需的粮食,因为这意味着要花费超出其承受能力的外汇。由于其他国家的关税壁垒和德国自身的财政紧缩,德国在世界贸易和工业中获得更多份额的前景十分有限。此外,间接供应的方式将使德国依赖外国,一旦发生战争,德国就很容易陷入饥荒。

希特勒得出结论,德国必须在人口稀少的东欧地区获得更多的"农业用地"。指望有人自愿让出土地给德国,这种期望是徒劳的。"所有时代的历史——罗马帝国、大英帝国——都证明,每一次空间扩张都只能通过打破阻力并承担风险才能实现。……无论是过去还是现在,都不可能找到没有主的空间。"这个问题最迟必须在1945年解决——"此后,情况只会变得更糟。"可能的出路将被堵死,而粮食危机将迫在眉睫。

虽然这些想法远远超出希特勒最初想要收复一战后德国丧失的领土的愿望,但西方政治家并不像他们后来假装的那样不知道这些想法。1937至1938年间,他们中的许多人在私下讨论时坦率地承认了现实,尽管没有在公开场合讲。英国政界提出了许多论点,主张允许德国向东扩张,从而将危险从西方转移。他们非常同情希特勒对生存空间的渴望——并让他知道了这一点。但他们回避思考如何在不使用武力的情况下诱导土地所有者放弃生存空间。

德国档案显示，1937 年 11 月哈利法克斯勋爵[①]的访问使希特勒获得了特别的鼓励。哈利法克斯时任英国枢密院议长，在内阁中的地位仅次于首相。根据会谈记录，他让希特勒明白，英国将允许他在东欧自由行动。哈利法克斯原意并非如此，但这就是他传达出来的印象——事实证明，这至关重要。

1938 年 2 月，安东尼·艾登[②]先生在与张伯伦多次发生分歧后被迫辞去外交大臣一职——张伯伦在回应他的一次抗议时让他"回家吃一片阿司匹林"。哈利法克斯受命接替他出任外交大臣。几天后，英国驻柏林大使内维尔·亨德森爵士拜访希特勒，两人进行了一次秘密会谈，这是哈利法克斯 11 月会谈的延续。亨德森转达了英国政府非常同情希特勒希望"改变欧洲"以造福德国的愿望——"现任英国政府对现实有着敏锐的现实感"。

正如档案显示的那样，这些事件促使希特勒采取行动。他认为灯已经变绿了，允许他向东前进。这是一个非常自然的结论。

英法两国政府以通融的方式接受希特勒进军奥地利，并将奥地利并入德意志帝国，这进一步鼓舞了希特勒。（这次轻松的行动中唯一的障碍是他的许多坦克在前往维也纳的路上抛锚了。）当希特勒听说张伯伦和哈利法克斯拒绝了苏联在那次行动后提出的商讨一项针对德国进攻的集体安全保障计划的建议时，他更加受到鼓舞。

这里应该补充一点，当捷克人面临的威胁在 1938 年 9 月达到顶峰时，苏联政府再次公开和私下表示愿意与法国和英国联合采取措施保卫捷克斯洛伐克。这一提议被忽视了。此外，苏联还被公然排除在决定捷克斯洛伐克命运的慕尼黑会议之外。这种"冷落"在次年产生了致命的后果。

[①] 哈利法克斯勋爵，即爱德华·伍德（1881—1959），曾任英国枢密院议长、外交大臣。——译者注

[②] 安东尼·艾登（1897—1977），多次担任英国外交大臣，于 1955 年至 1957 年任英国首相。——译者注

英国政府似乎默许了希特勒的东进，但当希特勒9月向捷克斯洛伐克施压时，英国曾作出强烈反应甚至实施部分动员，这让他感到不快。但当张伯伦屈服于他的要求，并积极帮助他将他的条件强加给捷克斯洛伐克时，他觉得，英国暂时的抵抗是一种保全面子的行动——为了应对以温斯顿·丘吉尔为首的反对政府的和解和让步政策的英国舆论。法国人的消极态度也让他感到鼓舞。由于他们如此轻易地抛弃了他们的捷克盟友，而捷克拥有所有小国中最高效的军队，他们似乎不太可能为保卫东欧和中欧昔日盟友的任何残余势力而开战。

因此，希特勒认为他可以提早完成对捷克斯洛伐克的吞并，然后继续向东推进。

起初他没有考虑对波兰采取行动——尽管波兰拥有第一次世界大战后从德国划出的最大的一块领土。波兰和匈牙利一样，在威胁捷克斯洛伐克后方方面帮了希特勒大忙，从而迫使捷克斯洛伐克屈服于他的要求——顺便说一句，波兰利用这个机会夺取了捷克的一小块领土。希特勒倾向于暂时接受波兰作为次要伙伴，条件是波兰归还德国的但泽港，并允许德国通过波兰"走廊"自由前往东普鲁士。在当时的情况下，对希特勒来说，这是一个非常温和的要求。但在那个冬天的连续讨论中，希特勒发现波兰人顽固地不愿意做出任何让步，而且对自己的实力也过于自信。即便如此，他仍然希望经过进一步谈判后，他们会改变主意。直到3月25日，他还告诉陆军总司令，他"不希望使用武力解决但泽问题"。但他朝着不同的方向迈出了新的一步，随后英国又采取了出人意料的行动，这改变了他的想法。

1939年头几个月，英国政府首脑们比过去很长一段时间都过得愉快。他们认为英国加速重整军备、美国的重整军备计划和德国的经济困难正在降低局势的危险性。3月10日，张伯伦私下表示，和平前景比以往任何时候都好，并表示希望在年底前安排一次新的裁军会议。第二天，塞缪尔·霍尔[①]爵士（曾担任过外交大臣，是艾登的前任，现任内政大臣）在一次演讲中满怀希望地暗示，世界正在进入"黄金时代"。大臣们向朋友和批评者保证，德国的经济困境使其无法参战，德国必须遵守英国政府的条件，以换取英国以商业条约形式向德国提供的帮助。两位大臣，奥利弗·斯坦利先生和罗伯特·哈德森先生，将前往柏林安排此事。

就在同一个星期，《笨拙》杂志刊登了一幅漫画，描绘了"约翰牛"从噩梦中如释重负地醒来，而最近的"战争恐慌"正飞出窗外。1939年3月15日前一个星期，英国弥漫着的幻想如此荒唐乐观，这是前所未有的。

与此同时，纳粹一直在捷克斯洛伐克煽动分裂主义运动，试图从内部瓦解该国。3月12日，斯洛伐克宣布独立，此前他们的领导人蒂索神父在柏林拜会了希特勒。更盲目的是，波兰外交部长贝克上校公开表达了他对斯洛伐克人的同情。15日，在捷克总统屈服于希特勒在波希米亚建立"保护国"并占领该国的要求后，德军部队进入布拉格。

去年秋天，当《慕尼黑协定》签署时，英国政府曾承诺保证捷克斯洛伐克不受侵略。但张伯伦告诉下议院，他认为斯洛伐克的分裂已经使这一保证失效，英国不再受这项义务约束。他对所发生的事情表示遗憾，同时向下议院表示，他认为没有理由"改变"英国的政策。

然而，几天之内，张伯伦就完全改变了立场——这一转变如此突然，影响深远，令世界震惊。他立即决定阻止希特勒的一切后续行动，并于3月29日向波兰发出提议，支持波兰反对"任何威胁波兰独立以及波兰政府认为必须抵制的行动"。

无法判断究竟是什么因素让他如此冲动——是公众的愤慨的压力，还是他自己的愤慨；是他被希特勒愚弄而感到愤怒，还是他被自己的人民看作傻瓜而感到羞辱。

[①] 塞缪尔·霍尔（1880—1959），曾任英国空军大臣、外交大臣、海军大臣。被视为主要的"绥靖主义者"。——译者注

大多数支持和赞同他此前绥靖政策的英国人都经历了类似的激烈反应——而"另一半"不信任该政策的英国人的指责更是加剧了这种反应。在普遍的愤怒情绪中，双方的分歧得以弥合，整个国家也重新团结起来。

这种不切实际的保证将英国的命运交到了波兰统治者手中，而这些人的判断力极不可靠且反复无常。此外，如果没有苏联的帮助，这种保证就不可能实现，然而英国并没有采取任何措施来查明苏联是否会提供这种援助，或者波兰是否会接受这种援助。

当内阁被要求批准这项保证时，甚至都没有看到参谋长委员会的实际报告——这份报告本应表明，从实际意义上讲，向波兰提供任何有效的保护是多么不可能。[1]然而，在盛行的情绪下，这是否会产生任何影响，尚令人怀疑。

当议会讨论这项保证时，各方都表示欢迎。劳合·乔治[2]先生是唯一发出警告的人，他警告议会说，在没有首先确保苏联支持的情况下，做出如此艰巨的承诺是自杀式的愚蠢行为。对波兰的保证是最有可能引发早期冲突和世界大战的方法。它充满诱惑和明显的挑衅。它促使希特勒向西方国家证明这种保证是徒劳的，同时使固执的波兰人更不愿意向希特勒作出任何让步，而且使希特勒不可能在不"丢面子"的情况下退缩。

为什么波兰的统治者会接受这样一个致命的提议？部分原因是他们对自己过时的军队的力量有着荒谬的夸大认知——他们夸大其词地谈论"骑兵进军柏林"。部分原因是个人因素：贝克上校随后不久表示，他在"两次弹掉烟灰"之间决定接受英国的提议。他接着解释说，在1月与希特勒会面时，他难以接受希特勒关于必须归还但泽的言论，当英国的提议传达给他时，他将其视为给希特勒的一记耳光，于是欣然接受。这种冲动

---

[1] 不久之后，当时的陆军大臣霍尔-贝利沙先生和比弗布鲁克勋爵告诉我这件事，他们从其他政府成员那里听说了这件事。

[2] 劳合·乔治（1863—1945），1916年至1922年任英国首相。——译者注

是决定民族命运的典型方式。

现在避免战争的唯一机会在于获得苏联的支持——苏联是唯一能够直接支持波兰并对希特勒形成威慑的强国。但是，尽管情况紧急，英国政府的行动还是拖拖拉拉、缺乏诚意。张伯伦非常讨厌苏联，哈利法克斯勋爵则对其怀有强烈的宗教偏见，而他们两人都低估了苏联的实力，也高估了波兰的实力。即使他们现在认识到与苏联达成防务协议的必要性，也希望按照自己的条件达成协议，却没有意识到他们草率地向波兰作出保证，已经将自己置于必须按照苏联的条件达成协议的境地——这一点对斯大林来说是显而易见的，对他们来说却不是。

然而，除了他们自己的犹豫之外，波兰政府和东欧其他小国也反对接受苏联的军事援助——因为这些国家担心苏联军队的增援无异于入侵。因此，英苏谈判的步伐变得像葬礼进行曲一样缓慢。

希特勒对新形势的反应截然不同。英国的激烈反应和加倍的军备措施让他震惊，但效果与预期相反。他感到英国人开始反对德国向东扩张，担心如果拖延下去会受到阻碍，因此他得出结论，必须加快争取生存空间的步伐。但他如何才能做到这一点而不引发一场全面战争呢？他的解决方案受到他对英国人历史形象的影响。他认为英国人头脑冷静、理性，情绪受头脑控制；他认为，除非能得到苏联的支持，否则他们不会为了波兰而参战。因此，他忍住对"布尔什维克主义"的仇恨和恐惧，将自己的努力和精力投入到安抚苏联并确保其弃权上。这一转变比张伯伦的转变更令人吃惊——其后果同样致命。

希特勒对苏联的讨好态度有所缓和，因为斯大林对西方的看法已有新的转变。1938年，张伯伦和哈利法克斯冷落了苏联，苏联人自然对此心生怨恨。当希特勒进军布拉格后，他们提出的联合防御的新提议没有得到热烈的欢迎，而英国政府匆忙与波兰达成了一项独立协议，这无疑加剧了苏联的疑虑。

5月3日，有消息称，苏联外交人民委员李维诺夫已被解除职务，此事意味着什么，除了盲人外，谁都能看明白。长期以来，李维诺夫一直是与西方列强合作抵抗纳粹德国的主要倡导者。莫洛托夫被任命为苏联外交人民委员，据说他更喜欢与独裁者打交道，而不是与自由民主国家打交道。

苏联与纳粹德国于4月开始尝试达成协议，但双方都极为谨慎，因为彼此不信任，双方都怀疑对方可能只是想阻止自己与西方列强达成协议。但英苏谈判进展缓慢，这促使德国人抓住机会，加快步伐，并继续游说。然而，莫洛托夫直到8月中旬还没有做出承诺，然后就发生了决定性的转变。这可能是由于德国人愿意接受斯大林的苛刻条件，尤其是对波罗的海国家的自由处置权，这与英国人的犹豫和顾虑形成了鲜明对比。这可能也与一个显而易见的事实有关：希特勒无法将波兰的行动推迟到9月初以后，否则天气将阻碍他的行动，因此苏德协议被推迟到8月底，确保了希特勒和西方列强没有时间达成另一项"慕尼黑协定"——这可能给苏联带来危险。

8月23日，里宾特洛甫①飞往莫斯科，签署了条约。条约还附有一项秘密协议，根据该协议，波兰将由德国和苏联瓜分。

由于时机已晚，这个条约使战争成为必然。希特勒不可能在波兰问题上让步，否则他会在莫斯科丢脸。此外，他相信英国政府不会冒险进行一次显然徒劳无功的斗争来保卫波兰，也并不真正希望让苏联加入，而张伯伦在7月底通过他信任的顾问霍勒斯·威尔逊爵士就英德条约一事与希特勒开始进行私下谈判，这进一步加深了希特勒的信念。

但是，苏德条约签订得太晚，并没有像希特勒所估计的那样对英国产

---

① 约阿希姆·冯·里宾特洛甫（1893—1946），纳粹德国外交部长。第二次世界大战全面爆发前，在促成《钢铁条约》（纳粹德国与法西斯意大利结盟）和《莫洛托夫—里宾特洛甫条约》（纳粹德国与苏联互不侵犯条约）中扮演了关键角色。1945年6月14日被捕，在纽伦堡审判中因他在欧洲发动第二次世界大战和助长大屠杀而被判处死刑，随后成为纽伦堡审判中第一个被处以绞刑的被告。——译者注

生影响。相反，它激起了"斗牛犬"精神——不顾后果的盲目决心。在这种情绪下，张伯伦不能袖手旁观，否则既丢脸又失信。

斯大林非常清楚，西方列强长期以来一直倾向于让希特勒向东扩张——朝着苏联的方向。他很可能将苏德条约视为一种方便的手段，利用它，他可以将希特勒的侵略势头引向相反的方向。换句话说，通过这种灵活的闪避，他可以让自己的直接对手和潜在对手相互碰撞。至少这会减少对苏联的威胁，还有可能导致他们双方精疲力竭，从而确保苏联在战后的优势。

该条约意味着波兰不再是德国和苏联之间的缓冲地带——苏联人一直认为波兰更有可能成为德国入侵苏联的先锋，而不是阻挡它的屏障。通过与希特勒合作征服波兰，并与他瓜分波兰，他们不仅可以轻松夺回1914年前的领土，而且能够将波兰东部变成一个缓冲地带，尽管这个缓冲地带比较狭窄，但将由他们自己的军队控制。这似乎是比独立的波兰更可靠的缓冲。该条约还为苏联占领波罗的海国家和比萨拉比亚铺平了道路，这将使缓冲地带进一步扩大。

1941年，希特勒入侵苏联后，斯大林1939年的回避看起来是一次致命且短视的转变。斯大林很可能高估了西方国家抵抗德国并耗尽其力量的能力。他很可能也高估了自己军队最初的抵抗能力。然而，纵观后来的欧洲局势，他的回避似乎并不像1941年那样对苏联不利。

另一方面，它给西方带来了无法估量的伤害。这主要归咎于那些在明显一触即发的局势下，采取拖延和仓促行动政策的人。

在描述了英国如何允许德国重新武装并吞并奥地利和捷克斯洛伐克，同时拒绝苏联的联合行动建议之后，丘吉尔谈到英国参战时说：

……当所有这些援助和优势都被浪费和抛弃时，英国率领法国向前推进，以保证波兰的完整——就在六个月前，波兰还怀着鬣狗般的欲望加入了对捷克斯洛伐克的掠夺和破坏。1938年，为捷克斯洛伐克而战是合理的，当时德军在西线只部署了六个训练有素的师，而法军拥有六七十个师，肯定可以越过莱茵河，甚至进入鲁尔区。但这被认为是不合理的、鲁莽的，低于现代思想和道德的水平。然而现在，这两个西方民主国家终于宣布，他们准备为波兰的领土完整做出牺牲。据说，历史主要记录了人类的罪行、愚蠢和苦难，我们可以仔细研究历史，找出与这一突然彻底逆转的类似事件，这一逆转是五六年来的绥靖政策，几乎在一夜之间转变为准备接受一场显然迫在眉睫的战争，战争条件更加恶劣，规模也更大……

这是最终的决定，是在最糟糕的时刻和最不令人满意的理由下做出的，这必将导致数千万人被屠杀。[①]

这是事后对张伯伦愚蠢行为的惊人判决，因为丘吉尔本人在当时的情绪刺激下支持张伯伦提出的英国向波兰提供保证。很明显，在1939年，他和大多数英国领导人一样，是冲动行事，而不是冷静判断，而冷静判断曾是英国政治家的典型特征。

---

① 温斯顿·丘吉尔：《第二次世界大战》第一卷，第311—312页。

第 2 章　双方的力量对比

1939年9月1日，星期五，德国军队入侵波兰。3日，星期日，英国政府向德国宣战，以履行其先前向波兰作出的保证。六个小时后，法国政府犹豫不决地跟随英国的脚步。

70岁的首相张伯伦先生在向英国议会发表这一决定命运的声明时最后说道："我相信我可以活着看到希特勒主义被摧毁、解放的欧洲重新建立的那一天。"不到一个月，波兰就被占领了。九个月内，西欧大部分地区被蔓延的战争洪流淹没。虽然希特勒最终被推翻，解放后的欧洲却并没有重建起来。

在对表示宣战欢迎时，代表工党发言的阿瑟·格林伍德先生表示，他感到如释重负，因为"我们所有人都感到无法忍受的悬念折磨已经结束。我们现在知道了最坏的情况"。从欢呼声中可以清楚地看出，他表达的是下议院的普遍感受。他最后说道："愿战争迅速而短暂，愿随后的和平永远骄傲地矗立在邪恶之名的废墟之上。"

通过对双方力量和资源的合理计算，没有任何理由相信这场战争可以"迅速而短暂"，甚至没有任何理由希望法国和英国能够独自战胜德国——无论战争持续多久。更愚蠢的是认为"我们现在知道了最坏的情况"。

人们对波兰的实力抱有幻想。哈利法克斯勋爵——作为外交大臣，本应消息灵通——认为波兰比苏联更有军事价值，因而更愿意与波兰结盟。这就是他在3月24日向美国大使传达的信息。几天后，英国突然决定向波兰提供担保。7月，英军监察长艾恩赛德[1]上将访问了波兰陆军，回国后提交了丘吉尔先生所称的"最有利"的报告。[2]

人们对法国陆军抱有更大的幻想。丘吉尔本人曾将其描述为"欧洲训练最完善、最忠诚的机动部队"。[3]战争爆发前几天，当他见到法国野战军总司令乔治上将，看到法军和德军的实力对比时，他印象非常深刻，以至于说："你们才是主人。"[4]

这可能增加了他敦促法国尽快宣战以支持波兰的热情——法国大使的电报说："最激动的人是温斯顿·丘吉尔先生，他洪亮的声音使电话都震动了。"同样在3月，丘吉尔宣布自己"完全同意首相"对波兰的担保。他和几乎所有英国政治领袖一样，都强调过其作为维护和平的手段的价值。劳合·乔治先生是唯一一个指出这一提议不切实际和危险的人——《泰晤士报》将他的警告描述为"劳合·乔治先生的一次无可救药的悲观情绪的爆发，他现在似乎生活在一个他自己的奇怪而遥远的世界中"。

为了对比起见，应该提到的是，这些对前景的幻想并没有在较为冷静的军方圈子中传播。[5]但总的来说，当时的主流被盲目乐观的情绪所淹没，失去了对眼前现实的感觉，并遮蔽了长远的眼光。

波兰能坚持更长时间吗？法国和英国能做更多的事情来减轻德国对波兰的压力吗？从现在已知的武装力量来看，这两个问题的答案乍一看似乎都是"能"。波兰的兵力足以遏制前线的德军，至少可以长期拖延他们的

---

[1] 埃德蒙·艾恩赛德（1880—1959），曾任英帝国总参谋长，英国元帅。1940年因缺乏"近期作战经验"而被解除职务。——译者注

[2] 温斯顿·丘吉尔：《第二次世界大战》第一卷，第357页。

[3] 1938年4月14日。

[4] 温斯顿·丘吉尔：《第二次世界大战》第一卷，第357页。

[5] 战争爆发时，我自己的战略评估预测了波兰的早期失败以及法国可能不会长期继续战斗，结论概括了当时的形势："总之，由于我们在战略上站不住脚，我们陷入了一个非常糟糕的困境——也许是历史上最糟糕的。"

前进。从数字上看，同样明显的是，法军应该能够击败留在西线与他们对抗的德军。

波兰陆军由 30 个现役师和 10 个预备师组成。它还拥有至少 12 个大型骑兵旅——尽管其中只有一个是摩托化旅。其潜在的兵力甚至比这些师的总数还要大——因为波兰有近 250 万"训练有素的士兵"可供动员。

法国动员的力量相当于 110 个师，至少有 65 个现役师，其中包括 5 个骑兵师、2 个机械化师和 1 个正在组建的装甲师——其余的是步兵。在总数中，即使在为法国南部和北非抵御来自意大利的潜在威胁提供防御力量后，法国统帅部仍能够将 85 个师集中在其面对德国的北部战线上。此外，他们还可以动员 500 万训练有素的士兵。

英国曾承诺在战争开始时向法国派遣 4 个正规师——除了为中东和远东提供防御力量——实际上派出了相当于 5 个师的兵力。然而，由于海上运输问题，以及为避免空袭而必须采取的迂回路线，最初的特遣部队直到 9 月底才抵达。

除了规模虽小但素质很高的正规军外，英国刚刚组建并装备了一支由 26 个师组成的本土野战军，战争爆发时，政府已计划将总数扩大到 55 个师。但这支新部队的第一批特遣部队直到 1940 年才准备好投入战场。与此同时，英国的主要贡献只能是凭借海军力量实施海上封锁——这是一种天生见效较慢的传统施压形式。

英国拥有一支超过 600 架飞机的轰炸机部队——是法国的两倍，但远不及德国的一半——鉴于当时服役的飞机机型和航程有限，它无法直接攻击德国造成严重影响。

德国动员了 98 个师，其中 52 个是现役师（包括 6 个奥地利师）。然而，在另外的 46 个师中，只有 10 个师适合动员，而且这些师中的大部分人是服役仅一个月的新兵。其他 36 个师主要由第一次世界大战的老兵组成，这些 40 多岁的老兵对现代武器和战术知之甚少。他们非常缺乏火炮和其他武器装备。花了很长时间才将这些师组织起来，进行集体训练以使其能作战——甚至比德国统帅部估计的时间还要长,这让统帅部深感震惊。

1939年,德军还没有做好参战的准备——这是一场其首脑们没有预料到的战争,他们听信了希特勒的保证。他们不情愿地同意了希特勒迅速扩充军队的要求,因为他们更喜欢逐步建立训练有素的骨干队伍,但希特勒一再告诉他们,会有充足的时间进行这种训练,因为他不打算在1944年之前冒险打一场大战。与军队规模相比,武器装备也仍然非常短缺。

然而,事后人们普遍认为,德国在战争初期取得全面胜利是由于其武器装备和人数的压倒性优势。

这种错误的看法很难消失。丘吉尔甚至在他的战争回忆录中写道,1940年德国至少拥有1000辆"重型坦克"。事实上,他们当时根本没有重型坦克。战争开始时,他们只有少数几辆中型坦克,重量仅为20吨。他们在波兰使用的大多数坦克重量很轻,装甲也很薄。[①]

计算一下军事力量对比表,可以看出波兰和法国加起来有130个师,而德国总共有98个师,其中36个师几乎没有受过训练,也缺乏组织。在"训练有素的士兵"数量上,德国更没有优势。可以抵消这种不利数据对比的是,实力较强的联军被位于中央的德军分成了两部分。德国人能够攻击两个伙伴中较弱的一方,而法国人如果想解救盟友,就必须攻击德国人已有准备的防御工事。

即便如此,从数量上看,波兰军队拥有足够多的兵力来抵挡向他们发起的进攻——进攻部队由48个现役师组成。随后,又有6个预备役师被动员起来,但在他们投入战斗之前,波兰战争就结束了。

从表面上看,法军似乎拥有足够的优势来粉碎西线的德军,并突破莱茵河。德国将军们感到惊讶和宽慰的是,法军并没有这样做。因为他们中的大多数人仍然倾向于从1918年的角度来思考问题,同时又像英国人一

[①] 利德尔·哈特:《坦克兵》第二卷,附录五。

样高估了法国陆军。

但是，如果更仔细地研究一下，尤其是更清楚地了解固有的不利条件和1939年首次付诸实践的新战争技术，就会发现，波兰是否能够坚持下去，法国是否能够更有效地帮助波兰，情况不大相同。从现代视角来看，即使在战争爆发之前，人们就已觉得局势不可逆转。

丘吉尔在战争回忆录中描述了波兰的崩溃。他说：

> 无论是法国还是英国，都没有真正理解装甲车辆能够抵御炮火，并能一天前进100英里① 这一新事实的后果。②

这句话非常正确，因为它适用于两国的大部分高级军官和政治家。但首先是在英国，一小群进步的军事思想家公开地、不断地设想和解释这些新的可能性。

在他的战争回忆录第二卷中，丘吉尔谈到了1940年法国的崩溃，尽管有所保留，他还是承认：

> 多年来，我从未接触过官方信息，因此无法理解自上次战争以来，大批快速移动的重型装甲部队入侵所造成的革命性的破坏力。我知道一点点，但它并没有改变我内心应该改变的信念。③

这是一个了不起的声明，来自一位在第一次世界大战中为支持坦克作战发挥了巨大作用的人。丘吉尔的坦率承认是可敬的。但他一直担任财政大臣到1929年，而世界上第一支实验性装甲部队于1927年在索尔兹伯里

---

① 英里，英美制长度单位，1英里合1.6093公里。——译者注
② 温斯顿·丘吉尔：《第二次世界大战》第一卷，第425页。
③ 温斯顿·丘吉尔：《第二次世界大战》第一卷，第39页。

平原组建，以试验高速坦克战倡导者多年来所宣扬的新理论。他完全了解他们的想法，并参观了工作中的实验部队，在随后的几年里他还继续与他们保持接触。

法国对新战争理念的不理解和官方抵制甚至比英国更严重。波兰又比法国更严重。这种不理解是1939年两军失败的根源，也是法国在1940年再次惨败的根源。

波兰人占据统治地位的军事思想已经过时，他们的军队模式在很大程度上也过时了。他们没有装甲师或摩托化师，他们的老式编制中非常缺乏反坦克炮和高射炮。此外，波兰领导人仍然寄希望于大量骑兵的价值，并可悲地相信骑兵冲锋是可能的。[1] 在这方面，可以说他们的想法已经过时了80年，因为早在美国内战时期就已经证明骑兵冲锋徒劳无功，但骑兵官兵继续对这一教训视而不见。第一次世界大战期间，所有军队都保留了大量骑兵，希望取得从未实现的突破，这是那场僵持不下的战争的最大闹剧。

另一方面，法国人拥有许多现代军队的构成要素，但他们没有将其整合成一支现代化的军队——因为法国高层的军事思想已经落后了20年。与战败后流传的说法相反，到战争爆发时，法国拥有的坦克数量比德国制造的还多——其中许多坦克比德国坦克更大、装甲更厚，但速度要慢一些。[2] 但法国最高统帅部仍然以1918年的眼光看待坦克——将其视为步兵的仆从，或作为补充骑兵的侦察部队。在这种老式思维方式的驱使下，他们推迟将坦克编为装甲师——不像德国人——并且仍然倾向于将坦克分散使用。

法国军队，尤其是波兰军队，在新型地面部队方面实力薄弱，而他们

---

[1] 回想起来，真是讽刺之极。我在战前不久出版的《英国的防务》一书中表达了对波兰军事首脑继续相信骑兵对抗现代武器的担忧（第95—97页），波兰外交部在他们的推动下正式抗议这种对他们判断力的批评。

[2] 利德尔·哈特：《坦克兵》第二卷，第5—6页。

又缺乏空中力量来掩护和支援其军队，这让他们雪上加霜。波兰人的这种状况是由于缺乏制造资源，但法国人没有这样的借口。在这两种情况下，空中力量的需求都被置于建立大型军队之后——因为将军们在军事预算的分配中占主导地位，而他们自然倾向于支持他们熟悉的那种部队。他们远没有意识到，地面部队的效力现在在很大程度上取决于能否得到足够的空中掩护。

两支军队的衰败都可以归因于高层致命的自满情绪。就法国而言，这种自满情绪源于第一次世界大战的胜利，以及其盟友一直推崇他们的军事知识。波兰人则因1920年击败苏联而产生了这种情绪。两国的军事领导人长期以来对自己的军队和军事技术表现出骄傲自满。公平地说，一些年轻的法国军人，如戴高乐上校，对当时在英国宣扬的坦克战新思想表现出浓厚的兴趣。但是，法国高级将领很少关注这些源自英国的"理论"——这与研究这些理论的德国新派将领形成了鲜明对比。[1]

即便如此，德国陆军还远未成为一支真正高效和现代化的部队。它不仅整体上还没有做好参战准备，而且大部分现役师的模式也已经过时，而高级指挥官的观念仍然陈旧。但战争爆发时，它已经组建了少量新型部队——六个装甲师和四个"轻型"（机械化）师，以及作为后援的四个摩托化步兵师。这只占总数的一小部分，但比德军的其他所有部队都重要。

与此同时，德国最高统帅部犹豫不决地承认了高速战争的新理论，并愿意试一试。这首先要归功于海因茨·古德里安[2]上将和其他一些人的热情倡导，以及他们的论点对希特勒的吸引力——希特勒喜欢一切能迅速解决问题的想法。总之，德军取得了惊人的胜利，并不是因为它的

---

[1] 利德尔·哈特：《坦克兵》第二卷，第5—6页。
[2] 海因茨·古德里安（1888—1954），1944年至1945年任德国陆军总参谋长。著有《注意！坦克》和《坦克指挥官》，是装甲兵和闪电战的积极倡导者。——译者注

力量具有压倒性优势或形式上完全现代化，而是因为它比对手先进，这个程度虽然不大，但非常重要。

1939年的欧洲局势使克列孟梭①在上一次大国冲突中被广泛引用的那句话具有了新的意义："战争是一件严肃的事，不能只留给军人。"因为现在即使完全信任军人的判断，也不能把战争只留给军人。维持战争的权力，已经从军事领域转移到了经济领域。随着战场上机器力量对人力的支配日益增强，从现实的角度来看，工业和经济资源在大战略范畴将前线的军队推到了次要地位。除非工厂和油田的补给能够不间断地维持，否则军队就只不过是些毫无战斗力的死物。在满怀敬畏的民众眼中，行军的纵队可能令人印象深刻，但在现代战争科学家眼中，他们只是传送带上的木偶。而在这方面呈现出了可以拯救文明的潜在因素。

如果只考虑现有的军队和军备，情况会更加糟糕。《慕尼黑协定》改变了欧洲的战略平衡，至少在一段时间内使法国和英国处于极为不利的地位。无论他们如何加快军备计划，都无法在很长一段时间内抵消捷克斯洛伐克35个装备精良的师被撤出的影响，以及随之而来的德国军队被推出的影响。

截至3月，法国和英国增加的军备被德国突袭无助的捷克斯洛伐克获得的军备所抵消，德国接管了捷克斯洛伐克的军火工厂和军事装备。仅重炮一项，德国的数量一下子就增加了一倍。更糟糕的是，德国和意大利的帮助使佛朗哥彻底推翻了西班牙共和政府，从而给法国边境以及英法两国的海上交通带来了新的威胁。

从战略上讲，除了得到苏联的支持，没有其他方法可以保证双方力量在预期时间内恢复平衡。从战略上讲，此时是德国与西方列强摊牌的最佳

---

① 乔治·克列孟梭（1841—1929），1917年至1920年任法国总理，曾参与起草《凡尔赛和约》。——译者注

时机。但战略平衡取决于经济基础,在战争压力下,经济基础能否长期支撑德国军队的重量令人怀疑。

战争所必需的基本产品有 20 种左右。煤炭用于一般生产。石油用于动力。棉花、羊毛、铁用于制造炸药。橡胶用于运输。铜用于一般武器和各种电气设备。镍用于炼钢和制造弹药。铅用于制造弹药。甘油用于制造炸药。纤维素用于制造无烟火药。汞用于制造雷管。铝用于制造飞机。铂用于化学设备。锑、锰等用于炼钢和一般冶金。石棉用于弹药和机械。云母用作绝缘体。硝酸和硫用于制造炸药。

除煤炭外,英国自身缺乏大部分所需资源。但只要确保海洋的利用,大部分产品都可以在大英帝国获得。就镍而言,全世界约 90% 的供应来自加拿大,其余大部分来自法国殖民地新喀里多尼亚。主要短缺的是锑、汞和硫黄,而石油资源也不足以满足战争需求。

法兰西帝国无法补充这些短缺物资,此外还缺少棉花、羊毛、铜、铅、锰、橡胶和几种需求量较小的物资。苏联大部分产品供应充足,但它缺少锑、镍和橡胶,而铜和硫黄的供应量也不足。

所有列强中,处境最为优越的是美国,它生产了全世界三分之二的石油、大约一半的棉花和近一半的铜,而其自身仅依赖外部资源供应锑、镍、橡胶、锡和部分锰。

柏林—罗马—东京三角的情况与之形成鲜明对比。意大利几乎每种产品都需要进口,甚至煤炭也是如此。日本几乎同样依赖外国资源。德国国内不产棉花、橡胶、锡、铂、铝土矿、汞和云母,而铁矿石、铜、锑、锰、镍、硫黄、羊毛和石油的供应也相当不足。通过占领捷克斯洛伐克,德国在一定程度上减轻了铁矿石的短缺,而通过干涉西班牙内战,德国能够以优惠条件获得更多的铁矿石供应,以及汞的供应,尽管它能否持续取决于对海洋的利用。此外,德国还成功地用一种新的木材替代品满足了对羊毛的部分需求。同样,尽管成本比天然产品高得多,但德国橡胶需求的五分之一来自"丁钠橡胶",汽油需求的三分之一来自合成燃料。

轴心国在战争能力方面最大的弱点就在于此，当时军队越来越依赖机动作战，空军已成为军事力量的重要因素。除了煤炭衍生品外，德国从自己的油井中获得了大约50万吨石油，从奥地利和捷克斯洛伐克获得的石油量微不足道。为了满足和平时期的需求，德国必须进口近500万吨石油，主要来源是委内瑞拉、墨西哥、荷属东印度、美国、苏联和罗马尼亚。在战时不可能从前四个国家获得石油，而后两个国家只有通过征服才能获得。此外，据估计，德国战时的石油需求量每年将超过1200万吨。有鉴于此，很难指望增加人工燃料生产就能满足需求。只有在完好无损的情况下夺取罗马尼亚的油井（产量为700万吨石油）才能弥补短缺。

如果意大利参战，其需求的满足将会更加困难，因为在战争中，意大利每年可能需要400万吨石油，而即使意大利的船只愿意穿越亚得里亚海，也只能从阿尔巴尼亚获得约2%的补充。

设身处地为可能的对手着想，可以很好地避免自己动摇。尽管军事前景黯淡，但德国和意大利的资源不足以维持一场长期战争，这还是有理由让人感到欣慰的——如果在战争爆发时与他们对抗的国家能够经受住早期的冲击和压力，直到援军到来。在目前即将发生的冲突中，轴心国的命运将取决于战争能否迅速结束这一偶然因素。

第二次世界大战战史

History of the Second World War

第二编　爆发，1939—1940

PART II THE OUTBREAK, 1939–1940

第 3 章　占领波兰

波兰战役是装甲部队和空军联合作战的机动战理论在战争中的首次展示和证明。当该理论最初在英国形成时，其行动被人用"闪电"来描述。此后，它以"闪电战"的名称在世界范围内流行起来，这很恰当，但也很讽刺。

波兰非常适合展示闪电战。它的边界线非常长——总共约 3500 英里。毗邻德国领土的 1250 英里边界线，最近因捷克斯洛伐克被占领而延长到 1750 英里。这也导致波兰的南翼暴露在德国入侵危险之下——就像面对东普鲁士的北翼一样。波兰西部已成为德国下巴之间的巨大突出部。

波兰平原地势平坦，对机动入侵者来说相当容易——尽管不像法国那么容易，因为波兰缺乏良好的道路，道路外常是深厚的沙地，而且有些地区多湖泊和森林。但是，德军入侵时间的选择将这些缺点降到了最低程度。

波兰陆军如果集结得更远一些，在维斯瓦河和桑河宽阔的河道后面，那将是更明智的选择，但这意味着波兰必须放弃该国最有价值的一些地区。西里西亚煤田靠近边境，1918 年前属于德国，而大部分主要工业区虽然更靠后，但位于河流屏障以西。即使在最有利的情况下，也很难想象波兰人能守住这些前沿地区。但是，试图延缓敌人向主要工业区推进的经济考量，因民族自豪感、军事过度自信以及对西方盟友能施以援手的过高估计而得到了极大强化。

这种不切实际的态度在波兰的兵力部署中暴露。大约三分之一的波兰军队集中在但泽走廊内或其附近，在那里他们面临来自东普鲁士和西线德军的双重包围的危险。这种对民族自豪感的放纵——反对德国重新进入1918年前的领土——必然以牺牲可用于保卫对波兰防御更为关键地区的兵力为代价。因为在南部，面对德军主要的进军路线，波兰部署的力量很薄弱。与此同时，波兰近三分之一的部队聚集在中轴线以北的罗兹和华沙之间，由爱德华·雷兹-希米格维[①]元帅指挥。这次集结体现了进攻精神，但其通过反击进行干预的目的并不符合波兰陆军有限的机动能力，即使这种机动能力没有受到德国空袭铁路和公路交通路线的限制。

波兰陆军的推进总体上使他们丧失了打一系列阻击战的机会，因为他们的步兵部队无法在被侵略者的机械化纵队击溃之前回到后方阵地，并在那里驻扎。在波兰广阔的土地上，陆军的非机械化状态比在预备队全部被召集之前就被突然袭击造成的不利影响更严重。缺乏机动性比动员不充分更致命。

同样，德军在入侵中部署的40多个正规步兵师的作用，远小于他们由6个装甲师、4个轻装师（配备两个装甲分队的摩托化步兵）和4个摩托化师组成的14个机械化或半机械化师。正是他们的纵深快速推进决定了战局，再加上德国空军的空中打击，摧毁了波兰的铁路系统，并在入侵初期摧毁了波兰的大部分空军。德国空军以非常分散的方式作战，而不使用大编队，但它因此在尽可能广泛的地区造成了逐渐瘫痪的局面。另一个重要因素是伪装成波兰广播的德国无线电轰炸，这大大加剧了波兰后方的混乱和士气低落。所有这些因素都产生了倍增效应，因为波兰人过于自信，认为他们的人力能够击败机器，结果却导致了彻底的幻灭。

9月1日凌晨6时不到，德军越过波兰边境，空袭在一小时前就开始了。在北部，入侵由博克集团军群实施，该集团军群由德国第3集团军

[①] 爱德华·雷兹-希米格维（1886—1941），曾任波兰武装部队总司令，波兰元帅。1939年9月至1940年12月在波兰战役失利后进入罗马尼亚被拘留。——译者注

（屈希勒尔[①]指挥）和第4集团军（克卢格[②]指挥）组成。前者从东普鲁士的侧翼位置向南推进，后者则向东推进，越过波兰走廊，与前者一起包围波兰军队的右翼。

南部的入侵行动由伦德施泰特集团军群负责。该集团军群的步兵几乎是博克集团军群的两倍，装甲兵也比博克集团军群多。该集团军群由德国第8集团军（布拉斯科维茨[③]指挥）、第10集团军（赖歇瑙[④]指挥）和第14集团军（利斯特[⑤]指挥）组成。布拉斯科维茨集团军位于左翼，负责向制造业中心罗兹推进，帮助孤立波兹南突出部的波军部队，同时掩护赖歇瑙集团军的侧翼。利斯特集团军位于右翼，负责向克拉科夫推进，同时利用克莱斯特的装甲部队穿越山区隘口，迂回包抄波兰军队的喀尔巴阡侧翼。然而，决定性的一击由赖歇瑙在中部发起，为此，大部分装甲部队分配给了他。

入侵之所以成功，是因为波兰领导人轻视防御，很少投入精力建设防御工事，而是宁愿依靠反攻——他们相信，尽管缺乏机械化装备，他们的陆军也能有效地实施反攻。因此，机械化入侵者很容易找到并突破开阔的前进道路，而波兰的大多数反攻都在德军的反击和对其后方威胁的双重压力下失败了。

到9月3日，英国和法国参战之时，克卢格的进攻已经切断了走廊，到达了维斯瓦河下游，而屈希勒尔从东普鲁士向纳雷夫河的进攻正在不断

[①] 格奥尔格·冯·屈希勒尔（1881—1968），曾任德国北方集团军群司令，德国元帅。1944年1月29日被解除指挥权，转入"领导预备队"。1949年4月14日被纽伦堡国际军事法庭判处20年徒刑，1951年刑期减为12年，1953年因健康原因获得假释。——译者注

[②] 京特·冯·克卢格（1882—1944），曾任西线德军总司令，德国元帅。——译者注

[③] 约翰内斯·布拉斯科维茨（1883—1948），曾任德国G集团军群司令，德国上将。1948年2月5日在纽伦堡审判开始之际跳楼自杀身亡。——译者注

[④] 瓦尔特·冯·赖歇瑙（1884—1942），曾任德国南方集团军群司令，德国元帅。1942年1月在零下40摄氏度的森林里跑步后遭遇严重中风，1942年1月在飞往德国接受治疗的途中在波尔塔瓦和利沃夫之间的飞机上去世。——译者注

[⑤] 威廉·利斯特（1880—1971），曾任德国A集团军群司令，德国元帅。——译者注

扩大。更重要的是,赖歇瑙的装甲部队已经突进到瓦尔塔河,并强行渡河。与此同时,利斯特的部队从两翼向克拉科夫集中,迫使希林的部队放弃该城,撤退到尼达河和杜纳耶茨河一线。

到4日,赖歇瑙的先头部队已经到达并越过边界50英里以外的皮利察河。两天后,他的左翼在占领托马舒夫后,已经进入了罗兹的后方,右翼则进入了凯尔采。因此,掩护罗兹地区的波兰罗梅尔集团军遭到了侧翼包抄,而库特泽巴的集团军仍然在波兹南附近,面临被孤立的危险。其他德军部队都在完成由德国陆军总参谋长哈尔德①策划、德国陆军总司令布劳希奇②指挥的大规模包围行动中取得了进展。波军分裂成互不协同的小部队,其中一些正在撤退,另一些则对最近的敌军纵队发动了零星的攻击。

如果不是因为德国人一直有不让机动部队甩开后方步兵大军太远的传统倾向,德军的前进速度可能还会更快。但新获得的经验表明,这种风险被对手的混乱所抵消,因此他们采取了更大胆的行动。赖歇瑙的装甲军利用罗兹和皮利察河之间的空隙,于8日冲到了华沙郊区——第一个星期他们走了140英里。第二天,他右翼的轻装师到达了华沙和桑多梅日之间的维斯瓦河以南。然后,他们转向北方。

与此同时,在喀尔巴阡山脉附近,利斯特的机动部队已依次渡过杜纳耶茨河、比亚瓦河、维斯沃卡河和维斯沃克河,直抵著名的普热梅希尔要塞两侧的桑河。在北部,古德里安的装甲军(屈希勒尔集团军的先头部队)已越过纳雷夫河,正在攻击华沙后方的布格河防线。因此,当钳形攻

---

① 弗兰兹·哈尔德(1884—1972),德国陆军总参谋长,德国上将。因在战略上频繁地与希特勒冲突而被解职,此后受"七二〇暗杀爆炸事件"牵连被贬入"领导预备队"。——译者注

② 瓦尔特·冯·布劳希奇(1881—1948),德国陆军总司令,德国元帅。1941年12月19日被希特勒解除职务(此后希特勒亲自兼任德国陆军总司令),1948年10月18日因心脏病死于汉堡的英军军事监狱。——译者注

势正在华沙以西维斯瓦河弯道处合围波兰军队时,外部更大的钳形攻势正在大力展开。

在入侵的这个阶段,德军的计划发生了重大变化。波兰军队那边一片混乱,其纵队似乎朝不同的方向移动,扬起的尘土遮蔽了空中视野,使得德国人一时也搞不清形势。在这种混乱的状况下,德国最高统帅部倾向于认为,北部大部分波兰军队已经逃过维斯瓦河。基于这一假设,他们下令赖歇瑙的集团军在华沙和桑多梅日之间渡过维斯瓦河,目的是拦截预期向波兰东南部撤退的波兰军队。但伦德施泰特表示反对,因为他确信大部分波兰军队仍在维斯瓦河以西。经过一番争论,他的观点占了上风,赖歇瑙的集团军被调往北方,在华沙以西的布祖腊河沿岸建立了一个阻击阵地。

结果,剩余的大部分波兰军队在撤过维斯瓦河之前就被困住了。德军除了沿抵抗最弱的防线进行战略突破获得优势之外,还获得了战术防御的优势。要取得最终胜利,他们只需坚守阵地——因为面对的是一支正在逆行、后方基地被隔断、补给短缺、侧翼和后方受到布拉斯科维茨集团军和克卢格集团军夹击的军队的仓促进攻。尽管波兰人奋勇作战,他们的勇敢给对手留下了深刻印象,但最终只有一小部分人成功在夜间突围,与华沙守军会合。

10日,雷兹-希米格维元帅下令全军撤退到波兰东南部,那里由索斯科夫斯基[①]中将指挥,目的是在一条相对狭窄的战线上构筑防御阵地,进行长期抵抗。但是,现在这只是一个徒劳的希望。在维斯瓦河以西的大包围圈不断收紧的同时,德军正在深入维斯瓦河以东地区。此外,他们还绕过了北部的布格河防线和南部的桑河防线。在屈希勒尔的战线上,古德里安的装甲军向南推进,向布列斯特-立托夫斯克发起了大范围的侧翼进

---

① 卡齐米日·索斯科夫斯基(1885—1969),波兰南方面军(亦称索恩科夫斯基集团军群)司令,波兰中将。1943年7月至1944年9月任(波兰流亡政府)波兰武装部队总司令兼武装部队监察长。1944年11月移居加拿大。——译者注

攻。在利斯特的战线上，克莱斯特的装甲军于12日抵达利沃夫市。德军在这里被阻截，但他们向北扩展，与屈希勒尔的部队会合。

尽管德国入侵部队感受到了纵深推进深入敌后带来的压力，而且燃料也即将用完，但波兰指挥系统已经严重混乱，无法从敌人的暂时松懈或许多孤立的波兰部队仍表现出的顽强中获益。当德军接近完成包围时，这些部队在各自为战中浪费了精力。

9月17日，苏军越过波兰东部边境。这场背后袭击决定了波兰的命运，因为几乎没有波兰军队留下来抵抗第二次入侵。第二天，波兰政府和最高统帅部越过罗马尼亚边境——波兰武装部队总司令发信息命令他的部队继续战斗。也许消息没有传到大多数人那里是件好事，但仍有许多人在接下来的几天里英勇地执行了命令，尽管他们的抵抗逐渐瓦解了。华沙守军虽然遭到空中和地面的猛烈轰炸，但还是坚持到了28日，最后一支相当大的波兰部队直到10月5日才投降，而游击队的抵抗一直持续到冬季。大约8万人越过中立国边境逃走了。

德军和苏军以合作伙伴的身份，在一条从东普鲁士向南经过比亚韦斯托克、布列斯特-立托夫斯克和利沃夫到喀尔巴阡山脉的战线上会师，并互相问候。德苏双方这种伙伴关系因共同瓜分波兰而得以确立，但并不牢固。

与此同时，法军只是在德国西线取得了些许进展。这看起来是，也确实是减轻盟友压力的无力之举。鉴于德军兵力和防御工事的薄弱，人们自然会觉得他们本可以做得更多。但同样，更深入的分析往往会纠正由敌对双方兵力比较数字所得出的明显结论。

尽管法国北部边境长达500英里，但法军若想发动进攻，只能限制在从莱茵河到摩泽尔河的90英里狭窄地带——除非他们侵犯中立国比利时和卢森堡。德国人能够将他们最精锐的兵力集中在这个狭窄地带，他们在齐格菲防线的前沿布下密集的地雷，从而拖延进攻者。

波兰战役

更糟糕的是，除了一些初步的试探性攻击，法军直到 9 月 17 日左右才发动攻势。到那时，波兰显然已经濒临崩溃，他们因此有充分的理由取消进攻。他们无法提前发动攻击，是因为他们的动员系统本身已经过时了。这是他们依赖征兵制的致命产物——直到大量"训练有素的后备军"从日常工作中被召集起来，编队准备好作战，这支军队才能有效地投入战斗。但是，法国统帅部坚持旧的战术思想——特别是他们认为任何进攻都必须像第一次世界大战那样以大规模炮击来准备——这进一步拖延了时间。他们仍然认为重型火炮是对付任何防御阵地必不可少的"开罐器"。但他们大部分重型火炮必须从仓库中取出，直到动员的最后阶段，也就是第 16 天才能使用。这种情况制约了他们发动进攻的准备工作。

过去几年，法国政治领导人保尔·雷诺一直认为这些观念已经过时，并敦促建立一支由职业军人组成的机械化部队，随时准备采取行动，而不是依靠那些老旧的、动员缓慢的应征兵。但他的声音就像荒野中的呐喊。法国政治家和大多数法国军人一样，信任征兵制和兵员数量。

1939 年的军事问题可以用两句话来概括。在东线，一支极其落后的军队被一支小型坦克部队和一支强大的空军迅速瓦解，后者采用了一种新颖的战术。与此同时，在西线，一支行动迟缓的军队无法形成任何有效的压力就已经为时已晚。

第4章 "假战争"

"假战争"是美国媒体创造的一个词。像许多传神的美式词汇一样，它很快就被大西洋两岸的人们所采用。它已成为从1939年9月波兰陷落到次年春季希特勒发动西线攻势这段时期的战争的正式名称。

那些创造这个词的人的本意是要传达这样的信息：这场战争是虚假的——因为法英联军和德军之间并没有发生任何重大战役。事实上，这是一段在幕后充满不祥活动的时期。在此期间，一名德国参谋军官发生了奇怪的事故。这件事让希特勒大吃一惊，在接下来的几个星期里，德国的军事计划彻底改变了。旧的计划不可能像新的计划那样成功。

但这一切当时不为人所知，人们只看到前线一片沉寂，因此断定战神已经沉睡。

对于这种表面上的平静状态，人们的解释各不相同。一种解释是，尽管英国和法国代表波兰宣战，但他们的战争意图并非真心，而是在等待和平谈判。另一种流行的解释是，他们要了花招。美国媒体刊登了许多"报道"，称盟国最高统帅部故意采用了一种构思巧妙的防御战略方案，为德国人准备了一个陷阱。

这两种解释都是没有根据的。在那年秋冬，盟国政府和最高统帅部花了很多时间讨论针对德国或德国侧翼的进攻计划——他们不可能凭借自己的资源实现这一目标——而不是集中精力准备有效防御希特勒即将发动的进攻。

法国沦陷后，德国人缴获了法国最高统帅部的档案，并发表了其中一部分耸人听闻的文件。这些文件表明，盟军首脑们花了整个冬天来考虑全方位的进攻计划——通过挪威、瑞典和芬兰袭击德国后方；通过比利时袭击鲁尔区；通过希腊和巴尔干半岛袭击德国遥远的东部侧翼；通过袭击苏联在高加索地区的大型油田切断德国的石油供应来源。这是一系列奇妙的幻想——盟军领导人的虚幻想象，他们生活在梦幻世界中，直到希特勒发动进攻的这盆冷水将他们浇醒。

希特勒的思想总是能超前于形势发展，在波兰战役即将结束、公开提议召开全面和平会议之前，他便开始考虑在西线发动攻势。显然，他已经意识到，西方盟国不太可能考虑任何此类提议。然而目前，他只允许他的亲信知道他的想法。直到10月6日他公开提出和平提议但遭到公开拒绝之后，他才把这些想法告诉总参谋部。

三天后，希特勒在一份给德国陆军首脑们的长篇指令[①]中阐述了自己的观点，并解释了他坚信德国唯一可能的选择是向西进攻的原因。这是一份极具启发性的文件。他在文件中阐述了自己的结论：与法国和英国的长期战争将耗尽德国的资源，并使德国后方面临来自苏联的致命攻击。他担心与苏联的协议无法确保苏联在不符合其目的情况下依然保持中立。他的恐惧促使他尽早发动进攻，迫使法国求和。他相信，一旦法国倒下，英国就会妥协。

他认为，目前德国拥有击败法国的兵力和武器装备，因为德国在最重要的新武器装备方面占有优势：

> 目前，德国的坦克部队和空军已经达到了其他任何国家都无法达到的技术高度，不管是作为攻击武器，还是作为防御武器。他们的组

---

① 纽伦堡文件 C-62。

织和经验丰富的领导确保了他们的战略作战潜力,这比其他任何国家都要强。

虽然希特勒承认法国在老式武器装备(尤其是重型火炮)方面占有优势,但他辩称:"这些武器装备在机动战中毫无决定性意义。"凭借在新型武器装备方面的技术优势,他也可以忽略法国在训练有素的士兵数量方面的优势。

他继续辩称,如果他等待,寄希望于法国人厌倦战争,"英国战斗力的发展将为法国带来新的战斗要素,这对法国来说在心理上和物质上都有巨大的价值"——会增强法国的防御。

  首先必须防范的是敌人弥补自己武器装备的弱点,特别是反坦克和防空武器方面的弱点,从而形成力量平衡。在这方面,每个月的流逝都意味着时间的浪费,这对德国的进攻力量不利。

一旦轻松征服波兰的兴奋情绪消退,他就对德国士兵的"战争意志"感到担忧。"目前,他对自己的尊重与他从别人那里得到的尊重一样多。但是,六个月的战争拖延和敌人的有效宣传可能会再次削弱这些重要品质。"[①] 希特勒觉得必须尽快出击,以免为时过晚,他说:"在目前的情况下,时间可以算作西方列强的盟友,而不是我们的盟友。"他的备忘录最后得出的结论是:"如果条件允许,将于今年秋季发动攻击。"

希特勒坚持认为,必须将比利时纳入攻击范围,这不仅是为了获得包抄法国马其诺防线的机动空间,也是为了防止英法联军进入比利时,并在

[①] 事实证明,希特勒的担忧是多余的。在实际拖延了七个月后,法军的士气下降幅度比德军更大。盟军的宣传并不有效——关于推翻德国的言论太多,而区分普通德国人和纳粹头目的尝试太少。更糟糕的是,英国政府几乎不鼓励与德国一些团体秘密进行接触,这些团体希望推翻希特勒并实现和平,只要他们能得到盟国所设想的令人满意的和平保证。

鲁尔区附近部署，"从而将战争带到我们军备工业的核心地带"。（正如法国档案所揭示的，这正是法国陆军总司令甘末林[①]所主张的。）

希特勒的意图暴露后，陆军总司令布劳希奇和陆军总参谋长哈尔德大为震惊。他们和大多数德国高级将领一样，并不认同希特勒的观点，不相信新武器装备能够抵消对手在军事训练及人力方面的优势。他们按惯例计算师的数量，认为德国陆军的兵力远远不足以击败西方军队。他们指出，德国调动的98个师比对方的总数少得多，其中36个师装备简陋，训练不足。他们还担心战争会演变成另一场世界大战，担心给德国带来致命后果。

他们如此不安，以至于开始考虑采取极端的补救措施。就像一年前慕尼黑危机时一样，他们开始考虑采取行动推翻希特勒。他们的想法是从前线派遣一支精锐部队进军柏林。后备军司令弗洛姆[②]上将拒绝合作——而他的帮助至关重要。弗洛姆认为，如果命令部队反抗希特勒，他们是不会服从的——因为大多数普通士兵都信任希特勒。弗洛姆对部队反应的判断可能是正确的。大多数与部队保持联系而又不知道上级司令部正在讨论什么的军官都证实了这一点。

广大的德国军民，即使没有陶醉于胜利的喜悦，也已经被戈培尔[③]博士的宣传所迷惑。他宣称希特勒渴望和平，而盟国决心要摧毁德国。不幸的是，盟国政界人士和媒体为戈培尔提供了太多此类可引用的素材，让他

[①] 莫里斯·甘末林（1872—1958），法国国防参谋长、法国陆军总司令，法国上将。法国停战后被维希政府逮捕，1942年受到贝当政府在里昂组织的法庭审判，在审判期间始终保持缄默。1943年4月至1945年5月被德国人逮捕关押。——译者注

[②] 弗里德里希·弗洛姆（1888—1945），德国陆军装备部长兼德国后备军司令，德国上将。1944年7月20日在"七二〇暗杀爆炸事件"中态度摇摆不定，终因涉嫌参与此次事件和"在敌人面前怯懦"而被判处死刑，1945年3月12日在勃兰登堡—哥登监狱的射击场被枪杀。——译者注

[③] 约瑟夫·戈培尔（1897—1945），纳粹党宣传领袖，纳粹德国国民教育和宣传部长。1945年5月1日服毒自杀。——译者注

可以用这些素材描绘出一幅盟国恶狼想要吞食德国羔羊的画面。

虽然第一次反对希特勒的战时阴谋胎死腹中，但希特勒并没有如愿在秋季发动攻势。讽刺的是，事实证明这对他来说是幸运的，而对包括德国人民在内的世界其他国家来说是不幸的。

进攻的日期暂定为 11 月 12 日。5 日，布劳希奇再次试图劝阻希特勒不要入侵法国，并详细阐述了反对的理由。但希特勒驳斥了他的论点，并严厉斥责他，同时坚持进攻必须在 12 日开始。然而到了 7 日，命令被取消了——因为气象学家预测天气不好。进攻日期推迟了三天，然后又一再推迟。

虽然恶劣的天气是推迟进攻的正当理由，但希特勒对不得不默许这一结果感到愤怒，而且根本不相信这是唯一的理由。11 月 23 日，他召集所有高级指挥官开会，试图消除他们对发动进攻必要性的疑虑——他对苏联迫在眉睫的威胁表示担忧，同时强调西方盟国不会考虑他的和平提议，并正在增加军备。"时间对我们的对手有利。""我们有一个致命弱点——鲁尔区……如果英国和法国穿过比利时和荷兰进入鲁尔区，我们将面临极大的危险。"

他接着指责将领们胆小，并让将领们知道他怀疑他们试图破坏他的计划。他指出，从重新占领莱茵兰开始，他们就反对他的每一个步骤，而每一次的成功都证明他是正确的，现在他希望他们无条件遵循他的想法。布劳希奇试图指出这次新冒险的不同之处和更大的风险，结果却招致了更严厉的斥责。那天晚上，希特勒私下召见布劳希奇，并进一步"训斥"了他。布劳希奇随即提出辞职，但希特勒不予理会，并告诉他应服从命令。

然而，天气比将军们更能破坏计划，导致 12 月上半月又一再推迟。后来希特勒决定等到新年，并准许圣诞节休假。圣诞节刚过，天气又变坏了，但 1 月 10 日，希特勒将进攻时间定在 17 日。

就在他做出决定的那一天，发生了最具戏剧性的"插曲"。这件事在很多记载中都有提及，但德国空降部队总司令施图登特①中将的叙述最为简洁：

> 1月10日，我派一名少校作为第2航空队的联络官，从明斯特飞往波恩，与空军讨论该计划的一些不重要的细节。然而，他随身携带了西线进攻的完整作战计划。
>
> 在冰冷的天气和强风中，他在冰冻和积雪的莱茵河上空迷失了方向，飞到了比利时，不得不在那里迫降。他无法将这份重要文件完全烧毁。其中的重要部分落入了比利时人手中，因此德国西线进攻计划的大纲也落入了比利时人手中。德国驻海牙空军武官报告称，同一天晚上，比利时国王与荷兰女王进行了长时间的电话交谈。②

当然，德国人当时并不知道这些文件到底出了什么状况，但他们自然担心最坏的情况，并不得不做好应对准备。在那次危机中，与其他人相比，希特勒保持了冷静的头脑：

> 观察德国领导人对这一事件的反应很有趣。戈林怒不可遏，而希特勒相当冷静和镇定……起初他想立即发动攻击，但幸运的是他忍住了——并决定完全放弃原来的作战计划。这个计划被曼施泰因计划所取代。③

---

① 库尔特·施图登特（1890—1978），德国H集团军群司令，德国空军上将。第一次世界大战期间作为战斗机飞行员参战。1922年至1928年在陆军武器装备办公室下属的飞机研制领域的武器装备检验所任职，在苏联建立国防军秘密飞行学校和测试设施方面发挥了关键作用。1933年，被德国空军录用并开始从事训练工作。1945年4月被英军俘虏，1948年获释。——译者注

② 利德尔·哈特：《山的那一边》，第149页。

③ 利德尔·哈特：《山的那一边》，第149页。

在最高统帅部担任要职[①]的瓦尔利蒙特[②]少将记录道,希特勒于1月16日决定改变计划,而"这主要是由于飞行事故"[③]。

这对盟军来说非常不幸,即使他们获得了另外四个月的准备时间——因为德军的进攻现在被无限期推迟,而计划正在彻底重新制订,直到5月10日才发动。当它发动时,就让盟军措手不及,导致法军迅速崩溃,而英军勉强从敦刻尔克经海路逃脱。

人们自然会问,这名少校的迫降是否真的是一场意外。可以预料,战后为取悦捉拿他的人,任何一名参与此事的德国将军都会宣称是自己安排了这一事件以向盟军发出警告。然而,事实上,没有人这样做——而且似乎所有人都相信这次事故是真的。但我们知道,德国军事情报局局长卡纳里斯[④]海军上将——后来被处决——采取了许多隐秘的措施来挫败希特勒的计划,而且就在德国春季袭击挪威、荷兰和比利时之前,他向受威胁的国家发出了警告——尽管这些警告没有得到应有的重视。我们还知道,卡纳里斯的工作方式很神秘,而且善于掩盖自己的行踪。因此,1月10日的致命事故注定是一个悬而未决的问题。

新计划的起源没有这样的疑问。这是另一个奇怪的事件——尽管奇

---

① 他是约德尔中将麾下的德国最高统帅部作战参谋部副部长。

② 瓦尔特·瓦尔利蒙特(1894—1977),德国最高统帅部作战参谋部副部长(德国最高统帅部作战参谋部副参谋长),德国炮兵上将。1936年8月至11月任德国国防部长驻西班牙佛朗哥政府的德国国防军全权代表,负责协调德国援助,以支持佛朗哥与西班牙政府军的作战。1937年,撰写《瓦尔利蒙特备忘录》,呼吁重组德国武装部队,将其置于一个参谋部和一个最高统帅的领导之下。该计划旨在限制高级军官阶层的权力,以支持阿道夫·希特勒。根据这份备忘录,希特勒组建国防军最高统帅部并担任最高统帅。在1944年7月20日"暗杀爆炸事件"中受伤后被贬入"领导预备队"。1948年10月在美国军事法庭的"最高统帅部审判"(纽伦堡后续审判的一部分)中被判处终身监禁,1951年刑期减为18年,1954年6月被释放。——译者注

③ 利德尔·哈特:《山的那一边》,第155页。

④ 威廉·卡纳里斯(1887—1945),德国军事情报局局长,德国海军上将。是反对希特勒的军官行动的主要参与者。1944年7月20日"七二〇暗杀爆炸事件"失败后被捕,1945年4月在弗洛森比格集中营被处死。——译者注

怪的方式不同。

旧计划由哈尔德领导的陆军总参谋部制订，通过比利时中部发起主要进攻——就像1914年那样。该计划由博克上将指挥的德国B集团军群执行，而伦德施泰特上将指挥的德国A集团军群在左翼通过丘陵起伏、森林茂密的阿登地区发动二次进攻。这里预计不会取得重大成果，所有装甲师都分配给了博克，因为总参谋部认为阿登地区太难攻克，不适合坦克部队。[1]

伦德施泰特集团军群的参谋长是埃里希·冯·曼施泰因[2]——他的同事们认为他是年轻将领中最有能力的战略家。他认为第一个计划太平淡了，而且太像1914年的史里芬计划[3]——这正是盟军最高统帅部做好应

---

[1] 法国总参谋部持完全相同的观点。英国总参谋部也是如此。1933年11月，有人向我咨询如何才能在未来的战争中最好地使用我们的快速坦克部队（当时陆军部刚开始组建）。我建议，如果德国入侵法国，我们应该通过阿登地区发动坦克反击。我被告知"阿登地区坦克无法通行"，我回答说，根据我个人对地形的研究，我认为这种观点是一种错觉——正如我在两次世界大战之间的几本书中强调的那样。

[2] 埃里希·冯·曼施泰因（1887—1973），亦译作埃里希·冯·曼施坦因或埃里希·冯·曼斯坦因，德国南方集团军群参谋长，德国元帅。1944年3月被希特勒解除南方集团军群参谋长的职务，转入"领导预备队"。1945年8月被英军拘留。1949年12月被判处18年监禁，1952年因眼疾问题出狱，1953年5月获释。——译者注

[3] 阿尔弗雷德·冯·史里芬（1833—1913），德军总参谋长，德国元帅。1905年12月提交的在总参谋长任内主持制定的《对法战争备忘录》，又称史里芬计划。该计划的主要内容包括：设想法军企图攻取阿尔萨斯和洛林，而俄军动员缓慢，据此规定采取"先法后俄"的战略指导方针，以免陷入东西两线同时作战的被动地位。西线以少量兵力牵制法军的进攻，而占总兵力87%的部队通过荷兰和比利时沿西南方向实施主要突击，从西面迂回巴黎，围歼法军主力于阿尔萨斯、洛林至瑞士边界之间，进而迫使法国投降，争取在6至8周内结束对法战争；东线先以少量兵力阻滞俄军进攻，待西线击败法军后，主力转移到东线与俄军决战。继任德军总参谋长小赫尔穆特·冯·毛奇上将对该计划作了若干修改：为防止法军攻入阿尔萨斯和洛林地区而威胁左翼安全，决定从右翼分兵加强左翼；为避免俄军攻入东普鲁士而在政治上造成不利影响，决定相应加强东线兵力，结果使西线主要突击方向上的兵力由原来占总兵力的87%减至60%；为使荷兰保持中立，规定右翼集团全部经比利时和卢森堡进入法国，从而使部队的展开和机动受到限制。其海战计划规定：集中兵力对英国舰队作战，首先以小型水面舰艇和潜艇打破英国的海上封锁，逐步削弱其海军优势，尔后在决战中将其歼灭，同时破坏海上交通线；在波罗的海部署部分兵力对俄国海军进行牵制。——译者注

对准备的那种进攻。曼施泰因认为，另一个缺点是，德军将遇到英军部队，而英军可能比法军更强大。而且，这个计划不会带来决定性的结果。引用他自己的话来说，就是：

> 我们也许可以在比利时击败盟军。我们可以征服英吉利海峡沿岸。但我们的进攻很可能在索姆河被阻止。然后就会出现像1914年那样的情况……达成和平的机会将荡然无存。①

曼施泰因在思考这一问题时，已经想出了一个大胆的解决方案，那就是将主要攻击转移到阿登地区，他认为这是最意想不到的路线。但他心中还有一个大问题，1939年11月，他曾就此问题咨询过古德里安。

古德里安自己是这样说的：

> 曼施泰因问我，坦克能否穿过阿登地区向色当方向调动。他解释了他的计划，即在色当附近突破马其诺防线的延伸部分，以避免老式的史里芬计划，这种计划敌人很熟悉，而且很可能已有准备。我从第一次世界大战起就了解这里的地形，在研究了地图后，我同意了他的观点。曼施泰因随后说服了冯·伦德施泰特上将，并向陆军总司令部（简称OKH，由布劳希奇和哈尔德领导）发送了一份备忘录。陆军总司令部拒绝接受曼施泰因的想法。但是，曼施泰因成功地将自己的想法告知了希特勒。②

瓦尔利蒙特在12月中旬与曼施泰因交谈后，将曼施泰因的想法告知了希特勒的最高统帅部。他向最高统帅部作战参谋部参谋长约德尔中将说

---

① 利德尔·哈特：《山的那一边》，第152页。
② 利德尔·哈特：《山的那一边》，第153—154页。

起这一想法，后者又将这个想法转达给了希特勒。但直到1月10日发生飞行事故后，当希特勒正在寻找新计划时，曼施泰因的提议才重新浮现在他的脑海中，并开始发挥作用。即便如此，过了一个月他才明确表示支持这一计划。

最终决定以一种奇怪的方式做出。布劳希奇和哈尔德不喜欢曼施泰因用"灵光一闪"的方式反对他们的计划。因此，他们决定将他撤职，并派他去指挥一个步兵军——在那里他将脱离核心决策圈，也不太可能推行他的想法。但在这次调职之后，他被希特勒召见，因此有机会全面解释他的想法。这次会见是在希特勒的首席副官施蒙特[①]将军的倡议下安排的，他是曼施泰因的狂热崇拜者，并认为曼施泰因受到了不公正的对待。

此后，希特勒极力向布劳希奇和哈尔德灌输这一想法，他们不得不让步，并根据曼施泰因的思路重新制订了计划。哈尔德虽然不愿接受，但他是一名非常能干的参谋，由他详细起草的这个计划是一项了不起的杰作。

一个典型的后果是，希特勒一旦转而支持新的关键理念，就会很快认定这是他自己想出来的。他只承认曼施泰因同意他的观点："在所有与我讨论西线新计划的将军中，曼施泰因是唯一一个理解我的人。"

如果我们分析5月发动进攻时的事态发展，就会发现用旧计划几乎肯定无法攻下法国。事实上，即使这样做了，也只能将盟军逼回法国边境。因为德军主力部队将正面迎战实力最强、装备最精良的法英联军，而且必须在充满障碍的地区（河流、运河和大城镇）开路前进。阿登地区看起来更加难以攻克，但如果德军能在法国最高统帅部意识到危险之前迅速穿过比利时南部树木繁茂的山区，那么法国起伏的平原将向他们敞开大

[①] 鲁道夫·施蒙特（1896—1944），1938年至1944年任德国元首和全国总理府武装部队副官处主任，1942年兼陆军人事局局长，德国步兵上将。1944年7月20日，克劳斯·冯·施陶芬贝格上校在狼堡元首大本营举行的简报会上引爆了一枚旨在杀死阿道夫·希特勒的炸弹。刺杀行动失败，包括施蒙特在内的几名军官身受重伤。施蒙特失去了左眼，双腿遭到烧伤和严重的弹片伤害。1944年10月在卡尔肖夫因伤重不治而身亡。——译者注

门——这是坦克大举进攻的理想之地。

如果维持旧计划并陷入僵局（这是可能的），那么整个战争的前景就会大不相同。虽然法国和英国不可能独自击败德国，但对德国攻势的明确遏制将使他们有时间发展武器装备，特别是飞机和坦克，从而在这些新武器装备上建立力量平衡。希特勒夺取胜利的企图遭遇失败，最终也会削弱德国军民的信心。因此，西线的僵局将为希特勒在国内的强大反对者提供一个很好的机会，让他们获得越来越多的支持，并制订推翻他的计划，作为实现和平的先决条件。德国攻势被遏制之后，不管情况如何，欧洲至少可以避免因法国崩溃引发的一系列事件给其人民带来的破坏和苦难。

希特勒从这场导致他改变计划的飞行事故中获益良多，盟军却因此蒙受了巨大损失。整个事件最奇特的是，盟军从他们得到的警告中获益甚微。因为德国参谋军官携带的文件没有被严重烧毁，比利时人迅速将这些文件的副本交给了法国和英国政府。但是，两国的军事顾问倾向于认为这些文件是德国故意制造的骗局。这种观点几乎说不通，因为这一愚蠢的骗局只会让比利时人提高警惕，并迫使他们与法国和英国更紧密地合作。比利时人很可能会在受到攻击之前先开放边境，让法英联军进入，以增强他们的防御。

更奇怪的是，盟军最高统帅部没有改变自己的计划，也没有对这样的可能性采取任何预防措施：如果缴获的计划属实，那么德国最高统帅部几乎肯定会将攻击重点转移到其他地方。

11月中旬，盟国最高委员会批准了甘末林的"D计划"[1]，这是对早期计划的一项冒险改进，英军总参谋部起初对此表示质疑。根据"D计划"，盟军获得加强的左翼部队将在希特勒开始行动时立即冲进比利时，并尽可

---

[1] D计划，即戴尔计划，Dyle plan 或 Plan D，是法国陆军总司令莫里斯·甘末林上将为挫败德国通过比利时入侵法国的企图而制订的计划。甘末林希望法国、英国和比利时军队沿戴尔河阻止德国入侵部队。——译者注

能向东推进。这正中希特勒下怀，因为这完全符合他的新计划。盟军左翼越深入比利时中部，希特勒的坦克部队就越容易穿过阿登地区，绕过盟军后方并将其切断。

结果更加确定，因为盟军最高统帅部动用了大部分机动部队向比利时推进，只留下一些二流师组成薄弱屏障，守卫其推进的关键枢纽——面对"不可逾越的阿登山区"的出口。更糟糕的是，他们必须坚守的防线特别薄弱——在马其诺防线末端和英军防御阵线起点之间的缺口处。

丘吉尔在回忆录中提到，英国方面在秋季对这一缺口感到焦虑，并说："陆军大臣霍尔-贝利沙先生在战时内阁中多次提出这一问题……然而，内阁和我们的军事领导人自然不愿批评那些军队比我们强大十倍的法国人。"[①]霍尔-贝利沙因批评引起的轩然大波而在1月初辞职，之后人们更不愿意提及这一问题。英国和法国的盲目自信十分危险。丘吉尔在1月27日的一次演讲中宣称："希特勒已经失去了最好的机会。"第二天，这一令人欣慰的话语登上各大报纸的头条。当时，新计划正在希特勒的脑海中酝酿。

---

① 温斯顿·丘吉尔：《第二次世界大战》第二卷，第33页。

第5章　芬兰战争

波兰被瓜分后，斯大林急于保卫苏联的波罗的海侧翼，以防其临时盟友希特勒未来带来的威胁。因此，苏联政府不失时机地确保了它在波罗的海旧缓冲地区的战略控制。到10月10日，苏联已与爱沙尼亚、拉脱维亚和立陶宛达成协议，使苏军能够驻扎在这些国家的关键地点。9日，苏联开始与芬兰进行谈判。14日，苏联政府提出要求，这些要求具有三个主要目的。

第一，通过以下方式来掩护通往列宁格勒的海上通道：（1）"从两岸用火炮封锁芬兰湾，防止敌军战舰或运输船进入"；（2）"阻止任何敌人进入芬兰湾内位于列宁格勒入口西部和西北部的岛屿"。为此，苏联要求芬兰割让霍格兰岛、塞斯卡里岛、拉文斯卡里岛、泰塔斯卡里岛和洛伊维斯托岛，以换取其他领土；苏联还要求租用汉科港30年，以便在那里建立一个拥有海岸炮兵的海军基地，该基地能够与对岸的帕尔达斯基海军基地配合，封锁通往芬兰湾的通道。

第二，为在陆路对列宁格勒提供更好的掩护，将卡累利阿地峡的芬兰边境线后移至列宁格勒重炮射程之外。重新调整边境后，曼纳林防线上的主要防御工事仍将保持完好。

第三，调整极北地区"贝柴摩的边界，那里的边界划定得很糟糕，而且是人为划定的"。原边界线是一条直线，穿过雷巴奇半岛的狭窄地峡，切断了半岛的西端。这次重新调整显然是为了保护通往摩尔曼斯克的海上通道，防止敌人在雷巴奇半岛建立自己的基地。

作为重新调整这些领土的交换条件，苏联提出将雷波拉和波拉约尔皮地区割让给芬兰——即使根据芬兰白皮书的说法，这项交换也将使芬兰额外获得2134平方英里的土地，以补偿割让给苏联总计1066平方英里的土地。

客观地审视这些条款，可以发现它们是建立在合理基础上的，目的是在不严重损害芬兰安全的情况下为苏联领土提供更大的安全保障。这些条款显然会阻碍德国利用芬兰作为攻击苏联的跳板。但是，它们不会给苏联攻击芬兰带来任何明显的优势。事实上，苏联愿意割让给芬兰的领土将扩大芬兰令人不安的狭窄地带。

然而，民族情绪使芬兰人难以接受这样的协议。虽然他们表示愿意割让除霍格兰岛以外的所有岛屿，但他们坚持要保留位于大陆上的汉科港——他们认为这不符合他们严格中立的政策。苏联随后提出购买这片领土，称这种购买符合芬兰的中立义务。然而，芬兰拒绝了这一提议。讨论变得激烈，苏联媒体评论的语气变得威胁性十足。11月28日，苏联政府取消了1932年签订的互不侵犯条约。30日，苏联开始入侵。

最初的进攻以令世界震惊的失败告终。从列宁格勒向卡累利阿地峡的直接推进在曼纳林防线的前方停止了。拉多加湖附近的进攻也没有取得进展。在战线的另一端，苏联切断了北冰洋上的小港口贝柴摩，以阻止援军通过这条路线向芬兰提供援助。

芬兰中部立即又出现了两次具有威胁性的进攻。较北的进攻穿过萨拉，到达距离波的尼亚湾仅半程之遥的凯米耶尔维，随后被从南部通过铁路调来的芬兰师的反击击退。南部的进攻经过苏奥穆斯萨尔米，在1940年1月初被反击打断。芬兰人绕过入侵者的侧翼，封锁了他们的补给线和撤退路线，等到他们的部队因寒冷和饥饿而精疲力竭时，才发起攻击将他们击溃。

在西方，人们对芬兰这个新遭受侵略的国家表示同情，这种同情迅速发展为对弱者击退强者的热烈欢呼。这种印象产生了深远的影响。它促使法英两国政府考虑向这个新的战场派遣一支远征军，目的不仅是援助芬兰，而且还要夺取供应德国的瑞典耶利瓦勒铁矿，同时建立一个威胁德国波罗的海侧翼的阵地。由于挪威和瑞典的反对，这一计划在芬兰崩溃之前未能实现。这样，法国和英国就避免了同时与苏联和德国开战，而当时他们的防御力量非常薄弱。但是，盟军进入斯堪的纳维亚的明显威胁促使希特勒决定占领挪威以消除这一威胁。

芬兰早期取得成功的另一个影响是，它强化了人们低估苏联军事实力的普遍趋势。这种观点体现在温斯顿·丘吉尔1940年1月20日的广播声明中，他说芬兰"让全世界看到了苏联红军的军事无能"。希特勒在某种程度上也犯了同样的误判，并在次年产生重大后果。

然而，如果对这场战役进行更冷静的审视，可以找到当初苏联进攻的无效性更充分的理由。没有任何迹象表明苏联当局已经做好了充分的准备来发动一次强大的攻势，也没有迹象表明他们利用苏联丰富的资源储备了大量弹药和武器装备。有明显迹象表明，苏联当局被有关芬兰局势的信息来源误导了，他们没有想到在芬兰会遭到顽强的抵抗，而是认为他们可能只需要支持芬兰人民起义反对不受欢迎的政府即可。芬兰到处都是天然屏障，使进攻路线受阻，有助于防御，因此难以入侵。拉多加湖和北冰洋之间的边界在地图上看起来很宽，但实际上是一片湖泊和森林，非常适合设置陷阱和进行顽强抵抗。此外，苏联边境线一侧，只有一条从列宁格勒到摩尔曼斯克的铁路线，这条铁路线长达800英里，只有一条支线通往芬兰边境。这一限制反映在这样一个事实中：在芬兰的高调报告中，听起来非常可怕的"腰线"突击行动只用了三个师，而在拉多加湖北部的侧翼行动中使用了四个师。

进入芬兰的最佳途径是通过拉多加湖和芬兰湾之间的卡累利阿地峡，但这条路线被曼纳林防线和芬兰人一开始就集中在那里的6个现役师阻挡了。苏军进一步向北推进，虽然进展不顺利，但达到了吸引部分芬兰预备队前往那里的目的。而此时苏军正在进行充分的准备，并调集了14个师，准备对曼纳林防线发动一次猛烈的攻击。这次攻击于 2 月 1 日在梅列茨科夫①将军的指挥下发起。攻击的重点集中在苏马附近 10 英里的区域，那里遭到了猛烈的炮火轰炸。随着防御工事被摧毁，坦克和雪橇载运的步兵向前推进占领了地面，苏联空军粉碎了对方的反击企图。经过两个多星期有条不紊的行动，整个曼纳林防线的纵深就被突破了。随后，进攻者向外迂回，将芬兰军队逼入两翼包围，然后向维堡推进。一支侧翼部队从冰封的霍格兰岛出发，穿过冰封的芬兰湾，在维堡的后方登陆。尽管芬兰人在维堡前的顽强防御持续了几个星期，但芬兰有限的部队在卡累利阿地峡的防守中已被消耗殆尽。一旦通道被强行打通，交通线受到威胁，最终的崩溃是肯定的。投降是避免这种情况的唯一方法，因为法国和英国提供的远征军虽然已几乎准备好起航，但尚未抵达。

1940 年 3 月 6 日，芬兰政府派出代表团来进行和平谈判。除了先前苏联提出的条件外，芬兰还被要求割让萨拉和昆萨莫地区、包括维堡在内的整个卡累利阿地峡以及费舍尔半岛的芬兰部分。他们还被要求修建一条从凯米耶尔维到边境（尚未建立）的铁路，以连接苏联支线。3 月 13 日，芬兰宣布接受苏联的条件。

在形势发生根本变化的情况下，特别是在 2 月 12 日曼纳林防线苏马段灾难性崩溃之后，苏联提出的新条件显得非常温和。但是，曼纳林②元帅比大多数政治家更现实，他对法英两国迫切提出的援助表示怀疑，敦促芬兰接受苏联的条件。斯大林几乎没有提出什么要求，这也体现了他的政治家风度，他显然急于摆脱这场涉及 100 多万苏军以及大量坦克和飞机的战争，而当时，关键的 1940 年春天即将来临。

虽然波兰的条件比欧洲其他任何地方都更适合发动闪电战，但芬兰是一个极不适合实施闪电战的战场，尤其是在苏联入侵的时候。

---

① 基里尔·梅列茨科夫（1897—1968），苏联第 1 远东方面军司令，苏联元帅。——译者注

② 卡尔·曼纳林（1867—1951），芬兰国防委员会主席，芬兰总统。——译者注

德国交通发达，而波兰交通极度匮乏，这进一步加深了波兰边境在地理上受包围的局面。波兰的开阔地形为机械化部队提供了进攻空间，而9月的干燥天气也为机械化部队的进攻提供了保障。波兰陆军比大多数军队更热衷于进攻传统，因此在利用有限的防御手段时显得更为薄弱。

相比之下，在芬兰，防守方的优势在于拥有比进攻方一侧更好的内部交通系统，包括铁路和公路。芬兰有几条与边境平行的铁路线，能够快速横向调动他们的后备力量；苏联只有一条从列宁格勒到摩尔曼斯克的铁路线，其中一条支线通向芬兰边境。在其他地方，苏联必须从铁路线推进50—150英里才能越过边境，而且要推进得更远才能威胁到具有战略意义的地点。此外，这一推进必须穿过一个遍布湖泊和森林的国家，还要经过积雪很深的糟糕道路。

这些困难限制了苏联可以调动和维持的兵力，除非直接通过卡累利阿地峡向防守严密的曼纳林防线推进。这片狭长的土地在地图上宽70英里，但从战略上讲，它的实际宽度要小得多。它的一半被宽阔的沃克西河挡住，其余大部分被一系列湖泊覆盖，湖泊之间密布森林。只有在苏马附近，才有空间部署大量兵力。

此外，除了在芬兰边境明显暴露的地段集结部队并将其推进到敌国境内的战略困难之外，还有克服熟悉地形并能够利用其优势的守军的抵抗的战术困难。湖泊和森林往往会将入侵部队引向狭窄的前进通道，在那里他们可能会遭到机枪扫射；它们还为隐蔽的侧翼机动和游击袭扰提供了无数机会。在夏天，面对经验丰富的敌人，进入这样一个国家已经足够危险了；在北极的冬天，尝试进入这个国家就更加困难了，那时笨重的纵队就像一个穿木屐的人试图与一个穿运动鞋的对手搏斗一样。

如果曼纳林元帅将所有预备队都留在最南端，直至苏军亮出底牌才实施机动，这显然是冒险之举，但从整体上来说，他的战略还是合理的，因为敌人的初步突击为随后的反击提供了机会——尤其是在这种国家的冬季条件下。

至于苏军，基于错误假设制订的计划在现实考验下失败是意料之中的事。但是，这本身并不能证明整个苏军的军事效率低下。虽然独裁政权特别容易受到符合其意愿的关于形势的报告的影响，但没有任何一个政府能够免受此类风险。明智的做法是记住这一点：现代历史上最大的错误假设也许是法国1914年和1940年计划所依据的那些假设。

第二次世界大战战史

History of the Second World War

第三编　涌动，1940

PART Ⅲ　THE SURGE, 1940

第6章 征服挪威

征服波兰之后的六个月的虚假平静,突然以一声惊雷结束。惊雷不是来自风暴的中心,而是来自斯堪的纳维亚的边缘。和平的国家挪威和丹麦遭到希特勒的闪电战袭击。

4月9日,各家报纸刊登了这样一则消息:前一天,英法两国海军进入挪威水域,布设雷区,以阻止任何与德国进行贸易的船只进入。对这一行动的祝贺与对破坏挪威中立的辩护混杂在一起。但是,那天早上的广播让报纸上的消息过时了——因为它播送了更令人震惊的消息:德军在挪威海岸的一系列地点登陆,并进入了丹麦。

德国的这些大胆举动完全不顾英国的海上优势,让盟国领导人大吃一惊。当天下午,英国首相张伯伦在下议院发表声明称,德军已在挪威西海岸的卑尔根、特隆赫姆和南部海岸登陆,并补充说:"有报道称在纳尔维克也有类似的登陆行动,但我非常怀疑这些报道是否属实。"对英国当局来说,希特勒竟然敢冒险在如此靠北的地方登陆,简直令人难以置信,何况他们知道自己强大的海军力量正在那附近掩护布雷行动和其他预定行动,就更难以置信了。他们甚至认为"纳尔维克"一定是"拉尔维克"的拼写错误,而后者是南部海岸的一个地方。

然而,在这一天结束之前,情况已经明朗,德军已经占领挪威首都奥斯陆和包括纳尔维克在内的所有主要港口。他们同时进行的所有海上攻击都取得了成功。

英国政府在这个问题上的幻想很快就破灭了,随后又产生了新的幻想。两天后，海军大臣丘吉尔告诉下议院：

> 在我看来，希特勒先生犯了一个严重的战略错误，我的资深顾问也持同样的看法……斯堪的纳维亚的局势使我们获益匪浅……他已在挪威海岸作出了一系列承诺，如果有必要，他将不得不在整个夏天与拥有强大海军力量并能比他更容易将海军运送到战场的列强作战。我看不出他获得了任何相反的优势……我觉得我们的优势在于……我们的死敌被激怒了，犯下了战略错误。[1]

这些漂亮的言辞并没有带来相应的实际行动。英国的反击行动缓慢、犹豫不决、拙劣不堪。尽管英国海军部在战前对空中力量不屑一顾，但到了行动的关键时刻变得极其谨慎，不敢冒险让舰船进入空中力量可能决定战局的地方。部队的行动仍然比较无力。尽管部队在几个地方登陆，目的是驱逐德国侵略者，但他们在短短两个星期内就全部重新登上舰船，除了在纳尔维克的一个立足点——一个月后，随着德军在西线发动主要攻势，这个立足点被放弃了。

丘吉尔所建的梦想城堡已经轰然倒塌。这些梦想城堡，建立在对形势和现代战争变化（尤其是空中力量对海上力量的影响）的基本误解之上。

在将挪威描述为希特勒的陷阱之后，他最后说德国入侵是希特勒"受到挑衅"而采取的一步，这话更加真实，更有意义。战后关于这场战役最令人吃惊的发现是，尽管希特勒肆无忌惮，但他还是希望挪威保持中立，并没有计划入侵挪威，直到有明显迹象表明盟军正计划在挪威采取敌对行动，他才被激怒。

追溯双方幕后事件发生的顺序是件很有趣的事情，尽管看到那些具有

---

[1] 温斯顿·丘吉尔：《温斯顿·丘吉尔的战争演说》第一卷，第169—170页。

强烈攻击意识的政治家们如何相互影响,从而爆发毁灭性的力量让人感到悲惨和恐惧。双方迈出第一步是在 1939 年 9 月 19 日,当时丘吉尔(正如他的回忆录所记录的)向英国内阁施压,要求在挪威领海布设雷区,从而"阻止挪威将瑞典铁矿石从纳尔维克运往"德国。他认为,这一举措"对于削弱敌人的军事工业至关重要",根据他随后给第一海务大臣的信,"包括外交大臣(哈利法克斯勋爵)在内的内阁都强烈支持这一行动"。

得知这一消息令人颇感意外,表明内阁倾向于追求最终目标,而没有仔细考虑手段——或者这些手段可能导致的结果。1918 年曾讨论过类似的计划,但当时,正如官方海军史所述:

> ……总司令[贝蒂勋爵][1]表示,大舰队的军官和士兵最厌恶的就是以压倒性的力量冲进人数不多但斗志昂扬的民族的水域并胁迫他们。如果挪威人抵抗,他们很可能会这样做,那么就会流血。总司令说,这"将构成与德国人在其他地方犯下的任何罪行一样严重的罪行"。

显然,海军官兵比政治家更加谨慎,或者说,英国政府在 1939 年战争爆发时比第一次世界大战结束时更加鲁莽。

然而,外交部工作人员发挥了约束作用,让内阁注意到了反对破坏挪威中立的意见。丘吉尔悲伤地记录道:"外交部关于中立的论据很有分量,我无法说服他们。我继续……用尽一切手段,在所有场合坚持我的观点。"[2] 它成为越来越多人讨论的话题,甚至在媒体上也大肆宣传支持它的论点。这激起了德国人的焦虑,他们开始采取反制措施。

---

[1] 贝蒂勋爵,即戴维·贝蒂(1871—1936),英国第一海务大臣兼海军参谋长,英国海军元帅。——译者注

[2] 温斯顿·丘吉尔:《第二次世界大战》第一卷,第 483 页。

在德国方面，缴获的记录中第一次出现重要信息是在 10 月初，当时德国海军总司令雷德尔海军上将表示担心挪威人可能会向英国人开放港口，并向希特勒报告了英国占领挪威可能带来的战略劣势。他还表示，在苏联的压力下，"在挪威海岸获得基地（例如特隆赫姆）"将有利于德国潜艇作战。

但是，希特勒把这个建议搁置一旁。他的心思集中在西线进攻计划上，想迫使法国缔结和约，不想卷入任何无关紧要的行动或浪费资源。

11 月底，苏联入侵芬兰，这给双方都带来了新的更强烈的刺激。丘吉尔从中看到了借援助芬兰之名袭击德国侧翼的新机会："我欢迎这股新的有利之风，认为这是实现切断德国重要铁矿石供应这一重大战略优势的手段。"[1]

在 12 月 16 日的一份备忘录中，他列举了所有支持这一举措的理由，并称其为"一次重大进攻行动"。他承认，这一行动很可能会驱使德国人入侵斯堪的纳维亚，正如他所说："如果你向敌人开火，敌人就会还击。"但他接着断言："德国进攻挪威和瑞典，我们得到的比失去的多。"（他没有考虑斯堪的纳维亚人民会因他们的国家变成战场而遭受什么样的苦难。）

然而，内阁中的大多数人仍然对侵犯挪威的中立立场心存疑虑。尽管丘吉尔极力恳求，他们还是没有批准立即执行他的计划。但是，他们授权英国参谋长委员会"计划派遣一支部队在纳尔维克登陆"——这是通往瑞典耶利瓦勒铁矿区铁路的终点站，并由此进入芬兰。虽然援助芬兰是这次远征的表面目的，但其根本和主要目的是控制瑞典铁矿区。

同月，一名重要的访客从挪威来到柏林。此人就是挪威前国防大臣吉斯林，他领导着一个强烈同情德国的纳粹式的小党派。他一到柏林就见到了海军上将雷德尔，并给他留下了英国很快就会占领挪威的危险印象。他

---

[1] 温斯顿·丘吉尔：《第二次世界大战》第一卷，第 489 页。

请求获取资金和地下组织的帮助，以实施自己的计划，即组织政变推翻挪威现政府。他说，许多挪威高级军官都准备支持他——其中包括纳尔维克驻军司令桑德罗上校。一旦他掌权，就会邀请德国人来保护挪威，从而阻止英国人进入。

雷德尔说服希特勒亲自会见吉斯林，两人于12月16日和18日会面。他们的谈话记录显示，希特勒"希望挪威和斯堪的纳维亚半岛的其他国家保持完全中立"，因为他不想"扩大战场"。但"如果敌人准备扩大战争，他将采取措施保护自己免受威胁"。与此同时，吉斯林得到了希特勒一笔补贴的承诺，并得到保证，德国将研究向他提供军事支持的问题。

尽管如此，德国海军参谋部的战争日志显示，一个月后的1月13日，他们仍然认为"最有利的解决办法是维持挪威的中立"，尽管他们越来越担心"英国打算在挪威政府的默许下占领挪威"。

山的那一边发生了什么？1月15日，法军总司令甘末林上将致函法国总理达拉第[①]，强调在斯堪的纳维亚开辟新战场的重要性。他还制订了一项计划，让一支盟军部队在芬兰北部的贝柴摩登陆，同时采取预防措施"夺取挪威西海岸的港口和机场"。该计划进一步设想了"将行动扩展到瑞典并占领耶利瓦勒铁矿"的可能性。

丘吉尔在向中立国发表的广播讲话中呼吁他们参与对抗希特勒的战斗，这自然激起了德国人的恐惧。[②]盟军行动的公开信号太多了。

[①] 爱德华·达拉第（1884—1970），1938年4月至1940年3月任法国部长会议主席（法国总理）兼国防部长和陆军部长。后被贝当政府逮捕，在里永审判中被指控对法国战败负有责任。1942年11月至1945年5月被德国人拘留。——译者注

[②] 1月20日，丘吉尔在一次广播讲话中宣布盟国海军在海上取得了胜利，并将中立国船只在U型潜艇袭击中的损失与护航中盟国船只的安全进行了对比。然后，在简短的概述之后，他问道："但是，如果我提到的所有这些中立国——以及一些我没有提到的其他中立国——都自发地按《国际联盟盟约》履行职责，与英帝国和法兰西帝国站在一起，反对侵略和错误，会发生什么呢？"（温斯顿·丘吉尔：《温斯顿·丘吉尔的战争演说》第一卷，第137页）这一建议引起了轰动，比利时、荷兰、丹麦、挪威和瑞士媒体赶紧予以拒绝，而在伦敦，又恢复了绥靖政策，宣布这次广播只代表丘吉尔的个人观点。

27日，希特勒明确命令他的军事顾问们制订全面计划，必要时入侵挪威。为此目的组建的特别参谋部于2月5日首次开会。

当天，盟国最高军事委员会在巴黎召开会议，张伯伦带着丘吉尔一起前往。会议批准了派遣一支由两个英国师和一支规模略小的法国特遣队组成的部队来"援助芬兰"的计划——他们将"伪装成志愿者"，以降低与苏联公开开战的可能性。但是，双方在进攻路线上发生了争执。英国首相强调在贝柴摩登陆的困难，以及在纳尔维克登陆的优势——尤其是"控制耶利瓦勒矿区"。这是这次行动的主要目标，只有一部分部队要继续向芬兰提供援助。英国的主张占了上风，于是决定安排部队于3月初启航。

2月16日发生了一起致命事件。德国补给船"阿尔特马克"号在南大西洋运送英国战俘返回时遭到英国驱逐舰追击，并在挪威一处峡湾内避难。丘吉尔直接命令英国皇家海军"哥萨克"号驱逐舰舰长维安进入挪威水域，登上"阿尔特马克"号营救战俘。两艘挪威炮艇当时在现场，但他们被吓倒了。挪威政府随后对入侵其水域的行为提出抗议，但抗议遭到了驳回。

希特勒认为抗议只是欺骗他的一种姿态，并确信挪威政府是英国心甘情愿的帮凶。两艘炮艇的无所作为以及吉斯林的报告（"哥萨克"号驱逐舰的行动是"预先安排好的"）进一步加深了希特勒的这种信念。根据德国海军将领的说法，"阿尔特马克事件"是希特勒支持干涉挪威的决定性因素。这是点燃导火索的火花。

希特勒觉得他不能等待吉斯林的计划慢慢发展，尤其是据驻挪威的德国观察员报告，吉斯林的政党进展不大，而来自英国的报告表明，他们正计划在挪威地区采取一些行动，正在集结部队和运输工具。

20日，希特勒派人召见冯·法尔肯霍斯特[①]步兵上将，任命他指挥并筹备一支远征军前往挪威。希特勒说："我得知英国人打算在那里登陆，我希望抢在他们之前到达那里。英国人占领挪威将是一个战略转向行动，这将使他们进入波罗的海，而我们在那里既没有军队也没有海岸防御工事……敌人会发现自己处于能向柏林推进并切断我们两线作战的脊梁骨的位置。"

3月1日，希特勒下达全面准备入侵的指令。丹麦也将被占领，作为必要的战略跳板以保障德军交通线的安全。

但即使到了现在，进攻挪威的决定仍未确定。雷德尔与希特勒会谈的记录显示，希特勒仍然在确信"维持挪威中立对德国来说是最好的事情"和"担心英国即将在那里登陆"之间左右为难。在3月9日提交海军计划时，他详细阐述了实施"违反所有海战原则"的行动的危险，同时又说这一行动很"紧急"。

接下来的一个星期，德国方面的焦虑情绪更加高涨。13日，有报道称英国潜艇在挪威南部海岸附近集结；14日，德国截获了一份无线电报，电报内容是命令盟军运输舰船做好行动准备；15日，一些法国军官抵达卑尔根。德国人觉得他们肯定无法抢先一步，因为他们自己的远征军还没有做好准备。

盟军方面的情况究竟如何？2月21日，达拉第敦促以"阿尔特马克事件"为借口，以"突然袭击"的方式"立即夺取"挪威港口。达拉第认为："行动越迅速，我们的宣传就越能利用挪威最近在'阿尔特马克事件'中与德国勾结的记忆，在世界舆论眼中这样做的理由就越充分。"这种说法与希特勒的口吻非常相似。法国政府的提议在伦敦受到一些质疑，因为

[①] 尼古拉斯·冯·法尔肯霍斯特（1885—1968），德国挪威集团军司令，德国上将。1944年12月18日，被解除职务并转入"领导预备队"。战后，因违反战争规则而被英国—挪威联合军事法庭审判，1946年被判有罪并判处死刑，后改判为20年监禁。1953年7月因健康问题获释。——译者注

远征军尚未做好准备，而张伯伦仍然希望挪威和瑞典两国政府同意盟军进驻。

然而，在3月8日的战时内阁会议上，丘吉尔提出了一项计划，即大举进驻纳尔维克，并立即派遣一支部队登陆——其原则是"展示实力，以避免不得不使用武力"。在12日的另一次会议上，内阁决定恢复在特隆赫姆、斯塔万格、卑尔根和纳尔维克登陆的计划。

在纳尔维克登陆的部队将迅速向内陆推进，越过瑞典边境，直抵耶利瓦勒铁矿区。一切都已准备就绪，计划将于3月20日付诸实施。

但是，随后芬兰的军事崩溃和3月13日芬兰向苏联投降打乱了计划，盟军失去了进入挪威的主要借口。作为对此打击的第一反应，分配给英军挪威远征部队的两个师被派往法国，不过还有一个师的兵力待命。另一个后果是达拉第的垮台，保尔·雷诺取代他成为法国总理，后者在要求采取更具攻击性的政策和更快行动的呼声中上台。3月28日，雷诺前往伦敦参加盟国最高军事委员会会议，决心立即执行丘吉尔长期以来一直敦促的挪威计划。

但现在已经没有必要施加这种压力了——因为，正如丘吉尔所说，张伯伦"在这个阶段非常倾向于采取某种形式的积极行动"。就像1939年春天一样，一旦下定决心，他就会全力以赴。在盟国最高军事委员会会议伊始，他不仅强烈主张在挪威采取行动，还敦促采用丘吉尔最喜欢的另一个计划——向莱茵河和德国其他河流连续不断地空投水雷。雷诺对后一个行动表示怀疑，并表示他必须获得法国最高军事委员会的同意。但是，他热切地接受了挪威行动。

会议决定，挪威水域的布雷行动应于4月5日进行，并由在纳尔维克、特隆赫姆、卑尔根和斯塔万格登陆的部队支援。第一支部队将于8日启程前往纳尔维克。但是，随后又出现了新的拖延。法国最高军事委员会不同意在莱茵河布雷，以免德国报复，"而报复的对象将是法国"。他们并不担心另一项行动会给挪威带来报复——甘末林甚至强调，其目标之一是"通过挑衅使敌人在挪威登陆，将敌人引入陷阱"。然而，张伯伦试图坚持两项行动都应该进行，并与丘吉尔商定，让丘吉尔于4日前往巴黎，再作一次努力，说服法国人采纳他的莱茵河计划——但没有成功。

这意味着挪威的"威尔弗雷德计划"将暂时推迟。奇怪的是，丘吉尔居然同意了，因为在前一天的战时内阁会议上，陆军部和外交部提交的报告显示，大批德国舰船载着士兵集结在最靠近挪威的几座港口。有一种说法相当荒谬——令人惊讶的是，人们相信——这些部队正准备对英国入侵挪威进行反击。

挪威战役推迟了三天，直到8日才开始。这进一步的拖延对胜利前景产生了致命影响。这使得德军先于盟军进入挪威。

4月1日，希特勒终于下定决心，下令于9日凌晨5时15分开始入侵挪威和丹麦。他的决定是在收到一份令人不安的报告后做出的，该报告称挪威高射炮和海岸炮已经获准在没有上级命令的情况下开火——这意味着挪威军队已做好战斗准备，如果希特勒再等下去，他的出其不意和成功的机会将化为泡影。

4月9日夜间，德军部队的先遣队，大部分乘坐军舰，抵达挪威的主要港口，从奥斯陆一直到纳尔维克，并轻而易举地占领了这些港口。德军指挥官向当地政府宣布，他们前来是为保护挪威，抵御即将到来的盟军入侵——盟军发言人立即否认了这一说法，后来又不断批驳德方的说法。

正如当时的战时内阁成员汉基勋爵[①]所说：

> ……从开始计划到德国入侵，英国和德国的计划与准备工作基本一致。英国实际上开始计划的时间还稍早一些……两个计划几乎同时

[①] 汉基勋爵，即莫里斯·汉基（1877—1963），1939年9月至1940年5月任英国不管部大臣兼战时内阁成员，1940年至1941年任英国兰开斯特公国大臣，1941年7月至1942年3月任英国军需大臣。——译者注

实施，英国在所谓的侵略行为（如果这个词真的适用于任何一方的话）上领先了 24 小时。

但是，德国的最后冲刺更快、更有力。德国以微弱优势赢得了比赛。

纽伦堡审判最令人质疑的一点是，把策划和实施对挪威的侵略列为对德国的主要指控。很难理解英法两国政府怎么有脸批准列入这项指控，或者官方检察官怎么能就这一点要求定罪。这样的做法，是历史上最赤裸裸的虚伪行径之一。

现在回顾一下战役的进程，令人惊讶的是，行动伊始占领挪威首都和主要港口的部队规模很小。它包括 2 艘战列巡洋舰、1 艘袖珍战列舰、7 艘巡洋舰、14 艘驱逐舰、28 艘 U 型潜艇、一些辅助舰艇和大约 10000 名官兵——这是用于入侵的 3 个师的先头部队。最初登陆的官兵人数没有任何一个地点超过 2000 人。德军还部署了一个伞兵营——负责夺取奥斯陆和斯塔万格的机场。这是伞兵第一次用于战争，事实证明他们非常有价值。但是，德国成功的决定性因素是空军，战役中实际动用的兵力约为 800 架作战飞机和 250 架运输机。它们在第一阶段吓倒了挪威人民，后来又瘫痪了盟军的反击行动。

运载入侵部队的德国海军实力要弱得多，英国海军为何未能将其拦截并击沉？海域广阔、挪威海岸的性质和阴霾的天气都是重要的不利因素。但是，还有其他因素以及更多可避免的障碍。甘末林记录道，4 月 2 日，他敦促英国总参谋长艾恩赛德上将加快派遣远征军的速度，后者回答道："对我们来说，海军部是万能的。它喜欢有条不紊地组织一切，它确信可以阻止德国在挪威西海岸登陆。"

7 日下午 1 时 25 分，英国飞机确实发现"强大的德国海军正迅速向北移动"，越过斯卡格拉克海峡出口，朝挪威海岸前进。丘吉尔说："尽管'哥本哈根传来的报告称希特勒打算夺取纳尔维克港'，但海军部人员难以相信这支部队会前往纳尔维克。"英国本土舰队于晚上 7 时 30 分从斯卡帕湾起航，但海军部和海军将领似乎都一心想着追击德国战列巡洋舰。在努力让这些战列巡洋舰投入战斗的过程中，他们忽视了敌人向陆地进发的可能性，从而失去了拦截小型运兵战舰的机会。

既然一支远征军已经登船准备启航，为什么登陆行动那么慢，不能在德军控制挪威港口之前将他们赶走？主要原因在前一段中有所提及。当英国海军部听说德国战列巡洋舰被发现时，他们命令驻苏格兰罗赛斯的巡洋舰中队"让船上的士兵上岸，甚至没有携带装备，也要立即与海上舰队会合"。苏格兰克莱德河上满载部队的舰船也收到了类似的命令。

为什么挪威人没有更好地抵抗如此小规模的入侵部队？主要是因为他们的部队甚至还没有动员起来。尽管他们驻柏林的公使发出了警告，总参谋长也催促他们动员，但直到4月8日深夜，也就是入侵前几个小时，挪威才下达动员令。这太晚了，行动迅速的入侵者扰乱了动员进程。

此外，正如丘吉尔所说，当时挪威政府"主要关注的是英国的活动"。不幸且颇具讽刺意味的是，在德国人登陆前至关重要的24小时内，英国的布雷行动竟然吸引并分散了挪威人的注意力。

由于他们缺乏战斗经验和军事组织过时，挪威人从开场打击中恢复的机会变得渺茫。他们根本无法应对现代闪电战，即使是规模很小的闪电战。入侵者沿着深谷飞速占领该国，这清楚地表明了该国抵抗力量的薄弱。如果抵抗更顽强，山谷边的融雪——阻碍了侧翼包抄——将成为德国成功的严重障碍。

在开始的一系列突袭中，最令人震惊的突袭发生在纳尔维克，因为这个遥远的北方港口距离德国海军基地约1200英里。两艘挪威海岸防御舰勇敢地迎战了进攻的德国驱逐舰，但很快就被击沉了。海岸防御工事没有进行抵抗——更多地是无能而不是背叛。第二天，一支英国驱逐舰舰队驶入峡湾，与德军交战，互有损伤。13日，一支更强大的舰队在"厌战"号战列舰的支援下攻入，击败了德军。但到此时，德国军队已经在纳尔维克及其周边地区驻扎下来。

再往南,德军舰艇在穿过控制该峡湾的炮台的密集火力后,轻松攻占了特隆赫姆——这一危险让考虑过这个问题的盟军专家忧心忡忡。通过占领特隆赫姆,德军控制了通往挪威中部的战略要地,尽管他们在那里的少数部队能否从南部得到增援仍未解决。

在卑尔根,德军遭到挪威军舰和炮台的打击,但是一旦上岸就没再遇到什么麻烦。

然而,在接近奥斯陆时,德军主力入侵部队遭受了打击。载有众多军事人员的"布吕歇尔"号巡洋舰被奥斯卡堡要塞发射的鱼雷击沉,强行通过的企图随后被放弃,直到下午这座要塞在遭受猛烈空袭后才投降。因此,攻占挪威首都的任务落到了降落在福内布机场的伞兵身上。下午,这支象征性的部队举行了进入城市的阅兵式,他们的虚张声势取得了成功。但是,这一拖延至少使国王和政府得以向北逃窜,以期集结抵抗力量。

占领哥本哈根的时间与预定抵达奥斯陆的时间一致。丹麦首都从海上很容易进入,凌晨5时前不久,三艘小型运输船驶入港口,上方有飞机掩护。德国人在登陆时没有遇到抵抗,一个营出其不意地进攻了军营。与此同时,丹麦在日德兰半岛的陆地边界遭到德军入侵,但在短暂的交火后就停止了抵抗。占领丹麦在很大程度上确保了德国人控制了一条从他们自己的港口到挪威南部的海上走廊,也为他们提供了前进机场,以便他们能够从那里支援驻扎在挪威的部队。虽然丹麦人本可以战斗更长时间,但他们的国家非常脆弱,几乎无法抵御现代武器装备的强大攻击。

如果行动更加迅速果断,或许可以收复当天早上被德军占领的两处挪威要地。因为当他们登陆时,海军上将福布斯[①]爵士指挥的英国本土舰队在卑尔根附近海域,他想派出一支舰队攻击那里的德国舰船。英国海军部

[①] 查尔斯·福布斯(1880—1960),英国海军元帅。1936年8月至1940年12月任英国本土舰队总司令,1941年5月至1943年8月任英国普利茅斯海军部队总司令。1943年8月退出现役。——译者注

同意了,并建议对特隆赫姆发动类似的攻击。然而,不久之后,海军部决定推迟对特隆赫姆的攻击,直到追踪到德国战列巡洋舰。与此同时,一支由四艘巡洋舰和七艘驱逐舰组成的舰队驶往卑尔根,但当飞机报告说那里有两艘德国巡洋舰,而不是此前报告的一艘时,海军部出于谨慎而取消了这次攻击。

一旦德国人在挪威建立据点,最好的办法就是切断他们的补给和增援。只有封锁丹麦和挪威之间的斯卡格拉克海峡才能做到这一点。但很快情况就变得清楚了,海军部由于害怕德国空袭,不愿意向斯卡格拉克海峡派遣除潜艇以外的任何力量。这种谨慎表明,海军部意识到了空中力量对海上力量的影响,这是战前海军部从未表现出来的。但是,这严重影响了丘吉尔试图将战争扩大到斯堪的纳维亚半岛的判断力——因为除非能有效阻断德军的增援路线,否则没有什么能阻止他们在挪威南部增加兵力,德军必将获得越来越大的优势。

如果从奥斯陆向北延伸的两条长长的隘路被牢牢守住,并且特隆赫姆的德军小股部队被迅速击溃,那么似乎仍有可能保住挪威中部。英国人现在正致力于实现这一目标。德国突袭一个星期后,英军分别在特隆赫姆北部的纳姆索斯和南部的翁达尔斯内斯登陆,作为对特隆赫姆发动直接攻击的初步行动。

但是,作出这一决定之后发生了一系列奇怪的事故。霍特布拉克少将,一名具有现代观念的能干的军人,被任命为军事指挥官。在听取任务简报后,他在午夜时分离开海军部,步行前往俱乐部。几个小时后,人们发现他昏迷在约克公爵俱乐部的台阶上,显然是癫痫突然发作。第二天,被任命的继任者乘飞机前往斯卡帕,但飞机在那里的机场盘旋时突然坠毁。

与此同时,英国参谋长委员会和海军部的意见突然发生了变化。17日,他们批准了该计划,但第二天又转而反对。他们脑子里充满了行动的风险。尽管丘吉尔更愿意集中兵力于纳尔维克,但他对他们改变主意的方式感到非常不满。

英国参谋长委员会现在建议，应增加纳姆索斯和翁达尔斯内斯的登陆兵力，并形成对特隆赫姆的钳形攻势。从纸面上看，机会很大，因为该地区的德军不到2000人，而盟军登陆的部队有1.3万人。但要走的路很长，积雪阻碍了行动，事实证明盟军远不及德军能克服困难。从纳姆索斯向南推进的部队受到后方威胁，因为德军的几个小分队在特隆赫姆峡湾顶部附近登陆，并得到该地区一艘德国驱逐舰的支援。从翁达尔斯内斯发起的推进没有能够向北到达特隆赫姆，很快就变成了对从奥斯陆向古德布兰德山谷推进并击退挪威军队的德军的防御行动。由于盟军部队遭受空袭重创，而他们自己又缺乏空中支援，现场指挥官建议撤离。两支部队于5月1日和2日重新登船，因此德军完全控制了挪威南部和中部。

盟军现在集中全力对纳尔维克展开攻击——更多是为了"保全面子"，而非出于对抵达瑞典铁矿区的持续期望。英军最初于4月14日在此地区登陆，但麦克西[1]少将的极度谨慎阻碍了对纳尔维克的快速攻击——尽管海军元帅博伊尔[2]（科克和奥雷里伯爵）强烈要求这样做。即使登陆人数已增至2万人，他们的进展仍然很缓慢。另一方面，奥地利阿尔卑斯山部队2000人得到了同样多的德国驱逐舰水兵的增援，在迪特尔[3]中将的巧妙指挥下，充分利用了崎岖地形的防御优势。直到5月27日，他们才被赶出纳尔维克镇。此时，德国在西线的进攻已经深入法国，

---

[1] 皮尔斯·麦克西（1883—1956），英国第49步兵师师长，英国少将。由于拒绝派遣他的部队参与"北极加里波利"的"纯粹血腥屠杀"，麦克西的言行激怒了丘吉尔，丘吉尔遂将麦克西召回国内。丘吉尔指责他"软弱和彻头彻尾的懦弱"，麦克西免于军事法庭审判，但再也没有担任过指挥官，1940年11月退出现役。——译者注

[2] 威廉·博伊尔（1873—1967），即十二世科克和奥雷里伯爵，英国朴次茅斯海军部队总司令，英国海军元帅。——译者注

[3] 爱德华·迪特尔（1890—1944），德国第20山地集团军司令，德国上将。1944年6月23日在施蒂里亚州瓦尔德巴赫附近因乘坐的飞机坠毁而身亡。——译者注

法国濒临崩溃。因此，6月7日，纳尔维克的盟军撤离。挪威国王和政府同时离开挪威。

在整个斯堪的纳维亚问题上，盟国政府表现出过度的侵略精神以及缺乏时间观念，结果给挪威人民带来了灾难。相比之下，希特勒却表现出了迟迟不愿发动攻击的态度。但当他最终下定决心对西方列强先发制人时，他没有再浪费时间——他的部队行动迅速而大胆，在关键阶段充分弥补了他们人数少的缺点。

第 7 章　征服西欧

1940 年 5 月 10 日，希特勒的军队突破西线防御，改变了我们这个时代的世界进程，对各国人民的未来产生了深远的影响。这场震撼世界的戏剧的决定性一幕开始于 13 日，当时古德里安的装甲军在色当渡过了默兹河①。

同样在 5 月 10 日，焦躁不安、充满活力的丘吉尔先生接替张伯伦先生成为英国首相。

色当的狭窄缺口很快就扩大为一个巨大的缺口。德军坦克从缺口涌入，一个星期之内就抵达英吉利海峡沿岸，从而切断了在比利时的盟军的退路。这场灾难导致法国的沦陷和英国的孤立。尽管英国设法在海峡另一边坚守，但直到一场旷日持久的战争演变成一场世界性的战争后，英国才算得救。最后，希特勒在美国和苏联的重压下被推翻，而欧洲精疲力竭，处于共产主义统治的阴影之下。

灾难发生后，人们普遍认为法国战线的崩溃是不可避免的，希特勒的进攻是不可阻挡的。但是，事实与表象大相径庭——这一点现在已经很清楚了。

德国陆军首脑们对这次进攻的前景没有多少信心，但在希特勒的坚持下，他们不情愿地发动了进攻。希特勒本人在关键时刻突然失去了信心，当他的先头部队突破法军防线并打开一条通道时，他下令停止进攻两天。

---

① 默兹河，即马斯河。——译者注

如果法国人能够利用这段喘息时间，对希特勒的胜利前景将是致命的。

但最奇怪的是，率领先头部队的古德里安被暂时解除了指挥权，因为他的上级急于放慢他利用自己的突破取得的速度。然而，如果不是他如此快速地"进攻"，入侵很可能就会失败——整个世界历史的进程也会与现在不同。

希特勒的部队远非如人们所认为的那样拥有压倒性的优势，实际上在数量上比对手要少。虽然他的坦克部队发挥了决定性作用，但他的坦克数量比对手少，威力也弱。只有在空中力量这一最重要的因素上，他才占有优势。

此外，在主力部队投入战斗之前，这一结果实际上已由一小部分部队所决定。除了空军外，这一决定性力量包括10个装甲师、1个伞兵师和1个空中机动师，他总共组建了大约135个师。

新战术所取得的辉煌成果不仅掩盖了其规模相对较小的事实，也掩盖了险胜的微弱优势。如果不是盟军的失误给他们带来了机会，他们的成功很容易被阻止——这些失误主要是由于过时思想的盛行。即便如此，在另一方那些目光短浅领导人的帮助下，入侵的成功还是取决于一系列幸运的、胜算不大的机会——古德里安做好了准备，他充分利用了这些机会。

法国战役是历史上最引人注目的战例之一，它证明了一个新理念通过一个充满活力的执行者来执行而产生了决定性的影响。古德里安曾说过，在战争之前，他的想象力是如何被独立装甲部队纵深战略突破的想法所激发——以坦克远程进攻，切断敌军后方交通要道。这一理念源于第一次世界大战后英国军事思想的新潮流，皇家坦克部队是第一个在训练中通过实践证明这一思想的。作为一名坦克爱好者，古德里安敏锐地意识到了这一理念的潜力。大多数德国高级将领和英、法当局一样对这个理念持怀疑态度，认为它在战争中是不切实际的。但战争来临时，古德里安不顾上级的怀疑，抓住机会实施了这个理念。事实证明，其效果与早期历史上其他新理念一样具有决定性——使用马匹、长矛、方阵、灵活的军团、"斜线阵"、骑射手、长弓、火枪、火炮,以及将部队组织成独立且机动灵活的分队。事实证明,坦克进攻具有更直接的决定性作用。

德国入侵西线时,在右翼取得了重大胜利,攻破了中立国荷兰和比利时的防御要地。空降部队率先发动的这些攻击吸引了盟军的注意力,使他们在几天内都没有察觉德军的主要进攻 —— 主要进攻从中部发起,穿过阿登山区和森林,直指法国心脏。

5月10日凌晨,荷兰行政中心海牙及其交通枢纽鹿特丹遭到空降部队的袭击,与此同时,其东部100英里处的边境防线也遭到了袭击。前后双重打击造成了混乱和恐慌,而德国空军的广泛威胁又加剧了这种混乱和恐慌。利用这种混乱,德国装甲部队迅速穿过南翼的缺口,并于第三天在鹿特丹与空降部队会合。他们在法国第7集团军的眼皮底下冲向目标,而法国第7集团军才刚刚赶到,为荷兰人提供援助。第五天,荷兰人就投降了,尽管他们的主要防线仍然没有被破坏。他们投降的速度加快,因为他们人口密集的城市正面临着进一步近距离空袭的威胁。

这里的德军部队比对手少得多。此外,决定性的进攻仅由一个装甲师发起,即德国第9装甲师 —— 这是唯一一个可以抽调用于进攻荷兰前线的装甲师。它的进攻路线被运河和宽阔的河流阻断,这些地方本应该很容易防守。其成功机会取决于空降行动的效果。

但是,这个新兵种的规模也非常小 —— 与它取得的成就相比,简直小得惊人。1940年5月,德国只有4500名训练有素的伞兵。在这支人数少得可怜的伞兵中,有4000人参与了对荷兰的进攻。他们编成五个营,并得到一个由1.2万人组成的轻装步兵师的支援,该师由运输机运送。

该计划的主要内容可以用空降兵部队总司令施图登特空军中将的话来概括:

> 我们力量有限,迫使我们集中精力于两个目标 —— 这两个目标似乎对入侵成功至关重要。我亲自指挥的主要部队,目标是夺取鹿特

丹、多德雷赫特和穆尔代克的桥梁，从南部来的主要路线就是通过这些桥梁穿越莱茵河河口。我们的任务是在荷兰人炸毁桥梁之前占领它们，并保持桥梁畅通，直到我们的机动地面部队到达。我的部队由四个伞兵营和一个空中机动团（三个营）组成。我们取得了完全的成功，只付出了180人的伤亡代价。我们不敢失败，因为如果我们失败了，整个入侵都会失败。[1]

施图登特本人也是伤员之一，他头部受伤，八个月没有参加战斗。

次要袭击发生在荷兰行政中心海牙。其目的是在办公室抓捕政府首脑和各部门负责人，并摧毁整个指挥机构。在海牙部署的部队是一个伞兵营和两个空中机动团，由格拉夫·冯·施波内克中将指挥。这次袭击虽然造成了很大混乱，但最终被挫败。

入侵比利时的开局也十分顺利。地面进攻由赖歇瑙上将指挥的强大的德国第6集团军（包括霍普纳的德国第16军[2]）实施。该集团军必须克服巨大的障碍才能有效部署。只有500名空降兵参与了这次进攻。他们被用来占领阿尔贝特运河上的两座桥梁和埃本－埃迈尔要塞，这是比利时最现代化的堡垒，位于这条水路边境的两侧。

然而，这一小支分遣队对战局产生了重大影响。因为从这里进入比利时边境需要经过荷兰领土的南部突出部分，即所谓的"马斯特里赫特附地"，一旦德国陆军越过荷兰边境，驻守在阿尔贝特运河上的比利时边防部队就会得到充分的警告，在入侵的地面部队越过那15英里长的地带之前炸毁桥梁。空降兵部队悄无声息地从夜空中降落，为确保关键桥梁完好无损提供了一种新的且唯一的方法。

---

[1] 利德尔·哈特：《山的那一边》，第160—161页，本章中的其他摘录来自同一来源。
[2] 此处原文将第16军（16th Corps）误作第16装甲军（16th Panzer Corps）。——译者注

在比利时投入的空降兵部队规模非常有限，这与当时德国伞兵在数十个地方空降、累计达数千人的报道形成了鲜明对比。施图登特给出了解释——为了弥补实际资源的匮乏，并尽可能地制造混乱，假伞兵被广泛分散在全国各地。这一诡计显然是非常有效的，因为人们的想象力往往会将所有数字夸大几倍。

施图登特是这样说的：

> 阿尔贝特运河的冒险也是希特勒自己的主意。这也许是这个脑洞大开的人最具独创性的想法。他派人来找我，征求我的意见。经过一天的考虑，我确认了这种冒险的可能性，并奉命去做准备。我在科赫上尉的指挥下使用了500名士兵。第6集团军司令赖歇瑙上将和他的参谋长保卢斯少将都是能干的将军，他们认为这项任务是一次冒险，对这次任务没有信心。
>
> 对埃本-埃迈尔要塞的突袭是一支由78名伞兵组成的小分队实施的，由维齐希中尉指挥，其中只有6人阵亡。这支小分队完全出乎意料地降落在要塞的屋顶上，制服了那里的防空人员，并用一种新的高爆炸药（此前保密）炸毁了所有装甲炮塔和炮台。……对埃本-埃迈尔要塞的突袭基于这种新武器的使用，它被另一种新武器——载货滑翔机悄无声息地运送到目的地。[①]

这座要塞设计精良，可以应对各种威胁，但无法应对敌军可能从要塞顶部空降。维齐希的少数"空中骑兵"从要塞顶部控制着1200名守军，直到24小时后德军地面部队才抵达。

两座关键桥梁上的比利时守军同样措手不及。在一座桥上，他们点燃了引信，准备炸桥，但滑翔机上的乘员紧随哨兵进入碉堡，及时将火

---

① 利德尔·哈特：《山的那一边》，第163—164页。

扑灭。

值得注意的是，在整个入侵战线，除空降兵袭击的地方外，所有桥梁均按计划被守军炸毁。这表明德国方面的成功与失败在毫厘之间——因为入侵能否成功取决于时间因素。

第二天早上，已有足够多的德军部队越过运河，突破了比利时后方薄弱的防线。随后霍普纳的两个装甲师（德国第3装甲师和第4装甲师）越过未被炸毁的桥梁，散布到远处的平原上。他们这种横扫式进攻使得比利时军队开始全面撤退——就在法军和英军赶来支援他们的时候。

比利时的这次突破并不是西线入侵的决定性一击，但对整个事件产生了至关重要的影响。它不仅将盟军的注意力引向了错误的方向，还将盟军最机动的力量牵制在那里的战斗中，使得这些机动部队无法撤往南方，以应对5月13日突然出现在法国边境的更大威胁——这是法国边境最薄弱的部分，位于尚未完工的马其诺防线西端之外。

伦德施泰特集团军群的机械化先头部队此时正穿过卢森堡和比利时的卢森堡省，向法国进发。在穿越70英里的阿登地区，击退弱小的抵抗后，他们越过法国边境，于进攻第四天凌晨抵达默兹河岸边。

派遣大量坦克和机动车辆穿越如此险恶的地区，是一次大胆的冒险。长期以来，传统战略家认为该地区是大规模进攻"无法通行"的，更不用说使用坦克作战了。但这增加了突袭的机会，而茂密的树林有助于掩护前进并隐藏打击力量。

然而，对希特勒的成功贡献最大的是法国最高统帅部。阿登战役的毁灭性影响很大程度上要归功于法国的作战计划——从德国人的角度来看，该计划与他们自己重新制订的计划完美契合。对法国人来说，致命的不是他们通常想象的防御态度或"马其诺防线情结"，而是他们计划中更具进攻性的一面。他们将左翼推进到比利时，这正中敌人下怀，使自己掉入了陷阱——就像他们1914年几乎致命的第17号作战计划一样。这一次更加危险，因为对手机动性更强，以机械化的速度而不是步兵的速度。损失也更大，因为"左翼推进行动"由三个法国集团军和英国远征军发起，他们是整个盟军中装备最现代化、机动性最强的。

这些部队在冲向比利时的路上每前进一步，他们的后方就愈加暴露在伦德施泰特穿过阿登地区侧翼包抄的威胁之下。更糟糕的是，盟军前进的枢纽地带被几个战斗力较弱的法国师把守着，这些师由年纪较大的士兵组成，反坦克炮和高射炮这两种至关重要的装备很少。让枢纽地带仅有如此薄弱的防守是甘末林上将和乔治上将领导下的法国最高统帅部所犯下的最大错误。

德军在阿登地区的推进是一项棘手的任务，也是参谋工作的一次非凡壮举。5月10日拂晓前，在卢森堡边境对面，德军集结了迄今为止规模最大的坦克集群。这些坦克由三个装甲军组成，分为三个梯队，前两个梯队是装甲师，第三个梯队是摩托化步兵师。先头部队由古德里安装甲兵上将率领，整个部队由冯·克莱斯特[①]骑兵上将指挥。

克莱斯特集群的右侧是霍特指挥的第15装甲军，该军将冲过阿登北部，直抵日韦和迪南之间的默兹河。

然而，这7个装甲师只是部署在德国边境准备突入阿登地区的武装部队中的一小部分。大约50个师密集地排列在一条狭窄但纵深很长的战线上。

成功的机会主要取决于德国装甲部队能否迅速突破阿登地区并渡过默兹河。只有越过这条河流屏障，坦克才有机动空间。他们需要在法国最高统帅部意识到发生了什么情况并调集后备力量阻止他们之前越过河流。

[①] 埃瓦尔德·冯·克莱斯特（1881—1954），德国A集团军群司令，德国元帅。1944年3月被解除指挥职务。1944年7月20日"七二〇暗杀爆炸事件"后曾被盖世太保逮捕，后来被释放。1945年4月下旬在巴伐利亚被美军士兵逮捕，移交给英军，1946年9月被英军引渡到南斯拉夫，因战争罪被判处15年监禁。1948年被引渡到苏联并因战争罪被判处无期徒刑。1954年11月死于弗拉基米罗夫卡苏军战俘营，是死于苏军战俘营中的级别最高的德国军人。——译者注

虽然差距很小，但比赛还是赢了。如果防御部队能够充分利用按照先前计划实施爆破行动所造成的局部阻滞，结果可能会有所不同。这些爆破点没有足够的防御部队驻守，这对法国的安全来说是不幸的。法国人竟愚蠢地依赖骑兵师来拖延入侵者。

相反，如果此时法军对德军侧翼发动装甲反击，那么德军的进攻很可能会陷入瘫痪——因为它会影响到高级指挥官。即便如此，他们还是因左翼攻击的阴影吓了一跳。

看到进攻进展顺利，克莱斯特在12日就赞同古德里安的观点，即不等步兵部队到达就应抢渡默兹河。但德军已安排了包括12个俯冲轰炸机中队在内的大量空中力量，以协助部队强行渡河。这些飞机在13日下午早些时候就抵达战场，并持续投下冰雹般的炸弹，使大多数法国炮兵只能躲在掩体中，直到夜幕降临。

古德里安的进攻集中在色当以西1.5英里的河段。选定的地区为强行通过提供了完美的条件。河流向北急转，直抵圣芒日，然后又向南弯曲，形成一个口袋状的突出部。北岸周围的高地树木繁茂，为进攻准备、炮兵阵地和炮兵观察提供了掩护。从圣芒日附近可以看到这条河突出部的全景，对岸马尔菲森林林木茂密的高地，宛如一道天然幕墙。

下午4时，装甲步兵乘橡皮艇和木筏发动进攻。渡船很快投入使用，将轻型车辆运过河。河流突出部很快被德军占领，德军继续推进，夺取了马尔菲森林和南部高地。到午夜时分，德军已深入近5英里，而格莱尔（位于色当和圣芒日之间）的一座桥已建成，坦克开始从桥上涌过。

即便如此，14日德军的立足点仍然岌岌可危——只有一个师已经渡过河，只有一座桥可以运送增援部队和补给。这座桥遭到盟军空军的猛烈攻击，由于德国空军的兵力已经转移到其他地方，盟军空军暂时占据了优势。但是，古德里安装甲军的高射炮兵团在这座至关重要的桥梁上空织起一张密集火网，盟军的空袭被击退，损失惨重。

到下午，古德里安的三个装甲师都渡过了河。在击退法军迟来的反攻后,他率领部队突然转向西方。到第二天晚上,他突破最后一道防线,通往西边的道路——通往英吉利海峡海岸的道路——向他敞开了。

然而,那个夜晚对古德里安来说是一个考验——尽管不是敌人的缘故:

> 装甲集群司令部下达命令,停止前进,将部队限制在已占领的桥头堡内。我不会也不能接受这个命令,因为这意味着我们失去突袭的机会和最初的成功。①

古德里安通过电话与克莱斯特激烈争论之后,克莱斯特同意"允许继续前进24小时,以拓宽桥头堡"。

这一谨慎的许可被古德里安充分利用,装甲师得到了充分的自主权。古德里安的三个装甲师向西推进,与从蒙特尔姆渡口出发的莱因哈特的两个师,以及从迪南附近的渡口出发的霍特的两个师会师。这导致法国抵抗部队逐渐瓦解,德军一路势如破竹,如入无人之境。

到16日晚,西进部队朝英吉利海峡方向前进了50多英里,到达了瓦兹河。然而,再次阻止进攻的不是敌人,而是来自上级的命令。

德军高级指挥官们对轻易渡过默兹河感到惊讶,简直不敢相信自己的好运气。他们仍然认为法军会对他们的侧翼发动猛烈反击。希特勒也有同样的担忧。因此,他下令停止前进——暂停两天,以便步兵部队能够赶上,沿埃纳河形成侧翼防护。

此事上报上级后,古德里安得以复职,并被有条件地允许进行强有力的侦察。

古德里安对"强有力的侦察"的解释具有灵活性,这使他能够在德国第12集团军的步兵团在埃纳河形成强大的侧翼防护之前的两天内保持相

---

① 利德尔·哈特:《山的那一边》,第177页。

当大的进攻压力,然后他被允许全力冲向英吉利海峡海岸。

前几个阶段德军已经赢得了如此多的时间,也给对方造成了如此多的混乱,因此瓦兹河上的停顿并没有对德国的胜利产生严重影响。即便如此,这也暴露了德国人在时间观念上的显著差异。他们内部新派和老派之间的分歧比德国人和法国人之间的更大。

甘末林上将在战争结束时写到了德军在默兹河渡口的战略扩张:

> 这是一次非凡的行动。但是,事先完全预见到了吗?我不相信——就像拿破仑未曾预见耶拿战役,毛奇未曾预见色当之战(1870)一样。这是对形势的完美利用。它表明部队和司令部知道如何机动,并被组织起来快速行动——坦克、飞机和无线电使他们能够这样做。这也许是第一次在不动用大部分兵力的情况下赢得的一场具有决定性意义的战役。①

据法军前线总司令乔治上将说,比利时卢森堡计划中的障碍很可能会"使德国人至少推迟四天"到达默兹河。参谋长杜芒上将说:

> 我们以为敌人会按照我们预料的步骤行事,我们原以为他们不会试图渡过默兹河,除非他们带来足够的火炮:这需要五六天的时间,我们有足够的时间来加强自己的部署。②

值得注意的是,法军的这些估计与"山的那一边"德军指挥官的估计非常吻合。可以看出,法国军事首脑们对德军进攻的基本假设是有道理的——比事后立即显现出来的更有道理。但是,他们忽略了一个个人因

---

① 利德尔·哈特:《山的那一边》,第181页。
② 利德尔·哈特:《山的那一边》,第181页。

素——古德里安。他采纳了装甲部队独立作战的纵深战略突破理论，坚信其可行性，并因此不顾上级命令继续突进，这颠覆了法国最高统帅部的估计，其程度是德国最高统帅部凭自己的决断力永远做不到的。很明显，古德里安和他的坦克兵带领德国陆军部队向前突进，这才取得了现代历史上最彻底的胜利。

问题在于各个阶段的时间因素。法军的反攻一再失败，因为他们行动迟缓，无法跟上不断变化的形势，而这是由于德军先头部队的推进速度比德国最高统帅部的预期要快。

法国人的作战计划是基于这样的假设：德军对默兹河的攻击不会在第九天之前到来。在古德里安介入之前，德国军事首脑们最初设想的时间表也是这样的。一旦这个设想被打破，接下来的情况将更加糟糕。接受过1918年缓慢作战方式训练的法国指挥官在心理上无法适应装甲部队的速度，这导致他们陷入了全面瘫痪状态。

盟军方面及时意识到危险的人为数不多，其中之一是新任法国总理保尔·雷诺。作为战前的局外批评者，他曾敦促他的同胞发展装甲部队。他非常清楚装甲部队的影响，因此在15日一早打电话给丘吉尔说："我们输掉了这场战役。"

丘吉尔回答说："所有的经验都表明，进攻会在一段时间后结束。我记得1918年3月21日，五六天后，他们必须停下来补给，然后反攻的机会就出现了。我当时从福煦元帅口中得知了这一切。"[①] 第二天，他飞往巴黎，在那里反对盟军从比利时撤退。即便如此，甘末林在撤军方面还是太慢了。他现在计划以1918年的方式进行一次有计划的反攻——使用大批步兵师。丘吉尔继续将他的信念寄托于此。不幸的是，甘末林的思想仍然处于过时的状态，尽管他比其他法国人都更有行动能力。

---

① 温斯顿·丘吉尔：《第二次世界大战》第二卷，第38—39页。

雷诺也在同一天采取了一项举措来取代甘末林,从叙利亚召回福煦^①的昔日助手魏刚^②上将。魏刚直到19日才抵达,因此最高统帅部三天来一直处于悬而未决的状态。20日,古德里安抵达英吉利海峡,切断了比利时盟军的交通线。此外,魏刚甚至比甘末林更落伍,继续按照1918年的路线来拟制作战计划。因此,反败为胜的希望破灭了。

总之,盟军领导人做事要么太晚,要么做错了,最终没有采取任何有效的措施来避免灾难。

1940年英国远征军的逃脱很大程度上要归功于希特勒的亲自干预。他的坦克部队占领了法国北部,切断了英军与其基地的联系,就在他们即将冲进敦刻尔克时,希特勒拦住了他们——敦刻尔克是英国人留下的最后一个逃生港口。当时,大部分英国远征军距离港口还有好几英里。但是,希特勒让他的坦克停了三天。

当其他任何行动都无法拯救他们时,希特勒的行动保住了英军部队。正是他让他们逃脱,使其得以在英国集结,继续战争,并驻扎在海岸抵抗入侵。因此可以说,他最终导致了自己和德国五年后的垮台。英国人民清楚地意识到这次逃脱的惊险,却不知道其原因,他们称之为"敦刻尔克奇迹"。

他是如何下达这道决定性的停止进攻的命令的?为什么要下达这道命令?这在很多方面对德国将军们来说仍然是个谜,而且永远不可能确切知道他是如何做出决定的,以及他的动机是什么。即使希特勒给出了解释,

---

① 费迪南·福煦(1851—1929),曾任法军总参谋长,驻法国盟军总司令,法国元帅。1918年3月,受英国和法国政府的委托,负责协调西线协约国部队的作战行动。同年4月任驻法国盟军总司令,指挥英、法、美、比联军挫败德军于同年春夏发动的五次进攻,7月对德军发动总攻,迫使德国于11月11日投降。1918年获得法兰西科学院院士称号。——译者注

② 马克西姆·魏刚(1867—1965),驻法国盟军总司令,法国陆军总司令,法国上将。1942年德军俘虏。——译者注

也很难令人信服。身居高位的人犯下致命错误后，很少会说实话，而希特勒并不是那种爱讲真话的大人物。他的证词更有可能混淆视听。即使他愿意，他也很可能无法给出真正的解释，因为他的动机往往很复杂，他的行动又如此多变。此外，所有人的记忆往往受到后来发生的事情的影响。

在对这一关键事件的长期探索中，历史学家已经获得了足够的证据，他们不仅能够拼凑出事件的来龙去脉，而且能够推断出这一关键性决定的合理原因。

在切断了盟军在比利时左翼的补给线后，古德里安的装甲军于20日抵达了阿布维尔附近的海域。然后他向北转，直奔英吉利海峡的港口和英国陆军部队的后方——当时英军仍在比利时，正面临博克步兵部队的正面进攻。在古德里安向北推进的右侧是莱因哈特的装甲军，该军也是克莱斯特装甲集群的一部分。

22日，他的推进孤立了布洛涅，第二天又孤立了加来。这一推进将德军带到了格拉夫林，距离敦刻尔克不到10英里——敦刻尔克是英国远征军最后的逃生港。莱因哈特的装甲军也抵达了艾尔—圣奥梅尔—格拉夫林运河线。但在那里，上级命令他们停止继续推进。装甲部队指挥官们接到命令，要将部队撤退到运河线后方。他们向上级提出了紧急质询和抗议，但得到的答复是"这是元首本人的命令"。

在深入探究那次拯救行动的根源之前，让我们先看看英国方面发生了什么，并追溯那次大规模逃生行动的经过。

16日，总司令戈特勋爵将英国远征军从布鲁塞尔前方的前沿阵地后撤了一步。但在到达斯海尔德河的新阵地之前，古德里安就切断了英国远征军在南部的交通线，导致该阵地遭到破坏。19日，内阁听说戈特勋爵"正在研究在被迫情况下撤退到敦刻尔克的可能性"。然而，内阁命令他向南进军法国，强行突破德军在其后方布下的防线——尽管他们得知，他只有四天的补给和只够打一场仗的弹药。

这些指示符合法军总司令甘末林上将迟迟制订并于当天上午发布的新计划。当晚，甘末林被解职，魏刚接替了他的职务。魏刚上任的第一件事就是取消甘末林的命令，同时研究局势。又拖延了三天后，他提出了一份与前任类似的计划。事实证明，这只是一份纸上谈兵的计划。

与此同时，戈特勋爵虽然认为内阁的指示不可行，但仍试图用他手下13个师中的2个师和唯一一个被派往法国的坦克旅从阿拉斯向南发动攻击。当21日发起反击时，投入战斗的只有2个战斗力较弱的坦克营和2个步兵营。坦克部队取得了一些进展，但没有得到支援，步兵被俯冲轰炸所震慑。邻近的法国第1集团军本应派出13个师中的2个师进行配合，但实际贡献甚微。这些天来，法军一再被德国俯冲轰炸机和机动迅速的坦克所压垮。

然而，值得注意的是，这一小小的装甲反击令一些德军高级指挥官感到不安。一时间，他们甚至想阻止自己的坦克先头部队前进。伦德施泰特本人将其描述为"关键时刻"，他说："在很短的时间内，我们担心装甲师会在步兵师赶来支援之前被切断。"[1] 这种影响表明，如果英国的反击是由2个装甲师而不是2个坦克营进行，结果可能大不相同。

在阿拉斯的反击昙花一现之后，北方的盟军没有再努力突破包围圈，而魏刚计划的来自南方的救援攻势姗姗来迟，软弱无力，几乎成了笑话。德军摩托化师在索姆河沿岸迅速修建了路障，以阻挡南部援军，而装甲师向北推进，封锁包围圈。魏刚指挥的部队行动缓慢，他的夸夸其谈的命令没有产生实际效果，就像丘吉尔劝部队"放弃在混凝土工事或天然障碍后

---

[1] 1935年起，《泰晤士报》和其他媒体就预测到了1940年将会出现的情况，并敦促英国军方应集中力量提供更强大的空军和2—3个装甲师，以反击德国在法国的突破，而不是派遣由步兵师组成的远征军——法国拥有大量的步兵师。内阁在1937年底接受了这一原则，但在1939年初又放弃了，转而建立熟悉模式的远征军。到1940年5月，共有13个步兵师（包括3个"劳工"师）被派往法国，但没有一个装甲师，事实证明，他们无法挽救局势。

抵抗攻击的想法","通过猛烈、无情的攻击"重新夺回主动权一样。

在高层继续讨论不切实际的计划时,北方被切断的部队正向海岸撤退。他们受到博克步兵部队越来越大的正面压力——尽管他们躲过了装甲部队从背后刺来的致命一刀。

24日,魏刚愤慨地抱怨道:"英军擅自向港口撤退了25英里,而此时我们从南方调来的部队正在向北方推进,他们本应在那里与盟军会合。"事实上,来自南方的法军部队没有取得明显进展,英军部队也尚未撤退——魏刚的话只是表明他生活在不切实际的幻想中。

但25日晚,戈特勋爵做出撤往敦刻尔克海上的明确决定。48小时前,德国装甲部队已经抵达距离港口仅10英里的运河线。26日,英国内阁允许陆军部给戈特勋爵发送电报,批准他的决定,并"授权"他执行这一撤退。第二天,又用电报告诉他从海上撤离。

同一天,在博克上将的攻击下,比利时军队的防线在中路被突破,没有预备队可以填补这个缺口。利奥波德国王已经通过凯斯① 海军元帅多次向丘吉尔发出警告,称形势已变得不容乐观。现在,比利时大部分地区已被占领,军队的后方紧邻大海,被困在挤满难民的狭长地带。因此,国王在傍晚决定请求停战——第二天一早,停火令就响了起来。

比利时人的投降增加了英国远征军在抵达敦刻尔克之前被切断退路的危险。丘吉尔刚刚向利奥波德国王发出呼吁,要求他坚持下去,他私下对戈特勋爵说,这是"要求他们为我们牺牲自己"。可以理解的是,被包围的比利时人已经知道英国远征军正准备撤离,因此对这一呼吁的看法与丘吉尔不同。利奥波德国王也不愿意听从丘吉尔的建议:他自己应该"趁还来得及的时候乘飞机逃跑"。国王觉得他"必须与军队和人民在一起"。从

---

① 罗杰·凯斯(1872—1945),英国联合作战司令部司令,英国海军元帅。1934年1月,当选为朴次茅斯北区的保守党议员。在议会中,反对裁军,并寻求将舰队航空兵重新置于海军的控制之下;反对内维尔·张伯伦1938年与阿道夫·希特勒达成的《慕尼黑协定》。他与温斯顿·丘吉尔是少数几个在该问题上不支持政府的人。——译者注

长远来看，他的决定可能不明智，但在当时的情况下，这是一个光荣的选择。丘吉尔后来对他这一决定的批评并不公正，而法国总理和媒体的猛烈谴责也非常不公正——尤其考虑到比利时的垮台是由于法国在默兹河的防线崩溃造成的。

此时，英军撤往海岸已变成一场赛跑，他们要在德军包围圈合拢之前重新登船——尽管法国人强烈抗议和指责。幸运的是，英国在一个星期前就开始了准备工作——尽管是基于另一种假设。20日，丘吉尔批准了"集结大量小型船只，准备前往法国海岸港口和水湾"的措施，他认为它们可能有助于营救部分英国远征军，因为根据现有计划，英国远征军试图向南推进到法国时可能会被切断。海军部立即做好准备。多佛尔指挥官拉姆齐[①]海军中将在前一天（19日）受命指挥此次撤退行动。一批渡船、海军漂网渔船和小型沿海船被立即召集起来，用于所谓的"发电机行动"。从哈里奇到韦茅斯的海上运输官员奉命登记所有吨位不超过1000吨的船只。

在接下来的几天里，情况迅速恶化，海军部很快就意识到敦刻尔克是唯一可能的撤离路线。"发电机行动"于26日下午开始实施——在比利时呼吁停战24小时前，也是内阁批准撤离24小时前。

起初，只期望救出一小部分英国远征军。海军部告诉拉姆齐，目标是在两天内撤离4.5万人，到那时敌人很可能已经迫使英军无法继续撤离。实际上，到28日晚上，只有2.5万人撤回英国。幸运的是，宽限期比预期的要长得多。

在最初的五天里，由于没有足够的小艇将部队从海滩运送到等待在岸边的船只上，撤离速度受到了限制。尽管拉姆齐最初提出了这一需求，但并没有得到充分满足。海军部现在做出了更大的努力来提供小艇并配备人

[①] 伯特伦·拉姆齐（1883—1945），盟国远征军海军司令部总司令，英国海军上将。1945年1月因乘坐的飞机在巴黎图苏斯勒诺布尔机场起飞时坠毁而身亡。——译者注

员,海军人员得到了大量平民志愿者的增援——渔民、救生艇船员、游艇驾驶者和其他有驾驶经验的人。拉姆齐记录,表现最好的是来自伦敦消防队的消防船船员梅西·肖。

起初,海滩上也出现过许多混乱,因为等待登船的部队(当时主要是基地人员)组织混乱。拉姆齐认为,情况恶化是因为"陆军军官的制服与其他军衔的制服难以区分",并发现"海军军官的出现有助于恢复秩序,因为他们穿着独特的制服……后来,当战斗部队到达海滩时,这些困难就消失了"。

第一次大规模空袭发生在 29 日晚,"幸好敦刻尔克港的重要航道没有被沉船堵塞"。保卫这条航道更为重要,因为大多数部队都是从港口登船撤离,只有不到三分之一的部队是从海滩登船撤离。

在接下来的三天里,空袭不断增加,6 月 2 日白天的撤离行动被迫暂停。英国皇家空军的战斗机从英格兰南部的机场起飞,竭尽全力阻止德国空军的进攻,但由于寡不敌众,而且距离太远,他们无法在该地区停留很长时间,无法提供足够的空中掩护。频繁的轰炸给等待在海滩上的部队带来了严重的压力,尽管柔软的沙滩可以减轻轰炸的影响。海上的物质损失要大得多,损失了 6 艘驱逐舰、8 艘人员运输船和 200 多艘小型船只——总共有 860 艘英国和盟军的各种大小船只参与撤离行动。非常幸运的是,德国海军几乎没有试图干扰,无论是 U 型潜艇还是鱼雷快艇都不见踪影。同样令人高兴的是,撤离行动也因天气非常好而顺利进行。

到 5 月 30 日,12.6 万名官兵已经撤离,而英国远征军的其余部队也都已抵达敦刻尔克桥头堡,除了少数在撤退时被切断的部队外。因此,桥头堡对敌军陆上包围进攻的防御变得更加牢固。德国人已经错过了机会。

不幸的是,驻比利时的法军高级指挥官仍然遵从魏刚不可能实现的计划,犹豫是否要尽快与英军一起撤退到海上。由于这一拖延,法国第 1 集团军剩余的近一半部队于 28 日在里尔附近被切断,并于 31 日被迫投降。不过,他们三天英勇的坚守帮助了剩余部队和英军逃脱。

敦刻尔克大撤退之登上舰船

到6月2日午夜，英军后卫部队登船，英国远征军撤离完毕——22.4万名官兵安全撤离，只有约2000名官兵在前往英国的途中因船只沉没而丧生。约9.5万名盟军官兵（主要是法军官兵）也已撤离。第二天晚上，尽管困难越来越大，但他们还是尽一切努力将剩余的法军官兵撤离，又有2.6万人获救。不幸的是，后卫部队有几千人被留下——这让法国人感到痛心。

到4日早晨行动停止时，共有33.8万英军和盟军士兵在英国登陆，与预期相比，这是了不起的结果，也是海军的一次杰出表现。

同时，很明显，如果不是希特勒在12天前的5月24日下令克莱斯特的装甲部队在敦刻尔克城外停止前进，英国远征军保存下来"改日再战"就是不可能的。

当时，只有一个英国营负责防守格拉夫林和圣奥梅尔之间20英里长的阿河河段，而内陆60英里处的运河线防御情况也好不到哪里去。许多桥梁尚未被炸毁，甚至没有做好爆破准备。因此，5月23日，德国装甲部队在运河上的多个地方毫不费力地占领了桥头堡——正如戈特勋爵在他的电报中所说，这是"这一侧唯一的反坦克障碍"。渡过这条运河后，除了希特勒下令暂停进攻外，没有什么能阻止他们——也没有什么能阻止他们切断英国远征军撤退到敦刻尔克的路线。

然而，很明显，自从突破法国防线以来，希特勒一直处于高度紧张和焦虑的状态。进攻异常轻松，他的部队几乎没有遇到抵抗，这让他感到不安——这一切似乎好得令人难以置信。从总参谋长哈尔德的日记中可以看到这种影响。17日，即法军默兹河防线急剧崩溃的第二天，哈尔德写道："相当不愉快的一天。元首非常紧张。他对自己的成功感到害怕，不敢冒任何风险，所以宁愿把缰绳拉到我们身上。"

那天，古德里安正全力向大海进发，却突然被叫停。第二天，哈尔德写道："每个小时都很宝贵……元首大本营却有不同的看法……莫名其妙地一直担心南翼。他怒不可遏，大喊我们正走在毁掉整个战役的路线上。"

直到那天晚上很晚，哈尔德向他保证，后续的步兵集团军正沿着埃纳河进入战线作为侧翼掩护，希特勒才同意让装甲部队继续前进。

两天后，这些装甲部队抵达海岸，切断了驻比利时盟军的交通线。这一辉煌的成就似乎暂时打消了希特勒的疑虑。但随着他的装甲部队向北进发，尤其是英国坦克从阿拉斯发动反攻引起了短暂的恐慌后，他的疑虑又重新燃起，尽管很轻微。他视为珍宝的装甲部队，现在正向英军占领区进发。在他看来，英国是特别强大的对手。与此同时，他也担心南面的法军可能在策划什么阴谋。

从表面上看，希特勒选择在5月24日上午这个关键时刻视察伦德施泰特的司令部，这对他来说似乎很不幸。因为伦德施泰特是一位谨慎的战略家，他充分考虑不利因素，避免过于乐观。因此，他经常通过提供冷静客观的评估来纠正希特勒——但这次未能给德国带来好处。在对形势的评估中，他详细阐述了坦克力量在长时间快速推进中被削弱的情况，并指出有可能遭遇来自南北两面的夹击，尤其是南面的攻击。

由于前一天晚上他已经接到陆军总司令布劳希奇的命令，将完成北部包围圈的任务交给博克上将，因此他自然而然地就会考虑南面的下一阶段行动。

此外，伦德施泰特的司令部仍然在色当附近的沙勒维尔——紧邻埃纳河，位于德军战线的正中央，面朝南方。这一位置使人们倾向于关注前方的情况，而较少关注最右翼的情况，因为胜利在那里似乎已成定局。敦刻尔克只是偶尔进入他的视野。

希特勒"完全同意"伦德施泰特的保留意见，并继续强调为未来行动保留装甲部队至关重要。

下午回到自己的司令部后，他派人去请陆军总司令。这是一次"非常不愉快的会谈"，最后希特勒下达了明确的停止命令——哈尔德当晚在日记中悲伤地总结了该命令的影响：

由装甲和摩托化部队组成的左翼，前方已没有敌人，因此将根据元首的直接命令停止前进。消灭被包围的敌军的任务将留给德国空军！

希特勒的暂停命令是受伦德施泰特的影响吗？如果希特勒认为他的暂停命令是受伦德施泰特影响的话，那么在英国人撤退之后，他几乎肯定会在为自己的决定辩解时提到这一点，因为他很容易把一切错误归咎于他人。然而，在随后的解释中，他没有提到伦德施泰特的意见。这样的反面证据和其他证据一样重要。

希特勒前往伦德施泰特司令部，似乎更可能是希望找到进一步的理由来支持自己的疑虑，以及他想强加给布劳希奇和哈尔德的变更计划。至于是否由其他人推动，最初的影响可能来自凯特尔[①]和约德尔[②]，他们是希特勒参谋部的两名主要军事成员。瓦尔利蒙特少将的证据尤其重要，因为他当时与约德尔保持着密切联系。听到有关暂停前进的命令的传闻后，他大吃一惊，于是去向约德尔询问此事：

约德尔确认已经下达命令，对我的询问显得相当不耐烦。他本人的立场与希特勒相同，强调第一次世界大战期间，不仅希特勒，而且凯特尔和他本人在佛兰德斯的亲身经历都毫无疑问地证明，装甲部队无法在佛兰德斯沼泽中作战，必然要遭受重大损失，而考虑到装甲军的兵力已经减弱，以及在法国即将展开的第二阶段攻势中要承担的任

[①] 威廉·凯特尔（1882—1946），德国最高统帅部参谋长，德国元帅。1945年5月8日代表纳粹德国武装部队在柏林签署无条件投降书。是国际军事法庭纽伦堡审判中24名主要战犯被告之一，1946年10月16日被处以绞刑。——译者注
[②] 阿尔弗雷德·约德尔（1890—1946），德国最高统帅部作战参谋部参谋长，德国上将。1946年10月16日在纽伦堡审判中被判处死刑并被处决。——译者注

务，这种损失是无法承受的。[1]

瓦尔利蒙特补充说，如果暂停进攻的命令来自伦德施泰特，他和最高统帅部的其他人就会知道；而且为这一决定辩解的约德尔，"肯定不会忘记指出伦德施泰特元帅是发起人或至少是支持该命令的人"——这样可以平息批评声，因为伦德施泰特"在所有高级将领中都拥有作战事务方面无可争议的权威"。

> 然而，当时向我透露了下达暂停进攻命令的另一个原因——戈林出现并向元首保证，他的空军将通过从空中封锁海上一侧来完成剩余的包围任务。他肯定高估了他自己军种的战斗力。[2]

瓦尔利蒙特的这一声明与前面引用的哈尔德 24 日日记的最后一句话联系起来，就显得意义非凡。此外，古德里安还表示，克莱斯特给他下达了命令："敦刻尔克将留给德国空军去对付。如果征服加来有困难，那么这座要塞也将留给德国空军去对付。"古德里安评论道："我认为，正是戈林的虚荣心导致希特勒做出这一决定。"

与此同时，有证据表明，甚至德国空军也没有得到充分利用——一些空军将领说，希特勒在这里再次踩了刹车。

所有这些都让上层人士怀疑希特勒给出的军事理由背后有政治动机。布卢门特里特[3]是伦德施泰特的作战参谋，他将这一动机与希特勒在访问伦德施泰特的司令部时令人惊讶的谈话方式联系起来：

---

[1] 利德尔·哈特：《山的那一边》，第 197 页。
[2] 利德尔·哈特：《山的那一边》，第 197 页。
[3] 京特·布卢门特里特（1897—1967），德国第 25 集团军司令，步兵上将。——译者注

希特勒心情很好，他承认战役的进程是"一个明显的奇迹"，并告诉我们战争将在六个星期内结束。此后，他希望与法国达成一项合理的和平协议，这样与英国达成协议的道路就会畅通无阻。

然后，他以钦佩的口吻谈论大英帝国，称其存在是必要的，并提到英国给世界带来的文明，这让我们感到惊讶。他耸耸肩说，大英帝国的建立往往是通过严酷的手段实现的，但"有刨木头的地方，就会有刨花飞扬"。他将大英帝国与天主教会进行了比较，说它们都是世界稳定的基本要素。他说，他对英国的唯一要求是承认德国在欧洲大陆的地位。归还德国失去的殖民地固然好，但不是必需的，他甚至愿意在英国遇到困难时派兵支援。他指出，殖民地主要事关声望，因为战争期间无法守住这些殖民地，而且很少有德国人会去热带地区定居。

他最后说，他的目标是与英国达成和平协议，而其基础是让英国觉得接受起来无损其荣誉。[①]

后来，布卢门特里特在反思事件发展时，经常会想起这次对话。他觉得之所以暂停前进，不仅仅是出于军事原因，更是为了更容易达成和平而制订的政治计划的一部分。如果英国远征军在敦刻尔克被俘，英国人可能会觉得他们的荣誉蒙上了污点，必须洗刷干净。希特勒希望通过放走他们来进行安抚。

由于这一说法来自那些对希特勒持强烈批评态度的将军，并且他们承认自己想要消灭英军，因此它的意义更为重大。这些将军对希特勒在敦刻尔克期间谈话的描述与他自己在《我的奋斗》中写的大部分内容相吻合——而且他在其他方面也遵循着自己这本书中的说法，这一点非常值得注意。他的性格中有一些因素表明，他对英国有一种爱恨交织的情感。

[①] 利德尔·哈特：《山的那一边》，第200—201页。

他当时谈论英国的倾向，也记录在齐亚诺①和哈尔德的日记中。

希特勒的性格非常复杂，很难用简单的方式解释。更有可能的是，他的决定是由多条线索交织而成的。其中有三条线索显而易见：他希望为下一次攻击保留坦克实力，他长期以来对佛兰德斯沼泽怀有恐惧，以及戈林为德国空军做出的保证。但在一个精于政治战略且思想复杂的人的脑海中，很可能还掺杂一些政治因素。

法军在索姆河和埃纳河沿岸的新战线比原先的战线更长，据守这条战线的兵力却大大减少。尽管有盟军的支援，法军在战役的第一阶段已经损失了30个师。（只有2个英国师留在法国，不过现在又派了2个没有经过充分训练的师过来。）魏刚总共调集了49个师来掩护新战线，留下17个师来守住马其诺防线。在如此短的时间内，法军无法对战线加强防御，兵力短缺也使纵深防御的计划落空。由于大多数机械化师已经损失或严重耗损，机动预备队也不足。

相比之下，德军用新运来的坦克使他们的10个装甲师恢复了实力，而他们的130个步兵师几乎未受影响。为了发动新的攻势，部队被重新分配，2个新的集团军（德国第2集团军和第9集团军）被派往埃纳河地区（在瓦兹河和默兹河之间），以增加兵力，古德里安受命指挥由2个装甲军组成的装甲集群，这些装甲军被调到那里待命。克莱斯特留下2个装甲军，分别从索姆河上的亚眠和佩罗讷的桥头堡发动钳形攻势，目的是在克雷伊附近的瓦兹河下游会合。霍特指挥的其余装甲军将在亚眠和大海之间推进。

6月5日，进攻开始，最初在拉昂和大海之间的西部地带。前两天的

---

① 加莱亚佐·齐亚诺（1903—1944），意大利外交大臣，法西斯大委员会委员。1943年7月25日联合其他法西斯高层发动"宫廷政变"，解除墨索里尼全部职务，但在纳粹德国干预、救出墨索里尼，扶植傀儡政权之后被捕。1944年1月11日，在纳粹德国的压力之下被墨索里尼的行刑队处决。——译者注

抵抗很顽强，但在 7 日，最西边的装甲部队在通往鲁昂的道路上突破了防线。随后，法军防线在混乱中崩溃。9 日，德军在渡过塞纳河时没有遇到顽强抵抗。但他们并不打算在这里实施决定性的打击，所以他们停了下来，这对艾伦·布鲁克中将率领的英军小规模部队来说是幸运的，当法国人投降时，他们中的大多数人得以进行第二次撤离。

然而，克莱斯特的钳形攻势并未按计划顺利进行。右钳部队最终于 8 日突破，但来自佩罗讷的左钳部队在贡比涅北部遭到顽强抵抗。德国最高统帅部随后决定撤回克莱斯特集群，并将其调往东部，以支援在香槟取得的突破。

那里的攻势直到 9 日才开始，但很快就崩溃了。步兵大军强行渡河后，古德里安的坦克便从缺口冲向马恩河畔沙隆，然后向东挺进。到 11 日，克莱斯特扩大了攻势，并在蒂耶里堡渡过了马恩河。德军以极快的速度向前推进，越过朗格勒高原，到达贝桑松和瑞士边境，切断了马其诺防线所有法军的退路。

早在 7 日，魏刚就建议政府立即请求停战，第二天他就宣布"索姆河战役失败了"。法国政府内部虽然意见有分歧，犹豫不愿屈服，但最终在 9 日决定撤离巴黎。对于迁往布列塔尼还是波尔多摇摆不定，最后折中迁往图尔。与此同时，雷诺向罗斯福[①]总统发出呼吁，请求支援，他宣称："我们将在巴黎城前作战，我们将在巴黎城后作战；我们将退守到法国每一个省份，如果我们被赶出去，我们将前往北非……"

10 日，意大利宣战。墨索里尼曾收到过一些姗姗来迟的殖民让步，但他拒绝了，希望借此提高自己在希特勒心目中的地位。然而，意大利直到十天后才发动攻势，而且被虚弱的法军轻易遏制。

[①] 富兰克林·罗斯福（1882—1945），美国总统。连续出任四届美国总统，也是唯一连任超过两届的美国总统。任内推行"罗斯福新政"，提供失业救济，促进复苏经济；实施租借法案，使美国转变为"民主国家的兵工厂"，为世界反法西斯战争的胜利作出了重要贡献。1945 年 4 月 12 日在任内因突发脑溢血逝世。——译者注

11日，丘吉尔飞往图尔，试图鼓励法国领导人，但徒劳无功。第二天，魏刚向内阁发表讲话，告诉他们这场战役已经失败，并将两次失败归咎于英国，然后宣称："我不得不明确表示，停战是必须的。"毫无疑问，他对军事形势的判断是正确的，因为法军现在已分崩离析，其中大部分不再抵抗，只是跟随着向南溃逃。内阁现在在投降和继续北非作战之间摇摆不定，但最终决定转移到波尔多，同时指示魏刚在卢瓦尔河一带坚持抵抗。

14日，德军进入巴黎，并在两翼推进得更深。16日，他们抵达罗讷河谷。与此同时，魏刚继续施压，要求停战，所有主要指挥官都支持这一要求。为了避免这一决定并确保在非洲坚守，丘吉尔在最后时刻提出了一个影响深远的建议，即建立英法联盟。该提议没有什么作用，反而激怒了人们。法国对此进行了表决，内阁多数成员否决了该提议，并最终决定投降。雷诺辞职后，贝当[①]元帅组建了新内阁，并于16日晚上向希特勒提交了停战请求。

20日，希特勒的停战条件递交给了法国特使——在贡比涅森林的同一节列车车厢里，正是德国特使1918年签署停战协定的地方。谈判期间，德军继续推进，越过卢瓦尔河。但在22日，德国的条件被法国接受。在与意大利达成停战协定后，停战协议于6月25日凌晨1时35分生效。

---

① 菲利普·贝当（1856—1951），法国维希政府元首，法国元帅。1945年因"叛国罪"被判死刑，后改判为终身监禁。——译者注

第 8 章 不列颠战役

尽管战争始于 1939 年 9 月 1 日德国入侵波兰，两天后英国和法国相继对德国宣战，但希特勒和德国最高统帅部没有制订任何计划来应对英国的反抗，这是历史上最不寻常的现象之一。更奇怪的是，在 1940 年 5 月德国发动西线大规模攻势之前的近九个月时间里，德国什么都没有做。即使在法国明显摇摇欲坠、注定崩溃之后，也没有制订任何计划。

因此，很明显，希特勒指望英国政府同意以他愿意给予的有利条件达成妥协和平，尽管他雄心勃勃，但他并不想将英德冲突推向决战。事实上，希特勒让德国将军们明白战争已经结束，同时批准休假，并将部分德国空军转移到其他潜在战线。此外，6 月 22 日，希特勒下令复员 35 个师。

即使丘吉尔明确表示拒绝任何妥协，并表明他决心继续战争，希特勒仍然坚持认为这只是虚张声势，并认为英国必然会认识到"其军事上无望的处境"。这种希望并没有消退。直到 7 月 2 日，他才下令研究通过入侵征服英国的问题；两个星期后的 7 月 16 日，他终于下令准备这样一次入侵，并将其命名为"海狮行动"，但他仍然对其必要性表示怀疑。不过，他确实说过，这次远征必须在 8 月中旬之前做好准备。

即便如此，希特勒内心的疑虑——或者至少是犹豫不决——也体现在这样一个事实中：7 月 21 日，他告诉哈尔德，他打算转而解决苏联问题，如果可能的话，当年秋天对苏联发动攻击。29 日，在最高统帅部，约德尔告诉瓦尔利蒙特，希特勒决心对苏联开战。几天前，古德里安装甲集群的作战参谋被派回柏林，制订在战役中使用装甲部队的计划。

法国沦陷时，德国军队根本没有为入侵英国做好准备。参谋人员没有考虑过，更不用说研究了；部队没有接受过海上运输和登陆作战的训练，也没有为此建造登陆艇。所以，他们能做的就是匆忙征集船只，把驳船从德国和荷兰运到英吉利海峡各港口，让部队练习登船和下船。英军在法国损失了大部分武器和装备后，暂时处于"赤手空拳"的状态，德军这种仓促的临时行动才有了成功的可能性。

这次行动的主攻任务交给了伦德施泰特元帅和他的A集团军群：德国第16集团军（司令布施上将）负责右翼，德国第9集团军（司令施特劳斯上将）负责左翼。海上部队将从斯海尔德河和塞纳河河口之间的各个港口登船，在福克斯通和布莱顿之间的英格兰东南海岸登陆，一个空降师负责占领悬崖峭壁的多佛—福克斯通地区。根据这项"海狮计划"，第一拨十个师将在四天内登陆，以建立一个宽阔的桥头堡。大约一个星期后，主力部队开始向内陆推进，其首要目标是夺取从泰晤士河河口到朴次茅斯的弧形高地。在下一阶段，将切断伦敦与西部的联系。

助攻由德国B集团军群的第6集团军（司令赖歇瑙元帅）负责，第一拨三个师从瑟堡启航，在波特兰比尔以西的莱姆湾登陆，然后向北推进到塞文河河口。

入侵的第二拨将是一支机动部队，由三个军的六个装甲师和三个摩托化师组成，随后是第三拨九个步兵师和第四拨八个步兵师。虽然第一拨没有装甲师，但分配了大约650辆坦克，全部由两个梯队中的第一梯队运送（第一梯队的兵力约占25万总兵力的三分之一）。这两个梯队横跨英吉利海峡需要155艘运输船，总吨位约70万吨，此外还有3000多艘小型船只——1720艘驳船、470艘拖船和1160艘摩托艇。

准备工作直到7月下旬才开始，德国海军参谋部宣布，如此大量的船只最早也要到9月中旬才能准备好——而希特勒已下令在8月中旬完成准备工作。（事实上，在7月底，海军参谋部建议将该行动推迟到1941年春季。）

但是，那并不是唯一的阻碍。德国将军们非常担心他们的部队在渡海时会面临风险。他们对自己的海军和空军保持航道畅通的能力没有信心，因而主张在足够宽的战线上（从拉姆斯盖特到莱姆湾）进行入侵，以分散和牵制英国的防守力量。德国海军将领们更担心英国舰队到达战场后会发生什么。他们对自己阻止英国舰队干扰的能力几乎没有信心，而且一开始就坚持认为陆军计划的宽阔入侵战线是无法防守的，渡海行动必须限制在相对狭窄且布满水雷的走廊内，并且陆军部队规模要比较小——这些限制加深了将军们的疑虑。最重要的是，雷德尔海军元帅强调，渡海地区的空中优势至关重要。

7月31日，在与雷德尔讨论后，希特勒接受了海军的观点，即"海狮行动"无法在9月中旬之前发起。但这一行动没有确定推迟到1941年，因为戈林向他保证，德国空军可以遏制英国海军的干扰，并将英国空军逐出天空。海军和陆军首脑们非常愿意让他先尝试发动空袭，除非他取得成功，否则他们不会做出任何明确的决定。

结果空袭没有成功。因此，这场空战成了决定性的不列颠战役的主要特征——事实上，也是唯一的特征。

德国空军相对于英国皇家空军的优势并不像当时人们普遍想象的那么大，无法像英国民众所担心的那样，通过一拨又一拨的轰炸机群进行持续攻击，其战斗机的数量也并不比英国多多少。

这次进攻主要由阿尔贝特·凯塞林元帅指挥的德国第2航空队和胡戈·施佩勒尔[①]指挥的德国第3航空队实施，前者以法国东北部和低地国家为基地，后者以法国北部和西北部为基地。每个航空队都是一支独立的作战部队，包含所有兵种——这种整合在配合陆军在波兰和西线推进时是有利的，但在全空战役中不那么有利。每个航空队都制订了自己的计划

---

① 胡戈·施佩勒尔（1885—1953），德国空军元帅。1945年5月1日被英军逮捕，后在纽伦堡审判中被指控犯有战争罪，但最终被无罪释放。——译者注

并分别提交，但没有整体计划。

8月10日，当进攻即将正式开始时，德国第2航空队和第3航空队共有875架普通（高空）轰炸机和316架俯冲轰炸机。（俯冲轰炸机在英国战斗机面前十分脆弱，因此它们在8月18日后退出战斗，并被留作入侵之用。）

此外，驻挪威和丹麦的德国第5航空队，由施通普夫[①]上将指挥，拥有123架高空轰炸机，但它只参加了8月15日一天的战斗，而且损失惨重，以至于无法再次进行远距离作战。然而，它确实起到了牵制作用，使部分英国皇家空军战斗机留在了英格兰东北部。它还在8月下旬提供了大约100架轰炸机来弥补德国第2航空队和第3航空队的损失。

8月10日开始战斗时，德国空军共有929架战斗机可用。它们大多是单引擎的梅塞施米特Me-109战斗机，但也有227架航程相对较远的双引擎Me-110战斗机。Me-109的原型机于1936年问世，最高速度超过350英里/小时，其高爬升率使其比英国战斗机更具优势。但在转弯和机动方面，它在与英国战斗机的战斗中处于劣势。此外，与英国战斗机不同的是，大多数战斗机在战斗开始时没有为飞行员提供装甲保护，不过它们有防弹油箱，而英国战斗机没有。

在这场战役中，航程有限对德国单引擎战斗机来说是一个决定性因素。Me-109官方公布的412英里巡航里程非常具有误导性。它的实际作战半径（往返）仅略大于100英里，从加来海峡或科唐坦半岛起飞仅能到达伦敦，因此在那里作战的时间非常有限。换句话说，它的总飞行时间仅为95分钟，只有75—80分钟的战术飞行时间。当轰炸机损失惨重且非常脆弱时，必须为其提供战斗机护航，即使是对付英格兰南部的目标，一天也只能使用300—400架轰炸机——每两架战斗机护航一架轰炸机。

[①] 汉斯-于尔根·施通普夫（1889—1968），德国空军上将。1945年5月8日，作为空军代表签署无条件投降书。1947年10月在一次战争罪审判中被无罪释放，从英军战俘营获释。——译者注

Me-109 在起飞和降落时也难以操纵，而且它的起落架很脆弱，法国海岸匆忙建造的临时机场使这个问题更加严重。

双引擎的 Me-110 虽然最高速度为 340 英里 / 小时，但事实证明要慢得多，通常只有 300 英里 / 小时，甚至更低，因此很容易被"喷火"战斗机超越。这款战斗机加速缓慢，且难以操纵。Me-110 原本要成为"德国空军战斗机中的作战之花"，但事实证明它是所有战斗机中技术最糟糕的——最终不得不由 Me-109 护航。

但是，德国战斗机最大的缺陷是其落后的无线电设备。虽然他们配备无线电话供飞行时内部通信使用，但与英国战斗机相比，他们的设备很差，且无法从地面进行控制。

在法国损失了 400 多架战斗机后，英国皇家空军战斗机数量到 7 月中旬已恢复到 650 架左右——相当于 5 月德国发动进攻时的战斗机数量。这些战斗机大多是"飓风"战斗机和"喷火"战斗机，但也包括近 100 架较老式的其他型号。

这一显著的恢复很大程度上要归功于比弗布鲁克勋爵（马克斯韦尔·艾特肯）的努力。他于 5 月丘吉尔政府成立时被任命为飞机生产大臣。批评他的人抱怨说，他大力干预，对长期发展产生了不利影响。但是，战斗机司令部总司令空军上将休·道丁爵士宣称："这项任命的效果只能用神奇来形容。"甚至到了仲夏，战斗机的产量增加了 2.5 倍，英国全年生产了 4283 架战斗机，而德国生产的单引擎和双引擎战斗机才刚刚超过 3000 架。

武器装备的情况更难确定。"飓风"战斗机和"喷火"战斗机只装备了机枪，每架八挺，固定在机翼前端。这些是美国勃朗宁机枪——之所以选择这种武器，是因为它足够可靠，可以远程控制，而且射速很快，每分钟 1260 发。Me-109 战斗机一般装备两挺固定在机罩内的机枪和位于机翼的两门 20 毫米机炮——这种武器是根据西班牙内战的经验而研发的，西班牙内战被德国空军用作武器试验场——Me-109 曾在那里进行过试验，现在已被淘汰的早期战斗机也是如此。

德国王牌飞行员阿道夫·加兰事后回想起来坚信 Me-109 的武器装备更胜一筹。英国人对此意见不一，他们认为勃朗宁机枪的高射速在短距离连射中更具优势。但人们也认识到，6 发机炮炮弹造成的损害远大于同等时长的勃朗宁机枪连射——一些英国战斗机飞行员抱怨说，即使确信他们击中了对手，"也没发生什么事"。值得注意的是，在战斗过程中，约有 30 架"喷火"战斗机配备了两门 20 毫米伊斯帕诺（厄利孔）机炮，而从 10 月开始，配备四门机炮的"飓风"战斗机开始投入使用。

有一点十分清楚，而且从一开始就很明显，那就是德国轰炸机的装备太差——只有几挺自由旋转的机枪——在没有战斗机护航的情况下无法击退英国战斗机。

战斗机飞行员的情况则更为复杂。在战争初期，英国人处于不利地位。虽然他们接受了高水准的训练，但人数严重不足。皇家空军飞行训练学校发展缓慢，其缺陷在很大程度上决定了战争的走向。即使这意味着让一些来袭的敌机通过，也必须将损失控制在最低限度。道丁最担心的是缺乏飞行员，而不是缺乏飞机。

通过在 7 月份节约资源，道丁在 8 月初成功将飞行员人数增加到 1434 人，其中包括从海军航空兵"借调"的 68 名飞行员。但一个月后，飞行员人数下降到 840 人，平均每周损失 120 人。相比之下，整个月皇家空军作战训练部队训练出的战斗机飞行员不超过 260 名。9 月，飞行员短缺的情况更加严重，因为高技能飞行员的数量减少了，而匆忙训练的新飞行员由于缺乏经验，伤亡率特别高。被调来替换疲惫飞行员的新中队往往比被替换的中队损失更大。在许多情况下，疲劳还伴随着士气低落和愈发"紧张的情绪"。

德军最初在飞行员数量上没有那么大的劣势。尽管 5 月和 6 月他们在欧洲大陆损失惨重，但飞行学校培养的飞行员数量超过了前线中队所能吸收的数量。然而，戈林和其他德国空军领导人将战斗机部队视为"防御性"和次要兵种,这暗中影响了飞行员的士气。此外,战斗机部队还耗费了许多优秀的飞行员来弥补轰炸机和俯冲轰炸机部队的损失,而戈林一直批评他们缺乏进攻性,并将德国空军的失败归咎于他们——其实主要是因为他自己缺乏远见和计划失误。相比之下,英国战斗机飞行员的士气得到了加强,因为他们知道在这关键的几个月里,他们被视为丘吉尔的"少数人"[①],是皇家空军的精英和国家的英雄。

德国战斗机部队(包括飞行员和飞机)承受的压力因他们越来越多地被用于护航任务而倍增——每天出动两三次,有时多达五次。戈林不允许他们有休息日,也不允许前线部队轮换。因此,他们不仅感到疲惫不堪,而且压力重重。到9月,士气开始低落。飞行员们看到准备工作很不充分,也很业余,对德国高层是否真的打算入侵产生怀疑,他们开始越来越怀疑自己是否只是为了维持一个即将被放弃的行动而牺牲自己。

轰炸机机组人员损失惨重,而且他们意识到自己很容易受到皇家空军战斗机的攻击。因此,虽然他们英勇地继续执行命令,但士气下降更加明显。

总之,虽然在战役的早期阶段,双方在技能和勇气上势均力敌,但随着战役的进行,英国人占了上风,因为事实和感觉都证明,敌人遭受的损失和压力比他们自己更严重——尽管英国人在这两方面都损失惨重。

在整个战役中,德国面临的一个严重障碍是情报不力。德国空军实施进攻的基本指南是一本名为《蓝色研究》的战前手册,其中列出了有关英国工厂状况和布局的可用数据,以及以"民用航线验证飞行"进行的全面摄影侦察的结果。德国空军自己的情报部门对此的补充不足——该部门仅由一名空军少校领导。施密德空军少校在1940年7月对英国皇家空军

---

① "在人类冲突的战场上,从来没有这么少的人对这么多的人作出过这么多的贡献。"这一称赞英国战斗机飞行员和机组人员的名言,出自英国首相温斯顿·丘吉尔1940年8月20日在英国下议院发表的战时演讲。——译者注

进行了调查,他大大低估了英国战斗机的产量,报告称每月仅生产180—300架——而实际上,在比弗布鲁克勋爵努力加快计划后,仅在战役期间的8月和9月,"飓风"和"喷火"战斗机的产量就上升到了460—500架。(乌德特[①]空军上将的生产部门的报告加剧了这一重大失误所造成的错误印象,该报告详述了"飓风"战斗机和"喷火"战斗机的缺点,而没有指出它们的优点。)

在施密德空军少校的调查报告中,没有提到英国皇家空军严密的防御系统,包括雷达站、作战室和高频无线电网络。然而,早在战前,位于萨福克海岸鲍德西的英国雷达研究站和海岸周围高耸的格子桅杆就已经完全暴露在情报人员的视线中,到1939年,德国人几乎不可能不知道英国预警系统的关键特征。尽管德国人在1938年就知道英国人在试验雷达,甚至在1940年5月就占领了布洛涅海滩上的一个移动雷达站,但他们的科学家认为这套设备很简陋。当德军占领法国大部分地区时,由于法国人对安全的疏忽,有关英国雷达更加详细的信息在法国是可以自由获得的,但德国人似乎并没有从中获益。戈林本人几乎没有考虑到它对战役的潜在影响。

事实上,直到7月德国人在法国海岸设立监测站,他们才从英国海岸雷达桅杆发出的信号流中意识到,他们面临着至关重要的新东西。德国空军的领导人甚至低估了英国雷达的探测范围和效能,几乎没有采取措施来干扰或摧毁它。而且,当发现英国战斗机在无线电控制下行动时,他们并没有感到沮丧——他们得出的结论是,该系统使战斗机指挥变得不灵活,而且大规模袭击将压垮该系统。

在激烈的空战中,双方都倾向于夸大对手的损失,但对德国方面的不

[①] 恩斯特·乌德特(1896—1941),德国航空部技术局局长,空军装备总监,负责为空军各部门开发和提供飞机、武器和装备,德国空军上将。第一次世界大战期间作为战斗机飞行员参战。1941年11月17日因对希特勒发动侵苏战争感到绝望而开枪自杀。——译者注

利影响更为严重。最初，德国空军情报部门正确地评估了道丁的资源，认为他总共约有50个"飓风"和"喷火"战斗机中队，作战实力约为600架飞机，其中最多400—500架部署在英格兰南部。但战役开始后，由于高估了英国损失和低估了英国飞机产量，误判和混乱不断出现，德国空军飞行员对英国战斗机数量保持不变感到困惑，随后感到沮丧。报告的飞机击落数量比实际数量要多得多。

造成误判的另一个原因是，德国空军首脑们在轰炸英国皇家空军战斗机司令部基地时，习惯用红铅笔画掉那里的皇家空军中队的编号。这在一定程度上是由于侦察照片质量差，另一方面是由于对轰炸结果的分析过于乐观。例如，德国空军估计，截至8月17日，至少有11个机场被"永久摧毁"——而实际上，只有曼斯顿这一座机场，在相当长的时间内无法使用。此外，攻击不属于战斗机司令部管辖的东南部机场，也白费了兵力。同时，德国空军首脑们没有意识到战斗机司令部组织架构中的分站（如比根希尔、肯利、霍恩彻奇）至关重要，也没有意识到分站的作战室暴露在地面上非常危险。因此，德国空军在8月底对各分区驻地发动的毁灭性袭击并未产生后续行动。

德国面临的另一个不利因素是天气，而且是双重的：英吉利海峡上空的天气通常不利于进攻方，而且这种天气通常来自西部，英国人往往最先知道。德国人破译了英国从大西洋发来的无线电气象报告的密码，但他们从中获益不多，而且经常被弄得措手不及。特别是，他们的轰炸机和战斗机护航队会合的时间一再因意外出现的云层和低能见度而被打乱。法国北部和比利时上空的云层给德国轰炸机造成延误，而机组人员几乎没有盲航经验，结果他们到达会合地点晚了，而战斗机不能浪费燃料，所以会与其他轰炸机搭档，这样一来，一个轰炸机编队将得到双重保护，而另一个轰炸机编队没有任何护航——导致损失惨重。当秋季来临，天气恶化时，此类错误增多，并带来灾难性的后果。

然而，德国人从更好的计划中获益。英国的海空救援服务起初非常混乱，迫降在海上的飞行员在很大程度上不得不依靠运气来获救。在8月中旬，这种情况更为严重，因为几乎三分之二的重要空战都是在海上发生的。德国人组织得更好。他们使用了大约30架"亨克尔"水上飞机进行救援工作，而他们的战斗机飞行员和轰炸机机组人员配备了充气橡皮艇、救生衣、轻型手枪和一种能将被困人员周围海面染成亮绿色的化学物质。一名"迫降"在海上的战斗机飞行员在飞机沉没前大约有40—60秒的时间逃生。如果没有这些海上救援措施的保障，德国空军的士气可能会比实际下降得更快。

德国空军的进攻还必须面对除英国皇家空军战斗机之外的强大抵抗力量，即英国防空部队的高射炮，这些高射炮由陆军提供并属于陆军（就像远征军的武器一样），但在作战时受皇家空军战斗机司令部指挥，并隶属于该司令部。虽然它们在不列颠战役中击落的德国轰炸机相对较少，但高射炮火力通过制造普遍干扰，尤其是对轰炸精度造成破坏，给攻击者带来了很大的压力。

防空司令部总司令是中将弗雷德里克·派尔爵士。他原本是一名炮兵，1923年皇家坦克兵团正式组建后，他转入此部队并很快成为机动装甲部队最活跃的支持者和拥护者之一。但在1937年，他晋升为少将后，陆军委员会任命他为第1防空师师长，该师负责伦敦和英格兰南部地区的防卫。第二年，两个现有的防空师扩充为五个，然后又扩充为七个。1939年7月底，就在战争爆发前夕，"蒂姆"派尔被提拔负责整个防空部队，包括正在组建的用于保卫机场和其他重要地点免受低空袭击的轻型高射炮连。

应对此类攻击的另一个重要手段是阻塞气球——一串香肠形状的气球，用钢缆固定在5000英尺的高空。阻塞气球由皇家空军提供，由战斗机司令部单独控制。

在战前的这些年里，扩大防空部队用于本土防御的计划最多只能得到陆军委员会的勉强同意，而且经常遭到强烈反对——陆军委员会往往认为这会削弱陆军的实力。因此，派尔发展这些防空部队及其效能的努力在陆军部遭遇了很大阻碍，并使他在那里不受欢迎——这对他重返陆军主流并进一步晋升的前景产生了不利影响。然而，对国家来说幸运的是，他成功地与难相处的道丁建立了密切而和谐的关系，他们合作得非常好。

1939年9月初，战争爆发，防空司令部批准的编制已陆续增加到2232门重型高射炮（几乎是两年前被否决的所谓"理想"计划的两倍），以及1860门轻型高射炮和4128盏探照灯。但由于犹豫不决和拖延，战争开始时只能部署695门重型高射炮和253门轻型高射炮，大约占当时批准的重型高射炮的三分之一和轻型高射炮的八分之一。（这至少比一年前的慕尼黑危机有了很大的改善，当时只有126门重型高射炮可以投入使用。）探照灯的情况相对较好，部署了2700盏，而批准的规模为4128盏，接近三分之二。

战争开始后，海军部要求使用255门重型高射炮来保卫其六个舰队锚地，这又带来了新的麻烦——这是战前从未提出过的要求，当时海军部对其舰艇凭借自己的防空武器击退空袭的能力非常有信心。现在它需要至少96门高射炮来保护福斯湾罗赛斯的锚地——这是当时掩护整个伦敦的高射炮数量，是掩护德比地区火炮数量的四倍，重要的劳斯莱斯发动机工厂就设在德比地区。

1940年4月，英军远征挪威进一步增加了对重型和轻型高射炮的需求，并造成了大量消耗。

然后，在6月法国沦陷后，英国本土防空形势急剧恶化，因为从挪威到布列塔尼，英国被敌方的空军基地所包围。

当时，防空司令部的可用兵力已增至1204门重型高射炮和581门轻型高射炮，分别是战争爆发时的两倍和两倍多。如果不是因为各种消耗，情况会更好。在接下来的五个星期内，新增加了124门重型高射炮和182门轻型高射炮，但近一半的重型高射炮和四分之一的轻型高射炮必须用于训练和海外部署，以应对意大利加入德国一方后受到的新威胁。到7月底，英国防空部队的重型高射炮数量仍只比战争爆发时所需数量的一半多一点，轻型高射炮数量仅为战争爆发时所需数量的三分之一，而当时的战略形势比现在要有利得多。探照灯的数量比较充足，目前已达到近4000盏，几乎达到了编制水平——尽管现在形势的变化要求大幅增加探照灯的规模。

不列颠战役初期，德国空军对英吉利海峡的英国船只和港口逐步展开空中打击，还时不时地试图引诱英国战斗机。直到8月6日，德国空军（航空队）总司令凯塞林空军元帅和施佩勒尔空军元帅都没有收到实施进攻的明确指示——这也解释了为什么这些早期行动的模式如此令人费解。①

对船舶的定期袭击始于7月3日，第二天，一支由87架俯冲轰炸机组成的部队在Me-109的护航下袭击了波特兰海军港口，但没有造成太大影响。10日，一支小型轰炸机部队在大量战斗机的掩护下袭击了多佛附近的一支护航队，而Me-110在与派去保卫护航队的"飓风"战斗机的对抗中表现不佳。7月25日，在同一地区对一支护航队进行更猛烈的袭击后，海军部决定在夜间派遣护航队穿越海峡；在对驱逐舰进行了几次成功的袭击后，海军部决定将驻扎在多佛的驱逐舰撤退到朴次茅斯。8月7日晚，另一支船队企图通过，被维桑附近悬崖边的德国雷达发现。第二天，这支船队遭到了战斗机护航的俯冲轰炸机一波波的袭击，一次多达80架。他们击沉了近7万吨船只，自身损失了31架飞机。

11日，在混乱的战斗中，英国皇家空军损失了32架战斗机。即便如此，在7月3日至8月11日的这一阶段，德国损失了364架轰炸机和战斗机，而英国皇家空军损失了203架战斗机——工厂一个星期的产量就可弥补这一损失。

---

① 派尔中将每天都给我发送突袭图表，希望我能找到线索，但我看不出任何明确的模式或目的。

希特勒于8月1日下达了迟来的命令，要求德国空军"尽快摧毁敌方空军"。戈林与他的将领们讨论后，决定将大攻势的开始时间定在8月13日。这一天被命名为"鹰日"（Adlertag）。德国空军在前期取得胜利的过于乐观的报告让戈林相信，只要天气好，四天内他就能取得空中优势。然而，到了8月13日，天气不像之前那么有利了。

尽管如此，在"鹰日"当天，德国空军对英国东南部的英国战斗机机场和雷达站进行了首次轰炸。曼斯顿、霍金奇和林普尼等地的前沿机场遭到严重破坏，一些雷达站停运了几个小时。怀特岛文特诺的一座雷达站完全损坏，但这一情况被另一台发射机发出的信号掩盖。雷达塔本身能将俯冲轰炸机引离基地的作战室，无论如何，德国人错误地认为这些作战室会安全地设在地下。在这方面，应该向英国皇家空军妇女辅助队（WAAF）的女性雷达绘图员致敬，她们持续报告突袭情况，直到自己的站点被炸毁。

英国东南部上空的厚厚云层使得戈林将主攻推迟到下午，但有几个编队未能收到推迟进攻的信号，在零散的袭击中浪费了他们的努力。下午发动的大规模袭击过于分散，结果令人失望。当天，德国空军出动了1485架次，是皇家空军的两倍。德国空军损失了45架轰炸机和战斗机，却只击落了13架皇家空军战斗机——尽管他们声称击落了70架。

在主攻的开始阶段，德国空军的大部分精力都浪费在攻击那些不属于战斗机司令部的机场上，而战斗机司令部的机场本应是他们的主要目标和任务。轰炸机编队和战斗机护航队之间的协调也不佳，这也导致德国空军的进攻受阻。

第二天，即8月14日，云层使得攻击规模减弱到首日的三分之一左右，但当15日早晨天气转晴时，德国空军发动了整个战役中最大的一次攻击——总共出动了1786架次，动用了500多架轰炸机。第一次攻击是针对霍金奇和林普尼的机场，虽然前者更为重要，但没有受到严重破坏，而后者被迫停用了两天。

随后，在下午早些时候，德国空军第5航空队的100多架轰炸机分成两个编队飞越北海，袭击纽卡斯尔附近和约克郡的机场。规模较大的一个编队由来自挪威斯塔万格的65架轰炸机组成，由大约35架Me-110护航，但这些战机的保护作用不大，这支部队遭到了英国皇家空军第13大队的战斗机和高射炮的顽强抵抗，因此德军没有造成严重破坏，反而有15架飞机被击落，而皇家空军没有损失一架飞机。另一支进攻部队由来自丹麦奥尔堡的50架轰炸机组成，没有护航，尽管第12大队派出了三个中队去迎击，但大部分飞机还是成功到达了约克郡德里菲尔德的皇家空军轰炸机基地，并造成了很大的破坏——不过它们在英国上空损失了7架轰炸机，返航途中又损失了3架。

在南部，英军的防御不太成功——遭受了一系列更猛烈、更多样化的攻击，而且距离更近。下午早些时候，30架轰炸机在战斗机的掩护下飞抵罗切斯特，轰炸了那里的肖特飞机制造厂；大约在同一时间，24架战斗轰炸机的空袭对萨福克郡马特尔舍姆荒原的皇家空军战斗机机场造成了严重破坏。多次袭击扰乱了雷达图像，英国战斗机中队各自出动，来回追击。对防御方来说幸运的是，德国第2航空队和第3航空队未能有效协同进攻，因此失去了让皇家空军疲于奔命的有利机会。直到下午6时，德国第3航空队的约200架飞机才飞越英吉利海峡，袭击英格兰中南部的机场。在良好的雷达预警的帮助下，第10战斗机大队和第11战斗机大队（两个负责掩护该国南部的大队）派出不少于14个中队，总共约170架战斗机来应对这次大规模袭击，但收效甚微。不久之后，德国第2航空队再次在东南部发动袭击，出动约100架飞机，但同样遭到迅速抵抗，收效甚微。即使袭击到达目标，他们也发现英国战斗机分散且伪装得很好。

这一天，也许是战役中最具决定性的一天，德国在英国范围内实际损失了75架飞机，而英国只损失了34架。值得注意的是，德国空军动用的轰炸机数量还不到轰炸机总数的一半——这相当于间接承认，轰炸机依赖战斗机护航，而几乎所有的战斗机都已投入使用。此外，当天的行动清楚表明，一向令人心惊胆寒的德国俯冲轰炸机"斯图卡"，不适合现在试图执行的任务——人们寄予厚望的"梅塞施米特"系列战斗机也不适合。

正是这一天，让丘吉尔感慨道："在人类冲突的战场上，从来没有如此多的人对如此少的人如此感激。"

然而第二天，即16日，德国空军又发动了一次猛烈的攻击——他们误以为皇家空军在15日损失了100多架飞机，只剩下300架战斗机。尽管这些袭击在几个地方造成了破坏，但总体上令人失望。17日，尽管天气相当好，但没有发动大举进攻。18日，德国空军发起了一次新的、更猛烈的攻击，导致德军损失了71架飞机（其中一半是轰炸机），而英国皇家空军损失了27架战斗机。从那时起，攻击次数就减少了。事实上，对肯利和比根希尔的低空袭击造成了相当大的破坏，而且很难反击，因为它们在雷达屏幕以下的高度。但德国人没有意识到这一点，他们觉得损失太大，无法继续下去。恶劣的天气随后使战斗暂时平息。

戈林于19日再次召集空军首脑们开会，经过讨论决定继续进行空袭，重新努力摧毁英国战斗机部队。

8月10日后的两个星期内，德国空军损失了167架轰炸机（包括40架俯冲轰炸机），因此轰炸机部队的指挥官们呼吁增加战斗机护航力量。戈林倾向于支持轰炸机部队，指责战斗机部队，这加剧了两个兵种之间的紧张和摩擦。

但英国方面也有摩擦，尤其是在英国东南部指挥第11战斗机大队的基思·派克空军少将和在中部地区指挥第12战斗机大队的特拉福德·利－马洛里空军少将之间。派克强调了在目标前方迎击德军并击落其轰炸机的重要性，此举将迫使他们越来越多地使用Me-109战斗机执行近距离护航任务，而这些战斗机并不适合执行这种任务。利－马洛里认为，这种策略给皇家空军战斗机飞行员的压力太大，他们很容易在地面遭到袭击，通常是在加油时，或者在他们能够达到足够的高度之前。

在战术选择上也存在分歧，"利－马洛里派"主张"大机群"理论，即大规模集中拦截兵力,而派克坚持认为借助雷达,英国可以采取更灵活的策略,在德军到达时派遣拦截机,即"分散集中"策略。

还有人认为,道丁与派克的观点一致,为了民众士气,过于专注于维持东南部前沿机场的运转,而更明智的做法是撤退到伦敦后方,远离 Me-109 战斗机和护航轰炸机的攻击范围。

战斗机司令部在 8 月 8 日至 18 日期间损失了 94 名飞行员,另有 60 人受伤。尽管在此期间损失了 175 架战斗机,另有 65 架严重受损,30 架飞机在地面被摧毁,但仍然不缺飞机。

24 日,天气转好,戈林第二次开始争夺制空权。这一次计划得更周密。凯塞林指挥的第 2 航空队通常会让一些飞机在英吉利海峡法国一侧上空飞行,而这让派克只能猜测,因为雷达无法区分轰炸机和战斗机,也无法判断飞机何时会突然飞越海峡。在这个新阶段,第 11 大队的前沿机场遭受的损失比以前更严重,曼斯顿机场不得不被放弃。

新计划的另一个特点是对伦敦周围的皇家空军基地和设施进行密集攻击——这导致了对伦敦的意外轰炸。24 日晚,大约 10 架德国轰炸机在飞往罗切斯特和泰晤士港途中迷路,将炸弹投到了伦敦市中心。这一失误导致第二天晚上大约 80 架英国轰炸机立即对柏林进行了报复性袭击,随后又进行了几次空袭。希特勒在威胁被忽视后下令对伦敦进行报复性空袭。

在新的攻势开始前,第 3 航空队的大部分 Me-109 战斗机被调往第 2 航空队,以增加加来海峡地区的护航力量。这一策略奏效了。英国皇家空军的战斗机在突破德国战斗机的掩护时更加困难,损失也更大,而德国轰炸机更容易达成目标。此外,德国人还发展了一种新战术,一旦大部队通过雷达网,他们就会分成几个小组进行突袭。

8 月 24 日,即开战当天,北威尔德和霍恩彻奇的防区基地靠他们的高射炮防御才幸免于难。朴次茅斯造船厂遭德国空军第 3 航空队猛烈攻击,也是高射炮挽救了它,这座城市本身却因轰炸遭受重创。此后,德国空军第 3 航空队改为夜间轰炸,并从 28 日起连续四晚袭击利物浦,但由于训练不足和英国对德军导航信号的干扰，许多轰炸机未能找到默西赛德郡地区。然而，这场袭击也暴露了英军防御夜间袭击的缺陷。

8月最后两天对英国战斗机司令部来说尤其糟糕。值得注意的是，小型轰炸机编队（15—20架）所配备的护航战斗机数量是其自身规模的三倍。31日，英国皇家空军遭受了整个战役中最惨重的损失，有39架战斗机被击落，而德国空军损失了41架飞机。皇家空军的损失率超出其承受范围，而且它并未能阻止攻击者。西南部的大多数机场此时都遭到严重破坏，有些机场被毁得无法使用。

就连道丁也在考虑将东南部的战线撤至Me-109战斗机的攻击范围之外。他还因保留20个战斗机中队掩护北部而受到越来越强烈的批评，因为北部只在白天遭到过一次袭击，那种袭击没有再次发生。此外，东盎格利亚和英格兰中部地区的第12战斗机大队也吵着要直接参与战役，而派克抱怨他们没有按照他想要的方式合作。派克和利-马洛里之间以及道丁和英国空军参谋长纽沃尔之间的紧张关系都无助于问题的顺利解决。

8月份，英国战斗机司令部在战斗中损失了338架"飓风"和"喷火"战斗机，其中104架严重受损，而德国空军损失了177架Me-109战斗机，其中24架严重受损。战斗机损失比例为2∶1。其他原因导致英国皇家空军损失了42架战斗机，而德国空军损失了54架Me-109战斗机。

因此，在9月初，戈林有充分的理由相信他已经接近达成目标——摧毁英国的战斗机力量及其在东南部的设施。但是，他没有意识到继续利用已取得的优势乘胜追击的重要性。

9月4日，德国空军对英国飞机工厂（罗切斯特的肖特工厂和布鲁克兰兹的维克斯-阿姆斯特朗工厂）的一系列袭击改变了德国空军的攻击重点，并削弱了德国空军对英国战斗机司令部机场的攻击力度。这种变化本身非常有效，但同时也缓解了英国战斗机司令部的压力。这一点更有价值，因为飞行员的耐力和神经已到崩溃边缘，他们的作战表现已经明显下降。

道丁敏锐地意识到形势的严重性，下令为南部的战斗机工厂提供最大限度的战斗机掩护。两天后，德军对布鲁克兰兹的新一轮袭击被阻止——同时对伦敦周围五个基地的袭击也被成功阻止。

从8月24日到9月6日整整两个星期，英国战斗机被击落295架，其中171架严重受损，而英国同期生产、修复了269架战斗机。德国空军Me-109战斗机的损失仅为英国的一半，不过德国空军还损失了100多架轰炸机。

德国空军的损失情况，以及对加强轰炸机护航力量的呼吁，现在已严重影响了其作战能力。尽管曾有一天飞行约1500架次，并在8月的最后两天内短暂地再次上升到1300—1400架次，但在9月的第一个星期，从未达到过1000架次。在战役的头两个月里——这场战役已经变成了一场消耗战——德国空军损失了800多架飞机。凯塞林的第2航空队承担了主要进攻任务，现在只剩下大约450架可用的轰炸机和530架Me-109战斗机。所以在战役的第三阶段结束时，天平终于开始向英国倾斜。在第四阶段，由于德国空军转变作战方向，这种倾斜将更加明显。

9月3日，戈林在海牙召开了一次空军首脑会议，做出了白天轰炸伦敦的重大决定。这是凯塞林从一开始就主张的，希特勒现在也同意了。轰炸开始日期定在9月7日。

与此同时，德国第3航空队可用的300架轰炸机将用于发动一次夜间轰炸攻势。这正合施佩勒尔的意，他一直赞成轰炸船舶和港口，并且对击溃英国战斗机部队、摧毁其机场的前景越来越怀疑。

7日下午，德国第2航空队约1000架飞机组成的"空中舰队"（300多架轰炸机，由648架战斗机护航）启程前往伦敦，戈林和凯塞林在加来和维桑之间的白鼻角悬崖上注视着这一幕。该"空中舰队"在13500—19500英尺的高度以密集梯次编队分两波进发。德国战斗机采用了新战术，一队护航机在24000—30000英尺的高度飞行，而另一队护航机在轰

保卫伦敦的英国皇家空军战斗机

炸机四周仅约 300 码[①] 的距离提供近距离掩护。

事实证明,这种新战术很难对付,但在第一次使用时,几乎不需要对付。因为在第 11 大队司令部,控制员已经预料到核心防区基地会再次遭到袭击,于是将升空的四个战斗机中队大部分集中在泰晤士河以北。因此,通往伦敦的路线很畅通。第一拨轰炸机直接飞向伦敦码头;第二拨轰炸机飞过伦敦市中心,然后飞回东区和码头。轰炸并不像德国人想象的那么准确,许多轰炸机没有炸中目标,但在人口密集的东区,轰炸造成的民众伤亡却更加惨重。在对伦敦的第一次——也是最后一次——白天大规模袭击中,超过 300 名平民丧生,超过 1300 人重伤。

这对英国战斗机司令部来说是一个令人沮丧的夜晚。尽管皇家空军战斗机中队到达战场太晚,而且对德国的新战术感到困惑,但还是设法让德国损失了 41 架飞机,而自己损失了 28 架。对德国人最大的打击来自诺索尔特的第 303(波兰)中队的一次特别猛烈的攻击。

伦敦东区的熊熊大火为随后的夜间袭击提供了指引,这次夜间空袭从晚上 8 点一直持续到凌晨 5 点。戈林打电话给妻子,得意扬扬地告诉她"伦敦陷入了火海"。由于缺乏抵抗,他和他的许多下属相信,英国战斗机兵力即将耗尽。因此,第二天他下令扩大对伦敦的轰炸范围。

与此同时,英吉利海峡上的入侵驳船数量一天天增多。7 日早晨,英国政府发出了预防性入侵预警。在紧接而来的空袭之后,警报升级了,结果许多辅助部队被召集起来,一些教堂的钟声响起,以此作为敌人入侵的信号。

由于缺乏合适的夜间战斗机,伦敦和其他城市的防御在这一关键时刻主要依靠高射炮和探照灯。7 日晚上,用于保卫伦敦的只有 264 门高射炮,但由于派尔迅速采取了措施,在接下来的 48 小时内,高射炮数量翻了一番。此外,他从 10 日晚开始"密集炮击",命令每门高射炮根据所掌握的

[①] 码,英美制长度单位,1 码等于 3 英尺,合 0.9144 米。——译者注

信息尽可能多地开火。虽然命中的次数很少，但密集炮击的声音极大地鼓舞了民众士气，同时还产生了重要的效果，迫使轰炸机飞得更高。

9日下午，凯塞林对伦敦发动了第二次白天攻击。英国皇家空军第11大队这次做好了拦截准备，部署了九个战斗机中队，而第10大队和第12大队的其他战斗机中队协同作战。拦截非常成功，大多数德国空军编队在抵达伦敦之前就被击溃了。只有不到一半的轰炸机突破防线，且几乎没有一架成功击中目标。

德军这次新攻势最重要的效果是减轻了英国战斗机司令部的压力，该司令部一直因德军的集中攻击而饱受折磨，已接近崩溃的边缘。当德军将攻击重点转向伦敦时，英国首都及其人民遭受的巨大痛苦，却成了保存国家防御力量的关键因素。

此外，9月9日令人失望的结果使得希特勒再次推迟了为期十天的入侵警告期——这次推迟到14日，即24日进行入侵。

不断恶化的天气为伦敦的防御提供了一些喘息之机，但11日和14日，一些轰炸机突破防线，战斗机的拦截非常不力，以至于德国空军乐观地报告称，英国战斗机司令部的抵抗开始瓦解。因此，希特勒虽然再次推迟了警告日期，但这次只推迟了三天，定在17日。

凯塞林在15日（星期天）上午发动了新一轮大规模攻击。这一次，战斗机的防御部署和时机都更加恰当。尽管"空中舰队"从海岸开始就遭到了一系列单机或双机中队（总共22个）的攻击，但还是有148架轰炸机飞到了伦敦地区——不过它们未能准确投弹，而且大多数炸弹落点散布得很广。随后，当德军返航时，第12大队的杜克斯福德编队约60架战斗机从东盎格利亚飞来俯冲向下，虽然由于尚未达到足够的高度而失去了一些威力，但它的庞大规模让德国飞行员大吃一惊。下午，云层帮助了攻击者，大量轰炸机顺利飞到伦敦，投下的炸弹造成了巨大破坏，尤其是东区那些拥挤的房屋。但一整天下来，大约有四分之一的轰炸机被击毁，更多的轰炸机受损，机上通常有一名或多名机组人员死亡或受伤，后被送回

对伦敦实施轰炸的德国空军轰炸机群

基地，这对士气造成了影响。

后来经核实，当天德军实际损失了60架飞机。这还不到当时英国空军部高调宣布的185架击落飞机数的三分之一——但与英国皇家空军损失的26架战斗机（其中一半飞行员获救）相比，这个数字非常可观，是最近几个星期来最有利的一次交战。戈林仍然将败因归咎于他的战斗机部队，他继续乐观地发表讲话，并估计英国战斗机部队将在四五天内被消灭。但无论是他的下属还是上级，都不像他那样乐观。

17日，希特勒同意海军参谋部的意见，认为英国皇家空军并未被击败，并强调恶劣天气将持续一段时间，因此将入侵时间推迟为"另行通知"。第二天，他下令不再在英吉利海峡港口集结船只，并同意开始疏散船只——12%的运输船（170艘中的21艘）和10%的驳船（1918艘中的214艘）已被英国皇家空军击沉或击伤。10月12日，"海狮行动"被确定推迟到1941年春季——1月，希特勒下令除一些长期措施外，所有准备工作都停止。现在，他的注意力已经转向东方。

戈林仍然坚持在白天空袭，结果却越来越令人失望，尽管偶尔在偏僻的港口会取得成功。9月25日，布里斯托尔附近的菲尔顿飞机制造厂遭到严重打击，第二天，南安普敦附近的"喷火"战斗机工厂也暂时遭到破坏。但是，27日对伦敦的大规模空袭惨遭失败。在9月30日的最后一次大规模白天空袭中，只有一小部分飞机抵达伦敦，德国空军损失了47架战斗机，而英国皇家空军损失了20架战斗机。

由于9月下半月战果令人失望，轰炸机损失惨重，戈林转而使用战斗轰炸机在高空作战。大约在9月中旬，参战的德国战斗机编队被命令拿出三分之一的兵力改装成战斗轰炸机，总共改装了约250架。但由于没有足够的时间重新训练飞行员，他们携带的炸弹又不足以造成太大的破坏，而他们本能地倾向于在交战后立即抛掉炸弹。

对他们来说，最好的评价是，他们的行动暂时减少了德国空军的损失，同时保持了对英国皇家空军的压力。但到了10月底，德国空军的损失又上升到了原来的比例，而恶劣的天气也给战斗轰炸机机组人员带来了更大压力，因为他们在临时修建的沼泽般的机场上执行任务。10月份，德军损失了325架飞机，远远超过英军的损失。

现在，英国受到的唯一严重骚扰来自"常规"轰炸机的夜间轰炸。从9月9日起，施佩勒尔的德国空军第3航空队300架轰炸机开始按照固定模式执行任务，伦敦连续57个晚上遭到平均每晚160架次轰炸机的袭击。

11月初，戈林发布了新的命令，这标志着政策的明显变化。夜间空袭将完全集中在城市、工业中心和港口。随着德国空军第2航空队轰炸机的投入，多达750架轰炸机可供使用，但每次投入的飞机只有大约三分之一。它们能够以较慢的速度和较低的高度飞行，因此可以携带比白天更重的炸弹，一夜之间可以投下多达1000吨炸弹，但精确度较差。

新的攻势始于11月14日夜间对考文垂的空袭。明亮的月光和一支特殊的"探路者"部队为攻势提供了帮助。但其效力远不及随后对其他城市的大规模袭击——例如对伯明翰、南安普敦、布里斯托尔、普利茅斯和利物浦的袭击。12月29日，伦敦，尤其是市中心遭到严重破坏，但随后袭击逐渐减少，直到次年3月天气好转。5月10日夜间，一系列猛烈轰炸给伦敦造成的破坏达到顶点，这一天是1940年德国在西线发动闪电战的周年纪念日。但在英国上空，所谓的"闪电战"于5月16日结束。此后，大部分德国空军被派往东线，准备入侵苏联。

1940年7月至10月底，德国空袭造成的破坏比英国承认的要大得多，如果德国空袭持续不断，反复攻击主要工业中心，其后果将更加严重。但是，它未能成功摧毁英国皇家空军的战斗机力量和英国人民的士气。

在1940年7月到10月底的不列颠战役中，德军损失了1733架飞机，并非英国声称的2698架；而英国皇家空军损失了915架战斗机，并非德军声称的3058架。

第 9 章　始自埃及的反击

随着临时构筑的索姆河—埃纳河防线被突破，希特勒对西欧的进攻已达到一定程度，法国的失败已成必然，墨索里尼①于 1940 年 6 月 10 日将意大利卷入战争，妄图获得一些胜利果实。在他看来，这似乎是一个万无一失的决定，而对英国在地中海和非洲的地位是致命的。这是英国历史上最黑暗的时刻。尽管其在法国的大部分部队已经从海上撤离，但被迫留下了大部分武器和装备，在手无寸铁的状态下，他们面临着胜利的德军迫在眉睫的入侵威胁。没有任何力量可以增援守卫埃及和苏丹的那支小规模英军部队，以抵御在利比亚和意属东非的意军的入侵。

情况更糟的是，意大利参战使得地中海航线变得岌岌可危，增援部队不得不绕道好望角——沿非洲大陆西海岸向南，再沿东海岸向北进入红海。1940 年 5 月准备派出的 7000 名官兵，直到 8 月底才抵达埃及。

从数量上看，意军远优于数量稀少的英军，这支英军部队由阿奇博尔德·韦维尔上将指挥，根据霍尔-贝利沙先生的提议，韦维尔于 1939 年 7 月被任命为新设立的中东英军总司令，当时正开始采取措施加强中东地区的兵力。但即便如此，英军部队也只有区区 5 万人，意大利本土和殖民地部队却多达 50 万人。

---

① 贝尼托·墨索里尼（1883—1945），意大利法西斯党党魁、意大利首相。1945 年 4 月与其情妇克拉拉·贝塔西在逃往瑞士的途中被意大利共产党游击队截住，次日被游击队枪决。法西斯主义的创始人，法西斯独裁者，发动第二次世界大战的元凶之一。——译者注

在南部战线，驻厄立特里亚和埃塞俄比亚的意军有 20 多万人，他们本可以向西推进到苏丹（当时只有 9000 名英国和苏丹部队在那里防守），也可以向南推进到肯尼亚，那里的驻军规模并不大。崎岖的地形和遥远的距离，加上意大利人难以镇压新近被征服的埃塞俄比亚人，以及他们自己的低效，构成了这一危险时期对苏丹的主要保护。除了在卡萨拉和加拉巴特的两次小规模侵犯外，意大利人没有采取任何进攻行动。

在北非战线，格拉齐亚尼①元帅率领一支更强大的部队，在昔兰尼加与守卫埃及的 3.6 万名英国、新西兰和印度部队交战。埃及境内的西部沙漠将这条战线上的双方分开。英军最前沿的阵地在马特鲁港，位于埃及境内 120 英里、尼罗河三角洲以西约 200 英里处。

然而，韦维尔并没有消极等待，而是将他那支尚未组建和训练完成的装甲师的一部分用作进攻掩护部队，在沙漠中向前推进。这支部队进攻性极强，不断越过边境袭击意大利哨所。因此，在战役开始时，克雷少将的英国第 7 装甲师（即将成为著名的"沙漠之鼠"）就在士气上战胜了敌人。韦维尔特别赞扬了约翰·库姆中校指挥的第 11 轻骑兵团（装甲车团），称其"在整个时期内一直处于前线，经常深入敌人后方"。

6 月 14 日，一支机动纵队在约翰·康特②准将的率领下对卡普佐堡发动了突然袭击，占领了这座重要的边境要塞，但英国人并没有试图永久占领它，因为他们的战略是保持机动性——成为"沙漠之主"，同时诱导意大利人集中兵力，从而让意大利人成为打击目标。截至 9 月中旬的三个月内，意大利公布的伤亡人数为 3500 人，而英军的伤亡人数只有 150 多人——尽管英军经常遭到空中轰炸和机枪扫射，但当时数量相对众多的意大利飞机几乎没有受到干扰。

---

① 鲁道夫·格拉齐亚尼（1882—1955），北非意军总司令，意大利元帅。1945 年和 1950 年两次受审，被判处 19 年监禁，判决后不久即获释。——译者注

② 约翰·康特（1889—1981），英国第 4 装甲旅旅长，英国准将。——译者注

直到 9 月 13 日，意军已经集结了超过 6 个师，才开始谨慎地向西部沙漠推进，他们前进了 50 英里，距离英国在马特鲁港的阵地还有不到一半路程，就驻扎在西迪拜拉尼，在那里建立了一连串的防御营地——这些营地相距太远，无法相互支援。此后数周，意军没有试图继续前进。与此同时，更多的增援部队抵达韦维尔麾下，其中包括三个装甲团，它们是在丘吉尔的大胆倡议下搭乘三艘快速商船从英国赶来的。

韦维尔现在决定，既然意军没有进攻，他就发动攻击。这次攻击产生了惊人的效果，导致意军部队全军覆没，意大利对北非的控制也几近崩溃。

但是，如此戏剧性的结果是始料未及的。这次攻击是有计划的，并非持续性进攻，而是一次大规模突袭。韦维尔认为这是一次重拳，会暂时击垮入侵者，同时他可以将部分兵力转移到苏丹，击退那里的另一支意军部队。不幸的是，在取得压倒性胜利后，没有做好充分的后续准备。

这在很大程度上是因为在一次演习后对攻击计划进行了彻底的调整，此前的演习引起了人们对其可行性的怀疑。于是，从正面进攻改为从后方攻占敌人营地，而正面进攻很可能会因遇到雷区而失败。这一方法的改变，是由被韦维尔派去参加演习的参谋多尔曼-史密斯准将建议的。但是，西部沙漠部队司令奥康纳[①]少将立即领会这种改变的好处，随后取得的接连胜利主要归功于他的执行能力——因为高级指挥官韦维尔上将和亨利·威尔逊中将离得太远，无法对快速发展的战斗产生积极影响。他们确实产生了重要而不幸的负面影响——正如后面所述。

奥康纳的部队有 3 万人，而对方部队有 8 万人，但是奥康纳的坦克有 275 辆，而对方只有 120 辆。第 7 皇家坦克团的 50 辆重装甲"玛蒂尔达"坦克能抵御敌方大多数反坦克武器，在此次及随后的战役中发挥了决定性

[①] 理查德·奥康纳（1889—1981），英国西部沙漠部队司令，英国第 8 军军长，英国上将。——译者注

的作用。

12月7日晚，部队从马特鲁的阵地出发，沿着70英里的路线穿越沙漠。第二天晚上，部队穿过敌军营地防线上的一个缺口，9日清晨，印度第4师（师长贝雷斯福德－皮尔斯少将）的步兵从后方袭击了尼贝瓦营地，第7皇家坦克团担任先锋。意大利守军被突然袭击，4000名官兵被俘，而袭击者的伤亡很小——坦克兵中只伤亡了7人。

随后，"玛蒂尔达"坦克率先向北进攻"西塔马尔"营地，该营地在午后遭到猛烈攻击，而"东塔马尔"营地也在这一天结束前沦陷。与此同时，英国第7装甲师[①]向西前进，到达海岸公路，从而切断了敌人的撤退路线。

第二天，印度第4师向北进发，进攻西迪拜拉尼附近的意大利营地。敌人此时处于戒备状态，猛烈的沙尘暴也阻碍了前进。但第一次进攻受挫后，下午从两翼发起了一次联合进攻——第7装甲师又调回的另外两个坦克团也参与了——并在当天结束前占领了西迪拜拉尼阵地的大部分地区。

第三天，第7装甲师的预备旅被调往西面，继续实施包围，他们抵达布克布克海岸，拦截撤退的大批意军。在这里英军又俘获了1.4万名意军和88门火炮，至此，英军俘虏近4万人，缴获400门火炮。

入侵的意军残余部队在越过自己的边境后，躲进了沿海要塞巴迪亚。在那里，他们很快就被第7装甲师的包围扫荡所孤立。不幸的是，英军没有后援步兵师，无法利用意军士气低落的机会，因为英军高级指挥官计划在攻克西迪拜拉尼后立即撤走印度第4师，并将其送回埃及，派往苏丹。他们远离战场，很难意识到奥康纳赢得了多么具有决定性的胜利，也很难意识到这带来了多么巨大的机会，他们仍坚持要求召回印度第4师。

[①] 在这场战役中，英国第7装甲师由约翰·康特准将指挥，因为迈克尔·克雷少将突然生病了。

1940年，英国轻型坦克部队在穿越沙漠作战

因此，在12月11日，也就是战役的第三天，溃败的意军惊慌失措地向西逃窜，而胜利者的一半部队向东行进——背道而驰！这是一个奇怪的景象，导致了致命的延误。三个星期后，第6澳大利亚师才从巴勒斯坦赶来，协助英军继续前进。

1941年1月3日，对巴迪亚的进攻终于开始了，第7皇家坦克团的22辆"玛蒂尔达"坦克充当领头的"开罐器"。意军防御迅速崩溃，到第三天，整个驻军都投降了，一共俘获4.5万名战俘，缴获462门火炮和129辆坦克。澳大利亚师师长伊文·麦凯少将说，每辆"玛蒂尔达"坦克都抵得上一个整编步兵营。

攻占巴迪亚后，第7装甲师立即向西进发，孤立图卜鲁格[①]，直到澳大利亚人前来对这座沿海要塞发动攻击。图卜鲁格于1月21日遭到攻击，次日沦陷，共俘获3万名战俘、236门火炮和87辆坦克。只有16辆"玛蒂尔达"坦克可用于这次袭击，但它们再次取得了决定性的突破。那天晚上，皇家坦克团的一些士兵收听了新闻广播，听到播音员说："我们怀疑这次袭击是由一支著名的骑兵部队发动的。"一名坦克兵对此非常愤怒，他猛踢了收音机一脚，大喊道："你必须是殖民地人、黑人或骑兵，才能在这场战争中获得荣誉。"这是一种合理的反应。因为在战争史上，从来没有一支作战部队能像第7皇家坦克团那样，在西迪拜拉尼、巴迪亚和图卜鲁格等一系列战役中发挥如此决定性的作用。

英军在昔兰尼加的快速推进尤其引人注目，因为它是在新的不利条件下实现的。本应派给奥康纳的增援部队、运输工具和飞机被扣留在埃及，甚至还有许多部队被从奥康纳那里调走了，因为丘吉尔先生的战略构想已转向另一个方向。他追寻着自己第一次世界大战中的冒险足迹，并受到希腊人对抗意大利人的鼓舞，设想建立一个巴尔干国家的强大联盟对抗德国的可能性。这是一幅诱人的画面，但不切实际，因为落后的巴尔干军队无

[①] 图卜鲁格，亦译托布鲁克。

力抵抗德国的空军和坦克部队,而英国只能向他们提供极为有限的帮助。

1月初,丘吉尔决定敦促希腊接受一支英国坦克和炮兵部队在萨洛尼卡登陆,并命令韦维尔立即为派遣这样一支部队做好准备——尽管这意味着削弱奥康纳实力并不强的部队。

但是,当时担任希腊政府首相的梅塔克萨斯①中将拒绝了这一提议,称英国所提供的武力可能会激怒德国发动入侵,而这些力量不足以抵抗德国的入侵。此外,希腊武装部队总司令帕帕戈斯②中将表示,英国人更明智的做法是先完成对非洲的征服,然后再尝试新的行动,以免分散精力。

希腊政府的这一礼貌拒绝恰逢奥康纳攻占图卜鲁格,因此英国政府决定允许他进一步推进并攻占班加西港。这将彻底征服意属北非东部的昔兰尼加。但英国首相仍然执着于他的巴尔干计划,韦维尔被告知不要给奥康纳增派任何可能削弱巴尔干战区兵力的援军。

在获得继续推进的许可后,奥康纳再次以微薄的资源取得了超出预期的战果。(他的机动部队,第7装甲师已缩减到只有50辆巡洋坦克和95辆轻型坦克——这些坦克的装甲非常薄,没有有效的穿甲炮。)他发现敌人在沿海公路上的德尔纳占据了有利位置,于是他计划在获得更多补给和巡洋坦克后立即通过侧翼进攻将敌人从中拉出来。预计这些补给将使他在2月12日恢复进攻。

但在3日,空中侦察显示,敌军正准备放弃班加西一角,撤退到阿盖拉瓶颈地带,以便封锁从昔兰尼加到的黎波里塔尼亚的路线。人们看到大批部队已经在路上了。

奥康纳立即策划了一次大胆的行动来拦截敌人的撤退,他只动用了克雷少将麾下兵力不足的英国第7装甲师,派遣该师穿越沙漠腹地,目标是

---

① 约安尼斯·梅塔克萨斯(1871—1941),希腊王国首相,退役中将。——译者注
② 亚历山德罗斯·帕帕戈斯(1883—1955),希腊陆军总参谋长,希腊武装部队总司令,希腊元帅。——译者注

到达班加西以外的海岸公路。从梅基利的阵地出发，该师还有大约150英里的路程要走，这是第一次穿越极其崎岖的乡村。该师只带了两天的口粮和勉强够用的汽油就出发了——这是军事史上最大胆的冒险和最紧张的竞赛之一。

康特的第4装甲旅于4日上午8时30分出发，先行的是第11轻骑兵团的装甲车。（另一个装甲旅，即第7装甲旅，已缩减为第1皇家坦克团。）中午时分，一则空中报告带来了令人不安的消息：撤退的敌人已经到达班加西以南。为了加快拦截速度，克雷命令康特组织一支由摩托化步兵和炮兵组成的全轮式部队，与库姆上校指挥的第11轻骑兵团一起前进。康特对此命令的质疑很快被现实印证——从纵队后方抽调部队以及为他们安排特殊的运输工具和信号时造成了混乱和延误。此外，在下午遇到的极其崎岖的地面上，坦克几乎赶上了轮式部队。康特在月光下一直前进到午夜之后，才停下来让坦克兵们休息了几个小时。

（5日）上午，由于地势较为平坦，"库姆部队"的进展更快。到下午，已在贝达富姆南部建立了阻击阵地，阻截了敌人的两条撤退路线。当晚，它围困了一支措手不及的意大利炮兵和平民撤离队伍。

与此同时，康特的坦克紧随其后，在下午5时左右抵达了敌人经过贝达富姆的撤退线。他们在天黑前击溃了两支由炮兵和运输车辆组成的纵队。这一行动恰如其分地结束了他们的行军，他们在33小时内实际上已经走了170英里——这是装甲部队机动性的一项前所未有的纪录。这个国家没有道路，地面崎岖不平，这让这一壮举更加令人惊叹。

第二天早上，也就是6日，敌军主力在坦克护送下开始出现在战场上。共有100多辆意大利新式巡洋坦克，而康特只有29辆巡洋坦克。幸运的是，意大利坦克不是集中一起，而是分批到来的，且靠近道路，英国坦克则巧妙地机动，占据了火力位置，利用地面的起伏隐藏和保护坦克。一连串的坦克战持续了一整天，第2皇家坦克团的19辆巡洋坦克首当其冲，到下午只剩下7辆，这时另一个旅的第1皇家坦克团带着另外10辆巡洋坦克抵达。第 3 轻骑兵团和第 7 轻骑兵团大胆使用轻型坦克，为分散和骚扰敌军发挥了很大的作用。

当夜幕降临战场时，意大利有 60 辆坦克被击毁，第二天早上又发现有 40 辆坦克被遗弃，而英国只有 3 辆坦克被击毁。意大利步兵和其他部队发现保护坦克被摧毁，他们暴露在外时，纷纷投降。

库姆部队充当后盾，拦截了设法躲过第 4 装甲旅的意军部队。天亮后不久，意军部队在这个后方阵地进行最后一次突围，由 16 辆坦克率先发起，但被步兵旅第 2 营阻止。

在贝达富姆战役中，英军俘虏了 2 万人，缴获了 216 门火炮和 120 辆坦克。康特部队和库姆部队的总兵力只有 3000 人。1 月 4 日，当巴迪亚及其驻军投降时，担任了 7 个月陆军大臣的安东尼·艾登，刚刚以外交大臣的身份返回外交部。他创造了丘吉尔名言的新版本："从来没有这么多的人向这么少的人交出这么多的东西。"贝达富姆战役的压倒性胜利更是如此。[1]

然而，胜利的光芒很快就黯淡了。格拉齐亚尼的意军部队全军覆没，英国人得以顺利通过阿盖拉瓶颈地带进入的黎波里。但是，就在奥康纳和他的部队希望快速前进，并将敌人赶出在北非的最后立足点时，他们最终因英国内阁的命令而停止了。

2 月 12 日，丘吉尔给韦维尔发了一封长电报，在表达了对班加西"比预期提前三个星期"被占领的喜悦之后，指示他停止进攻，只留下最低限度的兵力据守昔兰尼加，并准备向希腊派遣尽可能多的部队。奥康纳

---

[1] 大部分功劳都归一个没有参加战役的人——珀西·霍巴特少将，他在 1938 年装甲师组建之初就被任命为驻埃及的装甲师（1940 年 2 月改编为英国第 7 装甲师——译者注）师长，并培养了该师的高机动能力。他关于如何管理装甲部队的想法，以及当它在战略上独立于正统部队作战时它能取得什么成就，却与更保守的上级的观点相悖。他的"异端"思想加上他不妥协的态度，导致他在 1939 年秋天被解除了指挥权——六个月后，德国装甲部队采用了同样的想法，证明了其可行性。

的空军几乎全部被撤走，只留下一个战斗机中队。

是什么导致了这一翻天覆地的变化呢？梅塔克萨斯将军于1月29日突然去世，新任希腊首相的性格也并不那么令人生畏。丘吉尔看到了重振他所珍视的巴尔干计划的机会，并迅速采取行动。他再次向希腊政府提出自己的建议——这一次他们被说服了。3月7日，在韦维尔同意以及英国参谋长委员会和三位中东英军总司令的批准下，一支由5万名官兵组成的英军特遣队在希腊登陆。

4月6日，德国入侵希腊，英国人很快被逼入第二个"敦刻尔克"。他们侥幸逃脱了彻底的灾难，艰难地从海上撤离，所有坦克、大部分其他装备和1.2万名官兵都落入了德军手中。

奥康纳和他的参谋人员确信他们能够占领的黎波里。这样的推进需要使用班加西作为基地港口，而那里的一些运输船只是为希腊的赌博预留的。但是，所有这些都已安排好了。后来成为蒙哥马利参谋长的德甘冈少将透露，中东联合计划参谋部确信的黎波里可以被占领，意大利人可以在春天之前被赶出非洲。

希特勒的一位重要参谋瓦尔利蒙特将军透露，德国最高统帅部也持同样的观点：

> 我们当时无法理解为什么英国人不利用意大利人在昔兰尼加的困境，向的黎波里推进。那里没有任何东西可以阻止他们。[1]留在那里的少数意大利士兵惊慌失措，担心英国坦克随时会出现。

2月6日，就在格拉齐亚尼的意军部队最终在贝达富姆被全歼的那天，一名年轻的德国将军埃尔温·隆美尔——他曾在法国战役中出色地领导过德国第7装甲师——被希特勒召见，并被命令指挥一支小型德国

---

[1] 利德尔·哈特：《山的那一边》，第250页。

机械化部队救援意大利人。这支部队将由两个小规模的师组成，即第 5 轻装师和第 15 装甲师。但第一支部队的运输要到 4 月中旬才能完成，第二支部队的运输要到 5 月底才能完成。这是一个缓慢的计划——因而英国人的道路依然畅通。

12 日，隆美尔飞往的黎波里。两天后，一艘德国运输船抵达，运来了侦察营和反坦克营，这是第一批德军部队。隆美尔匆忙将他们派往前线，并用他迅速制造的假坦克为这支数量极少的部队提供支持，希望营造出一种强大气势。这些假坦克装在大众汽车上，大众汽车是德国廉价批量生产的"人民汽车"。直到 3 月 11 日，第 5 轻装师的坦克团才抵达的黎波里。

发现英国人没有进攻后，隆美尔想利用手头已有的兵力发动进攻。他的第一个目标只是占领阿盖拉瓶颈地带。3 月 31 日，他轻而易举地取得了成功，于是决定继续推进。很明显，英国人大大高估了他的实力——也许是被他的假坦克欺骗了。此外，德军在空中占据优势，这使得英国指挥官无法察觉他们在地面上的弱点，并导致英国皇家空军在随后的战斗中提供了一些误导性报告。

隆美尔在时机上也很幸运。英国第 7 装甲师于 2 月底被送回埃及休整。接替这个师的是新抵达且缺乏经验的第 2 装甲师的一部分——另一部分去了希腊。澳大利亚第 6 师被派往希腊，而接替它的澳大利亚第 9 师既缺乏装备又缺乏训练。奥康纳也得到了休息，并由没有经验的指挥官尼姆中将接替。此外，韦维尔后来承认，他不相信德军即将发动攻击的报告。这些数据证实了他的看法，他没有考虑到隆美尔，这很难怪罪于他。

隆美尔不顾上级让他等到 5 月底的命令，于 4 月 2 日率领 50 辆坦克恢复进攻，两个新的意大利师缓慢跟进。他试图通过机动性和诡计来扩大自己微弱的实力。隆美尔最初的进攻令人震惊，他的影子显得如此之大，以至于相距近 100 英里的两根细长的"手指"变成了环绕的犄角。

这次大胆的进攻产生了神奇的效果。英军仓皇撤退，于 4 月 3 日撤离班加西。在这种紧急情况下,奥康纳被派去为尼姆提供建议,但在撤退过程中,他们那辆无人护送的汽车在6日晚驶入了一支德军先头部队的后方,两人都被俘了。与此同时,一个英国装甲旅在漫长而匆忙的撤退中几乎损失了所有的坦克,而第二天,第2装甲师师长率领着一个新抵达的摩托化旅和其他部队在梅基利被包围并被迫投降——隆美尔的士兵们用卡车车队扬起尘土,夸大了实施包围的部队的实力,以掩盖他们在坦克数量上的劣势。意军则仍然落在后面。

到4月11日,英军已被赶出昔兰尼加,越过埃及边境,只剩下一小部分被困在图卜鲁格。这在某种程度上与先前征服昔兰尼加一样令人震惊,而且速度更快。

英国人现在必须重新开始肃清北非的征程,而且他们面临的障碍比以前要大得多——最重要的是隆美尔的存在。放弃1941年2月的黄金机会所要付出的代价是沉重的。

第 10 章　征服意属东非

1940 年 6 月，法西斯意大利在墨索里尼的鼓动下参战，其在意属东非（自 1936 年以来就包括被征服的埃塞俄比亚）的兵力远远超过英军，就像他们在北非一样。根据意大利的记录，该地区的意军约有 9.1 万名白人士兵和近 20 万名土著士兵——尽管后者似乎主要是纸面上的数据，更合理的估计可能是声称人数的一半左右。在 1940 年初，即意大利参战之前，英国在苏丹的兵力只有约 9000 名英军和土著士兵，在肯尼亚仅有 8500 名英属东非部队士兵。

在这个巨大的双重战场上，意军几乎像在北非一样迟迟没有主动采取进攻行动。一个主要原因是他们意识到他们不太可能突破英国封锁，获得更多的汽车燃料和弹药补给。但是，这不是一个好理由，因为在非洲的英军部队得到充分增援之前，利用他们巨大的兵力优势显得更加重要。

7 月初，意军从西北部的厄立特里亚犹豫不决地向前推进，占领了苏丹边境内 12 英里的卡萨拉镇，并部署了 2 个旅、4 个骑兵团和 24 辆坦克，约 6500 人，进攻由苏丹国防军一个约 300 人的连队把守的前哨阵地。当时，在苏丹指挥的威廉·普拉特少将只有 3 个英国步兵营，部署在这一大片地区，分别驻扎在喀土穆、阿特巴拉和苏丹港。他很明智地没有让他们参战，直到他看到意大利入侵的发展情况。意军在占领埃塞俄比亚西北边境的加拉巴特和肯尼亚北部边境的莫亚莱等几个边境哨所之后，没有继续推进，而是停了下来。

直到 8 月初，意军才开始发动更加认真的进攻行动，而且是针对最容易攻击的目标——英属索马里，即亚丁湾非洲海岸的一小片沿海地带。即使是这一非常有限的行动，其动机也是防御性的。事实上，墨索里尼已命令意军部队保持防御。但是，埃塞俄比亚总督兼驻该地区的意军总司令奥斯塔公爵认为，法属索马里的吉布提港为英国人进入埃塞俄比亚提供了便捷的入口，他不相信与法国签订的停战协定。因此，他决定占领毗邻的英属索马里更大的地区。

驻扎在那里的英军部队由阿瑟·查特陆战队准将率领，只有4个非洲营和印度营，还有1个英国营，即第2黑卫士营，正在赶来。意大利入侵部队由26个营组成，配备有火炮和坦克。但是，规模较小的索马里骆驼队有效地延缓了意大利的进攻，当入侵者到达通往海港首府柏培拉的图格阿甘山口时，里德·戈德温-奥斯汀少将赶到现场接管了指挥权。在这里，英国守军筑起了非常牢固的防御工事，在为期四天的战斗中，进攻者被击退了，但由于缺乏进一步的增援和防御阵地，英军从柏培拉经海路撤离——大部分被运往肯尼亚，以增援英军目前正在进行的集结。这场战争造成意军2000余人伤亡，而英军仅损失了250人，这给意大利人留下了深刻的印象，对他们未来的行动产生了深远的战略影响。

1940年11月，驻肯尼亚英军的指挥权由中将阿兰·坎宁安[①]爵士接管，最初的兵力只有戈德温-奥斯汀少将指挥的非洲第12师（下辖南非第1旅、东非第22旅和黄金海岸第24旅），不久后又得到非洲第11师的增援。

到秋天，驻肯尼亚英军已增至7.5万人——2.7万南非人、3.3万东非人、9000西非人和约6000英国人。已经组建了3个师，即南非第1师、非洲第11师和非洲第12师。在苏丹共有2.8万名士兵，其中包括印度第5师，而印度第4师在参加对北非意军的初期反击后，也将前往那里。第

---

① 艾伦·坎宁安（1887—1983），英国第8集团军司令，英国东部军区司令，英国上将。——译者注

4皇家坦克团派出了一个坦克中队前往那里，此外还有苏丹国防军。

丘吉尔先生认为，如此庞大的英军需要比现在更多的行动，他一再敦促英军采取比目前已实施或计划实施的更积极的行动。韦维尔上将是中东英军总司令，他与坎宁安达成一致，建议从肯尼亚向意属索马里推进的行动应在5月或6月春雨过后开始。11月，普拉特少将在北部战线的第一次进攻遭遇了顽强的抵抗，这加剧了韦维尔的疑虑。当时，印度第10旅在威廉·斯利姆准将的率领下向加拉巴特发动进攻。斯利姆是一位果断坚定的领导人，后来成为战争中最杰出的高级指挥官之一。英军对加拉巴特的首次进攻取得了成功，但对邻近的梅特玛哨所的后续进攻被一个实力几乎相当的意大利殖民地旅阻拦。这主要是因为一个英国营出乎意料地失败了，这个营刚被派往这个印度旅，这违背了斯利姆的建议，因为斯利姆本想加强印度旅的防线。后来发生的事情表明，这支北部地区的意军比其他地方的部队要强悍得多。

冬季唯一充满希望的事件是丹尼尔·桑福德准将的活动。他是一名退役军官，战争爆发后被召回服役，随后被派往埃塞俄比亚，在贡德尔周围的高地酋长中鼓动起义。冬季期间，奥德·温盖特上尉率领一个苏丹营和他神出鬼没的"吉迪恩部队"支持并扩大了这些活动。1941年1月20日，流亡的皇帝海尔·塞拉西被空运回埃塞俄比亚——仅仅三个月后的5月5日，他就与温盖特一起重返首都亚的斯亚贝巴——这比丘吉尔想象的要早得多。

在丘吉尔和南非的史末资①的持续压力下，韦维尔和坎宁安于1941年2月从肯尼亚发动对意属索马里的入侵。基斯马尤港出乎意料地被轻易攻占，从而简化了补给问题。坎宁安的部队随后渡过朱巴河，向首都和较大港口摩加迪沙推进了约250英里，不到一个星期后，即2月25日，他们就占领了摩加迪沙。在这里，他们缴获了大量的汽车和航空燃料，推进速

---

① 扬·史末资（1870—1950），英属南非联邦总理，英国元帅。——译者注

度使计划中的破坏行动提前进行，如同在基斯马尤那样。良好的空中支援是快速推进的另一个重要因素。

坎宁安的部队随后转向内陆，进入埃塞俄比亚南部，3月17日，非洲第11师在前进400英里后占领了省会哈拉尔附近的吉吉加。这使他们接近前英属索马里边境，亚丁的一支小部队于16日在那里重新登陆。3月29日，经过激烈抵抗，哈拉尔被占领，坎宁安的部队随后向西转向埃塞俄比亚首都亚的斯亚贝巴，距离埃塞俄比亚西部中心300英里。仅在一个星期后的4月6日，坎宁安的军队就占领了该城——一个月后，皇帝海尔·塞拉西在温盖特的护送下返回首都。意大利人如此迅速地投降，是因为有报道称埃塞俄比亚非正规军对意大利妇女实施了暴行。

然而，在北方，抵抗力量要更加强大，从一开始就如此。在这里，弗鲁西中将在厄立特里亚地区部署了大约1.7万人的装备精良的部队，后面还有超过三个师的兵力。普拉特少将的进攻始于1月的第三个星期，由强大的印度第4师和印度第5师执行。奥斯塔公爵命令驻厄立特里亚的意军在英军进攻之前撤退，结果第一次真正的抵抗发生在卡萨拉以东60英里、厄立特里亚境内40英里处的克鲁。

两支印度纵队在巴伦图和阿科达特的山区阵地遭遇了更顽强的抵抗，这两个阵地分别位于克鲁以东45英里和70英里处。幸运的是，印度第4师在贝雷斯福德-皮尔斯少将的率领下率先到达了较远的目标，这使印度第5师对巴伦图的进攻变得容易了。

韦维尔随后意识到，他的目标有可能扩大到征服整个厄立特里亚，因此他向普拉特少将下达了新的命令。但首都阿斯马拉距离阿科达特有100多英里（马萨瓦港更远），几乎在两者中间的是克伦山区阵地，这是东非最强大的防御阵地之一，也是通往阿斯马拉和意大利海军基地马萨瓦的唯一门户。

2月3日清晨，意军首次尝试强行通过，但以失败告终，并在随后的几天内屡遭击退。意军指挥官卡尼梅奥少将表现出了非凡的战斗精神和战术技巧。经过一个多星期的努力，意军放弃了进攻，随后进入了一段长时间的平静期。直到 3 月中旬，当印度第 5 师被调来准备加入进攻时，进攻才恢复。战斗再次旷日持久，意军部队发起了一系列反攻，击退了进攻者，但最终在 3 月 27 日，第 4 皇家坦克团的一个重装甲"步兵"坦克中队突破了意军的封锁和防线——而第 7 皇家坦克团的坦克力量在从西迪拜拉尼到图卜鲁格的连续战役中发挥了决定性作用。

克伦战役在 53 天后结束。弗鲁西中将的部队向南撤退至埃塞俄比亚。4 月 1 日，英军占领阿斯马拉。然后他们向东推进至 50 英里外的马萨瓦，经过一场战斗，意军于 4 月 8 日投降。厄立特里亚战役就此结束。

与此同时，奥斯塔公爵率领的意军向南撤退到埃塞俄比亚，计划在阿斯马拉以南约 80 英里的安巴阿拉吉山区阵地进行最后的抵抗。他只剩下 7000 名士兵、40 门大炮，以及仅够 3 个月的补给。此外，由于埃塞俄比亚虐待战俘的报道，意军的士气正在下降。因此，尽管公爵是一名勇敢的军人，但他非常愿意以"光荣的条件"投降，投降仪式于 5 月 19 日举行——意大利战俘总数达到 23 万人。在埃塞俄比亚西南部还有加泽拉上将率领的孤立的意军部队；在埃塞俄比亚西北部的贡德尔附近有纳西上将率领的部队，但在夏天和秋天，这些部队遭到围剿。墨索里尼短命的非洲帝国，就此终结。

第二次世界大战战史
History of the Second World War

第四编　泛滥，1941

PART IV THE SPREAD, 1941

第 11 章　占领巴尔干半岛和克里特岛

有人声称,派遣威尔逊中将的部队前往希腊,虽然以匆忙撤离告终,但这个行动是合理的,因为它将德国入侵苏联的时间推迟了六个星期。这一说法遭到一些熟悉地中海局势的官兵的质疑,他们谴责这一冒险行为是政治赌博,其中最著名的是德甘冈准将,他后来成为蒙哥马利的参谋长,当时在开罗的联合计划参谋部任职。他们认为,为了将兵力不足的部队调往希腊,错失了利用意大利人在昔兰尼加的失败之机,在德国援助到来之前占领的黎波里的绝佳机会,而希腊根本不可能阻止德国入侵。

后一种观点得到了事实的证明。三个星期内,希腊被占领,英军被赶出了巴尔干半岛,而在昔兰尼加被削弱的英军,也被在的黎波里登陆的德国非洲军团赶走。这些失败意味着英国声望和前景的严重受损,只会加速给希腊人民带来的苦难。即使希腊战役延缓了德国对苏联的入侵,这一事实也不能证明英国政府的决定是正确的,因为当时他们并没有考虑这个问题。

然而,探究这场战役是否真的产生了这样的效果,具有历史意义。支持这一观点的最明确的证据是,希特勒最初下令在 5 月 15 日之前完成对苏联的进攻准备工作,而在 3 月底,这个暂定日期被推迟了大约一个月,然后定于 6 月 22 日。冯·伦德施泰特元帅说,他的集团军群的准备工作因参加巴尔干战役的装甲师的迟到而受到阻碍,这是造成延误的关键因素,此外还有天气原因。

指挥伦德施泰特麾下装甲部队的冯·克莱斯特元帅则说得更直白。他说：“确实，巴尔干半岛的兵力与我们的总兵力相比并不多，但那里的坦克比例很高。我指挥的进攻波兰南部苏军前线的大部分坦克都参加了巴尔干战役，需要大修，而车组人员需要休整。其中许多坦克已经南下开到了伯罗奔尼撒半岛，不得不一路赶回来。”①

冯·伦德施泰特元帅和冯·克莱斯特元帅的观点，自然受到他们那段战线的进攻在多大程度上依赖这些装甲师的归队这一因素的影响。其他将军则不太重视巴尔干战役的影响。他们强调，进攻苏联的主要任务分配给了冯·博克元帅在波兰北部的中央集团军群，胜利的机会主要取决于该集团军群的进展。冯·伦德施泰特的集团军群负责次要任务，兵力减少可能不会影响决定性的结果，因为苏军的兵力很难调动。这甚至可能抑制了希特勒在入侵第二阶段将兵力转向南方的想法——正如我们将看到的，这一想法对冬季前到达莫斯科的前景产生了致命的阻碍作用。在紧急情况下，入侵本可以在不等待冯·伦德施泰特集团军群得到从巴尔干地区撤回的装甲师的增援的情况下发动。但事实上，对地面是否干燥到可以提前发动攻击的怀疑加强了推迟的理由。哈尔德上将认为，在真正发动入侵之前，天气条件实际上并不适合。

然而，将军们事后反思，并不能确证如果没有巴尔干的复杂局势，会做出怎样的决定。一旦由于这个原因推迟了暂定日期，那么在额外的师从巴尔干地区返回之前发动攻击的想法就变得不可行了。

但是，导致推迟的原因并不是希腊战役。当入侵希腊被列入1941年的计划时，希特勒已经把这一行动视为入侵苏联的初步行动。改变时间的决定性因素是3月27日南斯拉夫发生的意外政变，当时西莫维奇②空军上将和他的同党推翻了刚刚让南斯拉夫与轴心国签订条约的政府。希特勒对

---

① 利德尔·哈特：《山的那一边》，第251页。
② 杜尚·西莫维奇（1882—1962），南斯拉夫皇家武装部队总参谋长，南斯拉夫首相，南斯拉夫空军上将。——译者注

这一令人不安的消息感到非常愤怒，决定在同一天对南斯拉夫发动压倒性的攻势。这一行动所需的额外陆空军力比单独发动希腊战役需要的投入更大，因此迫使希特勒做出更全面、更重大的决定，推迟对苏联的进攻。

希特勒之所以进军希腊，不是因为英军登陆该国的事实，而是对英军登陆的恐惧，而这个结果让他放心了。英军登陆甚至没能阻止当时的南斯拉夫政府与希特勒达成协议。另一方面，它可能鼓励西莫维奇发起政变推翻政府，反抗希特勒——虽然没有那么成功。

更具启发性的是冯·格赖芬贝格少将对巴尔干战役的总结，他是指挥巴尔干战役的利斯特元帅麾下的德国第12集团军参谋长。

格赖芬贝格的叙述强调，鉴于1915年盟军在萨洛尼卡的集结最终在1918年9月演变成一场具有决定性的战略进攻，希特勒在1941年担心英国人会再次在萨洛尼卡或色雷斯南部海岸登陆。这将使他们在南方集团军群向东推进到苏联南部时处于其后方。希特勒认为英国人会像以前一样试图进入巴尔干半岛，并回忆起第一次世界大战末期巴尔干盟军如何对战局作出实质性贡献。

因此，他决定在对苏作战之前采取预防措施，占领萨洛尼卡和德德亚加奇（亚历山德鲁波利斯）之间的南色雷斯海岸。德国第12集团军（司令利斯特元帅）被指定参加这次行动，其中包括克莱斯特的装甲集群。该集团军在罗马尼亚集结，渡过多瑙河进入保加利亚，从那里突破梅塔克萨斯防线——右翼向萨洛尼卡推进，左翼向德德亚加奇推进。到达海岸后，保加利亚人将接管海岸的主要防御工作，仅留少数德军部队驻守在那里。第12集团军的大部分兵力，特别是克莱斯特的装甲集群，随后将调转方向，经罗马尼亚向北挺进，在东线南部地区展开战斗。最初的计划并不包括占领希腊的主要地区。

当这个计划被呈交给保加利亚国王鲍里斯时，他说他不信任南斯拉夫，因为南斯拉夫可能会威胁第12集团军的右翼。然而，德国代表向鲍里斯国王保证，鉴于南斯拉夫和德国在1939年签订的条约，他们预计不会有这方面的危险。他们觉得，鲍里斯国王并不十分相信这一保证。

事实证明他是正确的。德国第 12 集团军即将按计划从保加利亚开始行动，部队开始调动之前，贝尔格莱德突然爆发了政变，导致摄政王保罗亲王退位。

> 贝尔格莱德的某些圈子不同意保罗亲王的亲德政策，并想站在西方列强一边。西方列强或苏联是否事先支持了政变，我们作为军人无法判断。但无论如何，这不是希特勒策划的！相反，这是一个非常令人不愉快的意外，几乎打乱了第 12 集团军在保加利亚的整个作战计划。①

例如，克莱斯特的装甲师必须立即从保加利亚向西北进发，进攻贝尔格莱德。另一个临时行动是德国第 2 集团军（司令魏克斯上将）的行动，该集团军迅速集结驻扎在克恩滕州和施蒂里亚州的部队，向南进入南斯拉夫。巴尔干半岛的冲突迫使苏联战役从 5 月推迟到 6 月。因此，从这一点来看，贝尔格莱德政变对希特勒进攻苏联产生了重大影响。

但天气在 1941 年也发挥了重要作用，尽管那只是偶然。在波兰布格河—桑河一线以东，地面行动在 5 月之前受到很大限制，因为大多数道路泥泞不堪，整个地区是一片泥沼。许多缺乏治理的河流造成大范围的洪水。越往东走，这些不利因素就越明显，特别是在罗基特诺（普里皮亚季）和别列津纳的沼泽森林地区。即使在正常时期，5 月中旬之前的行动也受到很大限制，但 1941 年是一个例外。冬天持续的时间更长。直到 6 月初，布格河的河水还漫过河岸好几英里。

更北的地方也出现了类似的情况。当时在东普鲁士指挥一个先头装甲军的冯·曼施泰因步兵上将说，5 月底到 6 月初那里下了大雨。显然，如

---

① 布卢门特里特如是说，见利德尔·哈特：《山的那一边》，第 254 页。

果早点发动进攻，前景会很暗淡，而且正如哈尔德所说，除了巴尔干的阻碍外，提前发动进攻是否可行也值得怀疑。1940年的天气对西部入侵非常有利，但1941年的天气不利于东部入侵。

1941年4月，在一小股英军增援部队登陆萨洛尼卡后，德国入侵希腊。当时，希腊军队主要防御从保加利亚通过山区进入希腊的通道，因为德国军队已经在保加利亚集结。但是，预期中的沿着斯特鲁马河谷推进的行动掩盖了他们不那么直接的行动。德军机械化纵队从斯特鲁马河向西转向与边境平行的斯特鲁米察河谷，然后越过山口进入瓦尔达尔河谷的南斯拉夫一端。他们借此突破了希腊军队和南斯拉夫军队的接合部，并迅速沿瓦尔达尔河向萨洛尼卡推进。这切断了大部分驻扎在色雷斯的希腊军队。

这场突击后，德军没有从萨洛尼卡越过英军驻扎的奥林匹斯山直接向南推进，而是从更西边的莫纳斯提尔山口迂回推进。德军向希腊西海岸推进，切断了希腊在阿尔巴尼亚的各个师，包抄了英军的侧翼，并威胁盟军残余部队的撤退路线，迅速瓦解了希腊境内的所有抵抗力量。大部分英军和盟军通过海路撤退到克里特岛。

仅通过空中入侵就占领克里特岛，是这场战争中最令人震惊和大胆的壮举之一。这也是这场战争中最引人注目的空降行动。这次行动由英国承担代价——也留下一个警示：不要低估未来类似的"突如其来"袭击风险。

1941年5月20日早上8时，约3000名德国伞兵从空中降落在克里特岛。岛上驻扎着2.86万名英国、澳大利亚和新西兰士兵，以及人数差不多的两个希腊师。

这次袭击是德国征服巴尔干半岛的后续行动，人们早已预料到，英国驻希腊特工也提供了有关准备工作的信息。但是，空袭威胁并没有得到应有的重视。丘吉尔透露，根据他的建议被任命为克里特岛驻军司令的弗赖伯格少将于5月5日报告说："无法理解紧张情绪，我对空袭一点也不担心。"① 他更担心海上入侵——而这一危险最终被皇家海军化解了。

丘吉尔对威胁感到焦虑,"尤其是来自空中的威胁"。他主张"至少再派十几辆步兵坦克"去增援仅有的6辆坦克。② 更根本的弱点是完全缺乏空中支援——无法对抗德国俯冲轰炸机,也无法拦截空降部队。甚至连高射炮的配备也很少。

到第一天晚上,岛上的德军人数已增加一倍多,并逐渐得到增援——先用降落伞、滑翔机,从第二天晚上开始就用运兵机了。运兵机开始降落在被占领的马莱迈机场,当时该机场仍被守军的炮火和迫击炮扫射。最后,空运来的德军官兵总数约为2.2万人。许多人在着陆时因坠机而死亡或受伤,但幸存下来的都是最顽强的战士,而他们人数本占优的对手没有受过那么好的训练,有些人还在为被赶出希腊而感到震惊。更重要的是,他们装备不足,尤其是缺乏短程无线电设备。尽管如此,这些部队中许多人还是奋力作战,他们的顽强抵抗产生了后来才为人所知的重要影响。

英国高层一度普遍保持乐观。根据收到的报告,丘吉尔在第二天告诉下议院,"大部分"空降入侵者已被消灭。中东英军司令部又连续两天谈论德国人被"扫荡"了。

但到了第七天,也就是26日,克里特岛的英军指挥官报告说:"在我看来,我指挥的部队已经到了耐力的极限……我们在这里的处境已经没有希望了。"这个结论出自弗赖伯格这样一位意志坚定的军人之口,没有受到质疑。撤离行动于28日晚开始,31日晚结束——皇家海军试图疏散尽可能多的士兵,但因敌方拥有空中优势,遭受了重大损失。总共有1.65万人获救,其中包括大约2000名希腊人,但其余的人要么死亡,要么被德国人俘虏。海军有超过2000人死亡,3艘巡洋舰和6艘驱逐舰被击沉。

---

① 温斯顿·丘吉尔:《第二次世界大战》第三卷,第246页。
② 温斯顿·丘吉尔:《第二次世界大战》第三卷,第249页。

另外13艘舰船严重受损，包括两艘战列舰和当时地中海舰队中唯一的一艘航空母舰。

德军有大约4000人阵亡，约2000人受伤。因此，除了希腊人和克里特岛当地的征兵外，德军的永久性损失还不到英军损失的三分之一。但由于损失的主要是德国仅存的一个伞兵师的精锐部队，这给希特勒带来了意想不到的影响，而英国最终从中受益。

然而，当时克里特岛的溃败看起来是一场灾难。它对英国人民的打击更大，因为它紧随另外两场灾难而来。在4月份，英军在十天内就被隆美尔赶出了昔兰尼加，在德国入侵开始后的三个星期内就被赶出了希腊。韦维尔在冬天从意大利人手中成功夺取昔兰尼加，这在事后看来不过是一种虚幻的突破。随着在德国手中一连串的失败，以及德军在春天再次对英国发动空中"闪电战"，英国前景比1940年更加暗淡。

但希特勒并没有像英国人所预期的那样，在第三次在地中海取得胜利之后采取相应行动，比如突袭塞浦路斯、叙利亚、苏伊士运河或马耳他。一个月后，他发动了对苏联的入侵，从那时起，他就忽视了那些能将英国人赶出地中海和中东的机会。如果说他放弃这种机会，主要是因为专注于侵苏行动，那也是他在克里特岛胜利后的反应所致。代价让他沮丧，而征服让他兴奋。这与他此前取得的成本低廉且收获更大的成功案例形成了鲜明对比。

在南斯拉夫和希腊，他的新装甲部队尽管遇到了山地障碍，却依然像在波兰和法国的平原一样势不可挡。他们像旋风一样横扫这两个国家，并像九柱戏一样击溃了对方的军队。

利斯特元帅的部队俘虏了9万南斯拉夫人、27万希腊人和1.3万英国人——而后来的记录显示，他们自己只损失了5000人。当时英国报纸估计德军损失超过25万，甚至英国官方声明也称损失"可能有7.5万人"。

希特勒在克里特岛胜利的代价不仅在于损失较大，还在于它暂时削弱了他拥有的一种新型陆战力量，这种力量可以越过海洋占领一些地方，而不必冒被英国海军拦截的风险——英国海军尽管损失惨重，但仍然主宰着海上战场。实际上，希特勒在克里特岛扭伤了手腕。

战后，德国空降兵部队总司令施图登特空军上将意外地透露，希特勒不愿接受进攻克里特岛的计划：

> 他想在到达希腊南部后结束巴尔干战役。听到这个消息后，我飞去见戈林，并提出了仅靠空降兵部队占领克里特岛的计划。戈林——他总是很容易被激发——很快就看到了这个想法的可行性，并派我去见希特勒。我于4月21日见到了他。当我第一次解释这个计划时，希特勒说："听起来不错，但我认为不可行。"但是，我最终说服了他。
>
> 在这次行动中，我们使用了一个伞兵师、一个滑翔机团和第5山地师，这些师以前没有空运经验。[①]

空中支援由里希特霍芬空军少将的德国第8航空军的俯冲轰炸机和战斗机提供，该航空军在1940年德军相继攻入比利时和法国时发挥了决定性作用。

> 没有一支部队通过海上增援。最初是计划这样增援的，但唯一可用的海上运输工具是几艘希腊小帆船。然后安排了一支由这些小帆船组成的护航队，运送远征所需的重型武器——防空炮、反坦克炮、火炮和一些坦克——另外还有第5山地师的两个营……他们被告知英国舰队仍在亚历山大港——而实际上是在前往克里特岛的途中。护航队驶向克里特岛，撞上了英国舰队，被击溃了。德国空军报

[①] 这段话和本章后文摘录的施图登特的言论均引自利德尔·哈特：《山的那一边》，第228—243页。

复了这次挫折，"从英国海军的头皮上拔掉了很多头发"。但是，由于缺乏我们所指望的重型武器，我们在克里特岛的陆地行动受到了很大阻碍……

5月20日，我们没能完全占领一座机场。我们在马莱迈机场取得了最大程度的进展，在那里，宝贵的突击团与新西兰精锐部队作战。5月20日至21日夜间对德军司令部来说至关重要。我必须做出一个重大决定：使用我仍可支配的大量伞兵后备力量，最终夺取马莱迈机场。

如果敌人在今天晚上或5月21日早晨发动有组织的反攻，他们可能会成功击溃遭到重创、精疲力竭的突击团残余部队——尤其是在这些部队弹药严重短缺的情况下。

但是，新西兰人只进行了一些孤立的反击。后来我听说，除了空降行动外，英军司令部还预料到德国主力部队将通过海上抵达马莱迈和干尼亚之间的海岸，因此英军一直占领着海岸。在这个决定性时期，英军司令部没有冒险将这些部队派往马莱迈。21日，德军预备队成功占领了马莱迈的机场和村庄。当晚，第1山地营作为第一批空运部队得以登陆，于是德国赢得了克里特岛战役。

但是，胜利的代价比这个计划的倡导者估计的要沉重得多——部分原因是岛上的英军人数是原先估计的三倍，但也有其他原因。

大部分损失是由于着陆不当——克里特岛没有多少合适的地点，而且盛行风从内陆吹向大海。由于担心部队会落入海中，飞行员倾向于将他们投到内陆很远的地方——其中一些实际上在英军防线内。武器箱经常落在离部队很远的地方，这是导致我们伤亡过多的另一个不利因素。那里的几辆英军坦克在开始时把我们吓坏了——幸运的是，坦克不超过24辆。步兵，主要是新西兰人，进行了一场艰苦的战斗,尽管措手不及。

元首对伞兵部队遭受的惨重损失感到非常不安,并得出结论:伞兵部队的突袭价值已经没有了。此后,他经常对我说:"伞兵部队的时代已经结束。"……

当我让希特勒接受克里特岛计划时,我还提议应该接着从空中占领塞浦路斯,然后再从塞浦路斯出发占领苏伊士运河。希特勒似乎并不反对这个想法,但没有明确承诺实施该计划——他的心思被即将到来的入侵苏联所占据。在克里特岛遭受惨重损失之后,他拒绝再进行一次大规模的空降行动。我反复向他强调这个想法,但毫无用处。

因此,英国、澳大利亚和新西兰在克里特岛的损失并非没有补偿性收益。施图登特夺取苏伊士运河的计划可能遥不可及,除非隆美尔在非洲的装甲部队也得到有力增援,但夺取马耳他是一项相对容易的任务。一年后,希特勒被说服实施这一计划,但后来他改变了主意,取消了该计划。施图登特说:"他觉得,如果英国舰队出现在现场,所有意大利船只都会逃回港口,让德国空降部队陷入困境。"

第 12 章　希特勒转向苏联

1941 年 6 月 22 日，也就是 1812 年拿破仑侵俄纪念日的前一天，希特勒入侵苏联，整个战争形势从此彻底改变。这一步对希特勒来说就像对他的先行者一样致命，尽管结局没有来得那么快。

拿破仑被迫在当年年底前撤出俄国，而俄国人在拿破仑入侵的第二年 4 月进入法国的首都。希特勒三年后才被赶出苏联，苏联人直到第四年 4 月才进入德国的首都。希特勒深入苏联的距离是拿破仑的两倍，尽管他未能复制拿破仑进入莫斯科的虚幻成功。希特勒的纵深突破得益于优越的机动手段。但是，这还不足以实现他的目标。对于希特勒来说，苏联的幅员辽阔导致他先是受挫，而后是失败。

历史也重演了侵略者自毁行为的附带影响。在英国这个岛国以外的大多数人眼里，英国早已处于绝境。希特勒入侵苏联，使英国摆脱了这种似乎没有希望的处境。他们很清楚，一个位于敌对大陆边缘的小岛，受到比拿破仑时代更严密的包围，其处境是多么绝望。随着空中力量的发展，海洋环绕的防御价值被削弱了。这个岛国的工业化使其依赖进口，从而增加了潜艇力量对岛国的威胁。英国政府拒绝考虑任何和平提议，这意味着在这种条件下，即使希特勒放弃通过入侵快速征服该国，从逻辑上讲，该国也注定会因日益困顿而最终崩溃。拒绝妥协的道路，就等于慢性自杀。

美国可能会给英国"打气"以维持其运转，但这只能延长这一进程，而无法避免其结局。此外，丘吉尔在仲夏决定用英国微不足道的力量轰炸德国，抵消了这一喘息之机。这种轰炸攻击可能只是小打小闹，但它们从根本上阻碍了希特勒将注意力转移到其他地方。

但是，英国人很少考虑自身所处的现实状况。他们本能地固执己见，缺乏战略头脑。丘吉尔鼓舞人心的演讲有助于平复敦刻尔克大撤退造成的沮丧情绪，并为岛民提供了所需的精神补品。他们被他充满挑战性的言论所鼓舞，并没有停下来思考这在战略上是否合理。

比丘吉尔的影响更深的是希特勒的影响。希特勒征服法国并逼近英国海岸，此举激怒了英国人，这是他的暴政和侵略性从未达到过的效果。英国人再次以他们长期以来的方式做出反应——不惜一切代价，决心咬住希特勒不放。他们这种斗牛犬似的集体性格，从未如此清晰地体现和证明他们的愚蠢。

西方的征服者再次被"没有意识到自己被打败了"的民族所困扰。正如《我的奋斗》所表明的那样，希特勒比拿破仑更了解他们，因此他付出了不同寻常的努力来避免伤害他们的自尊。但他原本指望他们务实的判断力，可令他困惑的是，他们看不到前景的绝望，也没有意识到鉴于当时的情况，他的和平提议中提出的条件是多么宽松。在这种混乱的状态下，他犹豫不决，不知道下一步该怎么做，然后转向了拿破仑的方向——征服苏联，作为最终解决英国问题的先决条件。

他的思想转变不是突然的，而是逐渐形成的。其因果关系也很复杂——比拿破仑的转变还要复杂——无法用任何单一因素或原因来解释。

德国空军在英格兰南部遭受的惨重损失，与1805年法国舰队在菲尼斯特雷角遭到挫败相比，在战略上没有那么具有决定性意义，但在战术上更具有决定性意义。因为戈林的失败对希特勒的影响并不像维尔纳夫的撤退对拿破仑的影响那么大。希特勒暂时坚持努力改变英国人民的意志，只是改变了施压的形式——从试图摧毁防御的空军到夜间轰炸工业城市。除了天气原因外，压力的间歇性缓解也是由于他思想的动摇。如果他能说服英国接受和平，他似乎不愿意对英国采取极端行动，他抱着希望，笨拙地追求目标。

与此同时，在经济需求、恐惧和偏见的影响下，他的思想正以不断加强的势头转向另一个方向。虽然他与斯大林的协定为他在西方的胜利铺平了道路，但他在那里的征服很大程度上是环境的产物，而他一直在考虑推翻苏联。对他来说，这个想法不仅仅是为了追求野心而采取的权宜之计，反布尔什维克主义是他最深刻的情感与信念。

这种向东的冲动受到英国抵抗的强烈影响，但这种冲动的复苏早在英国拒绝他的和平提议之前就已经开始了。

1940年6月初，希特勒还在忙于法国战役，斯大林抓住机会占领了立陶宛、爱沙尼亚和拉脱维亚。希特勒同意波罗的海国家应该属于苏联的势力范围，而不是实际占领范围，他觉得自己被伙伴欺骗了，尽管他的大多数顾问都现实地认为苏联进入波罗的海国家是一种自然的预防措施，他们担心希特勒在西方取得胜利后可能会采取什么行动。希特勒对苏联的极度不信任在整个西方战役中表现得淋漓尽致，他一直担心只在东方留下了10个师，而面对的是苏联100个师。

随后，6月26日，苏联再次未通知其伙伴，向罗马尼亚发出最后通牒，要求立即归还比萨拉比亚，并交出北布科维纳，作为罗马尼亚在1918年从苏俄手上"抢走"一个省份的"小小补偿"。罗马尼亚政府只被允许在24小时内作出答复，当它屈服于威胁时，苏军部队立即从空中和陆地蜂拥而至。

这对希特勒来说比"打脸"还要糟糕，因为它使苏联人离罗马尼亚的油田非常近，而希特勒依靠这些油田为自己提供石油，现在他与海外资源供应的联系被切断了。在接下来的几个星期里，他对这种风险越来越紧张，并担心它会影响对英国的空袭。他因此开始怀疑斯大林的意图。7月29日，他与约德尔谈到，如果苏联试图夺取罗马尼亚的油田，他就有可能与苏联作战。几个星期后，作为反击，他开始将2个装甲师和10个步兵师调往波兰。9月6日，他发给反谍报局的一份指令称："未来几个星期，东部地区将有更多部队驻守。这些调整不能让苏联觉得我们正在为在东方进攻做准备。"德军的实力要通过频繁的地区变化来掩盖：

> 另一方面，要让苏联意识到，强大且训练有素的德军驻扎在总督府、东部省份和保护国。要让苏联得出这样的结论：我们已准备用强大的力量，阻止苏联的掠夺以保护我们的利益，特别是在巴尔干半岛。

这项指令主要是防御性的，其目的是威慑苏联以阻止其发动侵略，而不是预示德国的侵略。但由于前线与他必须保护的油田相距甚远，希特勒不能指望能够直接保护这些油田，于是他考虑在波兰前线实施进攻性牵制。这种牵制的想法很快就发展成为一次大规模入侵的想法——通过消除整个危险来预防特定的风险。

9月中旬，有报道称，苏联宣传部门已在红军内部发布反德言论。这表明苏军对德国在东部的首次增兵做出了反应，并迅速为苏德冲突做好了准备。但在希特勒看来，这是他们企图进攻的证据。他开始觉得，他不能等到取得并巩固他在西方的胜利之后再来对付苏联。他的恐惧、野心和偏见相互交织，促使他的思想发生新的转变。在这种心态下，他的猜疑很容易加剧。英国人似乎没有意识到他们的绝望处境，这让他感到困惑，于是他把目光投向苏联。几个月过去了，他一遍又一遍地对约德尔和其他人说，英国一定希望苏联干预，否则英国就会屈服。他们肯定已经达成了某种秘密协议。斯塔福德·克里普斯爵士被派往莫斯科，以及他与斯大林的谈话，都证实了这一点。德国必须尽快发动攻击，否则将会被扼杀。希特勒看不出苏联人同样害怕他的侵略。

9月初，保卢斯中将（后来因在斯大林格勒被苏军围困的集团军司令的身份而出名）出任副总参谋长时，进攻苏联的计划已经拟订。他奉命"研究其可行性"。确定的目标首先是消灭苏联西部的苏军，然后深入苏联，直到阿尔汉格尔斯克到伏尔加河一线，确保德国免受来自东部的空袭威胁。

到11月初，计划的细节已完成，并在几场军事演习中进行了检验。希特勒现在对苏军进攻的担忧减少了，且更倾向于对苏军发动进攻。宏大战略计划的准备和思考总是让他陶醉。当他透露自己的想法时，他的将军们所表达的疑虑只会使他的想法更加坚定。难道他不是在每一个他们怀疑他能否成功的问题上都证明了自己的正确性吗？他必须再次证明他们错了，而且更令人惊讶的是——他们的怀疑表明，尽管将领们对他俯首称臣，但他们仍然对他这个业余军官心存不信任。此外，他的陆海军将领们对跨海攻击英国心存疑虑——他不能再被动了。他已经着手计划通过西班牙进攻直布罗陀，以封锁地中海西端，但这个行动规模太小，无法满足他巨大的野心。

10月底的新情况对他的决定产生了影响，并最终对结果产生了更大的影响。那就是墨索里尼没有征求希特勒的意见便入侵希腊。希特勒对他的伙伴无视他的指导，破坏他的计划，以及意大利人可能在他的目标范围内建立自己的势力范围感到愤怒。尽管意大利的失败很快减弱了最后的危险，但墨索里尼的独立主动性促使希特勒加快自己在巴尔干的行动。这成为他推迟完成西方计划的新理由，并使他的思想更加转向东方。由于他必须在争夺巴尔干控制权的竞赛中超越他的同伙，他接下来将先解决苏联问题，而将英国问题留到以后解决。这还不是一个明确的决定，但这是他心中最重要的想法。

11月10日，莫洛托夫抵达柏林，讨论一系列问题，包括德国要求苏联一定要加入轴心国的建议。会谈结束时，双方发表了一份公报，称："双方在相互信任的气氛中交换了意见，并就德国和苏联都感兴趣的所有重要问题达成了相互理解。"德国与会者私下也对结果相当满意，16日的总结如下：

目前不会达成固定条约。在澄清了几个问题后,苏联似乎愿意加入三国同盟。……莫洛托夫获悉德国计划在巴尔干地区采取行动支持意大利,他没有提出异议。他建议为苏联在保加利亚的影响力创造条件,就像德国在罗马尼亚的影响力一样,但德国人没有接受这一建议。然而,德国对土耳其控制达达尼尔海峡不感兴趣,并对苏联在那里建立基地的愿望表示同情……

但"相互信任"完全缺失,外交辞令听起来空洞无比。12日,希特勒的第18号战争指令写道:

政治谈判已经开始,目的是澄清苏联目前的态度。无论这些谈判的结果如何,已经口头下令的所有东线准备工作都将继续进行。

外交官们在谈判的同时,军事计划也在推进。希特勒本人并不像其他人那样对这次谈判结果感到满意,他认为苏联对三国同盟条约的质疑纯粹是借口,他越来越渴望发动攻势。雷德尔在14日见到了希特勒,他指出"元首仍然倾向于挑起与苏联的冲突"。莫洛托夫离开后,希特勒会见了几位军方首脑,并向他们明确表示他将入侵苏联。他们劝阻他不要冒险,但徒劳无功。当他们争辩说这意味着两线作战——这种情况在第一次世界大战中已证明对德国来说是致命的——他反驳说,在英国的抵抗被打破前,不可能指望苏联保持沉默,要战胜英国,就需要扩大空军和海军,这意味着要削减陆军,但只要苏联仍然是一个威胁,就不可能削减陆军。"苏联的不可靠,巴尔干国家就是明证",所以局势发生了变化。因此,"海狮行动"不得不推迟。

12月5日,希特勒收到了哈尔德关于东线计划的报告,并于18日发布了"第21号指令——巴巴罗萨行动"。该指令以果断的声明开头:"德国武装部队必须做好在对英战争结束前迅速摧毁苏联的准备。"

为此，陆军必须动用所有可用的部队，并且必须保护被占领国家免受突然袭击。海军的主要行动仍然针对英国！

如果有机会，我将在作战开始前八个星期下令集中兵力对苏联采取行动。准备工作需要较长时间，如果尚未开始的话，必须立即开始，并在1941年5月15日前完成。[这被认为是天气条件合适的最早日期。]必须非常谨慎，以免攻击意图被发现……

坦克部队大胆实施四路纵深楔形攻势，摧毁苏联西部的主力部队，并阻止敌人的战备部队撤退到苏联的广阔空间。

指令还说，如果这些结果不足以削弱苏联，那么德国空军可以摧毁苏联在乌拉尔的最后一个工业区。占领波罗的海基地后，红军舰队将陷入瘫痪。罗马尼亚将牵制南部苏军并在后方提供辅助——希特勒曾在11月与罗马尼亚新任独裁者安东内斯库上将商讨过参与进攻苏联的事宜。

"如果有机会"这句话听起来很含糊，但希特勒的意图似乎已经明确，这一点毋庸置疑。指令后面的一段话可以解释这种限制："高级指挥官根据本指令发布的所有命令都必须加以措辞，以便在苏联改变对我们目前的态度时，可以将其作为预防措施。"该计划隐藏在精心设计的欺骗计划之下，希特勒自然而然在这方面发挥了带头作用。

此外，不仅要欺骗敌人，还要欺骗自己人。他向部下提出这一计划，许多人对入侵苏联的风险感到担忧，尤其是因为这意味着两线作战，所以他认为最好装出保留最终决定权的样子。这将使他们有时间适应风向的变化，同时也让他有时间拿出更有说服力的证据来证明苏联的敌对意图。他的将军们尤其表示怀疑，他担心他们三心二意会带来不良影响。尽管他能凭借他们立下的誓言要求他们服从，但这不足以在他们心中产生成功所需的决心。因为他必须将将领们作为专业工具来使用，所以必须说服他们。

1月10日，德国与苏联签署了一项新的条约，该条约体现了11月与莫洛托夫就边境和经济问题进行会谈的结果。因此，表面看起来更加顺利。但是，希特勒的个人观点在他对斯大林的"冷酷的勒索者"的评论中表露了出来。与此同时，罗马尼亚和保加利亚传来关于苏联人在那里活动的令人不安的报道。

19日，墨索里尼拜访了希特勒。在这次会议上，希特勒谈到了他与苏联的困难。希特勒没有透露自己的进攻计划，但明确提到他收到了苏联对德军部队在罗马尼亚集结的强烈抗议。他的言论中包含了自己思想的一个重要观点："以前，苏联根本没有危险，因为它丝毫不能对我们构成威胁；但现在是空中力量的时代，罗马尼亚的油田可能会因来自苏联和地中海的空袭而变成一片废墟，而轴心国的生存就取决于这些油田。"这也是他对自己的将军们提出的观点，这些将军建议，即使苏军打算入侵，也可以通过增加边境后方德军的防御力量来充分应对这种风险，而不是对苏联发动进攻。

2月3日，希特勒批准了"巴巴罗萨"计划的最终文本，此前，他的军事首脑们在贝希特斯加登举行了会议，会议上阐述了该计划的要点。凯特尔估计，敌人在苏联西部的兵力约为100个步兵师、25个骑兵师和30个机械化师。这个数字接近事实，因为当入侵开始时，苏军在西部有88个步兵师、7个骑兵师、54个坦克和摩托化师。凯特尔随后表示，德国的兵力没有那么大，但"质量要好得多"。实际上，入侵的德军部队包括116个步兵师（其中14个是摩托化师）、1个骑兵师和19个装甲师，此外还有9个交通保障师。兵力的统计并不能平息将军们的不安，因为这说明他们正在发动一场大规模的进攻，但他们没有任何优势，而决定性因素——装甲部队的劣势则显而易见。很明显，计划人员在质量优势上押下重注。

凯特尔继续说道："苏联的作战意图尚不清楚。边境上没有强大的部队。任何撤退都只能是小规模的，因为波罗的海国家和乌克兰的补给对苏联来说至关重要。"这在当时似乎是合理的，但后来被证明是一个过于乐观的假设。

东线德国集团军群的名称和司令的变化

（1941年6月至1945年5月）

时间	北方集团军群	中央集团军群	南方集团军群	
1941年6月	冯·勒布	冯·博克	冯·伦德施泰特	
12月		冯·克卢格	冯·赖歇瑙	
1942年1月	冯·屈希勒尔		冯·博克	
			B集团军群	A集团军群
7月			冯·威克斯	利斯特
9月				希特勒
11月			顿河集团军群（由第11集团军组建）	冯·克莱斯特
			冯·曼施泰因	
1943年2月			解散　南方集团军群	
10月		布施		
1944年1月	莫德尔			
3月	林德曼		北乌克兰集团军群　南乌克兰集团军群	
			莫德尔　　　　　　　舍尔纳	
6月		莫德尔		
7月	弗里斯纳 / 舍尔纳			舍尔纳
8月		莱因哈特		
			A集团军群　南方集团军群	
9月			哈普	
12月				沃勒
1945年1月	伦杜利克			
	库尔兰集团军群　北方集团军群		维斯瓦集团军群（新组建）　中央集团军群	
1月	冯·菲廷霍夫　伦杜利克		希姆莱　舍尔纳	
3月	伦杜利克　韦斯		海因里希	
4月	希尔珀特　解散			伦杜利克
5月			施图登特　奥斯特马克集团军群	

引自阿尔贝特·西顿中校著：《1941—1945年的苏德战争》，伦敦，阿瑟·巴克出版公司，1970年版，附录B。

东线德国集团军群的名称和司令的变化

入侵部队将被分成三个集团军群，他们的作战任务已经确定。德国北方集团军群（司令勒布元帅）将从东普鲁士出发，经波罗的海国家向列宁格勒进攻。德国中央集团军群（司令博克元帅）将从华沙地区沿莫斯科公路向明斯克和斯摩棱斯克进攻。德国南方集团军群（司令伦德施泰特元帅）将进攻普里皮亚季沼泽以南地区，战线一直延伸到罗马尼亚，目标是第聂伯河和基辅。主要兵力将集中在中央集团军群，使其拥有兵力优势。据估计，北方地区将势均力敌，南方地区兵力处于劣势。

凯特尔在概要中指出，匈牙利的态度仍然令人怀疑，并强调，出于保密原因，只能在最后一刻与那些可能和德国合作的国家达成协议。然而，罗马尼亚必须成为这一规则的例外，因为它的合作"至关重要"。（希特勒此前刚刚再次见到安东内斯库，并要求他允许德军部队通过罗马尼亚支援在希腊的意军，但安东内斯库犹豫不决，认为此举可能会促使苏联入侵罗马尼亚。在第三次会面中，希特勒不仅承诺归还比萨拉比亚和布科维纳北部，还将占领苏联南部"第聂伯河以南"地区，作为对罗马尼亚协助进攻的回报。）

凯特尔补充说，直布罗陀的行动已不可能再进行，因为大部分德国炮兵已被派往战场。虽然"海狮行动"也被搁置，但"应该尽一切可能在我们自己的部队中保持一种印象，即入侵英国的行动正在进一步准备中"。为了传播这一想法，英吉利海峡沿岸和挪威的某些地区将被突然封锁，而为了虚张声势，军队向东集结被伪装成登陆英国的欺骗性演习。

该军事计划与大规模的经济"奥尔登堡计划"相结合，旨在开发被征服的苏联领土。德国成立了一个完全独立于总参谋部的经济参谋部。5月2日的一份关于这一问题的报告开篇写道："只有在战争第三年所有武装部队都能由苏联供养，战争才能继续下去。如果我们把生活必需品运出苏联，毫无疑问，苏联数百万人将会饿死。"目前尚不清楚这是否仅仅是冷血的科学声明，还是旨在警告人们不要设定过高的目标和要求。报告接着说道："夺取和转移油籽和油饼是头等大事，谷物只是次要的。"德国武装部最高统帅部（OKW）战争经济部部长托马斯步兵上将在早些时候的报告中指出，如果运输问题得到解决，征服整个苏联的欧洲地区可能会缓解德国的粮食问题，但无法解决德国其他重要经济问题——"在与远东的交通运输得到保证之前，印度橡胶、钨、铜、铂、锡、石棉和马尼拉麻的供应得不到解决。"这样的警告对于制止希特勒毫无作用。但另一个结论，即"高加索的燃料供应对于开发被占领土是必不可少的"，对希特勒产生了非常重要的影响，刺激他扩大进攻直至失去平衡。

"巴巴罗萨"计划因初期的麻烦而遭受了更严重的损失，这产生了深远的影响。这是因为，在英国的支持下，希腊和南斯拉夫给予希特勒双重外交拒绝，这对希特勒产生了心理影响。

在进攻苏联之前，希特勒想让自己的"右肩"不受英国干涉。他曾希望通过武装外交手段，在不进行激烈战斗的情况下实现对巴尔干地区的控制。他认为，在西方取得胜利后，这一目标应该会比以往更容易实现。苏联向比萨拉比亚的推进为希特勒进入罗马尼亚铺平了道路，罗马尼亚则在后劲的作用下落入了他的怀抱。下一步也很容易实现。3月1日，保加利亚政府接受了他的贿赂，并承诺签署一项协议，允许德国军队通过其领土，在希腊边境占据阵地。苏联政府公开表示反对这种背离中立的做法，但它没有采取任何更强硬的措施，这让希特勒更加确信，苏联还没有做好参战的准备。

希腊政府对希特勒的外交手段反应迟钝，这是在希腊遭到轴心国伙伴意大利入侵后自然而然的事情。希腊政府也没有在他的威胁面前退缩。希腊人民的精神被激发起来，并在成功击退墨索里尼的入侵后更加高涨。2月，英军增援希腊。德军进入保加利亚几天后，英军开始登陆希腊。

这次挑战促使希特勒在一个月后对希腊发动了进攻。这是对其主要路线的不必要偏离。因为英国提供的部队除了对他的"右肩"造成轻微刺激外，不足以产生更大影响，而希腊人正忙于对付意大利人。

南斯拉夫的事态加剧了对希特勒侵苏计划的不利影响。在这里，他的方法取得了良好的开端。在德国的压力下，南斯拉夫政府同意在解除军事义务的基础上与轴心国结盟，但秘密条件是，通往希腊边境的贝尔格莱德—尼什铁路线必须供德军使用。南斯拉夫代表于3月25日签署了该条约。两天后，南斯拉夫空军司令西莫维奇空军中将和一群年轻军官在贝尔格莱德发动了军事政变。他们夺取了广播电台和电话中心的控制权，推翻了政府，在西莫维奇的领导下建立了新政府，然后拒绝了德国的要求。英国特工帮助策划了这一政变，当政变成功的消息传到伦敦时，丘吉尔在一次演讲中宣布："我有好消息要告诉你们和整个国家。今天清晨，南斯拉夫重获灵魂。"他接着宣布，新政府将得到英国"一切可能的援助"。

这次政变彻底改变了巴尔干局势。希特勒无法容忍这样的侮辱，丘吉尔的得意扬扬让他怒不可遏。他立即决定入侵南斯拉夫和希腊。必要的行动迅速实施，他得以在十天后的4月6日发动进攻。

巴尔干的这次反抗直接导致了可悲的后果。南斯拉夫在一个星期内被占领，首都在空袭中被摧毁。希腊在三个星期多一点的时间内被占领，英军在长时间的撤退中几乎没有作战，就匆匆登船撤离。他们在每一阶段都被击败了。这种结果反映了丘吉尔的判断，也反映了那些支持他并宣称军事干预有可能成功的人的判断——不仅因为英国失去了信誉，还因为南斯拉夫和希腊人民承受了巨大的苦难。这种失望的感觉产生了持久的影响。此外，历史的讽刺之处还在于，丘吉尔倡议的最终结果是南斯拉夫以敌视其所代表的一切的国家形式复活。

但这一事件的间接后果至关重要，它们影响了希特勒的判断。即使以数量乘以质量来衡量，希特勒的兵力优势也如此之小，以至于他无法在入侵苏联的同时又在南斯拉夫和希腊发动战役。特别不利的是，与苏联相比，他的坦克数量处于劣势。迅速征服巴尔干半岛取决于使用装甲师，他需要召集所有装甲师才能冒险在苏联发动攻势。因此，4月1日，"巴巴罗萨"行动被推迟——从5月中旬推迟到6月下旬。

希特勒能够如此迅速地征服两个国家，从而得以按新日期入侵苏联，这仍是一项惊人的军事成就。事实上，他的将军们认为，如果英军成功守住了希腊，"巴巴罗萨"行动就不可能实施。结果，仅延迟了五个星期。但这一因素还是使他失去了战胜苏联的机会，这与南斯拉夫政变、8月的偶然拖延（由于犹豫不决）以及那年冬天来得早等因素有关。

5月1日，除了那些被切断的部队和被俘的人，英军已经从希腊南部海滩重新登船。同一天，希特勒确定了"巴巴罗萨"行动的日期。他的指令总结了各自的优势，然后补充说：

> 对作战过程的估计——边境上可能发生激烈的战斗，持续长达四个星期。在进一步发展的过程中，预计抵抗会减弱。苏军将在指定地点战斗到最后一口气。

6月6日，凯特尔公布了详细的行动时间表。除了列举将要参与入侵的兵力外，报告还显示，在西线面对英国的步兵师有46个，但摩托化步兵师只有1个，装甲旅也只剩下1个。"阿提拉"行动（夺取法属北非）和"伊莎贝拉"行动（反击英军在葡萄牙可能采取的行动）"仍可在十天内实施，但不能同时实施"。"第2航空队已退出战斗并调往东部，而第3航空队接管了对英国空战的唯一指挥权。"

这些命令显示，为确保芬兰总参谋部的合作，与他们的谈判已于5月25日开始。罗马尼亚人已经得到保证，将于6月15日获悉最终安排。16日，匈牙利人将得到指示，要求他们加强边境守卫。第二天，德国东部的所有学校都将停课。德国商船将在不引起注意的情况下离开苏联，并停止对外航行。从18日起，"攻击意图不再需要掩饰"。那时苏军实施任何大规模增援都太晚了。取消进攻的最晚时间是21日13时，该紧急情况的代号将是"阿尔托纳"，发动进攻的代号将是"多特蒙德"。德军越过边界的时间定为22日3时30分。

尽管德国采取了预防措施，但英国情报机构提前很久就获得了有关希特勒意图的极为有用的信息,并将其传达给了苏联人。甚至在最终确定发动入侵的前一周便准确预测了入侵日期。但苏联人对英国的反复警告持怀疑态度,他们继续信任苏德条约,这让英国人既沮丧又恼火。英国人觉得苏联人的怀疑是真诚的——这种感觉在丘吉尔得知希特勒进攻的消息后发表的广播讲话中有所体现——当红军最初遭受灾难时,他们将这些灾难部分归因于苏联被突然袭击。

对苏联报纸和广播的研究很难支持这种印象。从4月开始,这些报纸和广播就透露出采取预防措施的重要迹象,还显示出对德军部队调动情况的了解。同时,更突出的是提及德国严格遵守条约,并谴责英国和美国试图挑拨苏德关系,特别是散布德国准备进攻苏联的谣言。6月13日,斯大林以独特的风格发表了一则类似广播,称"德军向德国东部和东北部地区派遣部队,其动机与苏联无关"——这一言论很可能鼓励了希特勒,让他认为他的欺骗计划已经成功达到了预期效果。双重虚张声势可以用加倍的虚张声势来应对。同一广播还回应了外国关于苏联预备役军人征召的报道,解释说这只是为了在通常的夏季演习之前进行训练。20日,莫斯科无线电台热情洋溢地报道了在普里皮亚季沼泽附近进行的军事演习——这可能是为了增强国内民众信心。它还宣布,莫斯科的民防系统将于22日(星期日)在"逼真条件下"进行测试。即便如此,国外关于德国即将入侵的报道再次被描述为"敌对苏联势力的胡言乱语"。

德国人得知了英国试图向苏联发出警告的举动。事实上,4月24日,驻莫斯科的德国海军武官就报告:"英国大使预测6月22日是战争爆发的日子。"但是,这并没有导致希特勒更改日期。他可能已经料到苏联不会理会来自英国方面的任何报告,或者觉得具体日期并不重要。

很难判断希特勒在多大程度上认为苏联对他的攻击毫无准备。因为他经常向身边人隐瞒自己的想法。从春天开始,驻莫斯科观察员的报告就告诉他,苏联政府非常消极,急于安抚他,只要斯大林还活着,苏联就不会进攻德国。直到6月7日,德国大使还报告说:"所有迹象都表明,斯大林和莫洛托夫是苏联外交政策的负责人,他们正在尽一切努力避免与德国发生冲突。"这一点不仅从苏联遵守贸易协定的方式中可见一斑,而且从他们向希特勒做出的让步(即撤回对南斯拉夫、比利时和挪威的外交承认)中也得到了证实。

另一方面,希特勒经常宣称派驻莫斯科的纳粹外交官是世界上最不了解情况的人。他还向他的将军们提供了性质相反的情报——苏军正在准备进攻,必须先发制人。在这里,他可能是故意欺骗他们,而不是自己相信这些情报,因为他与他的将军们之间一直存在分歧,他们仍在提出放弃入侵的理由。或许是他后来意识到苏军并不像他所希望的那样毫无准备,这种挫败感反而促使他认为苏军的意图与他自己类似。当德军越过边境后,将军们发现前线附近几乎没有苏军准备进攻的迹象,由此意识到希特勒误导了他们。

第 13 章　入侵苏联

苏联的问题更多地取决于空间、后勤和机械因素，而不是战略和战术。虽然一些作战决策非常重要，但它们的影响并没有机械缺陷与空间过大的影响那样大，而且它们的影响必须根据这些基本因素来衡量。通过查看苏联地图，很容易理解空间因素，但机械因素需要更多解释。关于它的初步分析对理解这场战事至关重要。

就像希特勒以往的入侵一样，一切都取决于机械化部队，尽管它们只占部队总兵力的一小部分。可用的 19 个装甲师仅占德国和仆从国总兵力的十分之一。其余庞大兵力中，只有 14 个摩托化师能够跟上装甲先锋部队的步伐。

1941 年，德国陆军总共拥有 21 个装甲师，而 1940 年只有 10 个。表面上装甲兵力似乎增加了一倍，但这只是假象。这主要是通过削减每个装甲师的兵力来实现的。在西线战役中，每个师的核心是一个由两个团组成的坦克旅，每个团有 160 辆坦克。入侵苏联之前，每个师都抽出一个坦克团，并以这些坦克团组建新的师。

一些最资深的坦克专家反对这一决定。他们指出，这一决定的真正效果是增加所谓装甲部队的人员数量和非装甲辅助部队的数量，而装甲部队的规模保持不变，从而削弱了每个师的打击能力。在每个师的 1.7 万名官兵中，只有大约 2600 人是"坦克兵"。但是，希特勒固执己见。鉴于苏联幅员辽阔，他希望拥有更多能够进行纵深打击的师，他认为苏军的技术劣势可以弥补德军自身装甲师坦克实力的削减。他还强调这样一个事实：由于"马克Ⅲ"型和"马克Ⅳ"型坦克的产量不断增加,现在每个师的装甲力量中有三分之二是中型坦克——火炮更大,装甲厚度增加一倍——而在西线战役中,三分之二是轻型坦克。因此,即使规模减半,其打击力也会增强。就当时情形而言,这在一定程度上是一个不错的论点。

然而,坦克规模的缩小凸显了德国"装甲师"的根本缺陷——其大部分部队是非装甲的,缺乏越野机动性。坦克在战争中取得的最大进步——甚至比它恢复使用装甲更重要——是它能够脱离公路,不再依赖平整坚硬的现成轨道。轮式车辆只是加快了行军速度,并以更灵活的形式再现了铁路的效果,而坦克彻底改变了机动性。坦克通过在移动时铺设自己的轨道,不再需要沿着预制轨道走固定路线,从而用二维运动取代了一维运动。

这种潜力的重要性已被最初的英国机械化战争倡导者所认识到。在第一次世界大战结束时,他们提出的装甲部队模式中,所有车辆,包括运载补给物资的车辆,都应为履带式越野车辆。他们的设想甚至在德国军队中也没有实现,而德国军队比其他任何军队都更善于利用这种车辆。

1941年重组的装甲师总共只有不到300辆履带式车辆,而轮式车辆则有近3000辆,其中大部分是公路车辆。在西线战役中,这种车辆的数量过多没什么问题,当时守军防御部署不当,遭受了全面的溃败,而进攻方可以利用完善的公路网络来抓住机会。但在东线,由于合适的道路稀少,从长远来看,这成了决定性的制约因素。德国人为此付出了惨痛的代价,因为他们实际上落后于他们奉为成功关键的理论整整20年。

他们之所以能取得那样的成功,是因为对手的装备更加落后。尽管苏军在坦克数量上占有巨大优势,但他们的机动车辆总数非常有限,甚至连他们的装甲部队都没有足够的机动运输工具。这成为他们应对德军装甲部队进攻的重大障碍。

在这次进攻中,德国装甲部队共有3550辆坦克,只比入侵西欧时多了800辆。(然而,苏军在8月份声称他们摧毁了8000辆坦克。)根据斯大林1941年7月30日给罗斯福的电报，苏军坦克总数为2.4万辆，其中一半以上在苏联西部。

6月22日（星期日）清晨，洪水般的德军在波罗的海和喀尔巴阡山脉之间形成三股平行的洪流越过边境。在左边，勒布元帅领导的德国北方集团军群越过东普鲁士边境，进入苏占立陶宛。在中央偏左，华沙以东，博克元帅领导的德国中央集团军群开始大规模进攻苏军在波兰北部形成的突出部两侧。在中央偏右，有一段长达60英里的平静地带，德军的洪流被普里皮亚季沼泽地西端所阻隔。在右边，伦德施泰特元帅领导的德国南方集团军群在喀尔巴阡山脉附近的加利西亚沿苏军防线形成的利沃夫突出部北侧向前推进。

博克的右翼和伦德施泰特的左翼之间故意留出空隙，以便集中兵力使进攻路线畅通无阻。德军的推进速度在第一阶段因此而加快。但由于普里皮亚季沼泽地未被侵占，苏军获得了一片掩蔽区，他们的后备力量可以在那里秘密集结，此后，他们可以在那里向南发动一系列侧翼反击，从而阻止伦德施泰特向基辅推进。如果博克在普里皮亚季沼泽以北的推进成功将苏军困在明斯克周围，那么这种侧翼威胁便可得到有效化解。

德国的进攻重心在中央偏左。博克被赋予了在西线进攻中担任主角的重任，但随后该任务从他的集团军群转交到了伦德施泰特的集团军群。为了完成这一决定性的任务，他得到了大部分装甲部队，即古德里安和霍特①指挥的两个装甲集群，而其他集团军各有一个。博克还指挥着德国第4集团军和第9集团军，每个集团军下辖三个步兵军。

每个装甲集群（后来改编为装甲集团军）由四到五个装甲师和三个摩托化师组成。

---

① 赫尔曼·霍特（1885—1971），德国第4装甲集团军司令，德国上将。——译者注

虽然所有德国领导人都同意胜负将取决于这些装甲集群的使用，但关于最佳使用方式的意见分歧却愈演愈烈。这场"论战"具有深远的意义。一些高级指挥官希望以一场经典的包围战摧毁苏军，并在越过边界后尽快实施。在制订这一计划时，他们遵循了克劳塞维兹制定、毛奇确立并由史里芬发展的正统战略理论。他们之所以更加支持这一理论，是因为他们担心在苏军主力被击败之前就深入苏联腹地会存在风险。为了确保计划成功，他们坚持装甲集群必须与步兵部队合作，从两翼向内推进，形成钳形攻势，并包围敌军后方，形成包围圈。

以古德里安为首的坦克专家则有不同的想法。他们希望装甲集群尽可能快地深入——遵循在法国战场被证明具有决定性意义的战术路线。古德里安认为，他的装甲集群和霍特的装甲集群应该抓紧时间，利用他们在莫斯科方向的突破，至少抵达第聂伯河才可以向内旋转。他们越早到达这条防线，苏军的抵抗就越有可能像法军那样被打乱，第聂伯河也更有可能像1940年的英吉利海峡那样成为铁砧。在古德里安看来，两个装甲集群之间的空间，对苏军进行包围的任务应该由步兵军负责，装甲集群就可以在快速前进时将相对较小的分遣队调入内线。

"论战"以正统派获胜告终——这是希特勒的决定。尽管他非常大胆，但他还没有大胆到将自己的命运押在他之前屡创奇迹的那张牌上。他与保守主义的妥协，后果比1940年的更糟糕。虽然坦克专家的地位比1940年时更高，但他们没有机会以他们认为最好的方式实现目标。希特勒的决定不仅受到他对坦克专家意见的怀疑的影响，还受到他生动的想象力的影响——他的脑海里充满了将红军主力围成一个巨大的包围圈的愿景。

这个愿景变成了鬼火，引诱德军越来越深入苏联。前两次尝试都没有成功。第三次虽然俘获了更多的俘虏，但使德军推进到了第聂伯河对岸。在第四次尝试中，超过50万苏军被困，但冬季天气阻止了德军进一步利用前线的这个巨大缺口。每一阶段的战役都在展开和合拢钳形攻势的过程中耗费时间，结果在试图完成战术设计时未能实现战略目标。

古德里安的方法是否会取得更大的成功，仍是一个未知数。但是当时，德国总参谋部中一些最有能力的成员（他们不属于坦克派）也支持这种方法，事后回想起来，他们的判断更加倾向于支持这种方法。虽然他们认识到，在如此深入的推进中，增援和补给存在困难，但他们认为，这些困难可以通过充分利用现有的空中运输和剥离装甲部队的辎重来克服——推进他们的战斗部队，并集中精力维持这些部队的攻势，同时让附属的摩托化纵队跟进。但是，谢尔曼式轻装上阵的想法与欧洲战争的惯例相悖，因而在当时无法获得普遍接受。

"论战"已决定采用正统派的战略，计划旨在形成一个庞大的包围圈，在到达第聂伯河之前，将苏军主力围困并歼灭。为了增加成功率，博克的战线计划包括由德国第4集团军和第9集团军的步兵军进行短距离包围机动，并由装甲集群在包围圈外进行长距离机动，装甲集群将比前者更深入包围圈，然后向内推进。这种望远镜伸缩式的布局虽然还不尽如理想，但还是符合古德里安、博克和霍特的设想。

进攻轴线是沿着通往明斯克和莫斯科的大公路。这条路穿过克卢格元帅指挥的德国第4集团军的防区，古德里安的装甲集群隶属于该集团军。布列斯特—立托夫斯克要塞阻挡了公路入口，而这个要塞本身被布格河所掩护。因此，首要的问题是占领河上的桥头堡并清除要塞的障碍，以便随后的推进能够利用公路加速。

在权衡这个问题时，出现了一个疑问：装甲师是否应该等到步兵师打开缺口后再进行突破，还是应该与步兵师合作进行突破？为了节省时间，他们采用了第二种方案。虽然步兵师被用来攻占要塞，但他们的两侧都有几个装甲师。在强行通过布格河后，这些装甲师绕过布列斯特—立托夫斯克要塞，并在其后方的公路上会师。为了加快速度，所有参与突破的部队都暂时由古德里安统一指挥。当突破成功时，装甲集群独立加速前进——就像炮弹从大炮中发射出来一样。

凭借宽阔的战线和迂回战术，以及突然的进攻，博克的部队在许多地方都取得了纵深突破。第二天，他右翼的装甲部队到达布列斯特—立托夫斯克40英里外的科布林，而他的左翼占领了格罗德诺的要塞和铁路枢纽。波兰北部的苏联突出部——比亚韦斯托克突出部——明显改变了形状，战线被挤压成蜂腰。在接下来的几天里，随着两翼向巴拉诺维奇汇聚，构成切断前线所有苏军部队的威胁，挤压变得更加严重。苏联数量众多的坦克部队效率低下，这有助于德军机动进展。

但是，由于苏军极其顽强的抵抗，德军的进展受到阻碍。德军通常比对手更机动灵活，但他们无法战胜对手。被包围的苏军部队有时被迫投降，但这往往是在长期抵抗之后才会发生——他们对战略上毫无希望的局面反应迟缓，这种拖延严重阻碍了进攻方的计划。在一个交通不便的国家，这种影响尤其严重。

这种影响首先在布列斯特—立托夫斯克的首次进攻中显现出来。在这里，这座古老要塞的苏联驻军在密集的炮火和战机的猛烈轰炸下坚守了一个星期，在最后被击溃前还让德军进攻部队付出了沉重的代价。这种最初的遭遇在其他地方重复出现，让德国人看清了他们将面临什么，而在许多公路枢纽遭遇的顽强抵抗阻碍了他们的迂回行动，因为这种抵抗封锁了他们依赖公路的补给纵队所需的路线。

入侵途中，这个国家的特质加深了德军逐渐萌生的挫败感。一名德国将军恰当地表达了这种印象：

> 空间似乎无穷无尽，地平线模糊不清。景观的单调乏味以及森林、沼泽和平原的广阔无垠令我们感到沮丧。好路太少，坏路太多，而雨水很快将沙地或壤土变成了泥沼。村庄看起来凄惨而衰败，都是些茅草屋顶的木屋。大自然是残酷的，而身处其中的人类也同样残酷而麻木不仁——对天气、饥饿和干渴无动于衷，对生命和损失、瘟疫和饥荒也几乎同样无动于衷。苏联平民很坚强，苏联士兵更坚强。

他们似乎有无限的服从和忍耐能力。

第一次包围尝试在斯洛尼姆附近达到高潮，这里距离原先的战线100英里，德军的内钳形攻势几乎包围了在比亚韦斯托克突出部集结的两个苏联集团军。但德军完成包围的速度不够快，大约一半被包围的部队成功逃脱，尽管他们只是分成小股且缺乏协调的部队。德国第4集团军和第9集团军中非机械化部队占多数，这给完成包围计划造成了障碍。

两翼的德军装甲部队主力深入100多英里，越过1939年的苏联边界线，然后向内进军明斯克——在第九天，即6月30日，明斯克被占领。那天晚上，古德里安的一支先头部队到达了博布鲁伊斯克附近历史悠久的别列津纳河——位于明斯克东南90英里处，距离第聂伯河不到40英里。但封闭包围圈的努力失败了，随着大包围圈的封闭失败，希特勒迅速取得决定性胜利的幻想也破灭了。突如其来的降雨——法国人在去年夏天曾徒劳地祈求——拯救了陷入困境的苏联人。大雨把沙质土壤变成了泥浆。

这一障碍在苏联比在法国更严重，因为它不仅限制了战术机动，还瘫痪了战略公路的运输体系。因为整个地区唯一一条优质的柏油路是从明斯克直达莫斯科的新公路，这条路对希特勒的计划帮助有限——他的计划不是直逼莫斯科，而是一场必须使用两侧软路面的大包围行动。7月初的暴雨过后，这些"流沙"降低了入侵者的机动性，并成倍增强了德军占领区内许多孤立的苏军的抵抗能力。尽管在比亚韦斯托克和明斯克的双重包围战中俘虏了30多万名战俘，但在包围圈封闭之前，大约有同样多的战俘得以逃脱。他们的逃脱，对于加强下一道防线（位于第聂伯河前后）至关重要。

在这个关键阶段，苏联的自然条件也成为阻碍因素。明斯克东南部是一片广阔的森林和沼泽，而别列津纳河并不是一条清晰的河流，而是一条条蜿蜒穿过黑色泥炭沼泽的溪流。德国人发现，只有两条路（一条是穿过奥尔沙的主要公路，另一条是通往莫吉列夫的公路）的桥梁可以承载重物。在其他道路上，都是摇摇欲坠的木桥。尽管德国人行动迅速，但他们发现苏联人已经炸毁了最重要的桥梁。入侵者也首次遇到雷区，由于前进的路线被限制在道路上，因此造成了更多的延误。别列津纳河在阻止希特勒前进方面几乎与阻止拿破仑撤退一样有效。

所有这些因素都增加了德军在第聂伯河以西地区对苏军进行包围的障碍。

大包围的失败迫使德国最高统帅部开始向第聂伯河外推进，而他们原本希望避免这一情况。他们已经深入苏联境内300多英里。钳形攻势再次展开，德军实施新的包围计划，旨在从斯摩棱斯克以北的第聂伯河沿岸包围苏军。但7月的头两天，他们一直在努力封闭明斯克包围圈，并调动第4集团军和第9集团军的步兵部队赶来协助突破斯大林防线，其中一些部队每天行军20英里，一连走了两个半星期。

这次进攻比德国最高统帅部预期的要容易，因为撤退的苏军没有时间重新组织有效的抵抗，也没有时间改善远未完成的防御工事。第聂伯河本身虽是最大的障碍，但古德里安的装甲师通过在远离主要渡口的多个地点发动快速突袭，克服了这一障碍。到7月12日，德军已在罗加乔夫和维捷布斯克之间一条宽阔的战线上突破斯大林防线，向斯摩棱斯克进发。突破的顺利实施表明，如果一开始就如古德里安所希望的那样让装甲部队向前推进，那么战果将大于风险。

突如其来的降雨加剧了地形复杂造成的困难，比起苏军组织混乱的抵抗，对德军的影响更大。在这种情况下，停顿损失的时间让德军付出了沉重的代价。每次大雨都会暂时让入侵者丧失机动性。从空中看，这是一幅奇怪的景象——静止的"装甲"车辆排成一列，在整个地面上延伸了100多英里。

坦克可能会继续前进，但坦克和其他履带式车辆只是每个所谓装甲师的一小部分。它们的补给和庞大的步兵部队都装载在重型轮式车辆上，这种车辆无法离开道路，也无法在泥泞的路面上行驶。当太阳再次出现时，沙地路面很快就干了，于是队伍继续前进。但是，这种累积的拖延严重阻碍了战略计划。

这一点表面上并不明显，因为古德里安的装甲集群沿着通往斯摩棱斯克的主要公路相对快速地前进——7月16日攻入斯摩棱斯克。第聂伯河和杰斯纳河之间100多英里的距离在一周内就走完了。但是，北翼的霍特装甲集群被沿途的沼泽和暴雨所耽搁。它的缓慢进展自然影响了希特勒包围计划的实施，并给了苏军更多时间在斯摩棱斯克周围集结部队。在行动的最后阶段，两翼都遭遇了更猛烈的抵抗。事实上，抵抗太过顽强了，因为钳形攻势离合拢仅剩10英里，德军估计有50万苏军陷入了包围圈。虽然很多苏军成功突围，但到8月5日，仍有30万人被俘。

这场不完全的胜利给德军留下了一个未解决的问题。这意味着他们前往莫斯科的路程还有200英里，但仍然被大量苏军部队阻挡，而这些部队还在不断得到增援。与此同时，由于道路状况不佳，德军难以调集增援部队，因此他们发动新一轮进攻的能力受到了限制。

这意味着不可避免的延迟，但没有现在延迟的时间那么长。因为直到10月，德军才恢复向莫斯科推进。夏天最好的两个月过去了，博克的部队在杰斯纳河止步不前。原因在于希特勒的举棋不定，再加上伦德施泰特的部队在普里皮亚季沼泽以南进展缓慢。

在南部战线上，德军最初并没有占据任何兵力优势。事实上，从纸面数据来看，他们一开始就处于劣势。布琼尼[①]元帅指挥的苏联西南方面军，由驻扎在波兰南部和乌克兰的30个坦克和摩托化师、5个骑兵师和45个步兵师组成；其中6个坦克和摩托化师、3个骑兵师和13个步兵师驻扎在比萨拉比亚，与罗马尼亚部队对峙。其装甲兵力几乎是铁木辛哥[②]

---

① 谢苗·布琼尼（1883—1973），苏联西南方向总司令，北高加索方面军司令，苏联元帅。——译者注

② 谢苗·铁木辛哥（1895—1970），苏联国防人民委员，西方方向总司令和西方方面军司令，西南方向总司令，苏联元帅。——译者注

元帅的苏联西方面军的两倍，后者曾与德军主力交战。布琼尼总共拥有约5000辆各种型号的坦克，而克莱斯特的装甲集群——伦德施泰特的装甲突击力量——只有600辆坦克。此外，克莱斯特的大部分坦克都曾参加过希腊战役，在投入这场更大的战役之前，几乎没有时间进行整修。

伦德施泰特必须依靠奇袭、速度、空间以及对方指挥员的失误来取得优势。布琼尼是苏联内战时期著名的骑兵英雄，他手下的一位军官曾如此形容他："一个留着大胡子但脑子很小的人。"在战前的大清洗中，一些最优秀的苏军指挥官被清洗，而那些幸存下来的政治可靠分子往往在军事上不可靠。只有在这些过于可靠的老将在战争的考验下被淘汰后，年轻一代的精英才会脱颖而出。

伦德施泰特的主要力量集中在沿布格河的左翼。这个计划充分利用了他有限的兵力，同时他的出发线位于苏联在加利西亚地区形成的利沃夫突出部的侧翼后方。因此，这次攻击是从天然的楔形地带发起的，只需再往里推进一点，就会开始威胁喀尔巴阡山脉附近苏军的所有交通线。赖歇瑙的德国第6集团军强渡布格河后，克莱斯特的装甲部队从突破口向卢克和布罗迪方向发起进攻。

奇袭不仅帮助伦德施泰特实现了最初的突破，而且使苏军本可采取的潜在危险反击化为泡影。伦德施泰特知道苏军有25个师部署在匈牙利的喀尔巴阡山边境，他预计这些部队可能会在他向卢克推进时实施迂回包抄并袭击他的右翼。然而，苏军撤退了。（这种战场反应，加上苏军前线缺乏准备，让伦德施泰特和其他德军指挥官怀疑希特勒关于苏军即将发动进攻的说法是否成立。）

即使有这样的良好开局，伦德施泰特的部队也无法像博克在中央偏左的部队那样快速推进。古德里安强调了让苏军陷入溃败、不给他们喘息之机的重要性。他坚信，如果不浪费时间，他就能直抵莫斯科，而这种对斯大林权力中枢的攻击可能会使苏军的抵抗陷入瘫痪。霍特赞同他的观点，博克也表示支持。但是，希特勒在7月19日的下一阶段作战指令中又恢复了他自己原来的想法。装甲部队将从博克中央集团军群中撤出，并被派往两翼——古德里安的装甲集群将向南转向，帮助对抗在乌克兰与伦德施泰特对峙的苏军，而霍特的装甲集群将向北转向，支援勒布进攻列宁格勒。

布劳希奇再次采取拖延策略，而不是立即提出不同的计划。他认为，在开始任何进一步的行动之前，装甲部队必须休整，以检修他们的装备并更换零件。希特勒同意这样的休整很有必要。与此同时，德军高层继续讨论将要采取的行动，甚至在装甲部队恢复进攻后，讨论仍在继续。

经过几个星期的讨论，总参谋长哈尔德敦促布劳希奇提出迅速进军莫斯科的作战方案。希特勒于8月21日以更明确的新指令予以反驳，该指令开头如下：

> 我不同意陆军于8月18日提出的在东线发动战争的建议。冬季到来前的首要任务不是攻占莫斯科，而是占领克里米亚、顿涅茨盆地的工业区和煤矿区，切断苏联高加索油田的补给线……

因此，希特勒下令，为了扫清通往这些南方战略目标的道路，博克集团军群的一部分（包括古德里安的装甲部队）必须向南转向，协助击败基辅周围与伦德施泰特对峙的苏军。

接到这些命令后，哈尔德试图说服布劳希奇共同提交辞呈。但布劳希奇称此举毫无意义，因为希特勒会直接拒绝他们的辞职。至于争论，希特勒用他经常挂在嘴边的话来驳斥这些争论："我的将军对战争的经济方面一无所知。"他唯一愿意让步的是，在基辅地区的苏军被消灭后，允许博克恢复对莫斯科的进攻，并将古德里安的装甲部队归还给博克。

基辅包围战本身就是一次巨大的成功，并引发了美好的期望。古德里安从苏军后方向南推进，而克莱斯特的装甲集群向北推进。两支部队在基辅以东150英里处会合，据德方称，超过60万苏军被困在包围圈中。但是，由于道路状况不佳和阴雨天气减缓了包围行动的速度，战役直到9月下旬才结束。胜利的光辉被冬季的阴影所笼罩，冬季给入侵苏联的德军带来了历史性的威胁。夏季的两个月时间被浪费，这对德军进抵莫斯科的前景来说是致命的。

9月30日，新的进攻开始了。当博克集团军群在维亚济马周围形成一个大包围，又有60万苏军被俘时，德军前景一片光明。这让德军一度有一条通往莫斯科的畅通无阻的道路。但是，维亚济马战役直到10月底才结束，此时德军已疲惫不堪，随着天气恶化，整个地区变成一片泥沼，新的苏军部队又出现在莫斯科前方。

大多数德国将领都想停止进攻，占据一条合适的冬季防线。他们记得拿破仑军队的遭遇。他们中的许多人开始重读科兰古[①]对1812年的悲惨描述。但在德军高层，不同的观点占了上风。这一次并非完全是希特勒的错，他对日益增加的困难和寒冷的天气感到压力，甚至感到沮丧。11月9日，他严肃地说道："认识到双方都无法消灭对方，这将导致妥协的和平。"但是，博克力主德军的进攻必须继续。布劳希奇和哈尔德同意他的观点——哈尔德在11月12日的高层会议上说，有充分的理由相信苏联的抵抗即将崩溃。

布劳希奇、哈尔德和博克自然更不愿意停止进攻，因为他们之前曾努力让希特勒接受他们占领莫斯科而不是向南方进攻的主张。因此，11月15日天气暂时好转时，进攻莫斯科的行动恢复了。但是，在泥泞和积雪中苦战了两个星期后，进攻在距莫斯科20英里处停止了。

甚至博克也开始怀疑继续进攻的价值，尽管他此前还宣称："最后一个营将决定战局。"但是，远在后方的布劳希奇继续坚持不惜一切代价继续进攻。他病了，且因希特勒对糟糕战果的愤怒而感到极度担忧。

[①] 阿尔芒·奥古斯坦·路易·德·科兰古（1773—1827），维琴察公爵，法国外交大臣，法国少将。著有《回忆录》。——译者注

12月2日，新一轮攻势又开始了，一些分队深入莫斯科郊区，但整个进攻被首都的森林地带所阻拦。

这成了朱可夫①策划和指挥的苏军大规模反攻的信号。反攻击退了精疲力竭的德军，包围了他们的侧翼，造成了危急局面。从将军到士兵，入侵者们头脑中充斥着拿破仑军队撤出莫斯科的可怕想法。在这种紧急情况下，希特勒禁止任何撤退，只允许尽可能短距离的局部撤退。在这种情况下，希特勒的决定是正确的。这个决定使他的部队在面对莫斯科的前沿阵地遭受了可怕的折磨——因为他们既没有御寒衣物也没有装备来应对苏联的冬季战役——但是，一旦他们开始全面撤退，很容易就会演变成恐慌性的溃败。

希特勒在8月决定停止向莫斯科进军，转而开辟一条通往苏联南部的道路，因此也就失去了攻占莫斯科的机会。他的部队在南部取得的战果无法弥补未能攻占莫斯科的损失。在基辅大合围之后，伦德施泰特占领了克里米亚和顿涅茨盆地，但没有古德里安的坦克，他向高加索油田的进军受挫了。他的部队成功到达顿河畔的罗斯托夫，但已经精疲力尽，很快就被苏军击退。随后他想撤退到米乌斯河上的一条坚固的防线，但希特勒禁止他撤退。伦德施泰特回复说他不能服从这样的命令，并要求解除他的指挥权。希特勒立即撤换了他，但此后战线立即崩溃，希特勒被迫接受撤退的必要性。那是12月的第一个星期——与德军在莫斯科的溃败同时发生。

同一个星期，布劳希奇以生病为由要求解职，下一个星期博克也请求解职。不久之后，当希特勒拒绝勒布关于从列宁格勒附近的北部战线撤退的提议时，勒布也辞职了。至此，四名德军高级指挥官全部离开了。

希特勒没有任命布劳希奇的继任者，而是借此机会让自己成了陆军总司令。到圣诞节时，他已经革除了古德里安这个早期胜利的主要推动者的

---

① 格奥尔基·朱可夫（1896—1974），苏联最高统帅部副统帅兼苏联第一副国防人民委员，苏联元帅。——译者注

职务，因为古德里安未经希特勒允许就撤走了疲惫不堪的部队。

入侵失败的一个根本原因是入侵者错误估计了斯大林可以从苏联腹地调集的后备力量。在这方面，总参谋部及其情报部门和希特勒犯了同样的错误。在哈尔德8月中旬的日记中，一句意味深长的话集中体现了这个致命错误："我们低估了苏军：我们估计他们有200个师，但现在我们已经确定的有360个师。"

这在很大程度上抵消了开战时的出色表现。德军不仅没有扫清前进道路上的守军，还必须对付刚刚抵达战场的新增部队。苏联庞大的动员系统成功地在德军无法触及的地方运作，从1941年冬天开始，德军在苏联战线上的兵力就一直处于劣势。由于他们自身技术精湛、训练有素，他们最终在一系列的包围战中成功摧毁了大批苏军——但随后陷入了秋季的泥潭。当冬季的霜冻使地面变硬时，他们再次发现新的部队挡住了道路，而他们自己也已精疲力尽，无法继续前进。

除了对苏联实力的错误估计外，最致命的因素是希特勒和他的高级将领们浪费了整个8月份的时间来争论下一步该怎么做——德国最高统帅部出现了令人吃惊的精神混乱。

下一级部队将领，尤其是古德里安，对自己想做的事情有清晰的想法——尽快向莫斯科进军，让步兵部队清剿他突破后变得混乱的苏军残部。1940年，他就是以这种方式赢得了法国战役。这意味着要冒很大的风险，但可能会在苏联二线部队准备好掩护莫斯科之前占领这座城市。德军所采取的行动带来了更大的风险，而且是致命的。

事实上，苏联的幸存更多地归功于其持续的原始状态，而不是苏俄革命以来取得的所有技术发展。这不仅体现在苏联人民和士兵的坚韧不拔——他们能够忍受艰苦，在物资短缺的情况下坚持作战，而这种能力足以使西方人民和西方军队陷入瘫痪。苏联道路的原始性也功不可没。大多数道路比沙土路好不了多少。下雨时，这些道路会化为无底泥浆，这比红军的英勇牺牲更能阻止德国入侵。如果苏联政权为苏联提供了与西方国家相当的道路系统，那么苏联几乎会像法国一样迅速沦陷。

但是，这一结论也有相反的一面。希特勒失去了胜利的机会，因为他的部队的机动性是基于车轮而不是履带。在苏联的泥泞道路上，坦克可以继续前进，轮式运输工具却会陷入泥泞。如果装甲部队配备了履带式运输工具，即使道路泥泞不堪，他们本可以在秋天到达苏联的重要中心。

第14章 隆美尔进入非洲

1941年，非洲战事发生了一系列令人吃惊的变化，这些变化轮番打乱了双方的预期，但并没有产生决定性的结果。这是一场快速机动的战争，但又是一场跷跷板式运动，反复上下倾斜。当年伊始，英军将意军赶出了昔兰尼加，但随后一支由埃尔温·隆美尔中将率领的德军抵达战场，仅仅两个月后，英军就被赶出了昔兰尼加，只在图卜鲁格这个小港口保留了一个立足点。隆美尔在对图卜鲁格的连续两次攻击中被击退，但随后英军在连续两次试图解救被围困的守军时也遭遇了失败。经过五个月的休整期后，他们在11月发动了更大的攻势，进行了持续一个月的拉锯战，战局不断变化，直到疲惫不堪的德军被迫再次撤退到昔兰尼加的西部边境。但即便如此，隆美尔还是在当年的最后一个星期进行了一次边境反击，这预示着英军的进攻将再次遭遇戏剧性的逆转。

隆美尔在1941年3月底的首次进攻及其纵深战果扩张引起了更大的冲击，因为英国方面低估了对方提前进攻的可能性。3月2日，在收到德军开始抵达的黎波里的预警报告后，韦维尔向伦敦的英国参谋长委员会发送了形势评估报告，强调他们需要将兵力增加到两个师或更多，才能发动实质性攻击，并得出结论：种种困难"使得这种攻击不太可能在夏季结束前发生"。相比之下，丘吉尔的电报表明，他担心德军不会等待完成常规兵力的集结，并强烈主张采取进攻性反击措施，不过他对英军部队的实际能力过于乐观了。3月26日，他给韦维尔发电报：

> 我们自然担心德军会迅速向阿盖拉推进。他们习惯于在没有抵抗的地方继续突进。我想你只是在等乌龟把头伸得足够长，然后把它砍掉。让他们尽早领教一下我们的实力似乎至关重要。①

但是，无论在技术上还是战术上，英军的实力都不够。虽然部署在前线的兵力不足的英国第 2 装甲师仍有三个装甲旅，而隆美尔只有两个装甲旅，英军在坦克数量上也占优势，但其中很大一部分是缴获的意大利 M13 坦克，这些坦克由英军车组人员接管，以弥补英军巡洋坦克的短缺，而且几乎所有坦克都磨损严重。韦维尔指示"如果遭到攻击，就撤退并进行拖延战"，这让这支临时部队的前景黯淡。隆美尔 3 月 31 日首次进攻时，英军放弃了阿盖拉以东的瓶颈阵地，这为他进入广阔的沙漠开辟了道路，在那里他可以利用多种备选路线和目标来避免自己的混乱，而英军不适合进行如此激烈的机动战。在接下来的几天里，隆美尔没有给英军喘息的机会。英军的大多数坦克不是在战斗中损失的，而是在一系列长期混乱的撤退中因发生故障或燃料耗尽而损失的。

不到一个星期，英军就从昔兰尼加西部边境撤退了 200 多英里。不到两个星期，他们后撤了 400 英里，回到昔兰尼加东部边境——也是埃及西部边境——除了在图卜鲁格驻扎的那一支部队。他们决定守住这个小港口，并把这个位置作为"敌人的眼中钉"，这个决定对接下来 12 个月的非洲战役产生了深远的影响。

迅速蔓延的溃败自然动摇了英军指挥官和部队的信心，同时导致他们高估了进攻方的实力。远离战场的人更容易看清敌人的有限实力和战略劣势。身在伦敦的丘吉尔在权衡了这些因素后，于 4 月 7 日给韦维尔发了电报：

---

① 温斯顿·丘吉尔：《第二次世界大战》第三卷，第 178 页。

你肯定能够守住图卜鲁格，那里有意大利的永久性防御工事，至少要坚守到敌人调来强大的炮兵部队。很难相信他们能在几个星期内完成此举。他们将冒着极大的风险围攻图卜鲁格，并向埃及进军，因为他们发现我们可以从海上增援，并威胁到他们的交通线。因此，图卜鲁格似乎是一个可以死守不退的地方。我很乐意听取你的意见。[①]

韦维尔已经决定坚守图卜鲁格。但是，当他8日从开罗飞到那里时，他报告说局势已经严重恶化，对守住该地的可能性表示怀疑。丘吉尔与参谋长们召开会议，起草了一份措辞更加强硬的电报，称："放弃图卜鲁格要塞似乎是不可想象的。"然而，在发出电报之前，韦维尔传来消息说，他已决定在那里坚守一段时间，并在边境集结一支机动部队来转移敌人的注意力，以缓解压力，同时在后方200英里的马特鲁地区按既定的防御计划建立防线。由于图卜鲁格的守军顽强抵抗，英军最终没有进一步撤退，近八个月后图卜鲁格才得到解围。

守军主力是莫斯黑德少将指挥的澳大利亚第9师，该师已从班加西地区安全返回。此外，第18步兵旅（隶属于澳大利亚第7师）也从海上抵达，随后第1皇家坦克团和第7皇家坦克团的几个支队，共同组建了一支由50多辆坦克组成的小型装甲部队。

隆美尔的进攻始于4月11日耶稣受难日，先是试探性进攻。主要进攻于复活节的星期一清晨发起，目标是距离港口约9英里处的30英里防御圈南面的中段。德军突破了薄弱的防御工事，先遣的装甲营向北推进了两英里，但在那里被守军的炮火阻拦，然后从狭窄的包围圈中挤了出来，损失了38辆坦克中的16辆——这一总数暴露了隆美尔实力的薄弱。意大利部队于16日发动进攻，但很快便失败了，在遭到澳大利亚部队的反击后，近1000名意大利士兵投降。

[①] 温斯顿·丘吉尔：《第二次世界大战》第三卷，第183页。

罗马的意大利最高统帅部已经对隆美尔的纵深推进感到不安，现在恳求德国最高统帅部约束他的冒险行动，并报告他进攻埃及的意图。德军总参谋长哈尔德同样急于制止任何海外行动，因为这些行动可能需要主战场上的德军的增援，而主战场上的德军正准备入侵苏联。他还本能地讨厌某些领导人，他们充满活力，做法不符合总参谋部模式，例如希特勒支持的隆美尔等人。因此，哈尔德派他的副手保卢斯中将前往非洲，哈尔德在日记中尖刻地写道："去阻止这名完全疯了的军人。"保卢斯来到非洲，他看了看，检查了一番——但在给予警告之后，他批准了对图卜鲁格发动新的进攻。

进攻于4月30日发起，当时德国第15装甲师的一些先头部队——虽然不是该师装甲团——已经从欧洲赶来增援德国第5轻装师。这次打击目标是英军防御工事的西南角，并在夜幕的掩护下进行。到5月1日白天，德国步兵已经打开了一英里多宽的缺口，先头坦克部队随即开始向十英里外的图卜鲁格发起进攻。但在前进一英里后，他们毫无防备地冲进了一片新布设的雷区，40辆坦克中有17辆被击伤——不过除了5辆之外，其余受损的坦克都在炮火中修复了履带，安全返回了。第二拨坦克和步兵沿着防御圈后方向东南方向前进，试图包抄防御工事。但在横向前进了近三英里后，他们终于被部署在雷区后方的火炮、20辆英国坦克的反击，以及他们未能攻克的几个澳大利亚哨所的持续抵抗所阻止。至于意大利支援部队，他们来支援时行动迟缓，但撤退得很快。

第二天，最初的70多辆德国坦克中只有35辆可以投入战斗，进攻被迫中止。3日晚，莫斯黑德率领预备步兵旅发动反攻，但失败了，双方陷入了两败俱伤的局面。防御圈的西南角仍在隆美尔的控制之下，但显然他的兵力不足以攻克图卜鲁格，保卢斯在回国前否决了一切重新进攻的企图。因此，围困状态一直持续到年底——在此期间，韦维尔两次试图击退隆美尔并给守军提供支援，但都以失败告终。

韦维尔的第一次行动发生在5月中旬，代号为"简洁行动"，带有试探性，但随后 6 月中旬进行的"战斧行动"被寄予厚望。为确保行动成功，在丘吉尔的倡议下，英国主动承担了巨大的风险，但成果甚微——丘吉尔向埃及提供大量坦克增援，而当时保卫英国的部队仍然装备不足，且希特勒还没有转移兵力攻击苏联；此外，通过地中海航线派遣增援部队，还要"冒着敌人空军阻击的危险"。

丘吉尔准备大胆地冒这样的双重风险，以期在非洲取得胜利并保住英国在埃及的地位，这与希特勒和哈尔德的态度形成了鲜明的对比，他们一致主张减少德国在地中海战场的投入。10 月，当冯·托马[①]少将被派往昔兰尼加进行考察时，他报告说，需要四个装甲师的兵力，才能确保入侵埃及的成功，但希特勒不愿意提供如此大规模的兵力，墨索里尼也不愿意接受德国这么大的援助。隆美尔的两个师的小部队是在意大利战败后才被派往的黎波里以保卫该地区。即使隆美尔已经表明他能用这么小的一支装甲部队取得多大成效，希特勒和哈尔德仍然不愿意提供相对较小的增援部队，而这些增援部队很可能决定了战局。由于拒绝提供增援，他们失去了征服埃及和趁英国实力尚弱时将英国人赶出地中海地区的机会——而从长远来看，他们不得不付出更大的投入和牺牲。

但在英国，尽管资源仍然匮乏，但一支载有大批装甲增援部队的护航队已于 4 月集结，准备前往埃及。4 月 20 日，就在护航队即将起航时，韦维尔发来电报，强调局势的严重性以及他急需更多装甲部队。丘吉尔立即提议[②]，并得到了参谋长们的同意，让五艘载着坦克的快船在直布罗

[①] 威廉·冯·托马（1891—1948），德国非洲军团司令。1942 年 9 月至 11 月任德国非洲军团司令，1942 年 10 月临时代理德国非洲装甲集团军司令。1942 年 11 月在第二次阿莱曼战役期间被英军俘虏，1946 年被遣返回德国。——译者注

[②] 在当天为英国参谋长委员会准备的一份私人备忘录中，他尖锐地写道："中东战局的命运、苏伊士运河的失守、我们在埃及集结的庞大军队的受挫或混乱、与美国通过红海进行合作的所有前景的终结——这些可能都取决于这几百辆装甲车。如果可能的话，必须不惜一切代价将其运到那里。"（温斯顿·丘吉尔：《第二次世界大战》第三卷，第 218 页。）

陀向东转，然后抄近路穿过地中海——这将使它们提早近六个星期到达。他还坚持扩大增援规模，包括100辆最新的巡洋坦克，尽管英帝国总参谋长迪尔[①]上将反对这样削减国内本就薄弱的兵力，以免无法应对可能发动的春季入侵。

这次"老虎行动"是自1月德国空军出现在地中海以来，第一次尝试派遣护航队通过地中海。在雾天的帮助下，护航队成功通过地中海，没有遭到空袭，不过其中一艘载有57辆坦克的船只在穿越西西里海峡时被水雷击沉。其余四艘船只于5月12日安全抵达亚历山大，共运抵238辆坦克（135辆"玛蒂尔达"、82辆巡洋坦克和21辆轻型坦克），这个数字是韦维尔为保卫埃及而筹集的坦克数量的4倍。

然而，韦维尔没有等待这支大规模的增援部队，就决定利用隆美尔在图卜鲁格遭到挫败并报告补给严重短缺的机会，试图用由戈特准将指挥的在边境附近集结的临时部队发动进攻。这就是"简洁行动"。韦维尔最初的目标是夺回海岸线附近的边境阵地——他知道这些阵地防守薄弱——并在敌人增援之前摧毁他们的驻军。他的意图不止这些，正如他在5月13日给丘吉尔的电报中所说："如果成功，将考虑立即由戈特的部队和图卜鲁格驻军采取联合行动，将敌人赶到图卜鲁格以西。"

两个坦克团被调来为戈特的部队提供攻击力量——英国第2皇家坦克团，装备了29辆经过翻修的旧式巡洋坦克；英国第4皇家坦克团，拥有26辆"玛蒂尔达"坦克，这种坦克装甲很厚、速度相对较慢，被官方归类为步兵坦克。第2皇家坦克团，连同一个摩托化步兵和炮兵支援大队，将绕过防御阵地的沙漠侧翼，前往西迪阿泽兹，封锁敌人的增援和撤退路线。英国第4皇家坦克团则率领摩托化第22近卫旅直接进攻。

经过30英里的夜间行军，英军于5月15日清晨突袭意大利人控制的哈尔法亚山口哨所，俘虏了数百人，不过守军的炮火击毁了7辆"玛蒂尔

[①] 约翰·迪尔（1881—1944），英帝国总参谋长，英国元帅。——译者注

达"坦克。另外两个哨所，比尔韦德和穆赛德，很快就被攻占，但在到达卡普佐堡之前，突袭优势已经失去，当德军战斗群实施侧翼反击时，英军的进攻变得混乱。虽然要塞最终被占领，但他们后来又被迫撤离了。与此同时，由于受到反攻的威胁，侧翼进攻西迪阿泽兹的行动被迫中断。另一方面，边境上的敌军指挥官被这次进攻的强大力量所震慑，因此开始撤退。

因此，到夜幕降临时，双方都在撤退。但是，当隆美尔迅速取消德意联军的撤退命令时，他正从图卜鲁格调遣一个装甲营赶往战场。戈特决定撤退到哈尔法亚，当他收到来自后方指挥部的坚守命令时，部队已经开始撤退了。天亮之时，德军发现战场上空无一人——这让他们松了一口气，因为增援的装甲营此时燃油耗尽，直到当天晚些时候补给到达，他们才能继续行动。

英军的撤退并没有在哈尔法亚停止，而是在那里留下了一支小规模的驻军。德军迅速利用英军暴露的位置，于27日从多个方向突然发动攻击，夺回了山口。夺回山口对他们来说意义重大，因为它严重阻碍了英军的下一次更猛烈的攻势，即"战斧行动"。此外，在此期间，隆美尔在哈尔法亚和其他前哨阵地为英军坦克设置了陷阱，他埋设了88毫米火炮，这些火炮极为有效地从防空炮转变为反坦克炮。

事实证明，这一紧急措施对即将到来的战斗至关重要。当时，近三分之二的德军反坦克炮仍然是战争前五年研制的老式37毫米炮，远不如英国的两磅坦克炮和反坦克炮。它们对英国巡洋坦克无能为力，对"玛蒂尔达"坦克更是束手无策。即使是新的50毫米炮也无能为力。隆美尔现在拥有50多门反坦克炮，但只能在非常近的距离内击穿"玛蒂尔达"坦克的厚重装甲。但是，轮式88毫米炮能够在2000码的距离内击穿"玛蒂尔达"坦克的正面装甲（厚度为77毫米）。隆美尔只有12门这种火炮，但其中一个炮台（共4个）位于哈尔法亚，另一个位于哈菲德岭——这两处正是英军在进攻之初就打算夺取的。

这对隆美尔来说是幸运的，因为在英军发动进攻时，他在很多方面都处于严重劣势，特别是在坦克数量方面——这是沙漠战斗中的主要武器。德军没有进一步增援，战斗开始时，他只有不到100辆配备火炮的坦克，其中一半以上在80英里外进攻图卜鲁格的部队。另一方面，"老虎"护航船队的到来使英军能够部署大约200辆配备火炮的坦克——这让他们在开场阶段获得了4：1的优势。这在很大程度上取决于他们能否在隆美尔从遥远的图卜鲁格调集其余坦克部队（第5装甲团）之前，利用这一优势击溃边境地区的敌军。

不幸的是，英国人的取胜机会因带有"步兵思维"的进攻计划而减少。坦克类型的混杂又加剧了这种趋势，最终导致坦克数量优势发挥不出来。

"老虎"护航船队的到来使韦维尔得以重组两个装甲旅，以发起新的攻势，但是，5月中旬"简洁行动"进攻失败后，剩下的坦克数量非常少，以至于总数仅够装备每个旅下辖三个团中的两个。[①] 此外，新抵达的巡洋坦克数量仅够装备一个团，而原先的巡洋坦克数量仅够装备第二个团。另一个旅的两个团装备的是"玛蒂尔达"步兵坦克。这严重烈影响了指挥部的决策，即一开始就使用这个旅来协助步兵，直接攻击敌人的防御阵地，而不是集中所有可用的坦克力量来粉碎前方地区敌军的装甲部队。这一决策的后果对攻势的发展产生了致命的阻碍。

"战斧行动"的目标非常宏大——丘吉尔设定的目标是在北非取得"决定性"胜利并"摧毁"隆美尔的部队。韦维尔对取得如此全面胜利的

[①] 丘吉尔敦促再派出100辆坦克，这是装备每个旅第三个团所需的坦克数量，但海军部不愿再次冒险。丘吉尔在回忆录中痛心疾首地说道："如果不是韦维尔将军本人没有坚持这一点，甚至站在另一边，我本不应该放弃寻求并争取内阁对这一问题做出决定。这让我措手不及。"（温斯顿·丘吉尔：《第二次世界大战》第三卷，第223页。）因此，护航船队绕过好望角，直到7月中旬才到达苏伊士运河。

可能性表示了谨慎的怀疑，但他表示希望这次进攻能够"成功将敌人赶回图卜鲁格以西"。这是他在给贝雷斯福德－皮尔斯中将的作战指示中确定的目标，贝雷斯福德－皮尔斯是西部沙漠部队司令，负责指挥这次进攻。

进攻计划分为三个阶段：第一阶段由印度第4师进攻哈尔法亚—塞卢姆—卡普佐要塞区，第4装甲旅（装备有"玛蒂尔达"坦克）为其提供支援，而第7装甲师的其余部队掩护沙漠侧翼；在第二阶段，第7装甲师将派出两个装甲旅向图卜鲁格发起进攻；在第三阶段，该师将与图卜鲁格驻军一起向西推进。这个计划本身就蕴含着失败的种子。因为在第一阶段，他们派出一半装甲部队来协助步兵，这让他们在前方地区趁敌方装甲团还没有得到来自图卜鲁格的另一个装甲团的增援之前击败敌方装甲团的机会减少了一半以上，因此也就大大降低了英国实现第二和第三阶段目标的可能性。

为了到达敌人的边境阵地，进攻部队必须进军30英里，这一行动从6月14日下午开始。最后一段跃进距离8英里，是在15日凌晨的月光下进行的，战斗以右翼向敌人在哈尔法亚山口的外围阵地发起攻击拉开序幕。但守军的准备比5月时更充分，而由于计划决定坦克在炮兵获得足够的光线进行射击之前不发动攻击，因此失去了突袭的机会。事实证明这一决定很糟糕，因为派来支援哈尔法亚进攻的一个炮兵连陷在了沙地里。当率领这次进攻的"玛蒂尔达"坦克中队开始最后冲刺时，天已经亮了，传回来的第一条消息是来自无线电中指挥官的声音："他们正在把我的坦克撕成碎片。"这是他最后一条消息。13辆"玛蒂尔达"坦克中，只有1辆幸存下来，躲过了隆美尔在英军所称的"地狱火山口"布置的4门88毫米炮的"坦克陷阱"。

与此同时，中路纵队正以整个"玛蒂尔达"坦克团为先锋，穿过沙漠高原向卡普佐堡推进。路上没有88毫米炮，守军的抵抗在这种大规模威胁面前土崩瓦解。要塞被英军占领，当天晚些时候又击退两次反攻。

但是，左路纵队前锋的巡洋坦克旅原本打算从侧翼发动攻击，却遭遇了隆美尔在哈菲德山脊布置的"坦克陷阱",于是在那里受阻停滞。下午晚些时候,他们再次发起攻击,但被困得更深,损失也更惨重。此时,德军前锋装甲团的主力已经到达战场,并形成了侧翼反击的威胁,迫使剩余的英军坦克缓慢撤退到边境。

到第一天夜幕降临时,英军已经损失了一半以上的坦克,主要是两个反坦克陷阱所致,而隆美尔的装甲力量几乎完好无损,随着他的另一个装甲团从图卜鲁格赶来,战场上的力量对比转向对他有利的方向。

第二天,隆美尔利用从图卜鲁格调来的整个第5轻装师包围沙漠中的英军左翼,同时又以第15装甲师在卡普佐发动了强势反攻,从而掌握了战场主动权。卡普佐的反攻被击退——英军在这里凭借精心选择的隐蔽位置占据了防御优势。但是正面和侧翼的威胁彻底打乱了英军当天重新发起进攻的计划,到夜幕降临时,德军的包围行动取得了不祥的进展。

利用这一优势,隆美尔在第三天凌晨将整个机动部队调到沙漠侧翼,意图对哈尔法亚山口进行镰刀式扫荡,切断英军的退路。当威胁在上午显现时,英军高级指挥官在匆忙商议后下令,让分散的部队迅速撤退。卡普佐的先头部队惊险脱身,但残存的英军坦克顽强抵抗,为卡车运载的步兵赢得了时间,到第四天早上,英军部队回到了他们30英里外的进攻出发线。

为期三天的"战斧行动"中,人员损失不大——英军方面伤亡和失踪的人数不到1000人,德军伤亡人数也差不多。但英军损失了91辆坦克,德军只损失了12辆。德军占据了战场,能够恢复和修理大部分受损的坦克,而英军在匆忙撤退时不得不放弃许多只是因机械故障而无法使用的坦克,如果时间允许的话,这些坦克是可以修复的。坦克的损失过大,凸显了这次进攻未能实现英军发起进攻时所抱有的崇高希望和深远目标。

图卜鲁格、"简洁行动"和"战斧行动"标志着战争战术趋势的新变化。迄今为止,它几乎完全扭转了第一次世界大战和前半个世纪中占主导地位的防御优势。自1939年9月以来,机动装甲部队实施进攻,在每个战场上都取得了压倒性的胜利,以至于公众和军方都认为防御有先天的弱点,并相信任何进攻都必将获胜。但正如图卜鲁格和"简洁行动"所预示的那样,"战斧行动"表明,如果操作得当,并基于对现代装备特性的理解,即使在北非沙漠这样的开阔地区,防御仍极为有效。从那时起,随着战争的持续和经验的增长,越来越明显的是,以更机动的方式防御已经重新获得了它在第一次世界大战中所拥有的优势,并且只有通过强大的兵力优势或通过高超的战术打破对手平衡才能克服这种优势。

对于英军下一次试图粉碎隆美尔并肃清北非的前景而言,不幸的是,英军高层要么忽视了,要么误解了"战斧行动"的教训。他们在结论中忽略了最重要的一点,即88毫米炮在防御中发挥的作用。他们忽视了这种重型防空炮被用作反坦克炮的报告。在秋天坦克遭受了更多重大损失后,他们才意识到这一事实,但他们仍然固执地认为这种笨重的武器只能在掩体中使用。因此,他们未能预见并制定战术来对抗隆美尔防御战术的下一次革新——即使用88毫米炮进行机动部署。

英军作战部队及其高级指挥官忽略的另一个重要战术演变是敌人越来越大胆地将常规反坦克炮与坦克紧密结合使用——不仅在防御中,而且在进攻中。在随后的战役中,这种组合成为主导因素,其影响力甚至超过了88毫米炮。事实上,分析显示,英军坦克损失惨重的主要原因似乎是德军部署50毫米反坦克炮的方式,因为这种炮体积相对较小,便于使用,它们被推到己方坦克前方,隐蔽在阵地低洼处。英军坦克兵没有意识到这一点,他们不知道穿透装甲的穿甲弹是由坦克还是反坦克炮发射的——自然倾向于将其归咎于最显眼的对手。这种错误的推断导致他们事后误以为自己的坦克和坦克炮不如敌人——从而导致信心的丧失。

除了在回顾夏季战役进程时遗漏的关键点外,还有一个重要问题被误解,这严重影响了英军后续的进攻计划。韦维尔在"战斧行动"后近三个月起草的电报中得出结论:我们失败的主要原因无疑是难以将巡洋坦克和"I"型步兵坦克协同行动……但事实上,这种协同尚未尝试过,也未测试过其可能性。两个"玛蒂尔达"坦克团从装甲师分离出来，一开始就由步兵师师长指挥，他在整个战役中都坚持紧抓着它们，而不是像计划中那样在第一阶段后就将它们放手。如果能够巧妙地组合，"I"型坦克本可以在装甲战役中发挥宝贵作用，作为巡洋坦克强大的进攻支点。"玛蒂尔达"和A10巡洋坦克的速度只有微小的差异，A10巡洋坦克在第一次利比亚战役和"战斧行动"中与速度更快的"巡洋"坦克进行了有效的协同。德军在当时和后来的战役中都证明，他们完全能够协同速度差异堪比英军快速巡洋坦克和"玛蒂尔达"坦克的不同类型坦克。

不幸的是，未经验证的假设认为这种协同太难了，导致英军在下一次进攻中，将巡洋坦克旅和步兵坦克旅完全分开——就英军方面而言，这场战役实质上分成了两个独立的部分。

第15章 "十字军行动"

1941年仲夏，丘吉尔试图在非洲取得决定性胜利，并将敌人逐出非洲大陆，但最终失败，这让他比以往任何时候都更坚定地想要实现这一目标。他决心以更强大的兵力尽快重新发起攻势。为此，他向埃及派遣了增援部队，并无视军事顾问们的提醒——根据长期以来的决策，远东（特别是新加坡）的防御优先级仅次于英国本土，高于中东。英帝国总参谋长约翰·迪尔爵士试图提醒丘吉尔，关于这两个地区地位及风险的决定，是经过仔细权衡的。但他性格太温和，习惯于待人太过恭敬，无法在丘吉尔强势的个性、雄辩的言辞和显赫的地位面前坚持这一决定。

然而，远东的危险现在已经变得十分严重，而那里的英国兵力仍然非常薄弱。尽管日本迄今为止一直置身于战争之外，但罗斯福和丘吉尔在7月采取的封锁其经济资源的措施，必然迫使日本以唯一可行的方式进行反击——即动用武力。日本的犹豫不决为美国和英国提供了四个多月的时间来加强其在太平洋的防御，但他们未能有效利用这段缓冲期——就英国而言，这种忽视很大程度上是由于丘吉尔的关注重点和努力集中在北非。因此，隆美尔间接导致了新加坡的沦陷——这既是因为他给首相留下的深刻个人印象，也是因为他对尼罗河河谷和苏伊士运河的潜在威胁。

在非洲代号为"十字军行动"的新一轮攻势中，英军部队大大增加，并重整装备。坦克团从4个增加到14个，因此4个完整的装甲旅（每个旅下辖3个坦克团）被提供给突击兵团，而图卜鲁格驻军则被分配1个旅（含2个坦克团，外加1个中队），由海路运送，用于突围时接应突击

1941年8月，图卜鲁格围困战期间，英军部队在坚守

1941年11月18日，"玛蒂尔达"坦克在利比亚图卜鲁格防线外行进

兵团。(这些旅为主力配备了新型十字军巡洋坦克或新型美国"斯图亚特"坦克,这是战场上速度最快的坦克,此外还有四个"玛蒂尔达"或"瓦伦丁"坦克团。)英军又调来了三个摩托化步兵师,使其总数达到了四个,此外还有一个新的师在图卜鲁格——英国第70师接替了承担围困重任的澳大利亚第9师。

相比之下,隆美尔从德国获得的增援很少,也没有额外的坦克部队来扩充他原来的四个师。德国第5轻型师虽改编为德国第21装甲师,但坦克数量并未增加,他所能做的就是用一些额外的炮兵和步兵营临时组建一个非摩托化步兵师(最初称为非洲师,后来改为第90轻装师)。意军部队由三个师(含一个装甲师)组成,又增加了三个小型步兵师——但由于装备陈旧,缺乏机动运输工具,这些步兵师的战斗力大大降低,因此只能用于静态作战,成为隆美尔战略机动能力的尴尬障碍。

在空中,英国人现在也拥有巨大的优势。他们有近700架飞机,可立即为进攻提供支援,而德国飞机只有120架,意大利飞机只有200架。

在装甲力量方面,英军的优势更大。进攻开始时,英军有710多辆配备火炮的坦克(其中约200辆是步兵坦克),而敌方只有174辆配备火炮的德国坦克和146辆意大利坦克,后者都是过时的型号,实用价值不大。因此,英军对敌方整体的优势远超2∶1,对德军的优势则超过4∶1,而德军的两个装甲师各有两个坦克团,被英军总司令视为"敌军的骨干"。此外,隆美尔没有坦克储备,只有几辆正在维修,而英国人储备或正在运输途中的坦克有500辆,因此他们更有能力维持长期战斗。结果,这支后备军最终扭转了战局。①

隆美尔在应对坦克方面的巨大劣势时,其核心优势是,到秋天,他三

---

① 坦克实力和储备的对比数字,见《英国官方历史》第30—31页。英国作战力量的数字——共计713辆(包括201辆步兵坦克)是从大量不同的记录中推算得出的,这些记录的编制方式不同。根据对记录的另一种计算,这个总数为756辆(包括225辆步兵坦克)。

分之二的常规反坦克炮装备了新型 50 毫米长炮管,其穿透力比老式 37 毫米炮高出约 70%,比英军 2 磅炮高出 25%。因此,他的防御不再像夏天那样依赖少数 88 毫米反坦克炮。

除了向埃及派遣大量增援部队和英国最新制造的装备外,丘吉尔还为那里的作战部队配备了一批新指挥官。"战斧行动"失败四天后,韦维尔被解除指挥权,由印度英军总司令克劳德·奥金莱克爵士接任中东英军总司令,部队司令和装甲师师长也很快被替换。丘吉尔对韦维尔的谨慎作风越来越不耐烦,"战斧行动"令人失望的结果促使他决定任命一位新的总司令。但他再次恼火地发现,奥金莱克坚决顶住他要求尽早恢复进攻的压力,坚持要等到充分准备和足够强大时再进攻,从而确保有很大机会取得决定性胜利。因此,"十字军行动"直到 11 月中旬才发动,距离"战斧行动"已经过去了五个月。与此同时,这支扩编后的部队被重新命名为英国第 8 集团军,指挥权交给了艾伦·坎宁安中将——他曾成功肃清意属索马里,并从南部推进到埃塞俄比亚,驱逐了意大利人。新的集团军下辖英国第 13 军和英国第 30 军(装甲军),第 13 军军长为里德·戈德温－奥斯汀中将,第 30 军军长为威洛比·诺里中将。但除了装甲兵出身的诺里之外,新指挥官都没有操纵坦克和对抗装甲部队的经验,诺里被调来代替原先被选为装甲军军长的坦克专家,这位坦克专家在进攻开始前不久的一次空难中丧生。

英国第 13 军下辖新西兰师和印度第 4 师,以及一个步兵坦克旅。第 30 军下辖第 7 装甲师(含两个装甲旅,分别为第 7 装甲旅和第 22 装甲旅)、第 4 装甲旅群、第 22 近卫(摩托化)旅和南非第 1 师。南非第 2 师作为预备队。

进攻计划的基本构想是,英国第 13 军将牵制守卫边境阵地的敌军,而第 30 军从这些防御阵地的侧翼扫荡,以"寻找并摧毁"隆美尔的装甲部队,然后与位于边境 70 英里外的图卜鲁格驻军会合,后者将突围出来与第 30 军会师。因此,这两个军及其各自的装甲部队将在截然不同的地区作战，而不是联合作战。英国装甲部队中最强大的部分，即"玛蒂尔达"和"瓦伦丁"旅，对装甲战斗毫无贡献，只是与步兵一起分成小队。当进攻展开时，这种分离部署很快变成全面的分散，结果哪里都力量薄弱。

因此，英国人丧失了通过战略包抄行动获得的开局优势，虽然这种行动出其不意，暂时迷惑了敌人。英国的进攻变得支离破碎——在很大程度上是自己造成的，正如隆美尔的尖刻评论："如果你有两辆坦克，而我只有一辆，当你把它们分散开来，让我各个击破时，两辆与一辆又有什么区别呢？你们接连将三个旅送到我面前。"

麻烦的根源在于一个古老的格言，它长期以来写在每本官方军事手册里，并在参谋学院中被反复灌输，即"在战场上摧毁敌人的主力部队"是首要目标，也是军事指挥官唯一正确的目标。在两次世界大战之间，步兵指挥官在考虑如何使用他们所掌握的坦克时，更热衷于奉行这一格言，他们倾向于说："先摧毁敌人的坦克，然后我们就可以继续战斗了。"这种顽固的思维习惯在给英国第8集团军及其装甲部队的指示中表现得非常明显："你们的首要目标是摧毁敌人的装甲部队。"但是，装甲部队本身并不适合成为直接目标。因为它是一支流动的力量，不像步兵编队那样容易锁定。摧毁它，也许更需要通过间接方式，即引诱它掩护或夺回一些关键点。在试图以过于直接的方式"消灭"隆美尔难以捉摸的装甲部队时，英国装甲部队不仅变得分散，而且很容易被引至隆美尔用火炮布置的坦克陷阱中。

英国第30军于11月18日清晨越过边界，然后向右转，朝90英里外的图卜鲁格进发。进攻部队受到"空中保护伞"的掩护，但这种防止被发现和干扰的保护措施并未立即派上用场，因为夜间的一场暴风雨淹没了敌人的机场，他们的飞机停飞了。出于同样的原因，进攻因进展不顺而放缓也无关紧要。隆美尔对即将向他袭来的"钢铁风暴"毫无察觉。他的注意力集中在准备自己对图卜鲁格的进攻上，他的突击部队已经移至该地，准备发动攻击，尽管他在南部的沙漠中部署了一支强大的掩护部队，以阻止英军干扰。

到 18 日夜幕降临时，英国装甲纵队已经跨过了特里格阿卜德公路，第二天早上向北推进。在击退隆美尔掩护部队的过程中，他们 30 英里的战线延伸到 50 英里。战线过长的负面影响很快就显现出来。

在中部，英国第 7 装甲旅的两个先头团到达并占领了西迪雷泽格悬崖顶部的敌军机场，这里距离图卜鲁格防御圈仅 12 英里。但是，该旅的其余部队和师的支援群直到第二天（20 日）早上才赶到，而这时隆美尔已经派出非洲师的部分部队，携带大量反坦克炮，守住悬崖顶部边缘并封锁道路。没有援兵到达那里增援英国部队。因为另外两个装甲旅遇到了麻烦，一个在西部，另一个在东部，而南非第 1 师也被调往西部。

在西翼发生的事情是，英国第 22 装甲旅遇到了意大利坦克部队，在击退他们时，贸然攻击了比尔古比附近的意大利防御阵地。第 22 装甲旅是由刚装备坦克不久且刚刚参加沙漠战争的民兵团组成的。在一次过于英勇的进攻中——以巴拉克拉瓦"轻骑兵冲锋"的不朽精神进行突击——他们遭到意大利人埋伏的火炮的重创，160 辆坦克损失了 40 多辆。军长误判这次进攻进展顺利，于是将南非人调往那里占领比尔古比。

在东翼，英国第 4 装甲旅群在追击德国侦察部队时，分散在 25 英里的范围内，突然被后方出现的强大德国装甲部队袭击，最后面的部队遭到重创，随后其他两支部队中的一支返回支援。这次打击是隆美尔第一次反击的后续行动，由一个强大的战斗群（包括德国第 21 装甲师的两个坦克团）实施，该战斗群已被派往南方探查情况。

幸运的是，这一侧的英国装甲部队第二天早上没有遭到整个非洲军团的集中打击。这次喘息要归功于非洲军团司令克鲁威尔装甲兵上将收到错误情报，使他以为英军最危险的进攻是沿着北部路线——特里格卡普佐公路推进。于是，他将两个装甲师调往卡普佐，结果发现该地区空无一人。由于缺乏空中侦察，德军仍在"战争迷雾"中摸索。更糟糕的是，德国第21装甲师在这次向东的远征中耗尽了燃料，暂时陷入困境。只有德国第15装甲师当天能够返回，该师下午在加布尔萨利赫袭击了仍处于孤立状态的第4装甲旅，导致该旅在连续两天遭受德军的反击后，再次遭受重创。尽管英军高级指挥官对敌人的动向了如指掌，但他们迟迟没有利用德国非洲军团暂时离开战场所提供的喘息之机，未立即采取措施集中三个分散的装甲旅。但到了中午，当第4装甲旅面临的危险迫在眉睫时，第22装甲旅被派往东部增援它，而不是像此前计划的那样前往西迪雷泽格与第7装甲旅会合。但是，第22装甲旅要从这一侧转向另一侧，路途遥远，直到夜幕降临才抵达，因此已经来不及参与战斗了。

然而，新西兰师和英国第13军的步兵坦克旅一直驻扎在仅7英里外的比尔古比——它急于前进，渴望提供帮助。但是，上级没有要求它参与装甲战斗，它的主动请战也被拒绝了。这充分表明了"双线隔离"的作战理念在实施过程中被极端化执行。

11月21日清晨，加布尔萨利赫的英国装甲旅发现敌人已经从他们的前线消失了。这不是一次徒劳的转移——因为隆美尔现在已经清楚了解英军的布局，并命令克鲁威尔用两个装甲师对西迪雷泽格的英军先头部队进行集中打击。

诺里将军刚刚命令这支部队向图卜鲁格进发，并命令驻军开始突围攻击。但在进攻开始之前，部队就被打乱了。早上8时，两支德国装甲纵队从南面和东面逼近。西迪雷泽格的三个英国装甲团中，有两个英国装甲团被匆忙调来迎战。因此，只剩下一个英国装甲团（第6皇家坦克团）带领部队向图卜鲁格进发，但很快就被敌人精心部署的火炮击溃，这些火炮能够集中火力对付这支部队。这是另一次"轻装旅的冲锋"——在上述这种情况下，第6皇家坦克团未免太"轻"了。与此同时，其他两个装甲团遭到了德国非洲军团的全力攻击。其中一个装甲团，即第7轻骑兵团，被德国第21装甲师击溃，几乎全军覆没。另一个装甲团是第2皇家坦克团，他们大胆而有效地攻击了德国第 15 装甲师，这要归功于他们高超的移动射击技能，敌军不得不撤退。但是，德国人在下午再次发起进攻，巧妙地运用了他们的新战术，将反坦克炮悄无声息地推进到坦克前方，包抄对手的侧翼。他们以这种方式让英军蒙受沉重损失，直到加布尔萨利赫的第 22 装甲旅姗姗来迟，第 7 装甲旅的残余部队才幸免于全军覆没，而第 4 装甲旅直到第二天才赶到。至于图卜鲁格的突围部队，它深入德意联军阵地四英里，但由于英国第 30 军遭受挫折而暂停进攻，致使突围部队被困在一个深而窄的突出部内。

第五天破晓时，德国非洲军团再次消失，但这次只是为了补充燃料和弹药。即使是这么短暂的平静，隆美尔也不允许。中午时分，他到达仍驻战场附近的德国第 21 装甲师司令部，指挥该师发动了迂回进攻。装甲团向西穿过西迪雷泽格以北的山谷，掉转方向，袭击了那里的英国阵地西侧。它沿着斜坡前进，占领了机场，并在剩下的两个英国装甲旅介入之前，击溃了部分支援群。英军迟来的反攻缺乏协调，在夜幕降临时陷入混乱。但是，糟糕的一天并未结束。德国第 15 装甲师在"休整日"过后于黄昏返回战场，袭击了第 4 装甲旅的后方，包围了其司令部和预备队第 8 轻骑兵团所在的营地。英军猝不及防，大部分人员被俘，坦克和无线电设备都落入敌手。旅长一直在指挥西迪雷泽格的反攻，因此幸免于难——但当 23 日黎明到来时，他发现自己只剩下一个残破不堪、兵力分散的旅，而且缺乏指挥和重组其残部的手段。这种困境使他的行动陷入瘫痪，而事实证明，这是更加关键的一天。

德国非洲军团司令部在 23 日早些时候遭遇了同样的命运，这对英军来说是一种补偿，尽管不是立即的。之所以发生这种情况，是因为坎宁安终于下令英国第 13 军开始前进——尽管只是有限前进。新西兰人于 22 日占领了卡普佐，第 6 旅随后被命令向西迪雷泽格推进。23 日黎明后不久，他们就撞上了非洲军团司令部并占领了那里。克鲁威尔之所以没有被俘，只是因为他刚刚出发去指挥下一阶段的战斗。但他失去了作战参谋部和无线电设备，这在随后的日子里成了一个严重的掣肘——比英国人意识到的还要严重，但英国人更关心自己的麻烦和日益严重的苦难。

11月23日是星期日——在英国是"降临节前的星期日"，在德国是"亡灵节星期日"。鉴于那天沙漠中发生的一切，德国人后来将这场战役命名为"亡灵节"是再恰当不过了。

夜间，西迪雷泽格的英军部队向南撤退了一小段距离，等待南非第1师的增援，但是，双方未能会师。德军两个装甲师从清晨的薄雾中发起集中进攻，出其不意地将英军和南非部队分开，并横扫了他们的运输部队，导致他们四散奔逃。如果装甲师没有在此时接到克鲁威尔的信号，灾难将会更加惨烈。克鲁威尔当时对形势并不了解，他想先与意大利"阿里埃特"师会合，然后再发动决定性打击。但意大利人谨慎地缓慢推进，直到下午克鲁威尔才从南部对诺里先遣部队的主力发动攻击，即现在被孤立的南非第5旅和第22装甲旅——一些小股部队在间歇期设法逃脱了陷阱。当德军发动攻击时，英军已经组织了良好的防御。德军的集中攻击最终成功突破了阵地并击溃了守军——其中约3000人被俘或阵亡。但是，德国非洲军团也损失了其剩余160辆坦克中的70多辆。

德军这次直接攻击防御阵地造成的坦克损失，在很大程度上抵消了前几天通过巧妙机动获得的物质优势。事实上，对德国人来说，这次战术上的成功代价巨大，在战略上造成的损害比"十字军行动"过程中的其他行动都大。虽然英国第30军遭受了更惨重的损失——在最初的500辆坦克中，只有大约70辆可以投入战斗——但英国人拥有大量的后备力量来补充坦克部队，而隆美尔却没有这样的后备力量。

11月24日，战局再次发生戏剧性的转折，因为隆美尔现在试图扩大他的战果，用他所有的机动部队向边境发起深入攻击——直捣英国第8集团军的后方。为了不浪费他们集结的时间，他在第21装甲师准备好行动后就出发了，他自己带头——命令第15装甲师跟进，并承诺意大利机动部队（"阿里埃特"装甲师和"的里雅斯特"摩托化师）将支援装甲师，

第 15 章 "十字军行动"

以封闭对英军部队的包围圈。

他连夜发往柏林和罗马的战报显示，隆美尔的最初意图是利用英军四分五裂的局面，解德意边境驻军之围。但是，根据他的主要参谋人员的证词，他的目标在当夜扩大了，他们的陈述也得到了司令部作战日志的证实，日志中记录道："总司令决定用他的装甲师追击敌人，以恢复塞卢姆前线的局势，同时向西迪奥马尔地区的英军后方进攻……这意味着对方很快就会被迫放弃挣扎。"

隆美尔此举不仅打击对方部队的后勤和补给，更旨在瓦解对方指挥官的心理防线。在那一刻，这一决策的战略价值远超隆美尔的预期。因为前一天，在装甲战斗惨败之后，坎宁安曾想过要撤退到边境，但奥金莱克的到来阻止了他——奥金莱克从开罗飞到前线，坚持要继续战斗。然而，隆美尔冲向边境，导致沿途的英军陷入崩溃，自然也让英国第 8 集团军司令部更加恐慌。

下午 4 时，隆美尔抵达比尔谢弗岑边境，他在沙漠中行驶了 60 英里，耗时 5 小时。抵达后，他立即派出一个战斗群穿越边境线，向东北方向驶往哈尔法亚山口，以控制英国第 8 集团军向海岸撤退和补给的路线，同时将威胁扩大到其后方。隆美尔率领战斗群走了一段路后折返，但因引擎故障被困在沙漠中。幸运的是，克鲁威尔的指挥车恰好路过该地点，接上了隆美尔。但夜幕降临，他们找不到边境线的缺口。因此，两位德军指挥官和他们的参谋长在遍布英国和印度部队的区域中度过了一夜，他们的安全只取决于普通士兵的本能，即"让熟睡的将军安然休息"。克鲁威尔的指挥车是从英国人手中夺来的，这帮助他们在黎明时分悄然撤离，安全返回德国第 21 装甲师司令部。

但在经过 12 小时的滞留后，隆美尔返回时发现德国第 15 装甲师尚未抵达边境，而"阿里埃特"师在后续推进的早期阶段就停了下来——当时他们发现南非第 1 旅拦住了去路。运送燃料的车队也未能抵达。这些延误不仅阻碍而且削弱了隆美尔的反击。他无法实施他的计划，即向东派遣一个战斗群前往英军铁路终点站哈巴塔，以封锁悬崖的通道和沿悬崖顶部通往埃及的主要内陆路线。他还不得不放弃派遣另一个战斗群沿着经过马达莱纳堡的小径向南前往杰格布卜绿洲的想法，英国第8集团军的前沿司令部就位于马达莱纳堡，这一行动将使那里的混乱和恐慌成倍增加。即使在边境地区，这一天所有行动都没什么成果，包括德国第21装甲师本已残损的坦克团对西迪奥马尔发动的一次徒劳且代价高昂的攻击。当实力更强大的德国第15装甲师姗姗来迟时，它沿着边境近侧向北的扫荡行动仅仅摧毁了一个野战维修所，里面有16辆英国坦克正在维修。

前一天看似铺天盖地的威胁竟如此虎头蛇尾，这让英国人有机会喘口气，恢复平衡。此外，第三天（11月26日）一早，奥金莱克的副参谋长尼尔·里奇取代坎宁安担任英国第8集团军司令。里奇是在这种紧急情况下被任命的，目的是确保战斗无论风险如何都能继续下去。对于英国人来说，非常幸运的是，敌军的进攻错过了特里格阿卜德以南的两个大型补给站，而他们在很大程度上依赖这两个补给站来继续战斗并恢复进军。德军装甲师从西迪雷泽格向东南方向的进攻经过补给站以北很远的地方，但意大利人如果沿进攻路线继续推进，就会更接近补给站。

尽管隆美尔的进攻已经失去势头，26日早上英军的处境仍然非常危险。英国第30军被打乱了阵脚，全天没有采取任何措施来缓解敌人对第13军后方的威胁——这些部队不仅分散，还因无线电故障而处于孤立状态。然而，由于无线电通信中断，德军也遭受了内部通信故障的困扰，这对他们来说更为不利。因为他们的前景取决于快速协调的行动，以加强对英军后方的威胁，而那里的英军部队的最优策略就是坚守他们的前沿阵地，同时英国第13军的先头部队继续向西推进，与图卜鲁格部队会合，对隆美尔的后方构成双重威胁。这种威胁现在开始产生效果了。位于埃尔阿德姆的装甲集群司令部发出一连串急电，要求装甲师返回以缓解后方压力。

这些来自后方的告急信号，加上无线电故障和前方地区燃料短缺，使隆美尔的反击行动无法继续。26日早晨，他命令克鲁威尔"迅速清理塞卢姆前线"，同时以德国第15装甲师和第21装甲师实施钳形攻势。但他沮丧地发现，第15装甲师一大早就回到了巴迪亚补充燃料和弹药，然后，就在该师返回战场时，他发现第21装甲师因误解命令而从哈尔法亚撤退，同样正在返回巴迪亚补给的途中。因此，当天没有采取任何行动，隆美尔晚上无奈地决定让第21装甲师继续返回图卜鲁格。第二天，他命令第15装甲师也采取同样的行动——在清晨的一次进攻中，该师成功击溃了新西兰旅的司令部和后方支援部队，为这场虎头蛇尾的反击战画上句号。

回顾性评论自然受到这次进攻失败的影响。战术派批评家认为，隆美尔应该集中精力在西迪雷泽格的局部战中扩大战果：消灭英国第30军的残余部队，或者在前沿阵地击溃新西兰师，或者占领图卜鲁格，从而扫清侧翼和补给线。但是，这些战术选项都没有为对英国人取得决定性战略成果创造良机，反而还给他带来了更大的风险，即在一场徒劳无功的进攻中浪费时间和被严重削弱。从一开始，兵力对比就对隆美尔不利，他注定会在一场旷日持久的消耗战中被击败。如果他试图跟进并消灭第30军残余的坦克，对方总是可以逃避战斗——因为它们比隆美尔的坦克更快。其他选项意味着攻击防御阵地中的步兵和炮兵。由于他无法承受消耗战，如果有更好的选择，那么采取这些战术路线中的任何一条都是愚蠢的。隆美尔选择的路线本身就提供了一种更好的可能——用他所有的机动部队进行纵深战略突击。由于他最终说服墨索里尼将意大利机动部队置于他的指挥之下，这一胜算提高了。

事后，隆美尔的行动经常被批评为鲁莽。但是，战争史表明，这种行动很多时候都是成功的——尤其是通过影响敌方部队尤其是指挥官的士气。隆美尔自己的经验也支持了这一观点。此前，在4月和6月，他曾采取类似的策略发起进攻，两次迫使英军撤退——第一次是溃败——但兵力较少，没有到达如此有威胁的位置。两个月后——1942年1月，他发起了第四次纵深进攻,击溃了英军,尽管这次进攻没有像11月那样切断英军的退路。补充说一下,当他在11月发起进攻时,对方比他其余三次战略反击成功时更加分散和割裂。

他这次失败的原因已经在那些关键日子的记录中显现出来——德国第15装甲师的迟滞和意大利机动军团在支援德国第21装甲师进攻时的消极状态,导致"冲击波"失去了突击势头;边境行动笨拙而徒劳,部分原因是缺乏准确情报、无线电故障和误解命令;英国人对德军后方造成威胁;奥金莱克决心继续战斗,并采取反制措施,而不是撤退;英国第8集团军司令在关键时刻被替换。他的继任者是在这种情况下被任命的,无论风险如何,他都必须继续战斗——这是一个幸运的决定,尽管它可能致命。(两个月后,继任者对较小威胁的反应,竟与他的前任在11月的反应相似。)

在对这一事件及其教训进行军事分析时,还有一个因素值得关注并强调。如果隆美尔制造的恐慌变得更加普遍,那么继续战斗的决定将毫无用处,只会造成更大灾难。但是,英国第30军中大部分不在他进攻路线上的"残部"尽管被孤立了,仍留在原地或靠近原地,英国第13军也是如此。英国第30军被分散,而且前几天遭受的重创令他们震惊不已,这一事实有助于遏制这种溃散的部队退守基地的惯常倾向。在这种情况下,敌人在向东进攻中的行进速度明显比他们快,所以"留在旋涡边缘"似乎更安全,尽管补给是否能继续到达还不确定。

当隆美尔的战略反击未能达到目的时,首要问题是他能否从失败中恢复过来,其次是他能否重新占据上风。令人惊讶的是,尽管兵力薄弱,他成功地回答了这两个问题。然而,他无法利用重新获得的优势,由于消耗效应持续积累,最终不得不撤退。这样的结果可能表明,他在11月24日尝试深度的、看似鲁莽的战略反击是正确的——这是一次很有可能决定性地扭转战局的行动。

当德国非洲军团带着剩下的60辆坦克（其中三分之一是轻型坦克）向西撤退时，它通过直接行动扭转图卜鲁格局势的机会似乎很渺茫，而它自己的处境也非常危险。新西兰师在近90辆"瓦伦丁"和"玛蒂尔达"坦克的支援下向西推进，于26日晚突破了隆美尔的包围圈，与图卜鲁格的英军部队会师——后者有70多辆坦克（包括20辆轻型坦克）。与此同时，后方补给使英国第7装甲师的坦克数量增加到近130辆，因此，英国人现在在坦克方面拥有5∶1的优势（在火炮坦克方面拥有7∶1的优势）。如果英军实施完全集中作战，德国非洲军团几无生还可能，仅凭英国第7装甲师就足以击溃它。

德国非洲军团在撤退的第一阶段就处于危险之中，主要是因为德国第21装甲师在途中被阻拦，无法向德国第15装甲师提供任何援助。11月27日下午，英国第7装甲师的两个装甲旅拦截并袭击了德国第15装甲师，他们的坦克数量是对手的三倍。其中一个旅（第22旅）阻挡了非洲军团的前进道路，而另一个旅（第4旅）从侧翼袭击了行军纵队，并对运输部队造成了严重破坏。虽然德国人经过几个小时激战成功阻滞了敌人的进攻，但他们自己沿着卡普佐小径向西的行进也被中止了。但随着黄昏的临近，英国坦克按照惯例向南撤退到沙漠中，组成夜间防御圈休整。这使得德军得以在夜幕的掩护下向西推进。第二天，英国装甲旅再次发起进攻，但被敌人的反坦克屏障挡住了——当夜幕降临时，德军又能够毫无抵抗地向前推进。

因此，到29日早晨，德国非洲军团再次与隆美尔的其余部队会合，缓解了他们面临的压力。第二天，隆美尔集中兵力对付西迪雷泽格山脊上孤立驻守的新西兰第6旅，同时使用"阿里埃特"师掩护他的侧翼和行动，以抵御位于南部的英军装甲部队的干扰。德军的坦克绕到阵地的另一边，从西边发动攻击，而步兵从南部进攻。到了晚上，新西兰第6旅被赶下山脊，但残余部队逃脱了，并在贝尔哈迈德附近的山谷中与师主力会合。英军装甲部队虽然在新坦克的支援下再次增强了实力，并集中在第4

装甲旅的指挥下，但并没有做出积极努力来突破隆美尔的屏障实施救援。指挥官们经常被诱入陷阱，并因敌人巧妙地将坦克与反坦克炮组合在一起而遭受了严重的损失，以至于他们现在变得过于谨慎。

12月1日清晨，隆美尔的部队在贝尔哈迈德包围了新西兰军，切断了他们与图卜鲁格部队之间的"走廊"。凌晨4时30分左右，英国第4装甲旅接到命令，在天亮后"全速"向北行进，并"不惜一切代价"与敌方坦克交战。该旅于上午7时左右出发，9时到达西迪雷泽格机场，并在下坡后与新西兰军取得联系。随后，他们计划对敌方坦克发动反攻，估计对方有"大约40辆"坦克。但是此时部分新西兰军已被击溃，他们被命令全面撤退。新西兰师的剩余部队向东撤退到扎夫兰（然后在夜间撤退到边境），而第4装甲旅向南撤退25英里，到达比尔贝拉内布。

第三轮战斗的结果对敌军来说是令人震惊的成就，他们在战斗开始时坦克数量以1∶7处于劣势，战斗结束时仍以1∶4的兵力劣势对抗英军。

奥金莱克现在再次飞往第8集团军司令部。他准确估计了隆美尔部队的潜在弱点，决定继续战斗，他拥有实现这一目标的生力军和坦克后备力量。印度第4师在边境被南非第2师接替，并被派往前线与英国第7装甲师会合，进行侧翼进攻，意图切断隆美尔的补给线和撤退路线。

当隆美尔获知这一新的重大威胁的消息时，他决定向西撤退，集中剩余的坦克，一举瓦解英国的侧翼进攻。因此，12月4日晚，德国非洲军团向西撤退，放弃了对图卜鲁格的包围。

那天早上，印度第4师的先头旅对比尔古比（位于西迪雷泽格以南20英里）的意大利阵地发动了攻击，但由于守军火力强大，进攻失败了。第二天早上再次发起进攻，又被击退。在这些行动中，英军装甲部队掩护了进攻的北翼，以抵御隆美尔的干扰，但不幸的是，该部在5日下午撤回了防御圈，打算尝试一种新的防御圈部署方式。下午5时30分，隆美尔的装甲部队突然出现在比尔古比战场，击溃了部分没有掩护的印度旅——其余的在夜幕降临时得以逃脱。

在这次挫折之后，英国第 30 军军长诺里决定推迟向阿克罗马侧翼的推进，这一推迟使他失去了切断隆美尔撤退路线的机会。第 4 装甲旅奉命在重新进攻之前寻找并摧毁敌人的装甲部队。但这一目标未能实现，而且检查战事记录就能发现，几乎没有证据表明他们曾努力实现这一目标，尽管新交付的 40 辆坦克使该旅坦克总数达到 136 辆——几乎是德国非洲军团残余兵力的三倍。该旅在接下来的两天里驻扎在比尔古比附近，偶尔进行短距离机动，徒劳无功地吸引敌人直接攻击印度第 4 师的炮兵阵地。

12 月 7 日，隆美尔决定撤退到加扎拉防线，因为他被告知在年底之前不会有增援部队抵达；当晚，德国非洲军团开始撤退。英国人迟迟没有意识到发生了什么，直到 12 月 9 日，他们的装甲部队才开始向"骑士桥"进发，这是阿克罗马南部的公路交通枢纽。他们在距"骑士桥"八英里处遭到敌方后卫部队的阻拦——这支德军更关心的是保护自己，而不是诱歼敌人。到 11 日，隆美尔的部队已安全返回加扎拉，那里早先已准备好一个防御阵地作为后备防线。

12 月 13 日，戈德温-奥斯丁的英军第 13 军接管了追击任务，并向加扎拉防线发起进攻。正面进攻被阻挡，但掩护隆美尔内陆侧翼的意大利机动军团在压力下迅速撤退，英军左翼到达加扎拉线后方 15 英里处的西迪布雷吉斯。但德军装甲部队随即发动反击，使包围行动停了下来。

14 日，在重新发起进攻之前，戈德温-奥斯丁将英军第 4 装甲旅派往更宽阔的侧翼区域——加扎拉和梅基利中间多条道路交汇处的哈勒格埃勒巴。这一封锁隆美尔后方的行动于下午 2 时 30 分开始，该旅向正南行进 20 英里后扎营过夜。早上 7 时，该旅再次出发，需要绕行 60 英里，但由于路况不佳，直到下午 3 时才抵达哈勒格埃勒巴，比预定时间晚了 4 个小时，已经来不及按计划通过吸引隆美尔的装甲预备队来策应主攻。不仅如此，该旅随后一直守在那里，没有任何行动，以至于敌人直到第二天早上才意识到它的存在。

与此同时，15日的主攻失败了。一次靠近海岸的进攻让英军在加扎拉防线获得了一个立足点，但中午时分德军的一次装甲反击打断了英军的迂回攻势，这次反击击退了进攻方的先头部队。

英军高层仍然希望部署在敌人后方的强大装甲旅能在第二天取得决定性成果。但16日早晨，该旅向南移动了20英里，以便在绝对安全的情况下补充燃料。下午，当该旅靠近前线区域时，遭到了反坦克屏障的阻拦——然后又南撤组成夜间防御圈。作战日志记录了双方远距离的交火，但没有人员伤亡。给分析者留下的印象是，英军最迫切的愿望是看到敌人撤退——德军也确实沿着为他们留下的通畅道路撤退了。

即使在15日成功的装甲反击中损失很小，德国非洲军团也只剩下不到30辆坦克，而英军此时在战场上有近200辆坦克。权衡形势后，隆美尔认为不可能长期坚守加扎拉防线，于是决定后撤一大步，远离敌人的攻击范围以待增援。他将返回的黎波里边境的卜雷加港咽喉地带，这个理想的防御位置曾是他第一次进攻的跳板，并将再次发挥这一作用。因此，在12月16日晚上，他开始撤退——德国非洲军团和意大利机动军团沿着沙漠路线行进，而意大利步兵师则沿着海岸公路返回。

追击行动进展缓慢。英国第4装甲旅直到第二天下午1时才开始行动，两小时后，在距离其先前位置哈勒格埃勒巴12英里的地方扎营过夜，同时为进一步的推进做好后勤准备。18日，它沿着沙漠路线前进到梅基利南部的一个地点，但在向北转向时，差点追上敌人撤退纵队的尾巴。

与此同时，印度第4师乘坐机动运输车，在步兵坦克的伴随下，穿过杰贝勒阿赫达尔崎岖的山区，沿海岸线推进。德尔纳于19日早晨被占领，但敌军步兵纵队的主力已经安全通过了隘口。试图在更西边拦截他们的尝试因地形复杂和燃料短缺而受阻，只截获了一些零星部队。大部分追击部队现在因缺油而停了下来。

摩托化步兵被用来带领追击部队穿越班加西大拐弯的沙漠地带。12月22日，他们到达安特拉特，发现敌军的装甲部队（有30辆坦克）驻扎在贝达富姆附近——掩护意大利步兵部队沿海岸撤退——并且留守海湾，直到 26 日隆美尔的后卫部队又向艾季达比亚撤退了 30 英里。与此同时，重新装备的第 22 装甲旅赶来增援追击部队。紧随敌方后卫之后，近卫旅对艾季达比亚发动了正面攻击，但失败了。而英军第 22 装甲旅在沙漠深处 30 英里处通过哈塞亚特进行迂回。这次行动遭遇了意外的挫败。因为在 27 日，该旅侧翼突然遭到德国装甲部队的袭击，然后在三天后的进一步战斗中被包围。虽然约有 30 辆英国坦克成功逃脱，但损失了 65 辆。隆美尔在这次反击中得到了两个新坦克连（30 辆坦克）的帮助，这两个坦克连于 19 日在港口撤离前抵达班加西——这是自"十字军行动"开始以来，隆美尔得到的第一次增援。

英军在哈塞亚特的失败，是这场漫长追击战令人失望和沮丧的末章，给图卜鲁格战役最终胜利的喜悦泼了一盆冷水。但是隆美尔的被迫撤退也给对方带来了巨大的利益，这场撤退让边境的德意驻军陷入孤立和绝望。巴迪亚于 1 月 2 日投降，剩下的两个边境哨所于 17 日投降。这使得在边境阵地的俘虏达到 2 万人，加上早些时候在西迪奥马尔被俘的，轴心国军队的总伤亡达到 3.3 万人——而英国方面只有不到 1.8 万人。但是，轴心国损失的近三分之二是意大利人，1.3 万名德国人中有相当一部分是后勤人员，而英国在 6 个星期的战斗中损失的大部分是作战部队，其中包括许多训练有素的沙漠老兵，他们很难被替换。

只能依赖缺乏经验的部队这一劣势，特别是在沙漠中，将在下一场战役中再次显现出来。这场战役发生在 1 月的第三个星期——当时，据称已经元气大伤的隆美尔又发动了一次出人意料的攻势，结果与他在 1941 年的第一次攻势惊人地相似。

第16章 潮起远东

从1931年起,日本野心勃勃地在亚洲大陆上扩张其势力范围,以牺牲因内部冲突而衰弱的中国为代价,此举损害了美国和英国在该地区的利益。那一年,日本入侵"满洲"①,并将其变成日本的"卫星国"。1932年,日本进一步渗透中国本土,并从1937年开始持续尝试确立对这一广阔地区的控制,但陷入了游击战的泥潭。最终,它寻求通过进一步向南扩张来解决问题,旨在切断中国与外部供应的联系。

1940年,希特勒征服法国和低地国家后,日本人利用法国的无助状态,通过威胁手段迫使法国同意他们对法属印度支那进行"保护性"占领。

作为回应,罗斯福总统于1941年7月24日要求日本军队撤出印度支那——为了执行这一要求,他于26日下令冻结日本在美国的所有资产,并对石油实施禁运。丘吉尔同时采取了行动,两天后,流亡伦敦的荷兰政府也被劝说效仿——正如丘吉尔所说,这意味着"日本一下子失去了重要的石油供应"。

早在1931年的讨论中,人们就一直认为,这种致命的打击将迫使日本孤注一掷,因为这是避免崩溃或放弃其扩张政策之外的唯一选择。值得注意的是,日本将攻击推迟四个多月,试图通过谈判解除石油禁运。美国政府拒绝解除禁运,除非日本不仅从印度支那撤军,而且从中国撤军。任

---

① "满洲",指中国东北地区。——译者注

何政府，尤其是日本政府，都不可能忍受如此屈辱的条件和"颜面尽失"的要求。因此，从7月的最后一个星期开始，太平洋战争随时都有可能爆发。在这种情况下，美国和英国很幸运地获得了四个月的时间，然后日本才会发动攻击。但是，这段时间并没有被美英两国用于防御准备。

1941年12月7日凌晨（当地时间），一支拥有六艘航空母舰的日本海军部队对美国在夏威夷群岛的海军基地珍珠港进行了毁灭性的空袭。这次空袭是不宣而战的。此前日本在1904年袭击了旅顺港，那是日俄战争的开端。

直到1941年初，日本对美作战计划都是将主力舰队部署在南太平洋区域，同时攻击菲律宾群岛，以应对美国跨洋前往救援其驻军的行动。这正是美国人预料到日本会采取的行动，而日本最近占领印度支那的行为也进一步加深了他们的预期。

然而，山本五十六[①]大将此时已构想出了一个新计划——对珍珠港发动突然袭击。这支突击部队绕道千岛群岛，从北部悄无声息地接近夏威夷群岛，然后在日出前发动攻击。日军出动360架飞机，从距离珍珠港近300英里的位置发起攻击。美国八艘战列舰中有四艘被击沉，一艘搁浅，其他几艘严重受损。仅一个多小时，日本就控制了太平洋。

这一行动为日本畅通无阻地从海上入侵美国、英国和荷兰在该海域的领土扫清了障碍。当日本主力舰队驶向夏威夷群岛时，其他海军部队一直在护送运兵船队进入西南太平洋。几乎与珍珠港空袭同时，日军在马来半岛和菲律宾也开始了登陆行动。

日军的登陆目标是新加坡的英国海军基地，但日军并未试图从海上进攻，而海上进攻正是该基地防御工事的主要防御对象。日军的进军路线非常迂回。日军在马来半岛东北海岸的哥打巴鲁登陆，夺取机场，分散敌人

[①] 山本五十六（1884—1943），日本联合舰队总司令，日本海军元帅。1943年4月18日，因乘坐的飞机在布干维尔岛上空被击落而身亡（日本称为"海军甲事件"）。——译者注

的注意力。而主力在马来半岛的暹罗半岛登陆，该半岛位于新加坡以北约500英里处。日军从这些位于最东北部的登陆点向半岛西海岸进发，陆续包抄了英军试图阻截他们的各道防线。

日军不仅因令人意外地选择了这样一条艰险的路线而获益，而且茂密的植被常常为日军提供了出其不意的突破机会。在连续撤退了六个星期后，英军部队于1月底被迫从马来半岛撤退到新加坡岛。2月8日晚，日军越过一英里宽的海峡发动进攻，在多个地点登陆，并沿着一条广阔的战线实施新一轮的进攻。2月15日，守军投降，西南太平洋的门户就此易主。

在另一场规模较小的独立行动中，日军于12月8日开始对英国在香港的基地发动进攻，迫使该地区驻军在圣诞节前投降。

在菲律宾主要岛屿吕宋岛，日军在马尼拉北部首次登陆后，很快又在首都后方实施登陆。在这种混乱的局面和日益严重的威胁下，美军在12月底之前放弃了大部分岛屿，撤退到狭小的巴丹半岛。相比之下，他们只在狭窄的战线上受到正面攻击，并成功坚持到4月才被击溃。

在此之前很久，甚至在新加坡沦陷之前，日本的征服浪潮就已经席卷了马来群岛。1月11日，日军登陆婆罗洲和西里伯斯岛，24日又有更大规模的部队抵达。5个星期后，即3月1日，日本人对荷属东印度群岛的核心爪哇岛发起进攻，此前该岛已被侧翼进攻所孤立。不到一个星期，整个爪哇岛就落入了日军手中。

但是，对澳大利亚迫在眉睫的威胁并没有出现。日军主力现在转向相反的方向，向西推进征服缅甸。从泰国向仰光的直接而大范围的进攻，是为了间接实现他们在亚洲大陆的主要目标，即瘫痪中国的抵抗力量。因为仰光是英美通过滇缅公路向中国提供武器装备的主要口岸。

同时，这一行动也经过精心设计，旨在彻底征服通往太平洋的西部门户，并在那里建立一道坚固的屏障，阻断英美随后可能发动陆上进攻的主要路线。3月8日，仰光沦陷，两个月后，英国军队被赶出缅甸，翻山越岭，退入印度。

因此，日本人获得了一个防御阵地，这个阵地具有得天独厚的优势，任何反攻都将受到严重阻碍，而且注定是一个非常缓慢的过程。

盟军经过很长时间才集结足够的力量，试图收复日本的占领地——从东南端开始。在这里，他们得益于澳大利亚的保护，澳大利亚为盟军提供了一个靠近日本前哨链的大型基地。

日本是欧洲和北美以外唯一一个工业发达的国家——这要归功于1868年明治维新开始的快速现代化进程。然而，日本社会本质上仍然是"封建"的，受到尊崇的是武士，而不是制造商或商人。天皇是神圣的，统治阶级无所不能。此外，军队的影响力巨大。他们具有爱国狂热，经常强烈排斥外国，希望建立自己国家对整个东亚尤其是中国的统治。从20世纪30年代开始，他们通过威胁和暗杀，几乎控制了日本的国家政策。

日本处理政治和战略问题的方法，很大程度上受到这样一个事实的影响：自从日本开始现代化以来，它从未遭受过失败。1904—1905年日俄战争之后，日本人民普遍相信日本是不可战胜的。当时，日本军队在陆上和海上都表现出了优势，并表明欧洲人对世界其他民族的统治是可以被打破的。

1914年8月，作为英国自1902年以来的盟友，日本占领了青岛和山东（德国在中国的势力范围）以及太平洋上的马绍尔群岛、加罗林群岛和马里亚纳群岛，这些岛屿都是德国的殖民地。第一次世界大战结束时，1919年的《凡尔赛条约》确认了这些收益，从而使日本成为西太平洋地区的主导力量。尽管如此，日本人民对战争成果并不满意，并认为日本和意大利一样是一个"一无所有"的强国。因此，日本人开始觉得他们与意大利和德国有共同之处。

这种挫败感可能源于日本企图控制中国的失败。1915年，在美国的抗议下，日本不得不撤回"二十一条"。值得注意的是，自1895年中日甲午战争以来，中国一直是日本陆军的主要目标。虽然第一次世界大战结束时，帝国防卫政策将美国列为头号假想敌，但根据海军的观点，陆军一直对苏俄更为忌惮，苏俄在远东的庞大陆军被视为对日本大陆计划的更大威胁。

随后，日本在1921—1924年间遭受了一系列羞辱。首先，英国礼貌地拒绝了与日本续签同盟条约。这一决裂在一定程度上受到日本在太平洋地区扩张计划的各种迹象的推动，但最终决定是在美国的强大压力下做出的。日本人认为这是一种侮辱，也是白人联合起来反对他们的信号。美国接连通过立法限制日本移民，最终在1924年通过法案，将亚洲人排除在移民之外，这进一步加剧了他们的愤慨。这种双重"丢脸"，令人痛心不已。

与此同时，英国宣布计划在新加坡建造一个远东海军基地，该基地足以容纳一支作战舰队。这显然是为了制衡日本，日本人将其解读为一种挑衅。

所有这些都损害了日本政治领导人的利益，他们因接受1921年华盛顿海军限制条约中与美国和英国主力舰3∶5∶5的比例而受到越来越多的攻击。其他不满还包括他们同意将山东半岛归还中国，以及后来又签署了1922年的《九国公约》，保证了中国领土的完整。

实际上，具有讽刺意味的是，《华盛顿条约》通过削弱对日本在太平洋地区行动的制约，反而助长了日本随后的扩张主义行动——在那里建立的美国和英国海军基地要么计划被推迟，要么防御薄弱。在日本公然撕毁条约之前的13年里，日本自己发现更容易规避条约中关于军舰火力和吨位的规定。

日本较为开明的政治领导人也因1929年爆发的世界经济危机而深受其害，日本受到的冲击尤其严重，由此产生的不满情绪日益高涨，军国主义者得以利用这种不满情绪，宣扬扩张是解决日本经济问题的根本办法。

1931年9月的"奉天事变"①为日本驻守当地的陆军领导人提供了借口和机会，使其得以向"满洲"扩张，并将其变成"伪满洲国"。根据条约，守卫南满铁路的日本军队以自卫为借口，袭击并解除了中国驻军在沈阳和邻近城镇的武装。事实不明，而且被有意掩盖了，从而帮助日本人在接下来的几个月内占领了整个"满洲"。尽管国际联盟和美国都不承认日本的占领行为，但抗议和广泛的批评促使日本于1933年退出国际联盟。三年后，他们与纳粹德国和法西斯意大利缔结了《反共产国际协定》。

1937年7月，卢沟桥事变（另一起高度可疑的"事件"）爆发，导致日本关东军入侵华北。在之后的两年里，入侵持续并扩大了，但日本人在与中国军民的斗争中陷入了困境，而在1937年夏天进攻上海时，他们遭到挫败。然而，从长远来看，这反而对他们有利，因为这促使他们纠正了自日俄战争以来的战术错误和过度自信的倾向——尽管在此之前，他们在西"满洲"有争议的边界冲突中受到苏联军队的教训。1939年8月，在诺门罕地区，一支约1.5万人的日军部队被包围，超过1.1万人丧生，当时苏军调来了5个机械化旅和3个步兵师。

同月，《苏德互不侵犯条约》签订的意外消息引起了日本国内的反感，日本内阁温和派也卷土重来。但是，这种反应只持续到1940年希特勒征服西欧为止。1940年7月，经日本陆军扶植，亲轴心国内阁在近卫亲王②的领导下上台执政。随后，日本在中国的扩张步伐加快，9月底，日本与德国和意大利签署了《三国轴心协定》，三国承诺反对任何新加入盟国的国家——该条约主要针对美国的干预。

1941年4月，日本与苏联签订中立条约，进一步确保自身安全。这使得日本能够腾出兵力向南方扩张——尽管当时日本对苏联及其意图的

---

① "奉天事变"，即"九一八事变"，又称"柳条湖事件"，是1931年9月18日，日本驻中国东北地区的关东军突然袭击奉天（今沈阳），以武力侵占东北的事件。——译者注

② 近卫亲王，即近卫文麿（1891—1945），曾任日本首相，日本大政翼赞会创始人之一。发动日本侵华战争的罪魁祸首之一。——译者注

猜疑导致日本只分配了11个师团进行此行动，而将13个师团留在"满洲"，22个师团留在中国关内。

7月24日，在维希政府的勉强配合下，日本接管了法属印度支那。两天后，罗斯福总统冻结了所有日本资产，英国和荷兰政府也迅速效仿。此举导致与日本的贸易全面停滞，尤其是石油贸易。

日本和平时期的石油消费有88%依赖进口。在禁运期间，日本的库存可满足正常使用三年，在全面战争消耗的情况下，仅够维持一半时间。此外，日本陆军省的一项调查显示，库存将在结束对华战争所需的三年内耗尽，因此在那里取得胜利似乎更为重要。唯一可用的资源是荷属东印度群岛的油田，据估计，尽管荷兰人可能会在沦陷之前摧毁那里的设施，但这些设施可以在日本国内库存严重枯竭之前被修复并投入使用。来自爪哇和苏门答腊的石油将挽救局势，并使中国得以被征服。

攻占包括马来亚在内的该地区，日本还将获得世界五分之四的橡胶产量和三分之二的锡产量。这不仅对日本来说是一笔巨大的利益，而且给对手的打击比日本失去石油还要严重。

这些是日本决策层在面临贸易禁运时必须考虑的关键因素。除非美国能被说服解除禁运，否则他们就面临着放弃侵略野心（在这种情况下，国内可能会发生军事政变）或夺取石油并与西方列强作战的选择。这是一个严峻的选择。如果他们继续在中国的战役，但撤出印度支那并停止向南扩张，贸易禁运可能会获得一些松动，但日本本身将日益衰弱——并且更无力抵抗美国的任何进一步要求。

日本自然犹豫不决，不愿做出孤注一掷的选择，这或许可以解释为什么日本人在进攻上如此迟缓，并将决定推迟了4个月。军事首脑们也本能地希望有充足的时间来完成准备工作，并对要采取的战略进行了长时间的争论。一种思想流派甚至乐观地希望并认为，如果日本只夺取荷兰和英国的属地，美国可能会继续袖手旁观。

8月6日，日本请求美国解除禁运。同月，美国决定在战争爆发时占领整个菲律宾群岛，日本则要求美国停止向那里增派部队。日本得到的是美国坚决的答复，并警告日本不要进一步侵略。

经过两个月的内部争论，近卫亲王内阁被东条英机[①]所取代——这可能是一个决定性的事件。即便如此，双方仍进行了长时间的讨论，直到11月25日才做出开战的决定。直接诱因是一份报告显示，石油库存在4月至9月之间骤减了四分之一。

即使在那时，日本联合舰队总司令山本五十六也在同一天接到命令，如果华盛顿的谈判取得成功，将取消对珍珠港的袭击。

1941年12月太平洋地区的海军力量汇总如下：[②]

	主力舰	航空母舰	重型巡洋舰	轻型巡洋舰	驱逐舰	潜艇
英帝国	2	—	1	7	13	—
美国	9	3	13	11	80	56
荷兰	—	—	—	3	7	13
自由法国	—	—	—	1	—	—
盟国总计	11	3	14	22	100	69
日本	10	10	18	18	113	63

需要注意的要点是，虽然双方在大多数方面势均力敌，但日本在航空母舰这一关键武器装备方面具有巨大优势。此外，这样的表格无法显示质量上的差异。日本军队编制紧凑且训练有素，尤其擅长夜战；它没有像盟军那样存在指挥或语言上的障碍。盟军的两个主要基地珍珠港和新加坡之间有6000英里的海洋。从装备质量上讲，日本海军要好得多。它有许多较新的舰艇，其中大多数装备更好，速度更快。在主力舰中，只有英国皇

---

① 东条英机（1884—1948），日本首相，日本陆军大臣，日本参谋总长，发动第二次世界大战的元凶之一。——译者注

② 数据引自斯蒂芬·罗斯基尔：《海战》第一卷，第560页。

家海军"威尔士亲王"号战列舰在这些方面可以与更好的日本战列舰相媲美。

在陆军方面，日本在西南太平洋的作战中只使用了11个师团，而其总共有51个师团。当时的作战部队不到25万人，加上后勤部队，总数大概有40万人。盟军的人数则更不确定。在决定进攻时，日本估计英军在香港有1.1万人，在马来亚有8.8万人，在缅甸有3.5万人，总共13.4万人；美军在菲律宾有3.1万人，菲律宾部队约有11万人；荷属东印度有2.5万名正规军和4万名民兵。从表面上看，在胜算如此之小的情况下发动一场影响深远的进攻似乎是一场冒险的赌博。事实上，这是一场精心计算的赌博，因为海空权的掌握通常会让日军在当地占据数量优势，而经验和更高的训练质量会将这一优势成倍放大——特别是在两栖登陆、丛林战和夜间袭击方面。

在空中力量方面，日本只使用了1500架一线陆航战机中的700架，但这些飞机得到了驻扎在台湾的第11航空舰队的480架海军飞机的增援——以及为袭击珍珠港而分配的360架。最初，航空母舰被分配给南方行动提供空中掩护。但在11月，战争爆发前的四个星期，性能碾压盟军战机的零式战斗机的航程增加了，它们就可以从台湾飞450英里到菲律宾并返回。这样，航空母舰就可以腾出来袭击珍珠港。

面对这些强大的日本空军，美国在菲律宾部署了307架作战飞机，其中包括35架B-17远程轰炸机，但其他机型质量较差；英国在马来亚部署了158架一线飞机，大部分是过时的机型；荷兰在其属地部署了144架。在缅甸，英军当时只有37架战斗机。日军的数量优势因质量优势（尤其是零式战斗机）而成倍放大。

日本人还在很大程度上得益于他们发展了两栖作战能力，因为这是一个遍布岛屿和海湾的海洋地区。他们的一个严重弱点是商船队规模相对较小（仅600余万吨），但这直到战争后期才成为决定性的障碍。

总之，日本在战争开始时拥有巨大的全面优势，尤其是在质量方面。在开战阶段，他们唯一的真正危险在于美国太平洋舰队可能迅速介入——但他们通过袭击珍珠港预先避免了这一危险。

情报是另一个重要因素，但在实力对比分析时很少充分考虑这一因素。总的来说，日本在这方面做得很好，因为他们事先对目标地区进行了长期而仔细的研究——但盟军拥有一个巨大的优势，那就是美国人在1940年夏天破译了日本的外交密码（这是威廉·弗里德曼上校的功绩）。从那时起，日本外务省或军方的所有秘密信息都可以被美国破译，在战前谈判期间，在东京提出最新提案之前，美国就知道了。只有确切的日期和作战攻击地点没有透露给日本大使。

尽管珍珠港事件让美国措手不及，但他们对日本密码的掌握本身就是一项巨大的基本优势，而且随着使用经验的积累，这种优势越来越明显。

日本的战略是实现双重目标，既要防御，又要进攻，以确保获得所需的石油补给，从而战胜中国，而中国也将在同样的过程中被切断维持抵抗所需的补给。日本领导人冒着风险挑战美国这个潜力远远大于日本的国家，从欧洲局势的变化中获得了鼓舞，当时轴心国几乎主宰了整个欧洲大陆，而苏联受到希特勒猛烈的攻击，几乎无法干预远东事务。如果日本实现了从北部阿留申群岛到南部缅甸建立同心圆防御圈的梦想，他们希望美国在徒劳地试图突破这个防御圈之后，最终会承认日本的征服成果及所谓"大东亚共荣圈"的建立。

该计划与希特勒的构想基本相似，希特勒的构想是通过攻势建立从阿尔汉格尔斯克到阿斯特拉罕的防御屏障以关闭并封锁亚洲边境。

日本最初的计划是夺取菲律宾，然后等待美国的反击行动——预计将通过托管岛屿领地——同时集中自己的力量击退它。（根据三阶段作战计划，日军估计要在50天内完全占领菲律宾，100天内占领马来亚，150天内占领整个荷属东印度群岛。）但在1939年8月，坚信航空母舰价值的山本五十六被任命为日本联合舰队总司令。他敏锐地意识到，必须立即出其不意地打垮美国太平洋舰队——他称之为"指向日本咽喉的匕首"——并延缓其反击行动。日本海军参谋部半信半疑地接受了他的观点。

首轮攻击的时间协调因时区差异而变得复杂（夏威夷的12月7日星期天将是马来亚的12月8日星期一）。但是，所有主要行动均安排在格林尼治标准时间17时15分至19时之间开始，所有攻击均在当地时间清晨进行。

长期以来，美国方面一直认为放弃菲律宾在政治上非常糟糕，但军方认为，无法保卫这些距离夏威夷珍珠港5000英里的岛屿，这一观点被接受了，因此计划只保留一个立足点——在吕宋岛设防的巴丹半岛，靠近首都马尼拉。然而在1941年8月，计划修改为守住整个菲律宾。

改变计划的动因之一是道格拉斯·麦克阿瑟将军的压力，他自1935年以来一直担任菲律宾政府的军事顾问，1941年7月底被召回美国陆军现役，并被任命为美国远东陆军司令部司令；罗斯福总统对麦克阿瑟的判断力有着高度评价，早在1934年就亲自将麦克阿瑟的美国陆军参谋长任期延长了一年。另一个因素是，罗斯福总统认为，既然德国已经深陷苏联战场泥潭，他可以大胆对日本采取更强硬的路线——就像他实施石油禁运一样。第三个因素是B-17远程轰炸机的出现引发的乐观情绪——美国希望这种轰炸机不仅能有效袭击台湾，还能袭击日本本土。然而，日本在大量B-17增援菲律宾空军之前就发动了袭击。此外，美军参谋长们并没有认真考虑日本袭击珍珠港的可能性。

第 17 章　日本的征服浪潮

偷袭珍珠港计划的实施，既归功于海军大将山本五十六的推动，也归功于该计划的采纳。数月以来，派驻檀香山的日本领事馆受过训练的海军情报军官不断提供情报，特别是有关美军舰船动向的信息。在日本舰队中，舰船和飞机的机组人员接受了严格的训练，以应对在各种天气条件下执行任务；轰炸机机组人员，至少进行了 50 次飞行练习。

如前所述，该计划在很大程度上得益于零式战斗机最近增加的航程，这使得航母舰队不必再协助西南太平洋的作战行动。1940 年 11 月，英国海军袭击塔兰托港，英国舰队航空兵仅用 21 架鱼雷轰炸机，就击沉了停泊在戒备森严的港口中的 3 艘意大利战列舰。即使在那时，人们也认为不可能在水深不到 75 英尺（大约是塔兰托港的平均水深）的水域发射航空鱼雷，因此珍珠港不会受到这种袭击，因为那里的水深只有 30—45 英尺。但到了 1941 年，英国人运用他们在塔兰托的经验，已经能够在水深仅 40 英尺的水域发射航空鱼雷，方法是加装木制稳定翼，防止鱼雷"跳跃"并撞上浅海海底。

日本驻罗马和伦敦的大使馆了解到这些细节后深受鼓舞，积极进行类似的实验。此外，为了使攻击更加有效，他们的轰炸机配备了带有稳定翼的 15 英寸[①]和 16 英寸的穿甲弹，以便它们像炸弹一样坠落。如果它们垂直落下，甲板装甲将无法抵挡。

---

① 英寸，英美制长度单位，1 英寸约合 2.54 厘米。——译者注

美国太平洋舰队本可以通过在大型舰船上安装防鱼雷网来应对"塔兰托式"威胁——这种可能性让日本人感到担忧——但总司令金梅尔[①]海军上将和海军部一致认为,当时笨重的防鱼雷网会严重妨碍舰船的快速移动和小艇的交通。历史证明,这一决定实际上让驻泊在珍珠港的海军舰队注定遭殃。

多种因素决定了袭击的日期。日本人知道,金梅尔海军上将总是在周末将舰队调回珍珠港,而那时舰艇人员配备往往不完整,因此会增强突袭的效果。所以星期天是自然而然的选择。12月中旬以后,天气可能不利于在马来亚和菲律宾进行两栖登陆,因为季风将达到高峰,同时也不利于袭击珍珠港的部队在海上加油。12月8日(东京时间),夏威夷是星期天,没有月光,随之而来的黑暗将有助于航空母舰编队出其不意地接近夏威夷。此外,那里的潮汐也有利于登陆作战。这个想法最初被考虑过,但最终被否决,因为缺乏运兵船,而且这种入侵部队的接近很可能会被发现。

在选择海军攻击部队的航线时,考虑了三种方案。一条是经由马绍尔群岛的南向航线,另一条是经由中途岛的中向航线。这两条航线较短,但被放弃了,取而代之的是经由千岛群岛的北向航线,这意味着途中需要加油,但这样可以避开海运航线,而且被美国侦察机巡逻队发现的风险也较小。

日军还从所谓的"不等距航程"攻击中获益。航空母舰在黑暗中接近目标,在天刚亮时,在距离目标最近的地方让舰载飞机起飞,然后转身驶离目标,但并非沿原路返回,舰载机完成攻击后在比起飞时离目标更远的地方与航母会合。因此,日本飞机飞行了一段短航程和一段长航程——而追击的美国飞机必须飞行两段长航程,一段出去,一段回来。美国防务计划人员没有考虑到这一劣势。

[①] 赫斯本德·金梅尔(1882—1968),美国舰队总司令兼美国太平洋舰队总司令,美国海军上将。因珍珠港事件而于1941年12月17日被解除职务。——译者注

第 17 章　日本的征服浪潮

攻击目标按重要性排序为：美国航空母舰（日军希望有多达 6 艘，至少有 3 艘在珍珠港）；战列舰；油库和其他港口设施；惠勒、希卡姆和贝洛斯机场这些主要基地的飞机。日军这次出击的兵力是 6 艘航空母舰，共搭载 423 架飞机，其中 360 架参与了攻击——包括 104 架高空轰炸机、135 架俯冲轰炸机、40 架鱼雷轰炸机和 81 架战斗机。护航舰队由 2 艘战列舰、3 艘巡洋舰、9 艘驱逐舰和 3 艘潜艇组成，还有 8 艘随行加油船，由南云忠一[①]指挥。另有小型潜艇计划趁乱实施协同攻击。

11 月 19 日，潜艇部队离开日本吴港海军基地，5 艘微型潜艇随行。主力舰队于 22 日在千岛群岛的单冠湾集结，并于 26 日启航。12 月 2 日，舰队收到攻击命令已确认的消息，实施灯火管制；即便如此，也有附加条件，即如果在 12 月 6 日之前舰队被发现，或者华盛顿在最后一刻达成协议，则中止任务。4 日，舰队进行了最后一次加油，速度从 13 节[②]提高到 25 节。

从檀香山领事馆发来、经日本中转的连续情报显示，6 日，即袭击前夕，珍珠港内没有航空母舰，日军感到很失望。（实际上其中 1 艘位于加利福尼亚海岸，另有 1 艘正在将轰炸机运往中途岛，还有 1 艘刚刚将战斗机运往威克岛，另外 3 艘在大西洋。）然而，情报称珍珠港有 8 艘没有鱼雷网的战列舰，所以南云忠一决定继续前进。飞机于第二天早上 6 时至 7 时 15 分（夏威夷时间）之间起飞，在珍珠港正北约 275 英里处。

有两次最后的预警本来可能改变这场突袭的结果，但实际上没有发挥什么作用。第一次是从 3 时 55 分开始，日本潜艇部队多次被发现接近；其中一艘潜艇于 6 时 51 分被美国驱逐舰击沉，另一艘于 7 时整被海军飞机击沉。随后，岛上 6 个美国雷达站中最北的一个，在 7 时整后不久探测

[①] 南云忠一（1887—1944），日本中太平洋方面舰队总司令兼日本第 14 航空舰队总司令，日本海军大将。——译者注

[②] 节，航海速度单位。1 节 = 1 海里 / 时。1 海里 = 1852 米。——译者注

日军偷袭珍珠港

到一大群飞机接近，显然有100多架。但情报中心将其解读为来自加利福尼亚的B-17轰炸机编队——实际上该编队仅有12架飞机，而且这些飞机来自东部，而不是北部。

袭击始于7时55分，持续至8时25分。然后，第二拨俯冲轰炸机和高空轰炸机于8时40分发动攻势。但是，第一拨使用的鱼雷轰炸机是决定性因素。

在8艘美国战列舰中，"亚利桑那"号、"俄克拉荷马"号、"西弗吉尼亚"号和"加利福尼亚"号被击沉，"马里兰"号、"内华达"号、"宾夕法尼亚"号和"田纳西"号严重受损。[①]还有3艘驱逐舰和4艘小型舰艇被击沉，3艘轻型巡洋舰和1艘水上飞机母舰严重受损。美国飞机中，188架被毁，63架受损。日军只有29架飞机被摧毁，70架受损——除了在一次彻底失败的袭击中损失的5艘微型潜艇。在人员伤亡方面，美军有3435人死伤，而日军的死亡人数不到100人（具体数字存疑）。

返航的日本飞机在10时30分至13时30分之间降落在航空母舰上。12月23日，日军主力舰队返回日本。

这次突然袭击给日本带来了三大战略优势。美国太平洋舰队基本丧失作战能力。日本在西南太平洋的行动因没有美国海军干扰而变得安全，而珍珠港特遣舰队可用于支援这些行动。日本人现在有更多时间建立和扩大他们的防御圈。

主要的战略失误是，这次袭击错过了美国航空母舰——这是它的主要目标，也是未来的关键。它也错过了油库和其他重要设施，这些设施若被摧毁，将使美国的恢复速度大大减缓，因为珍珠港是唯一的舰队基地。这场明显未宣战的偷袭引起了美国的强烈愤慨，以至于公众舆论团结在罗斯福总统身后，并对日本产生了强烈的愤怒。

讽刺的是，日本人本打算在合法范围内行事，同时又能从出其不意中

[①] "内华达"号搁浅，"加利福尼亚"号后来重新浮起。

获利——换句话说，他们想尽可能靠近边界而不触碰边界。他们对 11 月 26 日美国要求的答复时间安排得恰到好处，以便在 12 月 6 日星期六深夜将其发送给华盛顿的日本大使，并于周日 13 时 00 分（即夏威夷时间早上 7 时 30 分）交给美国政府。这将给美国留下短暂的时间（大约半小时）通知其在夏威夷和其他地方的指挥官战争已经爆发，而日本完全可以声称其攻击合乎国际法。然而，由于日本照会的篇幅（5000 字）以及日本大使馆解码的延误，日本大使直到华盛顿时间 14 时 20 分才准备好递交这份照会——大约在珍珠港袭击开始后 35 分钟。

美国强烈谴责珍珠港事件是野蛮行为，是搞突然袭击，但对照历史，这一说法令人诧异。因为日本此次攻击与他们当年对旅顺港俄国舰队的袭击非常相似，实为历史先兆的重现。

1903 年 8 月，日本和俄国开始谈判，以解决双方在远东的分歧。但五个半月后，日本政府得出结论，俄国的态度无法提供令人满意的解决方案，遂于 1904 年 2 月 4 日决定使用武力。6 日，谈判破裂——但没有宣战。日本舰队在东乡平八郎①的率领下秘密驶向俄国海军基地旅顺港。8 日晚，东乡平八郎向停泊在旅顺港的俄国舰队发射了鱼雷。他出其不意，击沉了两艘主力战列舰和一艘巡洋舰——日本从此在远东建立了海上霸权。直到 10 日，日本才与俄国同时宣战。

在此两年之前，英国人曾与日本达成协议，而他们的态度与 37 年后跟随美国人谴责日本行为时的态度形成了鲜明对比。《泰晤士报》1904 年 2 月的一篇评论称：

> 由于天皇及其顾问的果断决策，日本海军掌握了主动权，以大胆的行动拉开了战争的序幕。……由于俄国舰队位于外围锚地，实际上不曾设防，是邀请对方发动攻击。我们英勇的盟友的海军迅速而准时

---

① 东乡平八郎（1848—1934），日本联合舰队总司令，日本海军元帅。——译者注

地接受了邀请，为自己增添了荣誉。……这一英勇行动的影响将是巨大的，可能会左右并改变整个战争的进程。……通过这些有力的行动，日本海军从政治家赋予他们的主动权中获益，并确立了对局势的精神掌控。

1911年版《不列颠百科全书》中关于"日本"的条目也赞扬了日本选择战争的行为，认为这是拿起武器"反对军事独裁和自私的限制政策"。

1904年10月21日——特拉法尔加角海战99周年纪念日——约翰·费舍尔[①]海军上将就任英国第一海务大臣。他立即向爱德华七世和其他有影响力的人士提出建议，即通过"哥本哈根突袭"来预防德国舰队壮大所带来的日益严重的威胁——即在不宣而战的情况下对其发动突然袭击。他甚至还为这样的突然袭击进行宣传。他不断提倡这种做法，自然引起了德国政府的注意，而且德国人自然比英国政界更重视此事。

目前，尚不清楚费舍尔的提议是否在日本成功偷袭旅顺港之前被讨论过。无论如何，纳尔逊[②]在哥本哈根不宣而战地重创丹麦舰队的突然袭击，是英国海军史上著名的一幕，每个海军官兵都熟悉。东乡平八郎作为一名年轻的海军军官，曾在英国学习了七年。因此，纳尔逊的哥本哈根突袭对东乡平八郎1904年提议的影响，可能与东乡平八郎对费舍尔计划的影响一样大。

[①] 约翰·费舍尔（1841—1920），英国第一海务大臣兼海军参谋长，英国海军元帅。——译者注

[②] 霍雷肖·纳尔逊（1758—1805），英国地中海舰队总司令，英国海军中将。1805年10月21日，率英国地中海舰队的27艘战列舰与法国皮埃尔·夏尔·维尔纳夫海军中将指挥的法国—西班牙联合舰队的33艘战列舰在西班牙特拉法尔加角外海面展开决战（史称特拉法尔加角海战），以穿插分割、机动灵活、集中优势兵力歼敌的全新战法，持续海战5个小时，予法西联合舰队以毁灭性打击。法西联合舰队4395人阵亡，2541人受伤，包括维尔纳夫在内约8000人和17艘战列舰被俘，1艘战列舰被击毁。纳尔逊本人在战斗中中弹身亡。特拉法尔加角海战的胜利，迫使拿破仑法国放弃进攻英国本土的计划，英国海上霸主的地位得以巩固。——译者注

对于美国人来说，尽管有历史教训，1941年的偷袭珍珠港事件还是令人震惊，这不仅引起了人们对以罗斯福总统为首的当局的广泛批评，而且引起了人们的高度怀疑，即造成这场灾难的罪魁祸首是比盲目和混乱更险恶的因素。这种怀疑论变得十分普遍，尤其是在罗斯福的批评者和政治对手中间，并且长期存在。

但是，尽管罗斯福总统长期以来一直希望让美国参与对希特勒的战争并寻求一种实现方法，军方高层自满和误判的充分证据仍足以驳斥美国"修正主义"历史学家的论点，即罗斯福为上述目的蓄意策划了珍珠港的灾难，更何况这些论点本就缺乏可靠证据支撑。

香港沦陷

英国在远东的这个前哨基地过早地失守，堪称最典型的一个例子，充分说明为了虚幻的声望，战略和常识可以被毫无意义地牺牲。[①] 即使是日本人，也从来没有像英国人这样为了"面子"而做出如此愚蠢的事情。香港显然是英国战略中的薄弱环节，而且比新加坡更难守住。这个毗邻中国海岸的岛屿港口距离日本在台湾的空军基地仅有400英里，而距离英国在新加坡的海军基地有1600英里。

在1937年初对局势的评估中，英国参谋长委员会将日本列为仅次于德国的潜在敌人，并将新加坡和英国本土列为英联邦生存的基石，因此强调，不应因为英国在地中海的利益安全而妨碍向新加坡派遣舰队。在讨论香港问题时，他们一致认为，香港的坚守不能少于90天，并继续说，即

[①] 1935年3月，时任英国陆军军事作战与情报局局长的迪尔将军请我去陆军部与他讨论当前和未来的防务问题。讨论集中在远东，特别是在与日本开战时，是否要守住香港的问题上。根据当晚讨论的记录："我建议，他似乎也同意，宁可冒着轻度防卫而失去香港的风险，也不要过分加强它，以免让它在道义上成为'凡尔登'或'旅顺口'，一旦失守，我们的威望将面临极大损害。"

使增援的部队抵达，香港也可能被来自台湾的日本空军摧毁。但是，他们以一种比实际情况更乐观、更不现实的方式，拒绝了合乎逻辑的结论，理由是撤离驻军将导致英国的威望丧失，并削弱中国抵抗日本的士气。他们自己的结论是"香港应该被视为一个重要但并非至关重要的前哨，应尽可能长时间地予以保卫"①。这一结论决定了驻军的命运。

两年后，即1939年初，对形势的重新评估得出了同样的结论，但显示出一个非常重大的变化，即优先考虑地中海的安全而不是远东的安全。这使得香港的防御更加无望，尤其是因为日本远征军现在驻扎在香港南北两面，从而孤立了香港，并使其面临陆地攻击的威胁。

1940年8月，法国沦陷后，新组建的英国参谋长委员会重新评估了形势，迪尔代表陆军，他此时是英国总参谋长。这一次，他们面对香港已无法防守的现实，建议撤出驻军，当时撤出的是4个营。他们的观点得到了丘吉尔先生领导的战时内阁的认可。但是，没有采取任何措施来落实这一结论。一年后，他们又改变了主意，建议丘吉尔接受加拿大政府提出的派两个营来增援驻军的建议。这一建议和政策的翻转是由格拉塞特少将的乐观看法促成的，他是加拿大人，此前一直担任香港驻军司令，在返回英国的途中他告诉加拿大总参谋长，这样的增兵将使香港足够坚固，可以抵御长期的攻击。英国参谋长委员会在建议接受增援时表示，即使在最坏的情况下，这也将使香港驻军能够"更有效地"保卫该岛——这仍是"威望论"的延续。1941年10月27日，两个加拿大营启程前往香港，从而使无谓的牺牲增加了近50%。

日本的攻击于12月8日清晨开始，由一支装备精良的部队发动，其兵力超过1个师团（12个营），并有充足的空中掩护和炮火支援。第二天，英军撤退到九龙半岛所谓的醉酒湾防线，10日清晨，日军分队占领了这里的一个关键堡垒。这次突然袭击促使英军提前放弃醉酒湾防线并撤

---

① 《官方历史：抗日战争》第一卷，第17页。

退到香港岛，而当时日军仍在向防线前进，准备进攻。

日军初期穿越海峡的企图被击退，但也牵制了英国的防守部队。在18日至19日晚上，日本主力部队在东北角登陆，他们的集中进攻很快就突破深水湾。在南部，守军被分割。其中一部分守军在圣诞节晚上投降，另一部分在第二天早上也投降了。尽管得到了增援，香港还是只坚持了不到18天——仅为预计时间的五分之一。日军伤亡不到3000人，而他们俘虏了全部增援驻军，近1.2万人。该岛的失守发生在它被英国人正式占领100周年，也是中国将它正式割让给英国99周年之际。

菲律宾沦陷

12月8日凌晨2时30分，日本袭击珍珠港的消息传到驻菲律宾的美军司令部。与此同时，台湾的晨雾推迟了日军计划的对群岛的空袭。但是，这一不利因素结果成了日本的优势。因为美国方面一片混乱，对B-17是否应该立即轰炸台湾以示回击争论不休。因此，它们被命令环绕吕宋岛飞行，以免被困在地面上。11时30分，它们落地为发起打击做准备，这时被延误的日本飞机正好赶到了。由于美国预警系统存在缺陷，大多数美国飞机在第一天就被击落，尤其是B-17轰炸机和先进的P-40E战斗机。空中力量对比的天平因此向日本倾斜，从那时起，日本凭借从台湾起飞的190架陆军飞机和300架海军陆基飞机掌握了制空权。17日，剩下的10架B-17撤到澳大利亚，哈特[①]上将那支名不副实的亚洲舰队的少数几艘水面舰艇也被迫撤离，该地区只剩下他的29艘潜艇。

至于陆军，尽管在麦克阿瑟的坚持下，新决策要求固守整个菲律宾，但他巧妙地将3.1万名正规军（美国和菲律宾侦察兵）中的大部分部署在

---

① 托马斯·哈特（1877—1971），美国亚洲舰队总司令、美英荷澳盟军司令部海军司令。——译者注

马尼拉附近，因此，绵延的海岸线仅由素质低劣的菲律宾部队防守，名义上总共约 11 万人。这一决定虽具战略智慧，却使得日军无论选择在哪里登陆，都不会遇到什么困难。

这次进攻由本间雅晴①中将指挥的日本第 14 集团军负责。他部署了 5.7 万名士兵参与登陆和初期作战。相对而言，日军人数并不多，因此突袭和空中优势就显得更为重要。日本人还必须占领一些外岛和防御薄弱的沿海地区，以便迅速为他们的短程陆军飞机建造机场。

开战当天，他们占领了吕宋岛以北 120 英里的巴丹群岛主岛，并于 10 日再次前往吕宋岛以北的甘米银岛。同一天，另外两支部队在北海岸的阿帕里和维甘登陆，而 12 日，来自帕劳群岛的第四支部队在吕宋岛东南部的黎牙实比未受抵抗地登陆。这些行动为主要登陆铺平了道路。登陆于 12 月 22 日开始，地点在马尼拉以北仅 120 英里的林加延湾。85 艘运输船运载着本间将军的 4.3 万名士兵。24 日，另一支来自琉球群岛的 7000 人的部队在马尼拉对面的东海岸拉蒙湾登陆。这些部队都没有遇到任何实质性的抵抗，因为装备简陋的菲律宾军队很快就崩溃了，尤其是当日军坦克向他们推进时，美国人来驰援他们却为时已晚。至此，日本的伤亡人数还不到 2000 人。

麦克阿瑟意识到他无法实现自己的希望和计划，即在侵略者正式登陆之前将其击溃，因此早在 23 日就回到了最初的计划，带着他所有的剩余部队撤退到巴丹半岛。他的这一决定是因为有报告把日军的实力高估了近一倍，而且低估了他自己的大部分菲律宾军队。26 日，马尼拉被宣布为不设防城市。尽管最初一片混乱，麦克阿瑟的部队还是在压力下逐步撤退，并于 1 月 6 日在巴丹半岛建立基地，这得益于日军兵力实际上只有他

---

① 本间雅晴（1887—1946），日本第 14 集团军司令，日本中将。1945 年 12 月马尼拉军事法庭开始审理其战争罪行，1946 年 2 月被判处死刑，4 月执行死刑并被枪决。——译者注

日军在吕宋岛西岸登陆

日本89式中型坦克通过马尼拉郊外的一座桥梁。该型坦克是1941—1942年日本陆军的主战坦克

们自己的一半这个事实。

但是，一旦回到这个长约25英里、宽约20英里的半岛，美军就不得不养活10多万人，包括平民，而不是原计划的4.3万人。此外，半岛上疟疾肆虐，因此很快只有不到四分之一的美军有足够的体力进行战斗。

日军对半岛阵地的首次进攻被击退，试图进行的两栖侧翼进攻也告失败。2月8日，经过一个月的努力，他们暂停了进攻，因为他们的部队已经变得非常虚弱——1万人患上了疟疾，而他们的第48师团已被派去支援进攻荷属东印度群岛。到3月初，日军防线只有3000名士兵驻守，但美军不知道这一情况，没有试图发动进攻。此外，美军自己的可用兵力现在只剩下五分之一，而且由于麦克阿瑟于3月10日撤往澳大利亚，他们的士气受到了打击。更要命的是，华盛顿当局于1月初就已决定不再派出部队来救援他们。

到3月底，日军得到了2.2万名援兵，还有更多的飞机和火炮。他们从4月3日开始恢复攻势，美军被逼退到半岛，直到4月9日，留守指挥官金将军无条件投降，以避免"大屠杀"。

战斗现在转移到了设防的科雷希多岛，那里驻扎着近1.5万人的部队（包括3个相邻小岛上的部队）。但它与巴丹半岛只有两英里的距离，这使得日军能够对海峡进行猛烈的炮火轰炸以及持续的空袭。这种猛烈的攻击持续了数周，逐渐摧毁了防御工事，使大多数美军火炮失去战斗力，同时也破坏了岛上的水源。5月4日，日军炮击强度增加到1.6万发。5日午夜前，2000名日军越过海峡登陆。日军遭遇了激烈抵抗，在登陆前损失了一半以上的兵力，但坦克的登陆扭转了局势，最终使守军溃败——尽管实际上只有3辆坦克投入了战斗。第二天早上，即5月6日，自撤离半岛以来一直指挥科雷希多岛全部美菲军部队的温赖特[①]中将发出了投降广

---

① 乔纳森·温赖特（1883—1953），美国远东陆军部队司令，美国第4集团军司令。——译者注

播——以避免无谓的牺牲。

本间将军起初拒绝接受这种局部投降，当时南部岛屿的美国和菲律宾部队继续进行游击式斗争，吕宋岛较偏远地区也有类似抵抗。温赖特随后同意下令全面投降，因为他担心已经解除武装的科雷希多岛驻军将被屠杀。但是，一些部队仍然拒绝服从——这是响应麦克阿瑟在澳大利亚发来的号召，直到6月9日，他们的抵抗才停止。

美军在这场战役中损失了大约3万名士兵，他们的菲律宾盟友损失了大约11万名士兵。虽然后者中的大部分人因逃跑而消失，但在巴丹半岛投降的人数总计约为8万，在科雷希多岛投降的人数为1.5万。日军的伤亡虽然难以精确统计，但除了病人，似乎只有大约1.2万人。

尽管初期迅速溃败，但菲律宾的守军最终坚持的时间比其他任何地方都要长——在巴丹半岛坚持了4个月，总共抵抗了6个月——尽管他们没有获得菲律宾以外的任何有效支持或补给。

马来亚和新加坡的沦陷

在日军的计划中，攻占马来亚和新加坡的任务分配给了山下奉文[①]中将的第25集团军，该集团军由3个师团和支援部队组成，作战兵力约7万人，总兵力约11万人。此外，可用的海上运输船只能够将四分之一的兵力——战斗部队1.7万人，总共2.6万人——直接运送过暹罗湾。这支先头部队将夺取北部机场。山下部队的主力将从陆路移动，从印度支那经泰国，顺着克拉地峡向南移动，以尽快增援海上部队，然后沿着马来半岛西海岸继续前进。

[①] 山下奉文（1885—1946），1941年11月至1942年7月任日本第25集团军司令，1942年7月至1944年9月任日本第1方面军司令，1944年9月至1945年9月任日本第14方面军司令。1943年2月晋升为大将。——译者注

从表面上看，对于如此宏大的目标来说，这支远征军的规模实在太小——而且在人数上确实少于马来亚英军总司令阿瑟·珀西瓦尔[①]中将率领的马来亚守军8.8万人（其中有1.9万英国人、1.5万澳大利亚人、3.7万印度人和1.7万马来本土人）。但后者是一支混杂的部队，装备和训练都很差，与之相比，山下的3个师团（近卫师团、第5师团和第18师）是整个日本军队的精锐。日军得到了211辆坦克（而马来亚的英军没有坦克）以及560架飞机（几乎是马来亚英军飞机数量的4倍，但质量要好得多）的支援。此外，日军认为，11月至3月盛行的季风将阻碍英军反攻，因为在这种恶劣天气下，只有较好的道路才能通行。他们还认为，马来亚的山脉主脊高达7000英尺，丛林茂密，会分散守军的防御，帮助日军从东海岸转向西海岸。

英军部署的讽刺之处在于，地面部队分散在各地用以保护没有足够空军力量的机场，而这些机场原本是为了掩护没有舰队的海军基地而建造的。日军将是这两个机场和海军基地的主要受益者。

日本的主要登陆点是在马来半岛泰国颈部地带的宋卡和北大年，在泰国海岸更北的地方还有4个附属登陆点。第三个重要的登陆点是在马来亚边境内的哥打巴鲁。这支部队打算在夺取那里的英国机场后，沿东海岸进行牵制性行动，而主要进攻则沿西海岸进行。这些登陆是在当地时间12月8日凌晨进行的——5500名日军在哥打巴鲁登陆，实际上比珍珠港袭击早了一个多小时。那里的机场在短暂抵抗后即告失守，而泰国境内的机场更容易被占领。英军计划先发制人的进攻"斗牛士行动"开始得太晚了，因为不愿意在日军侵犯泰国的中立立场前越过边境。英军空中侦察部队于12月6日在暹罗湾发现了一支日本舰队，但恶劣的天气遮掩了其后续动向及目标。"斗牛士"攻势的准备行动反而打乱了英军的防御部署。

[①] 阿瑟·珀西瓦尔（1887—1966），马来亚英军总司令，英国中将。1942年2月15日，率部向日军投降。——译者注

到12月10日早晨，日军第5师团已经转向西海岸，突破了马来亚边境，通过两条道路进入吉打州。

那一天，英军在海上遭遇了一场决定性的惨败。

在7月决定切断日本的石油供应后，温斯顿·丘吉尔才"意识到禁运的可怕影响"，一个月后，即8月25日，他提议向东方派遣他所谓的"威慑"性海军力量。海军部计划在那里集结"纳尔逊"号、"罗德尼"号和四艘老式战列舰，以及一艘战列巡洋舰和两三艘航空母舰。丘吉尔倾向于使用"数量最少的精良舰只"，并提议派遣一艘新型"乔治五世国王"级战列舰、一艘战列巡洋舰和一艘航空母舰。8月29日，他致函海军部：

> 我觉得日本无法面对美国、英国和苏联正在形成的联合对抗力量。……没有什么比我提到的部队的出现更能使其犹豫，尤其是一艘"乔治五世国王"级战列舰的出现。这或许确实是一种决定性的威慑力量。[1]

据此，"威尔士亲王"号战列舰和"反击"号战列巡洋舰启程驶往新加坡，但未配备航空母舰。原定随行的航空母舰在牙买加搁浅，不得不靠岸维修。实际上，印度洋上还有一艘航空母舰，距离新加坡不远，但没人命令将其调往那里。因此，这两艘主力舰不得不依靠岸基战斗机提供空中掩护，而这些战斗机数量稀少——甚至在北部机场早期未失守的情况下也是如此。

"威尔士亲王"号和"反击"号于12月2日抵达新加坡，第二天汤姆·菲利普斯海军上将抵达新加坡，接管英国远东舰队的指挥权。6日，如前所述，据报道，一支大型日本运输船队正从印度支那驶往马来亚。8日中午，菲利普斯获知日军在新加坡和哥打巴鲁登陆，掩护他们的是至

---

[1] 温斯顿·丘吉尔：《第二次世界大战》第三卷，第774页。

少 1 艘"金刚"级战列舰、5 艘巡洋舰和 20 艘驱逐舰。傍晚，菲利普斯勇敢地率领所谓的 Z 舰队——他的 2 艘主力舰和 4 艘驱逐舰组成的护航队——向北航行，意图袭击运输船，尽管现在北部的机场已经失守，无法提供岸基空中掩护。

9 日晚，天气转晴，菲利普斯赖以隐蔽的天然掩护也随之消失。他的 Z 舰队被日军侦察机发现，于是他向南转向新加坡。但是，当晚那里传来一个信号，错误地报告说日军已在途中的关丹登陆。他认为奇袭仍有可能，而且风险是可控的，于是改变航向前往关丹。

日军对 Z 舰队的任何拦截行动都做好了充分准备，Z 舰队抵达新加坡的消息已向全世界广播。他们的精锐第 22 航空战队，拥有海军航空兵最优秀的飞行员，驻扎在印度支那南部西贡附近的机场。此外，12 艘潜艇组成的巡逻线封锁了从新加坡到哥打巴鲁和宋卡的海域。

早在 9 日下午，最东边的潜艇就发现并报告了 Z 舰队的北进行动。接到报告后，正在准备袭击新加坡的第 22 航空舰队匆忙将炸弹换成鱼雷，并准备对 Z 舰队进行夜间袭击，但由于菲利普斯向南转弯而未能找到它。然而，该航空舰队在黎明前再次出发，最终在关丹附近发现了 Z 舰队。日军投入了 34 架高空轰炸机和 51 架鱼雷轰炸机，前者在 11 时后不久发动攻击，后者随后分批发动攻击。这两种轰炸都被证明非常准确——尽管它们是针对高速机动的舰艇，而不是像珍珠港内那样静止不动、遭受突袭的军舰。"威尔士亲王"号拥有 175 门高射炮，每分钟可以发射 6 万发炮弹。但两艘军舰均被击沉，"反击"号于 12 时 30 分沉没，"威尔士亲王"号于 13 时 20 分沉没。护航驱逐舰成功救下了两艘军舰 2800 名舰员中的 2000 多人，但菲利普斯海军上将本人也在阵亡人员之中。日军没有干涉救援工作。他们只损失了 3 架飞机。

战前，英国海军部首脑曾嘲讽战列舰可能被空袭击沉的想法，丘吉尔倾向于支持他们的观点。这种错觉甚至持续到 1941 年 12 月那些灾难性的日子。此外，正如丘吉尔所写："我们和美国人当时都大大低估了日本在空战方面的能力。"[1]

这场战役决定了马来亚和新加坡的命运。日军得以不受阻拦地继续登陆，并在岸上建立空军基地。日军航空兵相对于微弱的马来亚英军力量的优势成为瓦解英军抵抗，并使日军得以攻占马来半岛并从后门进入新加坡的关键。英军失败是早期疏忽和误判的结果——主要责任在伦敦。

从12月10日起，英军几乎一直沿着西海岸撤退。日得拉的大型路障要么被日军坦克和大炮破除，要么被从边界丛林中渗透进来的日军步兵自侧翼破除。马来亚北部的指挥官希思中将希望在霹雳河上坚守阵地，但这条防线被从北大年斜向而下的日军纵队包抄。后方坚固的金宝阵地被从海上侧翼发动的行动所攻破，这次行动是由日军利用在前进中缴获的小型船只发起的。

12月27日，陆军中将亨利·波纳尔[2]爵士接替空军上将罗伯特·布鲁克-波帕姆[3]爵士担任远东英军司令部总司令。

1月初，英军撤退到斯林河，掩护雪兰莪州和吉隆坡附近南部机场的道路。但在7日至8日夜间，一队日军坦克突破了组织不善的防御，冲向位于前线20英里外的公路桥。河北岸的英军被切断了后路，损失了大约4000名士兵及其装备，而日军只损失了6辆坦克和一些步兵。印度第11师被彻底击溃。这场灾难导致马来亚中部被提前放弃，并使固守柔佛北部以便让足够的增援部队从中东经海路抵达新加坡的机会化为泡影。

---

[1] 温斯顿·丘吉尔：《第二次世界大战》第三卷，第551页。

[2] 亨利·波纳尔（1887—1961），1941年5月至12月任英帝国副总参谋长，1941年12月至1942年1月任远东英军司令部总司令，1942年1月至1942年2月任美英荷澳盟军司令部参谋长，1942年3月至1943年2月任锡兰英军司令部总司令，1943年2月至9月任驻波斯与伊拉克的英军司令部总司令，1943年9月至1944年12月任东南亚盟军司令部参谋长。——译者注

[3] 罗伯特·布鲁克-波帕姆（1878—1953），1939年至1940年任英国皇家空军加拿大训练团团长，1940年任英国皇家空军南非训练团团长，1940年11月18日至1941年12月任远东英军司令部总司令（负责新加坡、马来亚、缅甸和香港的防务）。——译者注

灾难发生的当天，韦维尔将军抵达新加坡，他将紧急前往爪哇担任美英荷澳盟军司令部最高司令。波纳尔随后成为美英荷澳盟军司令部参谋长，远东司令部被撤销。韦维尔决定以柔佛为防御重心，最精锐的部队和增援部队都驻扎在那里。这意味着撤退速度会更快，而不是像珀西瓦尔将军计划的那样逐步撤退。1月11日，英军放弃了吉隆坡，13日（而不是24日）放弃了淡边的瓶颈位置。此外，由于柔佛的道路系统更好，日军可以同时投入两个师团，而不是轮番作战——这让澳军在金马士的坚固防守成为摆设。因此，通过柔佛撤退的速度比预期的还要快。

与此同时，英军在东海岸的相应撤退导致关丹及其机场于1月6日被放弃；兴楼于21日被放弃，以应对海上威胁；到30日，"东线部队"和"西线部队"都退到了马来半岛的最南端。后卫部队第二天晚上越过海峡，进入新加坡岛。日本陆军航空兵的战斗力不如海军航空兵，对撤退行动几乎没有造成困扰，只对机场产生了一定作战效果。

因此，日本人在54天内就征服了马来亚。他们的伤亡总数只有4600人左右，而英军损失了大约2.5万人（主要是战俘）和大量装备。

1942年2月8日星期日晚上，日军先遣部队的两个主要师团横扫了500英里纵深的马来半岛，越过了新加坡岛和大陆之间的狭窄海峡。他们在30英里长的海峡中绵延8英里的地带渡海，而这里海峡的宽度不到1英里。这个地区由澳大利亚第22旅的三个营守卫。

装甲登陆艇运载着第一拨进攻部队，其余部队则乘坐任何能找到的船只跟上，部分日军甚至带着步枪和弹药游过去。虽然一些登陆艇被击沉，但大多数突击部队安全登陆，这要归功于守军方面始终未能得到合理解释的防御失误。海滩探照灯没有使用，通信手段失效或未被使用，炮兵迟迟没有发挥预定的防御火力。

到白天，1.3万名日军登陆，澳军撤退到内陆阵地。中午之前，入侵者的兵力增至2万多人，他们已在岛的西北部建立了纵深据点。后来，第三个日军师团登陆，日军总人数超过3万人。

大陆上还有两个师团紧随其后，但山下奉文将军认为在岛内推进中无法有效地部署。不过，在接下来的几天里，他确实调来了许多兵力作为替补。

从数量上看，岛上的守军有足够的兵力击退入侵，尤其是当入侵发生在预期主攻地区时。珀西瓦尔将军现在指挥着大约8.5万名士兵——主要是英国人、澳大利亚人和印度人，还有一些当地的马来人和华人部队。但是，大多数部队训练不足，无法与经过严格选拔的日军攻击部队相匹敌，而且在茂密的丛林地区及橡胶种植园中屡屡被击败。总体而言，部队的领导能力很差。

空军从战役一开始就在数量和质量上处于劣势，剩下的那一点点战机也在最后阶段被撤回。那些从马来半岛长途撤退下来的部队本来就心情沮丧，现在面对敌方猛烈而持续的空袭而缺乏保护，士气更为低落了。

丘吉尔及其军事顾问们发出呼吁，要求"不惜一切代价，战斗到底"，指挥官"应该与部队同生共死"以"维护大英帝国的荣誉"，实施"焦土政策"摧毁一切对占领者有用的东西，而"绝不考虑拯救部队或保护平民"。然而，这些呼吁弥补不了英国政府没能提供必要的空中掩护的后果。所有这些都表明，英国政府对心理学极其无知。战斗一线的士兵看到身后油罐燃烧，滚滚浓烟，不会因此士气大振。得知自己注定要战死或被俘，更令他们陷入绝望。一年后，在希特勒下令不惜一切代价守住突尼斯时，即使是坚韧不拔的德国非洲老兵也很快崩溃了，因为他们的防线被突破，身后是大海，敌人正掌握着制海权。要求部队在这种无路可退的状态下战斗，很少能有效鼓舞他们的士气。

新加坡的抵抗在2月15日星期日结束——日军登陆一个星期后。那时，守军已被赶至岛屿南岸的新加坡市郊区，粮食储备不足，供水系统随时可能被切断。那天晚上，珀西瓦尔将军举着白旗向日军指挥官投降。对这个勇敢的人来说，这是一个痛苦的抉择，但投降是不可避免的，他选择亲自投降，希望他的部队和人民能得到更好的人道待遇。

新加坡的这两个黑色星期天,对这个多年来一直被骄傲地称作"日不落帝国"的帝国的统治是致命的。

然而,守军未能击退日军的进攻并不是主要战败原因。新加坡的投降其实是两个月前海军失败的后续结果。

这也是一连串错误和疏忽的尾声。新基地及其防御系统的建设进展缓慢。资金短缺并不是唯一的阻碍。在决定建造这个基地后的几年里,白厅[①]就守卫基地的最佳手段展开了激烈的争论。争论最激烈的是英国参谋长委员会——这个委员会本应团结如三位一体。空军参谋长特伦查德力主航空兵至关重要。第一海务大臣贝蒂主张使用大炮,同时蔑视飞机可能对战列舰构成严重威胁的观点。两人都是名人,也是强人。

政府在他们的观点之间犹豫不决,两人退役后争论仍在继续。总的来说,"资深军种"皇家海军占了上风。大炮得以部署,但没有配备飞机。不幸的是,当袭击最终来临时,它不是来自炮口所指的方向,而是来自后方。

20世纪30年代,研究过这一问题的多位军官开始提出,攻击可能从后方即马来半岛发动。这种可能性似乎更大,因为海军基地建在新加坡北部,位于岛屿和大陆之间的狭窄通道中。持这种观点的军官包括珀西瓦尔,他在1936—1937年任马来亚英军总参谋长。当时的马来亚英军总司令多比将军赞同这一观点,并于1938年开始在马来半岛南部修建防线。

当时已成为陆军大臣的霍尔-贝利沙,很快意识到增加小规模驻军的必要性——因为他上任后采取的计划的核心是优先考虑帝国防御,而不是欧洲大陆作战。随着与德国和意大利联军开战的风险加剧,必须首先加强地中海地区的防务,但他仍劝说印度政府向马来亚派遣两个旅,使那里

---

① 白厅是英国伦敦威斯敏斯特内的一条大道,连接议会大厦和唐宁街,是英国政府中枢的所在地,包括英国国防部、皇家骑兵卫队阅兵场和英国内阁办公室在内的诸多部门均坐落于此。因此,"白厅"一词亦为英国中央政府的代名词。——译者注

的驻军增加三倍。从有限的战前资源来看,几乎不可能再增加更多兵力。

1939年9月战争爆发时,英国的资源开始增加。但由于当时战事局限于西方,因此大部分资源自然都投向该地区。随后,1940年5月和6月发生了灾难,法国沦陷,意大利参战。在那场可怕的危机中,首要任务是加强英国本土防御,其次是加强地中海地区的防御。这两个需求很难同时满足。事实上,丘吉尔最大胆、最伟大的行动是在英国本土尚未受到入侵之前,他冒着风险加强了埃及的防务。

指责这个时期没有为马来亚提供增援是不公平的。考虑到当时的情况,驻军在1940—1941年冬季得到6个旅的增援已属难能可贵。不幸的是,空军力量没有得到同等增强——而这更为重要。

1940年初,新任马来亚英军总司令邦德将军曾表示,新加坡的防御取决于整个马来亚的防御。为此,他估计至少需要3个师,同时建议皇家空军应承担防御的主要责任。国内当局原则上采纳了这些意见,但进行了重要的调整。马来亚英军指挥官认为需要一支由500多架现代飞机组成的部队,而参谋长委员会认为大约300架就足够了,并表示即使是这个总数,也要到1941年底才能提供。如此,到1941年12月日军入侵时,马来亚一线战机实际只有158架,其中大多数都是过时的机型。

1941年,除了英国本土防空所需外,大部分现代战斗机都被派往地中海地区支援无果的进攻战役。下半年,约有600架战斗机被派往苏联。但是,马来亚几乎没有配备任何战斗机。没有远程轰炸机被派往那里,但数百架轰炸机每晚都用于轰炸德国,这在战争的那个阶段明显是徒劳的。显然,马来亚的防御需求没有得到足够的重视。

丘吉尔在他的战争回忆录中提供了解决这一难题的线索。5月初,英帝国总参谋长约翰·迪尔爵士向首相提交了一份文件,反对继续在北非建立突击部队,因为这会危及英国本土或新加坡的安全。

> 失去埃及将是一场灾难,我认为不太可能发生。……一次成功的

入侵就意味着我们最终的失败。因此,至关重要的是英国,而不是埃及,英国本土的防御必须放在首位。埃及甚至不是第二优先,因为在我们的战略中,有一个公认的原则,即新加坡的安全最终要优先于埃及的安全。然而,新加坡的防御仍然远远低于标准。

战争当然要冒险,但必须是经过计算的冒险。我们不能犯下削弱关键地区安全的错误。①

丘吉尔对这份文件感到不安,因为这与他向隆美尔发动进攻以及早日在北非取得决定性胜利的想法背道而驰。"如果听他的,意味着完全转为守势……我们将丧失所有主动权。"他尖锐地回答道:

我猜你宁愿看到失去埃及和尼罗河河谷,以及我们在那里集中的50万军队投降或覆灭,也不愿失去新加坡。我不这么认为,也不认为另一种选择可能出现……如果日本参战,美国很可能会站在我们一边;无论如何,日本不太可能一开始就围攻新加坡,因为这项行动相比在东方贸易路线上部署巡洋舰和战列巡洋舰,对日本来说危险得多,而对我们来说危害却小得多。②

显然,丘吉尔在愤怒中曲解了英帝国总参谋长的论点。它不是削弱埃及防御的问题,而只是推迟丘吉尔一心想发动的进攻,他对此抱有过高的期望。事实上,6月北非的攻势以惨败告终,11月再次发动攻势,尽管得到了大量增援,却未能取得决定性的成果。丘吉尔给迪尔元帅的回信也清楚地说明,他严重误判了新加坡面临的风险。令人惊讶的是,他在回忆录中竟然评论道:

---

① 温斯顿·丘吉尔:《第二次世界大战》第三卷,第375页。
② 温斯顿·丘吉尔:《第二次世界大战》第三卷,第376页。

在这个最为专业的权威发出的如此严肃的声明面前,我所见的许多政府都可能退缩,但我毫不费力地说服了我的内阁同僚,当然,海军和空军首脑也支持我。因此,我的观点占了上风,增援部队继续向中东运去。①

7月,罗斯福总统派他的私人顾问哈里·霍普金斯②前往伦敦,表达他对这项政策的疑虑,并警告"试图在中东做太多事情"可能在其他地方引发风险。美国海军专家赞同这一警告,并表示新加坡的战略优先级别应该高于埃及。

这些论点都没有改变丘吉尔的立场。"我不会容忍放弃为埃及而战,并愿意承受在马来亚的任何可能损失。"但是,他并没有真正预料到马来亚的危险。他坦率地说:"我承认,在我心中,与我们的其他需求相比,日本的所有威胁处于阴郁的迷雾之中。"显然,未能加强马来亚薄弱的防御的责任主要在于丘吉尔本人——这源于他坚持在北非发动过早的进攻。

新加坡失守的直接战略后果是灾难性的,因为缅甸和荷属东印度群岛随即迅速陷落,日军双线并进直逼印度和澳大利亚,使它们岌岌可危。随后近四年的战争,付出了巨大的代价,最终因日本精疲力竭以及原子弹轰炸而崩溃,新加坡才得以收复。

但是,新加坡最初沦陷的深远影响是无法弥补的。新加坡一直是一个象征——西方强国在远东权力的杰出象征,因为这种权力是建立在英国海上力量之上并长期维持的。自第一次世界大战以来,英国非常重视在新

---

① 温斯顿·丘吉尔:《第二次世界大战》第三卷,第377页。
② 哈里·霍普金斯(1890—1946),第二次世界大战期间,担任罗斯福总统的首席私人顾问、私人特使并实际上成了白宫的第二号人物,他参与了美国、英国、苏联之间的所有重大决策并在《租借法案》的制定和实施中扮演了极其关键的角色,因其出色的政治洞察力与执行能力而被丘吉尔首相称为"看到问题核心的勋爵"。——译者注

加坡建立一个大型海军基地，以至于其象征意义甚至超过了其战略价值。1942年2月，日本轻易占领了新加坡，这让英国乃至欧洲在亚洲的威望一落千丈。

任何迟来的收复都无法抹去这种印记。白人的统治地位随着其"魔力"的失效而丧失。白人脆弱性的暴露，促进并鼓励了战后亚洲反抗欧洲统治或干涉的浪潮。

缅甸沦陷

英国失去缅甸是马来亚沦陷的早期后果，使日本人得以完全占领通往中国和太平洋的西部门户——从而完成了其战略设计中的巨大防御屏障。缅甸战役虽然是后续行动，却是一次独立行动，由饭田祥二郎[①]中将指挥的日本第15集团军负责。

这个"集团军"仅由两个师团组成，即使加上支援部队，也只有3.5万人。其首要任务是占领泰国，包括大部分克拉地峡，并为从地峡宋卡地区登陆向南进入马来亚的日本第25集团军提供后方掩护。日本第15集团军随后开始独立执行入侵缅甸的任务，其直接目标是首都仰光。

日本人能以如此薄弱的兵力进行如此大规模的冒险，是因为守卫缅甸的部队数量和质量都不行。最初，这些部队的人数不过一个师，主要由新组建的缅甸部队组成，只有两个英国营和一个印度旅，而第二个印度旅正在途中，将作为总预备队。危机来临时，大多数可用的增援部队被调往马来亚，但为时已晚，无法拯救新加坡，直到1月底，半训练状态的印度第

[①] 饭田祥二郎（1888—1980），1939年9月至1941年6月任日本近卫师团师团长，1941年6月至11月任日本第25集团军司令，1941年11月至1943年3月任日本第15集团军司令，1943年3月至1944年2月在日本防卫总司令部任职。1944年2月至11月任日本中部军司令。1944年12月编入预备役。1945年7月至8月转服现役，任日本第30集团军司令。1945年8月随关东军向苏联红军正式投降。——译者注

17师残部才抵达缅甸，他们是承诺中更强大的增援力量的先头部队。空中情况更加糟糕，因为最初只有37架飞机去对付100架日本飞机——1月初马尼拉沦陷后，日军另一个航空旅的到来，使他们的飞机数量增加了一倍。

日军入侵缅甸早在12月中旬就开始了，当时日本第15集团军的一个支队进入克拉地峡西侧（缅甸一侧）的丹那沙林，占领那里的三个关键机场，从而封锁英国空军增援马来亚的道路。12月23日和25日，日军对仰光发动猛烈空袭，导致印度劳工纷纷逃离，道路被堵，防御工作被迫中断。1月20日，日军从泰国出发，向毛淡棉发起正面进攻。经过激烈的混战，毛淡棉于31日被占领。在这场战斗中，背靠萨尔温江河口的守军侥幸逃脱，免于被俘。

12月底，韦维尔派他的总参谋长赫顿中将接管缅甸的指挥权，而赫顿又将保卫毛淡棉和通往仰光道路的混编部队交给了新抵达的印度第17师师长史密斯少将。

毛淡棉失守后，日军向西北推进，在2月的前两周渡过了萨尔温江，夺取了上游约25英里处的渡口。史密斯一直敦促英军充分地战略撤退到一个他可以集中兵力的地点，但他没有被允许撤退，直到在比林河组织防御已然太迟。比林河许多地方都很窄，可以涉水而过。这一防线很快就被包抄了。然后，英军开始争分夺秒地撤回后方30英里处（距离仰光70英里）1英里宽的锡当河。由于行动延迟，日军得以先发制人，尽管他们不得不通过丛林小道进行侧翼包抄。至关重要的锡当桥在2月23日凌晨被炸毁，史密斯的大部分部队滞留在东岸。只有3500人通过迂回路线撤回，其中不到一半的人仍带着步枪。到3月4日，日军乘胜追击并包围了勃固，这是一个公路和铁路枢纽，史密斯的残余部队和一些增援部队正在那里集结。

第二天，将军哈罗德·亚历山大爵士抵达缅甸，接替赫顿将军指挥缅甸英军部队。丘吉尔的紧急决定在当时的情况下实属自然，尤其是考虑到高层事先并未料到缅甸会如此迅速地溃败。但对"汤姆"赫顿来说，这是不公平的，因为他不仅对守住仰光的可能性表示怀疑，而且表现出了战略远见，他向仰光以北400英里的曼德勒地区运送物资，同时加快修建从印度曼尼普尔邦到曼德勒的山路和通往重庆的滇缅公路。在此期间以及更早的时候，国内的观点深受韦维尔看法的影响，韦维尔认为日军的技能被高估了——这是一个神话，完全可以通过强有力的反击来打破。

亚历山大一上任便坚持必须固守仰光，并下令发动进攻以恢复态势。尽管新近抵达的第7装甲旅和一些步兵增援部队采取了有力的行动，但收效甚微。因此亚历山大很快就接受了赫顿的观点，并于3月6日下午下令撤离仰光，第二天下午进行了爆破行动。因此，8日，令日军大吃一惊的是，他们进入了一座废弃的城市。即便如此，驻守部队还是幸运地找到了日军包围圈的缺口，沿着一条向北穿过卑谬的道路成功脱险。

现在暂时停战，在此期间，日军得到了另外两个师团（第18师团和第56师团）以及两个坦克团的增援，空军力量增加了一倍——超过400架飞机。英军得到的增援部队要少得多。在空中，他们三个减员的战斗机中队和两个美国志愿航空中队，一开始总共只有44架"飓风"式和"战斧"式战斗机，有效地击退了日军对仰光的空袭，同时给袭击者造成了异常严重的损失。但是随着仰光的弃守，大多数英军撤退到了印度——到3月底，从中东获得了首批约150架轰炸机和战斗机的增援。仰光的失守扰乱了原有的预警系统，使得剩余的英军飞机无法像之前在马来亚那样对日军进行任何有效的抵抗。

4月初，得到加强后的日军第15集团军向北沿伊洛瓦底江向曼德勒进发，以实现切断和封锁通往中国的滇缅公路的目标。当时，英国军队已达6万人，在东翼的中国军队的协助下，守住了曼德勒以南150英里的东西向防线。但日军大胆地绕过其西翼，包围了守军，并于4月中旬占领了仁安羌油田。美国军官约瑟夫·史迪威将军是蒋介石的得力助手，他制订了一项计划，意图诱使日军沿锡当河向上游推进，然后以钳形攻势将他们困住，但日军大范围迂回东翼并向滇缅公路上的腊戍进军，使得他的计划被迫中止。英军东翼迅速回撤，很快情况就表明，腊戍和通往中国的补给线都无法保住了。

因此，亚历山大明智地决定不按日军希望的那样在曼德勒坚守，而是撤退到印度边境。4月26日，在后卫部队的掩护下，他们开始了长达200多英里的撤退。30日，伊洛瓦底江上的阿瓦桥被炸毁——就在日军侧翼部队到达腊戍的前一天。

现在的主要问题是，在5月中旬季风来临并淹没中间的河流和道路之前到达印度边境和阿萨姆邦。日军迅速沿钦敦江逆流而上，拦截英军撤退，但英军后卫部队设法绕道而行，在季风来临前一个星期到达德穆。他们在最后的仓促行动中损失了大量装备，包括所有的坦克，但大多数部队得以保全。即便如此，缅甸战役中英军的伤亡人数仍是日军的3倍——1.35万人对4500人。缅甸驻军在长达上千英里的撤退中能够逃脱，很大程度上要归功于第7装甲旅坦克的多次反击，以及在决定放弃仰光后，英军撤退时的冷静处理方式。

锡兰和印度洋

当驻缅甸的日军似乎势不可挡地从仰光向曼德勒进发时，英国人也对日本海军进入印度洋感到恐慌。锡兰大岛位于印度东南方，对英国人来说至关重要——它是日本海军的潜在跳板，日本海军可以从这里威胁英国部队经好望角和南非前往中东的补给路线，以及英国通往印度和澳大利亚的海上航线。自从失去马来亚以来，锡兰的橡胶对英国来说也变得非常重要。

英国参谋长委员会告诉韦维尔上将，保卫锡兰比保卫加尔各答更为重要。因此，在缅甸军队明显不足、印度军队虚弱不堪的时候，英国至少派遣了六个旅来守住锡兰。此外，3月还在那里建立了一支新的海军部队，由詹姆斯·萨默维尔海军上将指挥，包括五艘战列舰（其中四艘已经老旧过时）和三艘航空母舰（其中"竞技神"号航空母舰既旧又小）。

与此同时，日本正准备从西里伯斯岛（苏拉威西岛）向印度洋发动进攻，其更强大的力量包括五艘航空母舰（参与过珍珠港袭击）和四艘战列舰。因此，当这个消息传来时，保卫锡兰的前景看似不妙。但实际威胁并不像看上去那么严重，因为日本海军的进攻基本上是出于防御目的。他们没有足够的部队来入侵锡兰。他们的目标是通过突袭驱散在那里集结的英国海军力量，并掩护己方正在通过海路前往仰光的增援部队。

萨默维尔预计 4 月 1 日会遭到攻击，因此把部队分成两部分——速度更快、战斗力更强的 A 部队，在被派往阿杜环礁加油之前一直巡逻，阿杜环礁是马尔代夫群岛的一个新建秘密基地，位于锡兰西南约 600 英里处。日本的攻击实际上发生在 4 月 5 日，当时 100 多架飞机袭击了科伦坡港，造成严重破坏并击退了空中反击。下午，50 架轰炸机又发动了一次袭击，击沉了两艘英国巡洋舰。萨默维尔的部队来不及干预，于是分头撤退了——老旧的战舰撤退到东非，速度更快的部分撤退到孟买。但 9 日成功袭击亭可马里后，日本舰队撤退，其商船突袭支队在这次短暂的袭击中在孟加拉湾击沉了 23 艘船只（总吨位 11.2 万吨）。

这是英国海军的又一次耻辱性失败，但幸运的是，事态没有进一步发展。事实上，如果英国没有试图在锡兰建立一支明显过时的海军力量，从而引发这样的袭击，日军可能不会进攻——因为这超出了他们的既定战略范围。

另一个后果是，英国派遣一支陆海军联合部队夺取法国拥有的马达加斯加北部的迭戈苏亚雷斯港——从而阻断日本占领该港的任何可能，这给英国与法国的关系带来了新的压力，并分散了兵力。在 5 月的这次代价高昂的行动之后，英军于 9 月又进行了一次更大规模的远征，占领了整个岛屿。正如 1940 年在阿尔及利亚奥兰的凯比尔港击沉法国舰队一样，从长远来看，恐惧被证明容易坏事。

第二次世界大战战史
History of the Second World War

第五编　潮转，1942

PART V THE TURN, 1942

第18章　苏德战场局势的转变

1940年春天，德国人于4月9日向挪威和丹麦发动了攻势。1941年，他们于4月6日在巴尔干半岛发动攻势。但是，1942年并没有这么早开战。这一事实表明，德国人在1941年试图迅速战胜苏联，但失败了，这给德军带来了巨大的损失，他们的进攻努力在很大程度上被苏军化解了。虽然天气条件不利于德军在苏联战场的早春行动，他们对英国在地中海岌岌可危的东西两翼的行动却没有这样的阻碍。然而，英国海外交通的这一关键地区并没有出现新的威胁。

在苏联战场，红军在12月发起的冬季反攻持续了三个多月，尽管进展逐渐减缓。到3月，红军在某些地区已经推进了150多英里。但是，德军仍控制着冬季前线的主要要塞——施吕瑟尔堡、诺夫哥罗德、勒热夫、维亚济马、布良斯克、奥廖尔、库尔斯克、哈尔科夫和塔甘罗格等城镇——尽管苏军穿过这些地方之间的空隙，深入到要塞后方数英里远。

从战术角度来看，这些要塞城镇是巨大的障碍；从战略角度来看，它们往往主宰着局势，因为它们是稀疏交通网的节点。虽然德国驻军无法阻止苏军渗透到它们之间的广阔空间，但只要这些交通枢纽保持完整，它们就会限制和削弱任何突破行动。因此，它们在更大范围内发挥了马其诺防线法军要塞的阻滞作用——如果法国边境的要塞链没有在半途结束，让德国人有足够的空间包抄它，它们可能成功发挥这种作用。

由于红军未能充分削弱这些要塞，使其崩溃，他们在中间地带的深入推进反而会在后来对自己不利。因为他们制造的突出部自然比要塞城镇更难防御，因此需要消耗过多的部队来驻守，同时更容易被从德军控制的要塞（用作进攻跳板）发起的侧翼攻击切断。

到1942年春天，苏联战线已经变得如此凹陷，看起来几乎像是挪威海岸线的翻版，它的众多峡湾深入内陆。德军能够守住"半岛"，这充分证明了现代防御在拥有巧妙而顽强的指挥并配备足够武器时的力量。这一战例甚至超越了1941年的苏联防御战，驳斥了从战争早期快速进攻脆弱防线的成功中得出的肤浅推论——在攻击者拥有决定性武器优势或遭遇训练不足且指挥混乱的防守的情况下。它在更大范围内重现了第一次世界大战中圣米耶勒突出部的经历，并证明了理论上无法维持的地区能够坚守四年之久所预示的可能性。1941年冬季战役的经验也倾向于证实历史的长期证据，即巧合事件的影响主要是心理上的，危险在早期阶段最大——如果部分被包围的部队没有因为突然意识到危险而惊慌到立即崩溃，危险就会减小。

回想起来，希特勒禁止任何大规模撤退，很明显，此举恢复了德军的信心，很可能使他们免于大规模崩溃，而他坚持"刺猬"防御系统，在1942年战役开始时也为德军带来了重要优势。

然而，他们间接为这种顽固的防御付出了沉重的代价。它的成功鼓励人们相信，在接下来的冬天里，在更恶劣的条件下，它同样可以成功地复制。一个更近在眼前的不利条件是他们的空军所承受的压力，为了从空中维持这些或多或少孤立的要塞城镇的补给，他们不得不在冬季条件下长期努力。由于天气恶劣，事故率很高，而天气好的时候，不得不使用大量的飞机来弥补补给短缺——有时一天要使用超过300架运输机来为一个军提供补给。为整个暴露的前沿阵地提供如此规模的空中保障，严重破坏了德国空军的空中运输组织，而经验丰富的空军部队撤退到其他战区，又限制了德国空军在苏联战场的作战效能。

冬季战役给一支没有做好准备的军队带来了巨大的压力，这也在其他方面产生了严重的滞后效应。在冬季结束之前,许多师的兵力已减员到原来的三分之一。他们再也没有完全恢复,直到夏天才勉强达到可以进行主动作战的水平。此外,冬季在德国国内组建的新增师的总数基本上是虚构的。1942年及以后,在激烈战斗中几乎被摧毁的师仍被保留番号,作为一种伪装,队伍中的空缺没有得到填补。这些名义上的师,有时只由两三个营组成。

希特勒的将军们告诉他,如果想在1942年重启攻势,就必须再提供80万兵力。但军备生产部部长阿尔贝特·施佩尔表示,不可能从工厂中调出这么多人来服役。

最终,通过组织上的彻底变革解决了这一兵力上的赤字。步兵师改组为7个营,而不是9个营。步兵连的战斗兵力被固定在最多80人,而以前是180人。这种削减有双重目的,因为人们发现,随着训练有素的军官不断损失,接替他们担任连长的年轻军官在指挥原有规模的连队时很容易失去控制力,同时人们还发现,规模较大的连队伤亡率更高,但战斗力没有太大差别。

营的数量和兵员数量的双重减少,使得盟军情报人员在随后的几年中继续将德军师的数量视为与盟军师的数量相等,这种做法与事实不符。更确切的估计是将两个德军师算作一个英军师或美军师。到1944年夏末,这个比例也不再具有真正的指导意义,当时很少有德军师能真正达到其名义上的兵力。

1942年的战役还见证了德国陆军坦克实力的增加,但这种增加只是表面现象,而不是实质性的。冬季组建了两个新的装甲师——部分原因是将迄今为止保留的骑兵师进行了改编,但后来发现它的价值微不足道。摩托化步兵师的坦克数量有所增加,但是,现有的20个装甲师中只有不到一半的师的坦克数量得以增加。

总而言之,德军继续进攻的基础已岌岌可危。即使付出最艰苦的努力,他们也几乎无法恢复到以前的兵力水平,而且补充兵力只能通过增加对其盟国部队的征兵来实现，而其盟国部队的质量比他们自己的部队要差。他们没有余地来弥补另一场代价高昂的战役的损失。更大的障碍是，他们无法将他们的两大进攻支柱（空军和装甲部队）发展到确保优势所需的规模。①

德国总参谋部意识到了形势的不利方面，但其领导层已经无力影响希特勒的决定。希特勒施加的压力太大，令他们无法抗拒；而事态发展的压力对希特勒来说也太大，他不得不继续下去。

1941年11月，甚至在最后一次试图攻占莫斯科之前，德军就已经开始讨论1942年重启攻势的问题。伦德施泰特声称，在11月的讨论中，他不仅主张转入防御，还主张撤退到波兰的原初出发线是明智的。据说勒布也同意了。虽然其他高级将领并不主张如此彻底的政策改变，但他们中的大多数人对苏联战役的前景感到越来越焦虑，并且对重启攻势并不热衷。12月对莫斯科的进攻失败以及冬季的困难，加重了他们的疑虑。

但是，1941年战役失败后，高层人事发生了变动，军事反对派的力量被削弱了。11月底，希特勒否决了伦德施泰特停止向高加索南部进军并撤退到米乌斯河冬季防线的提议，伦德施泰特请求辞职并获批准。至少，他在离开的时间和方式上相对幸运。当整个战役的失败已成定局时，布劳希奇于12月19日离职的消息被公开，官方措辞暗示他才是罪魁祸首。这一举动起到了双重作用，既为希特勒提供了替罪羊，又为他接管德国陆军的直接指挥权铺平了道路。博克是希特勒最后总攻莫斯科的狂热支持者，他在12月中旬因忧虑和紧张而胃病发作，于12月20日辞职。勒布暂时留任，很难将未能攻下列宁格勒归咎于他，因为他计划中的对这座

---

① 即使是遥远西方的旁观者也能推断出这些劣势。笔者在1942年3月写的一篇评论中得出的结论是"可以合理地预见到，今年夏天，不仅去年秋天德军的挫折会重现，而且形势会彻底改变"。

城市的进攻在即将开始时被希特勒亲自下令取消——他担心巷战可能会造成损失。但是，当勒布看到什么都无法说服希特勒撤出杰米扬斯克突出部时，他请求辞职。

布劳希奇和原来的三位集团军群司令相继去职，削弱了总参谋长哈尔德的制衡作用。由此产生的影响和希特勒的强势地位，因继任者们自然倾向于压制自己的疑虑并开始更顺从元首的意愿而加强。希特勒非常了解晋升在影响军人的判断和制造服从方面的作用。职业野心很少能抵抗这种诱惑。

伦德施泰特被赖歇瑙取代，博克被克卢格取代；后来，勒布被屈希勒尔取代。博克因为暂时生病被解除德国中央集团军群指挥权，但赖歇瑙于1月突然死于心脏病后，博克成为他的继任者。然而，他最终在7月被撤职，当时南方的部队在夏季攻势期间进行了重组。在这次重组中，德国南方集团军群被特别重组为德国A集团军群，以进攻高加索，指挥权交给了利斯特元帅。南方集团军群的其余部分随后被重新命名为德国B集团军群，先由博克指挥，后由魏克斯[①]指挥。

发动另一场大规模进攻的计划在1942年初成型。希特勒的决定受到经济专家压力的影响，他们声称除非德国从高加索地区获得石油供应以及小麦和矿石，否则无法继续战争。事实证明这一观点是错误的，因为德军未能获得高加索石油，却设法又将战争延续了三年。但希特勒对这些经济理由的反应更为积极，因为它们与他的本能冲动相吻合——采取一些积极和进攻性的行动。撤军的想法令他厌恶，无论它可能带来什么样的压力缓解和潜在优势。既然拒绝后撤，他认为自己除了再次向前推进之外别无选择。

---

① 马克西米利安·冯·魏克斯（1881—1954），1939年10月至1942年7月任德国第2集团军司令，1942年7月至1943年2月任德国南方集团军群司令，1943年8月至1945年3月任东南线德军总司令兼德国F集团军群司令。1945年5月被美军逮捕，在纽伦堡审判期间因健康原因而没有受到审判或判刑。——译者注

这种本能使希特勒对令人不快的事实视而不见。例如，德国情报部门掌握的信息表明，苏联乌拉尔和其他地方的工厂每月生产600—700辆坦克。但当哈尔德向他提供证据时，他拍了桌子，宣称这样的生产效率是不可能的。他只相信他愿意相信的事情。

然而，希特勒意识到德国资源有限，因此不得不缩小新攻势的范围。正如早春时节所确定的那样，新攻势将在两翼展开，但不会在整个战线上展开。

主攻方向是黑海附近的南翼。进攻方式是沿顿河和顿涅茨河之间的走廊推进。到达并穿过顿河下游，即其南弯和黑海入口之间后，进攻向南转向高加索油田，同时向东延伸至伏尔加河畔的斯大林格勒。

在制定这一双重目标时，希特勒最初认为，攻占斯大林格勒可能会为北行部队开辟道路，从而包抄掩护莫斯科的苏军后方，而他的一些随从甚至谈到向乌拉尔山推进。但经过多次争论，哈尔德说服他这是一个不可能完成的雄心勃勃的计划，最终设定的目标只是将进攻范围扩大到斯大林格勒以外，以便为这一战略要地提供战术保障。另外，此时将占领斯大林格勒的目的定义为向高加索地区推进提供战略侧翼掩护的一种手段。因为斯大林格勒位于伏尔加河畔，控制着伏尔加河和顿河之间的陆桥，并且作为交通枢纽，构成了这一瓶颈的潜在塞子。

希特勒1942年的计划还包括在夏季发动第二次攻势以占领列宁格勒。除了给希特勒带来声望，这次北方行动被认为是确保与芬兰的陆上交通畅通及缓解其孤立处境的重要手段。

在东部战线的其余部分，德军将继续保持防御态势，只需加固他们的防御阵地。简而言之，1942年德军的进攻将仅局限于两翼。这一限制表明德军后备力量的短缺程度。此外，德军计划向南翼推进，只有依靠其盟国的大量兵力才能为纵深推进的侧翼提供大部分后方掩护。

在不对敌军中心同时施压的情况下，在单翼向纵深推进，这种想法违背了德国将领从小就被灌输的战略原则。在他们看来，这种侧翼推进必须穿越苏军主力部队和黑海之间的危险地带，会使局势更显严峻。一想到内陆侧翼的防护将不得不主要依靠罗马尼亚、匈牙利和意大利部队，他们就更加不安。希特勒用果断的声明回答了他们焦虑的问题：德国只有确保高加索地区的石油供应，才能在战争中维持下去。至于依靠盟国部队保护侧翼的风险，他表示这些部队将被用来守住顿河防线以及斯大林格勒与高加索之间的伏尔加河防线——河流本身将提供天然屏障。占领斯大林格勒并守住这一关键点的任务，将交给德军部队执行。

作为在大陆发动主要攻势的前奏，克里米亚的德军于5月8日发动了一次进攻，企图占领其东部，即刻赤半岛，苏军在上年秋天曾设法挡住了德军。在俯冲轰炸机的掩护下，经过精心准备的攻击在防线上打开了缺口。德军蜂拥而至，向北转向，将大部分守军困在海岸边，俯冲轰炸机很快就迫使这些守军投降。德军清理自己的道路后，横扫了50英里长的半岛。在距半岛尖端12英里、历史上著名的防线"鞑靼壕沟"遭短暂阻拦后，他们在5月16日占领了刻赤，从而将苏军驱逐出克里米亚，只留下西南角长期孤立的塞瓦斯托波尔要塞。

这次突袭旨在为实现主要战略目标创造一个杠杆——越过刻赤海峡，进入高加索西端的库班半岛。德军原计划由此开辟道路，但主攻部队沿着进入高加索的陆路进展如此迅速，以至于这种杠杆变得没有必要。

为德军扫清道路，作用最大的因素是苏军向哈尔科夫发动的进攻，这场进攻始于5月12日，袭击了保卢斯的德国第6集团军，而该集团军本身正准备消灭伊久姆突出部的苏军。这是一项过早的行动，在德军的防御技能面前，苏军此时的实力还不够。铁木辛哥元帅的训令表明了雄心勃勃的目标和过高的期望——训令的开头是："我在此命令部队开始决定性的攻势。"哈尔科夫攻势的延长正中德军下怀，他们消耗了太多的苏军预备队，从而使苏军面临致命的反击。苏军突破了哈尔科夫地区的德军防线，向西北和西南方向展开。根据希特勒的命令，保卢斯的德国第6集团军和克莱斯特的德国第1装甲集团军对伊久姆突出部的进攻提前一天发动，苏军的攻势被博克的反攻终结。两个完整的苏联集团军和另外两个集团军的一部分被彻底歼灭，到 5 月底，24.1 万名红军士兵被俘。当德军在 6 月发动主攻时，苏军手头只有少量的预备队来迎战德军。

德军的进攻在地点和时间上交错进行。计划中的机动作战将发生在苏联南部的整个德军战线上，该战线从塔甘罗格附近的海岸斜向延伸，沿着顿涅茨河向哈尔科夫和库尔斯克展开。这是一条梯队战线。最靠后的左翼部队将首先行动。靠前的右翼部队将等待左翼出现后再尝试前进，但同时也有助于发挥侧翼优势，削弱左翼的抵抗。

右翼是德国第 17 集团军，德国第 11 集团军在克里米亚。紧随第 17 集团军的是德国第 1 装甲集团军。7 月 9 日之后，这两个集团军组成了利斯特的德国 A 集团军群，其任务是入侵高加索地区。左翼是博克的德国 B 集团军群，其中包括德国第 4 装甲集团军、德国第 6 集团军、德国第 2 集团军和匈牙利第 2 集团军。两个装甲集团军将发动决定性的进攻，均从德军后方侧翼进攻苏军最前沿阵地——德国第 1 装甲集团军从哈尔科夫地区进攻，德国第 4 装甲集团军从库尔斯克地区进攻。步兵集团军将跟进并为其提供后援。

作为主要攻势的前奏，德军于 6 月 7 日对塞瓦斯托波尔要塞发动了围攻，这次攻势由曼施泰因的德国第 11 集团军实施。尽管苏军的抵抗十分顽强，但德军最终凭借兵力优势和战术素养取得了胜利，尽管直到 7 月 4 日，该要塞以及整个克里米亚才完全落入德军手中。苏军由此失去了他们在黑海的主要海军基地。虽然他们的舰队仍然存在，但实际上已处于被动地位。

与此同时，在克里米亚发动这次行动之后，德军又在主攻方向附近发动了另一场重要的牵制性攻势。6 月 10 日，德军利用伊久姆突出部强行渡过顿涅茨河，并在河北岸站稳脚跟。在逐渐将其扩展为大型桥头堡后，他们于 22 日从这里向北发动了强大的装甲部队突击，并在两天内到达了河以北约 40 英里处的库皮扬斯克交通枢纽。这为协助他们于 28 日发动的主要攻势向东推进创造了宝贵的侧翼掩护。

在主要攻势的左翼，激烈的战斗持续了数日，直到苏军后备力量耗尽，德国第4装甲集团军在库尔斯克和别尔哥罗德之间的地区突破防线。此后，进攻迅速席卷了沃罗涅日附近100英里长的平原，直抵顿河。这似乎预示着德军将直接越过顿河上游和沃罗涅日，切断从莫斯科到斯大林格勒和高加索的横向铁路线。实际上，德军并没有这样的打算。命令是到达河边后停止进攻，转而为东南方向的继续进攻提供防御性侧翼掩护。匈牙利第2集团军前来接替德国第4装甲集团军，后者随即沿顿河和顿涅茨河之间的走廊向东南方向前进，后面跟着德国第6集团军——其任务是夺取斯大林格勒。

左翼的整个行动都倾向于掩盖右翼正在形成的威胁。因为当注意力集中在从库尔斯克向沃罗涅日的进攻上时，克莱斯特的德国第1装甲集团军正在从哈尔科夫地区发起更具威胁的进攻。这得益于苏军在自己的进攻受阻后组织不力的阵地部署，以及苏军侧翼的库皮扬斯克楔形阵地。克莱斯特的装甲师迅速取得突破后，沿着顿河—顿涅茨走廊向东进发，到达切尔特科沃，这座城市是莫斯科到罗斯托夫的铁路要冲。然后他们向南转，经过米列罗沃和卡缅斯克，朝罗斯托夫上方的顿河下游进发。

7月22日，左翼部队在几乎没有遇到抵抗的情况下从出发线前进了大约250英里，成功渡河。第二天，右翼部队抵达罗斯托夫防御工事的边缘，并向防御工事发起进攻。这座城市位于顿河西岸，完全暴露在德军的攻击之下，而且在快速撤退中其防御没有得到妥善组织。德军的侧翼包抄加剧了混乱，这座城市很快就落入了他们的手中。德军占领该城，切断了通往高加索的输油管道，苏军依赖的石油只能依靠油轮从里海和他们在里海西部草原上匆忙铺设的新铁路线运送。苏联还失去了另一大片粮食供应区。

这次壮观的扫荡有一个重要的不足，即虽然大批苏军部队被击溃，但被俘人数远不及1941年那么多。另外，德军的推进速度不够快。这主要是因为此前损失了许多训练有素的德军装甲部队,而不是遭到抵抗以及采取更谨慎的战术。1941年的装甲"集群"被重组为装甲"集团军",步兵和炮兵的比例有所增加,这种支持力度的增加往往导致速度减慢。

虽然大批苏军部队在德军的推进过程中被暂时孤立,但其中许多部队在被包围之前就得以撤回。德军东南方向的扫荡使得他们自然而然地向东北方向撤退,这有助于苏军指挥部将他们聚集在斯大林格勒地区或附近,在那里他们成为德军向高加索推进的侧翼的潜在威胁。这一影响对战役的下一阶段至关重要,当时德军兵分两路——一部分前往高加索油田,另一部分前往斯大林格勒的伏尔加河。

克莱斯特的德国第1装甲集团军渡过顿河下游后,向东南方向进发,进入了马内奇河谷,这条河谷通过一条运河与里海相连。苏军通过炸毁这里的大坝,淹没河谷,暂时阻止了德军装甲部队的进攻。但拖延两天后,德军成功渡过河流,然后继续向高加索地区进发,在广阔的战线上展开。由于未遇抵抗且地形开阔,克莱斯特的右翼纵队几乎向正南方穿过阿尔马维尔,开向罗斯托夫东南200英里处的大型石油中心迈科普,并于8月9日到达那里。同一天,他的中路纵队的前锋冲进了迈科普以东150英里的高加索山脉山麓的皮亚季戈尔斯克。他的左翼纵队则向更东边的布琼诺夫斯克进发。机动部队已被派往前线,因此,8月初的顿河之战进展非常迅速。

但是,德军的推进突然放慢下来,主要原因是燃料短缺和山脉众多。斯大林格勒之战的深远影响进一步加剧了这种双重制约,这场战役耗费了原本可以用于推动高加索攻势取得决定性进展的大部分兵力。

要维持如此远距离的进攻所需的燃料供应非常困难,而且由于必须通过铁路穿过罗斯托夫瓶颈地带,另外铁路轨道必须从苏联宽轨距改为中欧标准轨距,因此难度进一步增加——只要苏联舰队还在,德国人就不敢冒险通过海路运送补给。少量物资通过空运运送,但通过铁路和空运运送的总量不足以维持进攻的势头。

山脉是德军实现目标的天然障碍，但到达这一地区后，德军遭遇的抵抗愈发顽强，这进一步增强了山脉的防御效果。此前德军几乎没有遇到任何阻碍就绕过试图阻挡其推进的苏军，苏军往往在陷入包围之前就撤退，而不是像1941年那样顽强地战斗。这种变化可能是由于苏军采取了更灵活的防御策略，尽管德军司令部从对战俘的审讯中确信，被绕过的部队越来越倾向于逃回自己的家乡，尤其是来自苏联亚洲地区的士兵。但到达高加索后，士兵的的抵抗变得更加顽强。这里的守军主要由当地招募的士兵组成，他们觉得自己是在保卫家园，并且熟悉战斗的山区地形。这些因素使防御力量倍增，而地形限制了德军装甲部队潮水般的进攻，束缚了进攻方的手脚。

当德国第1装甲集团军从侧翼包抄扫荡高加索地区时，德国第17集团军徒步跟进，穿过罗斯托夫的瓶颈地带，然后向南转向黑海沿岸。

在占领迈科普油田后，高加索战线被重新划分，并分配了进一步的目标。德国第1装甲集团军负责拉巴河和里海之间的主要区域。它的第一个目标是占领从罗斯托夫到第比利斯的干道的山区路段，它的第二个目标是里海的巴库。德国第17集团军负责从拉巴河到刻赤海峡的较窄区域。其首要任务是从迈科普和克拉斯诺达尔向南推进，穿过高加索山脉的西端，占领黑海港口新罗西斯克和图阿普谢。其次要任务是强行开辟一条通往图阿普谢的沿海公路，从而打通通往巴统的道路。

虽然图阿普谢以南的沿海公路是在高山悬崖之下，但德国第17集团军的首要任务看起来相对容易，因为其距离海岸线还有不到50英里，而这条山脉的西端逐渐降为丘陵地带。但事实证明，这项任务并不容易。推进必须穿越库班河，该河河口附近有广阔的沼泽地，而更东边的山丘崎岖不平，难以逾越。直到9月中旬，德国第17集团军才占领新罗西斯克。它从未到达图阿普谢。

相比之下，处于主攻线上的德国第1装甲集团军的进展要好一些，但推进速度越来越慢，而且停顿次数越来越多。燃料短缺是向山区推进的决定性障碍。装甲师有时会连续几天停滞不前，等待新的补给。这一障碍使德军失去了最好的机会——趁着突袭效果尚存，在防御工事得到加强之前冲过山口。当需要打通进入山区的道路时，德国第1装甲集团军受到阻碍，因为大多数训练有素的山地部队都被分配给了德国第17集团军，该集团军试图攻占图阿普谢，打通通往巴统的海岸公路。

第一次严重的停顿发生在到达捷列克河时——这条河掩护了通往第比利斯的山路，以及山脉北部更暴露的格罗兹尼油田。捷列克河的宽度不像伏尔加河那样令人敬畏，但它湍急的水流使它成为一个棘手的障碍。克莱斯特随后尝试向东、下游方向机动，并于9月第一个星期在莫兹多克附近成功强渡。但德军再次被困在捷列克河对岸茂密的树林中。格罗兹尼距离莫兹多克渡口仅50英里，但德军用尽全力都未能将其控制住。

造成这种挫败的一个重要因素是苏军将数百架轰炸机组成的部队调往格罗兹尼附近的机场。他们的突然出现，确实有效阻止了克莱斯特的推进，因为克莱斯特的大部分防空部队和空军都已被抽调去支援斯大林格勒的德军。因此，苏军轰炸机能够毫无阻碍地袭扰克莱斯特的集团军，同时他们还通过点燃大片森林加剧了正在其中吃力地前进的德军的困境。

苏军派骑兵师沿里海海岸南下袭扰克莱斯特部队暴露的东翼，从而进一步分散德军的注意力。苏军骑兵在草原上作战，面对着一道延伸很广的防御屏障，他们找到了发挥特殊优势的绝佳机会。在这片广阔的平原上，他们可以随心所欲地穿透德军的前哨并切断补给线。苏军不断加强兵力攻击德军的侧翼，这得益于他们从阿斯特拉罕向南修建的铁路。这条铁路横穿平坦的草原，既无路堑，也无路基。德军很快发现，破坏铁路用处极少，因为只要有一段被破坏，对方很快就会铺设新的铁轨。同时，苏军的无形威胁不断增加。尽管德军机动部队深入到里海沿岸，但那片海的景象就像"沙漠中的海市蜃楼"。

整个9月和10月，克莱斯特一直试图从莫兹多克向南推进，对多处据点实施突袭，但每次尝试都以失败告终。于是他决定将重心从左翼中央转移到右翼中央,对通往达里亚尔山口(此处可经山路到第比利斯)的门户——奥尔忠尼启则发起钳形攻势。这次进攻是在10月的最后一个星期发起的,为此他得到了尽可能多的空中支援。他的右翼钳形攻势从西侧进攻,攻占了纳尔奇克,接着攻占阿拉吉尔——这是穿过马米松山口的另一条军事道路的起点。从阿拉吉尔,德军向奥尔忠尼启则发起进攻,同时向捷列克山谷发起了一次会合进攻。雨雪推迟了最后阶段的进攻,但克莱斯特的部队几乎已经接近他们近在眼前的目标,就在这时,苏军发动了一次时机恰当、目标明确的反击。这次反击导致一个罗马尼亚山地师突然崩溃,该师在进攻中表现良好,但已然不堪重负。结果,克莱斯特不得不撤退并放弃原计划。战线随后稳定下来,德军仍然面对着他们曾徒劳地试图突破的山地屏障。

德军在中高加索最终被击退,恰逢苏军在斯大林格勒发动大规模反攻。

德军在西高加索的最后一次行动虽然也计划好了,但始终未能实施。迁延许久后,希特勒决定为此动用他精心保留的空降部队王牌。伞兵师——仍伪装称为第7航空师——已在克里米亚及其附近集结,准备在德国第17集团军再次发起进攻的同时,向从图阿普谢到巴统的沿海公路发动猛攻。但随后苏军在斯大林格勒发动了反攻,接着又在勒热夫附近发动了新的进攻——朱可夫的部队在8月试图间接救援斯大林格勒时几乎突破了勒热夫。希特勒对这种双重威胁感到十分恐慌,因此取消了对巴统的最后争夺,并命令伞兵部队通过铁路向北紧急运送到斯摩棱斯克,以增援中央战线。

所有这些失败和危机都是斯大林格勒战役失败的结果,在那里,次要目标逐渐发展成为主要任务,它抽走了实现主要目标所需的陆、空军后备力量,最终毫无意义地消耗了德国的力量。

具有讽刺意味的是,德军在第一阶段本应为遵循正统战略的原则而付出代价,后来又因无视这些战略原则而尝到苦果。最初的兵力集中演变成

负责指挥进攻斯大林格勒的德国第6集团军司令保卢斯上将（战役期间晋升为元帅）

了致命的兵力分散。

直接向斯大林格勒推进的是保卢斯指挥的德国第 6 集团军。它沿着顿河和顿涅茨河之间走廊的北侧推进。在南翼装甲部队的配合下，德国第 6 集团军起初进展顺利。但随着进攻的扩大，其主力逐渐缩减，因为必须派遣越来越多的师来掩护顿河沿岸不断扩大的北翼。由于在酷热中长途快速行军以及战斗损失，他们的兵力进一步缩减。这种缩减反过来又成为克服撤退的苏军连续抵抗的障碍。战斗越艰苦，损失就越大，因此应对下一轮抵抗的力量就越弱。

当德国第 6 集团军逼近顿河大弯曲部时，这种影响变得十分明显。7 月 28 日，其机动先头部队之一抵达卡拉奇附近的顿河——距离出发线 350 英里，离伏尔加河在斯大林格勒向西的大弯曲部仅 40 英里。但这只是昙花一现，由于苏军在顿河大弯曲部的顽强抵抗，总攻被推迟。与装甲集团军相比，第 6 集团军的战线狭窄，且机动部队比例较低，这严重制约了其机动作战能力。两个星期后，德军才得以击溃顿河大弯曲部的苏军。即便如此，他们也花了 10 天时间才在河上建立桥头堡。

8 月 23 日，德军准备开始对斯大林格勒发起最后的进攻。采取的是钳形攻势，德国第 6 集团军从西北方向进攻，德国第 4 装甲集团军从西南方向夹击。当夜，德军机动部队抵达斯大林格勒上方 30 英里处的伏尔加河河岸，并接近该城以南 15 英里处的伏尔加河拐弯处。但守军将钳形攻势成功阻隔。在下一阶段，德军从西侧发起进攻，从而形成了半圆形包围圈。局势的紧张体现在苏军发出的号召中，他们号召苏军不惜一切代价，坚持到最后一人。苏军以惊人的毅力响应号召，他们是在极其紧张的条件下作战，而且补给和增援问题也十分棘手。他们身后两英里宽的河流并非完全不利。对这样的部队而言，它有助于加强抵抗，同时也使抵抗复杂化。

沿着苏军的弧形防线，进攻接踵而至，似乎永无休止，进攻方位和战术频繁变化，但进展微乎其微，无法弥补进攻者付出的代价。有时，防御被突破,但攻击的深度不足,只能迫使对方局部撤退。更多的时候,攻势未能突破防线。随着一次又一次地受挫,这个地方在心理上的重要性不断增加——就像1916年的凡尔登战役一样。在眼前的情况下,这种重要性因该地的名字而成倍增加。"斯大林格勒"对苏联人来说是一个鼓舞人心的象征,但对德国人来说是一个催眠的象征——尤其是对他们的元首来说。它催眠了希特勒,使他忘记了战略,对未来完全失去了关注。斯大林格勒比莫斯科更致命——因为它的名字意义重大。

任何头脑清醒的战局分析人士都清楚,持续努力的无效性和风险是显而易见的。这种重复的攻击很少能奏效,除非守军得不到增援,或者他们国家的后备力量不足——而在这种情况下,德国人更难以承受持久消耗战。

尽管苏军损失惨重,但其人力储备仍远超德军。其最严重的短缺是装备,这一短缺是由于1941年的损失,而这部分导致了1942年苏军的再次失败。火炮缺乏,大部分被卡车运载的迫击炮所替代。坦克和各种形式的运输车辆是另一重大缺口。但到了夏末,越来越多的新装备从后方的新工厂以及美国和英国的供应中涌入。与此同时,战争爆发后大规模征兵渐显成效,来自亚洲的新编师数量正在增加。

斯大林格勒战场位于遥远的东部,因此更容易接收来自东部的补给。这有助于保卫城市,尽管直接增援的规模受制于其不利态势,但苏军在北翼不断增加的兵力却产生了相当于增援的间接效果。如果不是现代战争主要武器的物资短缺的掣肘,该侧翼的反击压力本可更早地扭转战局。但随着德军陷入局部消耗战,耗尽了他们有限的人力和机械储备,这种影响越来越大。在此类战役中,作为进攻方的德军消耗从比例上说更高,而其承受能力却更弱。

德军总参谋部很快就意识到了这一过程的危险性。哈尔德在与希特勒的日常会议后,经常会摊开双手做出愤怒和沮丧的姿势,告诉他的助手,这是让希特勒恢复理智的又一次徒劳尝试。随着冬天的临近，他反对继续进攻的主张变得更加迫切，而各种综合影响使希特勒神经紧张，以至于双方关系恶化至难以忍受的地步。在讨论计划时，希特勒仍保持着在地图上大幅度挥手的习惯，尽管此时进展小得几乎看不出来。随着消灭苏军愈加困难，他越来越倾向于将阻挠他的顾问赶出办公室。他一直觉得"老派将领"对他的计划缺乏热情，这些计划越是没有进展，他就越觉得总参谋部是阻碍。

于是，哈尔德和他的一些助手在9月底离职了，继任者是库尔特·蔡茨勒，他比哈尔德年轻得多，当时是伦德施泰特在西线的参谋长。1940年，蔡茨勒曾担任克莱斯特装甲集群的参谋长，他大胆的补给计划使从莱茵河到英吉利海峡的长驱直入在后勤层面成为可能。除了这项重要资历，希特勒认为，在向里海和伏尔加河推进的远期规划上，与一名年轻将领打交道会更容易——尤其是后者突然晋升到最高职位。蔡茨勒起初对此表示自信，因为他不像哈尔德那样不断反对希特勒。但是，蔡茨勒本人很快就开始担心，随着攻占斯大林格勒的希望越来越渺茫，他开始与希特勒争论，认为将德军战线维持在如此靠前的位置是不切实际的。后来事实证明他的警告完全正确，希特勒却不再喜欢他的建议，并在1943年对他采取了疏远的态度，因此他的建议变得越来越无效。

就是导致德军进攻斯大林格勒失败的那些根本因素，助推苏军的最终反击，使这次进攻变成了致命的失败。

德军越是向城市密集推进，他们自身的机动能力就越受到限制，而战线的缩短反而有助于守军更快地将后备力量调往收缩防线的受威胁点。与此同时，德军失去了他们以前通过兵力佯动获得的优势。夏季战役的开局阶段，在顿河以南，由于目标不明确，苏军的反击行动陷入瘫痪，但现在他们的目标已经很明显了——苏军指挥部可以放心地调遣后备军。因此，进攻方在斯大林格勒日益集中的兵力，因遭遇防御方同样密集的防守，反而效能递减。

与此同时，德军在斯大林格勒的集结，日益消耗着他们侧翼防线的后备军，这条侧翼防线本身已因过度延伸而不堪重负。从沃罗涅日沿顿河到斯大林格勒"地峡"近 400 英里，从该处横穿卡尔梅克草原至捷列克河又有等长的的距离。虽然这片荒原限制了苏军对第二段防线的反击力度，但这种限制并不适用于顿河地区，尽管该地区被河流保护，但当河面结冰或苏军找到可以渡河的无人防守点时，该地区很容易变得非常脆弱。此外，他们还成功守住了位于斯大林格勒以西 100 英里的绥拉菲莫维奇附近的一处桥头堡。

从 8 月起，苏军发动了多次小规模试探性进攻，预示着这条漫长的侧翼将面临危险。这些攻势暴露出该防线兵力薄弱，主要由德国的盟友负责——匈牙利人从沃罗涅日向南；意大利人位于向东拐弯的地方，靠近新卡利特瓦；罗马尼亚人位于斯大林格勒以西的最后一个向南拐弯处附近以及斯大林格勒外围。这条长长的侧翼战线仅散布着德军零星的加强团，偶有整编师混编于联合部队中。各师防区宽达 40 英里，没有适当的防御阵地。铁路终点站通常位于战线后方 100 英里或更远的地方，而且这个地区非常荒凉，几乎没有木材可用于建造防御工事。

意识到这些不利因素后，德国总参谋部早在 8 月就告诉希特勒，在冬季不可能守住顿河防线作为防御侧翼。他们的警告没有得到重视。所有防御考量都服从于夺取斯大林格勒的目标。

9 月中旬以后，当德军进入分散的郊区，继而进入工厂区时，这种过于直接的攻势的局限性变得更加明显。陷入巷战对进攻方来说总是不利的，对于一支主要以更好的机动能力为优势的部队来说，尤其如此。同时，防御方能够调动工人部队，这些人为保卫家园拼死而战。在这种情况下，增援部队开始扭转局势的关键几个星期内，当地的增援对防御部队

（崔可夫[①]将军指挥的苏联第62集团军和舒米洛夫将军指挥的苏联第64集团军的一部分）的实力起到了重要的补充作用。因为第62集团军在顿河以西的战斗中遭受了重创，而负责整个战区的叶廖缅科[②]将军也几乎无法为其及时调遣增援。

德军部队抵达城区后，往往将他们的进攻分散成一系列局部攻击，削弱了其浪潮般的冲击力。同样的局限促使人们恢复了一种老习惯，即使用坦克零星出击，而不是大规模出动——固守旧式步兵思维的指挥官往往如此。许多攻击仅投入了20辆或30辆坦克，尽管一些较大规模的攻势集中了100辆坦克，但这个数字意味着每300名士兵才配有一辆坦克。坦克所占比例如此之小，反坦克武器自然占了上风。但是这些微不足道的坦克数量在导致糟糕的战术运用的同时，也暴露了日益严重的装备短缺问题。空中支援力度的下降也同样明显。德军缺少他们赖以获胜的这两种核心武器。结果，步兵的负担自然加重，任何推进的代价也更高。

表面上看，随着包围圈缩小，敌人越来越接近城市中心，守军的处境变得日益凶险，甚至陷入绝境。最危急的时刻是10月14日，但德军的进攻被罗季姆采夫将军的苏联第13近卫步兵师阻止。即使在克服了这场危

[①] 瓦西里·崔可夫（1900—1982），1939年9月至12月、1940年5月至12月任苏联第4集团军司令，1939年12月至1940年4月任苏联第9集团军司令，1941年2月至1942年2月任苏联驻中国大使馆武官兼苏联驻中国总军事顾问，1942年7月至8月任苏联第64集团军司令，1942年9月至1943年4月任苏联第62集团军司令，1943年4月至10月、1943年11月至1945年5月、1945年5月至1946年7月任苏联第8近卫集团军司令。——译者注

[②] 安德烈·叶廖缅科（1892—1970），1941年6月至7月、1941年7月任苏联西方面军司令，1941年8月至10月任苏联布良斯克方面军司令，1941年12月至1942年2月任苏联第4突击集团军司令，1942年8月至9月任苏联东南方面军司令，1942年8月至12月任苏联斯大林格勒方面军司令，1943年1月至2月任苏联南方面军司令（2月2日因健康原因被解除司令职务），1943年4月至10月任苏联加里宁方面军司令，1943年10月至11月任苏联波罗的海沿岸第1方面军司令，1944年2月至4月任苏联滨海集团军司令，1944年4月至1945年2月任苏联波罗的海沿岸第2方面军司令，1945年3月至7月任苏联乌克兰第4方面军司令，1945年7月至1946年10月任苏联喀尔巴阡军区司令。——译者注

机之后，形势仍然严峻，因为守军现在背靠伏尔加河，几乎没有机动空间来采用缓冲战术。他们再也不能以土地换时间了。但在表象之下，基本因素对他们有利。

进攻方的士气因不断增加的伤亡、日益增长的挫败感和冬天的到来而受到削弱，而他们的后备力量已完全投入战线，导致过度伸展的侧翼失去弹性。因此，苏军指挥部正在筹划的反击的时机越来越成熟了，并且苏军现在已经积累了足够的后备力量，可以有效地对抗这些过度消耗的对手。

反击于11月19日至20日发起，时机恰到好处。反击开始于第一场强霜冻和大雪之间的间隙，前者使地面变硬，便于快速机动，后者阻碍机动。苏军旨在趁德军精疲力竭之时发动攻击，此时德军正强烈地感受着进攻失败引起的自然反应。

此次反击在战略和心理上都经过精心设计——在双重意义上采用间接途径。一对钳形攻势（每个钳形攻势由多个分支组成）插入斯大林格勒进攻两翼，以便将德国第6集团军和德国第4装甲集团军从德国B集团军群中分割出来。钳形攻势在主要由罗马尼亚部队提供侧翼掩护的地方发动。该计划是由苏军总参谋部三位杰出将领——朱可夫、华西列夫斯基[1]和沃罗诺夫[2]——组成的团队制订。主要执行者是西南方面军司令瓦图京将军、顿河方面军司令罗科索夫斯基将军和斯大林格勒方面军司令叶廖缅

---

[1] 亚历山大·华西列夫斯基（1895—1977），1940年5月至7月任苏军总参谋部作战部副部长，1941年8月至1942年6月任苏军副总参谋长兼作战部长，1942年6月至1945年2月任苏联副国防人民委员兼苏联武装力量总参谋长，1945年2月至8月任苏联武装力量副统帅兼苏联副国防人民委员，1945年7月至12月任苏联远东方向部队总司令部总司令（远东苏军总司令部总司令）。苏联卫国战争期间经常以最高统帅部大本营代表的身份组织协调数个方面军的作战行动。——译者注

[2] 尼古拉·沃罗诺夫（1899—1968），1940年6月至7月任苏联基辅特别军区炮兵主任，1940年7月至1941年6月任苏军总军械部副部长，1941年6月任国土防空军总部部长，1941年7月任苏联副国防人民委员兼苏军炮兵主任，1943年3月至1950年3月任苏联武装力量炮兵司令。苏联卫国战争时期多次以最高统帅部大本营代表的身份组织协调数个方面军的作战行动。——译者注

苏联斯大林格勒守军与德军进行英勇的巷战

科将军。

需要说明的是,苏军将整个东线划分为12个方面军,这些方面军直接由莫斯科最高统帅部指挥。苏军不再固定地将它们编成更大的组织,而是派遣高级将领和参谋人员来协调任何特定系列战役中涉及的几个方面军,这已成为惯例。每个方面军平均由四个集团军组成(其编制规模小于西方国家同类单位),每个集团军通常直接指挥其中的师,而无需军司令部的介入。装甲部队和摩托化部队被编成旅群,这些旅群被称为军,但相当于大型师,这些军由方面军司令直接控制。

1943年夏天,在新的体系还没有机会得到充分测试之前,苏联人就恢复了军级建制。通过削减指挥链中的环节,并让高级指挥官掌控更多的"小单位",军事行动会更加迅速,机动灵活性应更强。指挥链条中增加的每一个环节都是一个障碍——从字面意义上讲,它不仅会导致在将信息反馈给上级指挥官和将命令下达给实际执行者时产生迟滞,还会削弱指挥官的控制力,既让他对战场态势的感知趋于间接,也削弱了他个人对执行者的影响力。因此,中间指挥环节越少,作战行动就越有活力。另一方面,一个指挥部掌控的下级单位数量增加,通过提供更大的灵活性,提高了机动能力。更灵活的组织结构具有更强的应变能力和专注于关键点的能力,因而能取得更显著的打击效果。如果一个人除了拇指外只有一两根手指,他会发现要精确抓住任何物体或对手要比用四根手指和一根拇指困难得多。他的手会缺乏灵活性,集中施压的能力也会降低。西方盟军的部队中就出现了这种令人头疼的限制,大多数部队编组只分成两到三个机动单位。

在斯大林格勒的西北方向,苏军的先头部队沿顿河河岸向卡拉奇和通往顿涅茨盆地的铁路推进。在斯大林格勒的东南侧,左翼钳形部队的分支向西推进,直抵通往季霍列茨克和黑海的铁路。切断这条铁路线后,他们向卡拉奇推进,到23日,包围圈已经完成。在接下来的几天里,包围圈不断加固，包围了德国第6集团军和第4装甲集团军一部。在这几天的快速行动中，苏军在战略上扭转了局面，同时保持了防御战术优势——间接进攻常常能取得双重效果。因为德军现在被迫继续进攻，但目标已不是突入，而是突围。他们反向的努力与他们之前向前推进的努力一样，以失败告终。

与此同时，另一支强大的苏军部队从绥拉菲莫维奇桥头堡冲出，向顿河弯曲部以西地区进发，向南多管齐下，进入顿河—顿涅茨河走廊地带，最终在奇尔河与从卡拉奇发起的左翼钳形攻势会合。这场外线合围行动对整个计划的成功至关重要，因为它扰乱了敌方的作战基地，并在救援部队可能援助保卢斯的最直接的通道前降下了一道铁幕。

因此，12月中旬，德军的反击从顿河对岸的西南方向发起，从科捷利尼科沃一直延伸到斯大林格勒。执行此次任务的是曼施泰因第11集团军司令部仓促组建的临时部队，该司令部不得不从中央集团军群撤出，曼施泰因的第11集团军被重新命名为"顿河集团军群"。其规模之小，几乎配不上如此响亮的称号，他试图解救斯大林格勒时，不得不依靠微薄的后备力量，包括从法国布列塔尼通过铁路调来的第6装甲师。

曼施泰因凭借巧妙的战术，充分利用了他那勉强够用的装甲部队，成功地在苏军的掩护阵地上撕开纵深缺口。但这次仓促组织的临时进攻在距离被围困部队30英里处被阻止，随后逐渐在苏军对侧翼的压力下被逼退。随着这次尝试的失败，所有解救保卢斯的希望都破灭了，因为德军指挥部已经没有后备力量进行另一次尝试。然而，曼施泰因尽可能长时间地坚守自己暴露在外的阵地，甚至已经超过安全限度，目的是掩护空中生命线，通过这条生命线，少量的补给被运送到注定要失败的部队手中。

与此同时，苏军于12月16日在更西侧开始了新一轮外线机动。指挥沃罗涅日方面军的戈利科夫将军率领他的左翼部队从中顿河的多个地点进攻，这些地点位于新卡利特瓦和莫纳斯特尔希纳之间60英里的路段上，该路段由意大利第8集团军把守。黎明时分，坦克和步兵穿过冰封的顿河，大量意军在此前一阵猛烈的炮击后已经溃散。暴风雪虽阻碍视线，但未阻挡苏军的步伐，其先头部队迅速向南推进，朝米列罗沃和顿涅茨河方向推进。与此同时，瓦图京的部队从奇尔河向西南方的顿涅茨河发动突击。一个星期之内，汇聚的部队几乎将敌军从整个顿河—顿涅茨河走廊逐出。虽然敌军防御力量过于薄弱且溃败速度过快，以至于在第一次进攻中俘敌不多，但随着后续追击的展开，撤退中的敌军大量遭合围，因此，到第二个星期结束时，也就是当年年底，陷入包围的敌军总数已达到6万人。

这次突袭威胁到了所有驻扎在顿河下游和高加索地区德军的后方。但是，雪越下越大，德军在米列罗沃和顿涅茨河以北其他几个交通枢纽的顽强抵抗，使其暂时避免了这种危险。

然而，威胁是如此明显，而且极可能扩大，以至于希特勒最终意识到，如果他坚持征服高加索的幻想，并迫使那里的部队坚持下去，而他们后方的侧翼暴露出600英里，那么他必然会面临比斯大林格勒包围更大的灾难。因此，1月，他下达了撤退的命令。这一决定来得正是时候，德军避免了被切断后路。他们的成功突围延长了战争，但在斯大林格勒的部队实际投降之前，这已经向世界表明德军的势头正在减弱。

苏军反攻的进程彰显了朱可夫将军选择突破点的高超技巧，在心理上和地形上都是如此。他击中了敌人部署中士气薄弱的各处。此外，一旦他的突击部队失去了直接的局部优势，他展现出及时转变威胁方式的非凡能力，从而抓住可能引发敌军全面崩溃的每个机会。由于集中进攻对压制敌军抵抗力的效果会逐渐减弱，他通过发动一系列广泛分布的进攻来延续最初的效果，从而加大对敌方的压力。当反击发展成攻势且失去最初的反弹动能时，这通常是更有利可图、更不容易自我消耗的战略形式。

在所有控制战争进程的物质和精神要素之下，是空间与兵力对比的基本情况。东线战场空间如此广阔，只要进攻方不集中攻击过于明显的目标，比如1941年的莫斯科和1942年的斯大林格勒，那么总能找到侧翼迂回机动的空间。因此，只要保持质量优势，德军就能在兵力不占优势的情况下取得进攻胜利。然而，东线战场巨大的纵深是挽救苏军的一个关键因素，特别是在苏军在机械化力量和机动能力方面无法与德军匹敌时。

但是，德军已经失去了那些技术和战术优势，同时也耗费了大量人力。随着兵力的锐减，苏联广阔的土地对他们越来越不利，危及他们维系如此广阔战线的能力。现在的问题是，他们是否能通过收缩战线来恢复平衡，或者他们是否已经耗费了太多兵力，以至于没有任何机会了。

第 19 章　隆美尔的高潮

1942年的北非战事较之1941年呈现出更剧烈且影响深远的形势逆转。开战伊始，敌对双方在昔兰尼加西部边境对峙，他们九个月前就驻扎在那里。但是，新年刚过三个星期，隆美尔又发动了一次战略反攻，纵深超过250英里，将英军一路逼退至距埃及边境只有三分之二路程处，直到英军在加扎拉防线重新集结。

5月底，隆美尔再次出击，以先发制人之势阻截了英军的进攻——就像他自己在11月时曾被阻截一样。这一次，在又一场惊心动魄的激战之后，英军被迫撤退——撤退速度之快、距离之远令人震惊，以至于他们直到到达阿莱曼①线，即尼罗河三角洲的最后一道门户，才重新集结。这一次，隆美尔的突击部队在一个星期内就深入了300多英里。但那时，攻击的势头和他的力量已接近耗尽。他向亚历山大和开罗推进的努力受到了阻拦。在战争以双方的精疲力竭结束之前，德军已经绝望地濒临失败。

8月底，隆美尔在得到增援后，为胜利作最后一搏。但是，英军得到了更强大的增援，在以哈罗德·亚历山大将军和伯纳德·蒙哥马利将军为首的新指挥官团队的指挥下，德军的进攻被挡了下来，隆美尔被迫放弃了初期取得的微小战果。

10月下旬，英军恢复了进攻，力量比以往任何时候都强大，而且这次攻势是决定性的转折。经过13天的战斗，隆美尔的资源耗尽，他的坦

---

① 阿莱曼，亦译阿拉曼。——译者注

克部队几乎全部打光。德军防线随即崩溃，隆美尔仅率残部侥幸突围。这支孱弱之师已无法再进行任何有效的抵抗，到八个星期后的年底，他们被赶回了的黎波里塔尼亚的布埃拉特——距离阿莱曼 1000 英里。即便如此，这也只是次年 5 月在突尼斯结束的撤退中的一次暂停，届时非洲的德意部队全军覆没。

1942 年 1 月初，英军认为他们在艾季达比亚的受挫只不过是他们向的黎波里推进的暂时中断。他们忙于计划和准备这次行动——这次行动被恰当地称为"杂技演员行动"。在月底之前，他们已经翻了个跟头，向后溃退。

1 月 5 日，一支由六艘舰船组成的护航队成功突破了英国的海空封锁线，抵达的黎波里，这批新到的坦克使隆美尔的坦克增加到 100 多辆。有了这些援助，结合关于英军先头部队虚弱的侦察报告，隆美尔开始策划立即反击，但他隐瞒了自己的意图。他于 1 月 21 日发起了反击。23 日，意大利陆军大臣[①]来到他的司令部提出反对意见，但那时隆美尔的先头部队已经向东推进 100 英里，而英军部队向东的速度更快。

当隆美尔进攻时，英军先头部队主要由新抵达的英国第 1 装甲师组成，其装甲旅（配备 150 辆巡洋坦克）由三个改编的骑兵团组成，几乎没有装甲作战经验，也没有沙漠作战经验。他们面临的更大威胁是隆美尔的新式"三号坦克"（装甲板厚达 50 毫米），而德国反坦克炮兵已演练出与装甲部队协同作战的新型进攻战术。海因茨·施密特对这一战术有如下描述：

> 我们和 12 门反坦克炮从一个有利位置交替转移到另一个有利位

[①] 原文如此，有误，应为意大利最高统帅部总参谋长。贝尼托·墨索里尼 1933 年 7 月至 1943 年 7 月兼任意大利陆军大臣。——译者注

置，而我们的坦克，如果可能的话，则静止不动，并采用车体隐蔽姿态提供掩护火力。然后，我们会在他们再次进攻时为他们提供掩护火力。这种战术收效显著，尽管敌军的火力很猛，但他们的坦克无法阻止我们前进。他们不断遭受损失，不得不步步退却。我们明显感受到，此刻面对的不是在卡普佐让我们吃尽苦头的顽强而经验丰富的劲敌。[1]

更糟糕的是，三个英国装甲团被分散投入战场。德军在安特拉特附近发动突袭的首轮交战中，他们几乎损失了一半的坦克。隆美尔的进攻随后因意大利陆军大臣卡瓦莱罗将军的干预而暂时停止，他拒绝让意大利机动军团跟进德国非洲军团。但英军未能从这次停顿中获益，没有组织任何强有力的反击，这让隆美尔更加大胆地于25日再次向姆苏斯发起进攻，突破了近卫旅和第1装甲师的防线。英军带着剩下的30辆坦克向北撤退，远离了隆美尔的进军路线。

隆美尔对姆苏斯的纵深突进和威胁性进攻，迫使英军仓促命令驻守班加西的印度第4师撤离这座挤满补给品的港口，撤退到德尔纳—梅基利线。但当晚奥金莱克从开罗飞到第8集团军司令部会见里奇，该撤退令被撤销并改为命令准备反攻。但是，他的干预并没有像11月那样合适或有效。因为这导致英军部队分散开来，无法覆盖班加西和梅基利之间的140英里路段，而隆美尔则从他在姆苏斯的中心位置获得了时间和空间从容部署，并掌握多重目标选择权。

隆美尔构成的威胁变化不定，导致英军司令部在接下来的几天里陷入"下达命令、下达相反命令、一片混乱"的窘境。后果之一是英国第13军军长戈德温－奥斯汀要求解除自己的指挥权，因为集团军司令绕过他直接向其下属指挥官下达命令。更糟糕的结果随之而来。

---

[1] 海因茨·施密特：《与隆美尔在沙漠中》第125—126页。

由于隆美尔的兵力有限，他决定下一步向西进攻班加西，以消除来自该方向的任何后方威胁，但他首先假装向东奔向梅基利。这一佯攻迷惑了英军指挥部，他们匆忙向梅基利增派了增援部队，而分散的印度第4师则孤立无援。隆美尔突然迅速转向班加西，此举令英军猝不及防，导致英军匆忙放弃该港口及其所有储备物资。德军乘势派出两个小型战斗群向东推进。他们虚实结合的突袭，迫使英军放弃了数道可能的防线，最终撤退到加扎拉防线——尽管由于补给短缺，德国非洲军团的大部分部队还没有向前推进到姆苏斯以东。2月4日，英国第8集团军撤退到加扎拉防线的掩护下，但直到4月初，隆美尔才克服了意大利高层的犹疑，得以将他的部队调到英军阵地附近。

此时，加扎拉阵地正在建设中，通过修建野战工事和铺设大面积雷区，它从一条普通防线变成了一道"铜墙铁壁"——从其坚固程度上来说。但是，它的防御准备很快就因为英军重新发动攻势的计划而不再重要，虽然它成为发动攻势的合适跳板，但它不太适合防御——太过线性，而且缺乏纵深。除了沿海地段外，防御点相距太远，无法形成有效的火力支援。整个防线从海岸向南延伸50英里，间隙越来越大。由柯尼希将军率领的自由法国第1旅控制的比尔哈凯姆左翼阵地，距离西迪穆夫塔阵地16英里。导致防御复杂化的另一个因素是为了重新发动攻势而在贝尔哈迈德建立的前进基地和铁路终点站。这是敌人侧翼突击的明显目标，那里堆积的大量补给品需要保护，这让英军指挥官在战斗中始终提心吊胆，限制了他们的机动作战自由。

英国军政高层对早期进攻的可行性存在严重分歧，这也影响了政策和计划的制订。从2月起，丘吉尔就力主尽早采取行动，指出英国有63.5万名官兵在中东战区无所事事，而苏军正浴血苦战，近在咫尺的马耳他正被凯塞林的持续空袭逼入绝境。但是，奥金莱克对英军部队的技术和战术缺陷有着敏锐的洞察力，他希望等到里奇的兵力提升到足以抵消隆美尔在质量上的优势后再采取行动。最终丘吉尔驳回其异议，给他下达了"不遵命即解职"的明确进攻命令。但是，隆美尔于5月26日率先发起攻击，再次抢在了英军之前。英军原计划于6月中旬发动攻势。

增援部队使双方的兵力都比11月"十字军行动"开始时要强，尽管双方的师的数量保持不变——三个德军师（其中两个是装甲师）和六个意大利师（一个装甲师）对抗六个英国师（其中包括两个装甲师）。按照政治家和将军通常的做法，以师为单位计算，隆美尔是以九个师对六个师发起攻击的——这种军事算术常被用来解释英军的失败。

但是，实力对比的现实情况截然不同，表明以"师"为单位计算是多么具有误导性。五个实力低下的意大利步兵师中有四个非摩托化师，因此他们无法在机动作战中发挥积极作用，而加扎拉战役就是这样。英国第8集团军不仅拥有充足的运输车辆，而且除了六个师外，还有两个独立的摩托化旅和两个陆军坦克旅，其两个装甲师中的一个（英国第1装甲师）有两个装甲旅，而不是当时的常规配备。总的来说，英国第8集团军有14个坦克团在现场，另外还有3个坦克团在途中，以迎战隆美尔的7个坦克团——其中只有4个德国坦克团配备了有效的作战坦克。

从数量层面上看，英国第8集团军的装甲部队中有850辆坦克，还有420辆可供增援。他们的对手总共有560辆坦克，但其中230辆是过时且不可靠的意大利坦克，330辆德国坦克中又有50辆是轻型坦克。只有280辆装备火炮的德国中型坦克才能真正发挥作用，而且除了约30辆正在维修的坦克和刚在的黎波里登陆的约20辆新坦克外，没有其他可用的后备坦克。因此，从实际作战的角度考虑，在装甲部队开始交锋时，英军对德军的数量优势是3∶1，如果变成消耗战，则优势将超过4∶1。

在火炮方面，英军对德军的数量优势是3∶2，但这一优势被部分抵消，因为他们的所有火炮都分布在各个师中，难以集中运用，而隆美尔非常有效地利用了他自己控制的一支由56门中型火炮构成的机动预备队。

在空中力量方面，双方势均力敌的程度比其他任何一场战役都要高。英国沙漠空军在前线部署了约600架飞机（380架战斗机、160架轰炸机和60架侦察机），而德意空军拥有530架（350架战斗机、140架轰炸机和40架侦察机）。但是，120架德国Me-109战斗机在性能上优于英军的"飓风"和"小鹰"。

更大的问题是双方坦克的质量对比。英国第8集团军失败后，英军很自然地认为他们的坦克不如敌人，这一观点在奥金莱克的官方电报中被当作事实提出来。但技术参数测试数据并不支持这种论断。大多数德军中型坦克都装备了短管50毫米火炮，其穿甲能力略逊于英国的2磅炮，后者初速较高，所有英国制造的坦克都装备了这种火炮。在装甲方面，1941年大多数德军坦克的防护性能都比新型英军巡洋坦克差（德国坦克最大装甲厚度30毫米，而英国巡洋坦克最大装甲厚度40毫米），但现在除了炮塔外，它们防护更好，一些新到货的坦克的车体装甲更厚（50毫米），其余的在车体最暴露的部分安装了额外的强化条。然而，所有德国坦克都比"玛蒂尔达"（78毫米装甲）和"瓦伦丁"（65毫米装甲）更脆弱。

一种新的德国中型"三号J型"坦克在这场战役中参战，这款坦克装备了类似于反坦克炮的50毫米长管炮。但只有19辆这种坦克到达了前线，另一批相同数量的坦克已经在的黎波里登陆。而400多辆美国"格兰特"坦克抵达埃及，远远超过了这一增援。到战役开始时，加扎拉的两个英军装甲师已经装备了近170辆该型坦克，装备75毫米火炮，其穿甲能力甚至比德国"三号J型"坦克的50毫米火炮还要强，而且防护性也更好（装甲厚度57毫米，而对手的装甲厚度50毫米）。因此，人们经常说的"英军坦克不如德军坦克"没有基本依据。相反，英军坦克不仅在数量上占有巨大优势，而且在质量上也占有优势。[1]

在反坦克炮方面，英军也重新获得了质量优势，因为他们的6磅炮（57毫米）的到来，其穿甲能力比德军的50毫米反坦克炮高出30%。新

---

[1] 有关此事更全面的研究，请参阅利德尔·哈特《坦克兵》第二卷第92—98页和第154—156页。

的6磅炮已经足够装备摩托化步兵旅和装甲旅的摩托化营。虽然德军的88毫米炮仍然是最强大的"坦克杀手",但是这种炮隆美尔只有48门,而且它们高大的炮架使其比任何标准反坦克炮都更容易暴露。

对技术因素的分析不足以解释英国第8集团军在加扎拉的失败。证据清楚地表明,这主要是由于德军更胜一筹的战术体系,尤其是他们的坦克与反坦克炮的协同作战艺术。

加扎拉防线由英国第13军把守,该军现由戈特中将指挥,前方部署有两个步兵师——南非第1师(英国)在右翼,英国第50步兵师在左翼。英国第30军仍由诺里指挥,由大部分装甲部队组成,负责掩护南翼,并抵御中路的任何装甲部队突袭——令人费解的是,英军指挥官竟认为这是隆美尔更可能采取的路线。这项双重任务导致英军装甲部队处于不利位置,英国第1装甲师被控制在卡普佐附近,而英国第7装甲师(只有一个装甲旅)被部署在南向约10英里处,并分散布署以掩护和支援守卫比尔哈凯姆的法国旅。奥金莱克曾写信给里奇,建议集中兵力,但可惜他的建议并没有得到前线英军指挥官的采纳。

5月26日的月夜,隆美尔率领三个德国师和意大利机动军团的两个师迅速包抄英国侧翼——而四个非机动化的意大利师在加扎拉线佯攻。尽管他的侧翼行动(超过一万辆车)在天黑前就被发现并报告,黎明时分,绕行比尔哈凯姆的动向再次被发现,但英军指挥官仍然认为他的主要攻击将从中路发起。英军装甲旅行动缓慢,因此是零零散散地投入战斗,而南翼的两个外围摩托化旅在分散且无支援的情况下陷入混乱。英国第7装甲师司令部被攻占,师长梅瑟维少将被俘——尽管他后来设法逃脱了。这是他在数月内遭遇的第二次折戟,因为他此前指挥的是英国第1装甲师,1月在安特拉特被隆美尔突袭并击溃。

但是,尽管隆美尔取得了开局的成功,却未能如愿突破到海边,围歼加扎拉守军。他的装甲师在初次遇到装备75毫米火炮的"格兰特"坦克时感觉震撼不已。其射程优势使德军在难以还击的距离上即遭重创。最终德军不得不调出反坦克炮（包括3门88毫米炮），同时以坦克迂回包抄英军装甲部队的侧翼——英军坦克团和装甲旅分散开来，因此更容易受到侧翼攻击的影响。即便如此，到夜幕降临时，在付出惨重代价后，装甲师只向卡普佐公路以北推进了3英里——距离海岸还有近20英里。隆美尔本人在日记中写道："我们计划在加扎拉防线后方击溃英军，但未能成功……美制新型坦克的出现给我们的队伍造成了巨大损失……在这一天里，德军损失的坦克远远超过三分之一。"[1]

第二天，隆美尔再次试图向海边推进，但进展不大且损失加剧。到夜幕降临时，他的速胜计划已然破产，尽管英军没有果决反击——这是让他垮台的最好机会。但是，隆美尔的处境愈发危险，因为他的补给纵队必须绕行比尔哈凯姆很长一段距离，随时可能被英军装甲部队和空袭截断。他本人在乘车侦察时险遭俘虏，更惊险的是，当他返回作战司令部时，他发现"在我们离开期间，英军曾乘虚突袭司令部"。此时，德国非洲军团只剩下150辆坦克可以投入战斗，意军有90辆，而英军仍有420辆坦克。

徒劳无功的又一天后，隆美尔命令突击部队转入守势。此举形同自陷绝境，因为其防线位于加扎拉防线之外，英国驻军和他们布设的大片雷区将他与主力部队隔开。背水一战是残酷的，但背靠雷区战斗更令人胆寒。

在接下来的几天里，英国空军向这个被恰当地称为"大锅"的阵地投下了炸弹，而英国第8集团军则在地面上对其发起猛攻。报纸上充斥着胜利的报道，声称隆美尔现已陷入绝境，而英军司令部则确信他们可以从容应对，隆美尔一定会投降。

然而到了6月13日晚上，整个战局骤变。14日，里奇放弃了加扎拉防线，开始迅速撤退到边境，这使得图卜鲁格的部队陷入孤立。到21日，隆美尔占领了这座堡垒，俘获了其中的3.5万名士兵以及大量物资。这是英国除了新加坡的失陷外，在战争中遭受的最惨重的失败。第二天，英国

---

[1] 埃尔温·隆美尔：《隆美尔文件》，第207—208页。

第 8 集团军的剩余部队放弃了在塞卢姆附近边境的阵地，在隆美尔紧随其后的情况下，在沙漠中向东仓皇撤退。

是什么导致了这场惊天逆转？很少有如此错综复杂的战斗，而且线索从未被彻底解开。"大锅之谜"一直困扰着那些试图从英国方面撰写故事的人，并因不断出现的神话而变得更加令人费解。

除了隆美尔在坦克方面拥有优势的神话之外，另一个神话是形势突变，大部分英军坦克在 6 月 13 日这一致命的日子里损失殆尽。实际上，那只是一系列灾难性日子的起点。"大锅之谜"的基本线索藏于隆美尔 5 月 27 日晚上的战场手记中：

> 尽管身处危局且面临棘手难题，我仍对战役前景充满信心。因为里奇把他的装甲部队分批投入战斗，这样我们就有机会在每次战斗中只用足够多的坦克与他们交战……英军本不该在引诱下采取分兵战术……①

他随后记录道，自己占据了看似危险暴露的防御阵地：

> 基于这样的假设……在德军装甲部队威胁其后方的情况下，英军不敢使用装甲部队主力攻击加扎拉线的意军……因此，我预计英军机械化旅将继续冲击我们组织良好的防御阵线，并在此过程中消耗其实力。②

隆美尔的计划非常成功。英军坚持对他的阵地发动一系列零星攻击，付出了沉重的代价。这种直接攻击被证明是最糟糕的谨慎行动方式。在击

---

① 埃尔温·隆美尔：《隆美尔文件》，第 208 页。
② 埃尔温·隆美尔：《隆美尔文件》，第 211 页。

退英军进攻的同时，隆美尔击溃了他身后位于西迪穆夫塔的孤立阵地，该阵地由英国第150步兵旅守卫，并在雷区中开辟了一条补给通道。

4天后的6月5日，里奇对隆美尔的阵地发动了更大规模的攻击。但这次攻击又是时断时续的，守军得以在长长的战斗间歇期组织和巩固阵地。复杂的攻击计划遭遇了一系列障碍，演变成了一连串脱节的直接攻击，而这些攻击又一次被击退。到第二天晚上，由于战斗损失和机械故障，英军坦克数量从400辆锐减至170辆。此外，隆美尔利用进攻方的混乱状态，在第一天晚上发动了突然的钳形反击，击溃了印度第5师的一个旅，然后包围了另一个旅的后部，该旅在次日连同支援该师的所有炮兵一起被歼灭。德军俘获了4个炮兵团以及4000名战俘，这是一个非常重要的"收获"。

在此期间，英国装甲旅一直被牵制在外围。他们的救援行动断断续续，缺乏协调——前一天晚上英国第7装甲师师长梅瑟维被迫撤离战场，导致指挥失灵，这是他在这场战斗中第二次退出战场。

与此同时，隆美尔还在对英国第8集团军阵地的另一个重要部分进行分割。6月1日晚，在清除西迪穆夫塔"据点"后，他立即派出一个德国战斗群和的里雅斯特师进攻位于南翼且更为孤立的比尔哈凯姆"据点"，该据点由自由法国第1旅控制。战斗十分艰苦，隆美尔被迫亲临前线指挥进攻部队，他说："我在非洲从未经历过如此顽强的战斗。"直到第十天，他才突破了防线，而大多数法军借着夜色成功突围。

隆美尔现在可以自由地发动新的、更深远的突袭。尽管英国装甲旅在新的增援下，坦克总数已增至330辆，是德国非洲军团剩余兵力的两倍多，但他们的信心却受到了严重动摇，而德军则嗅到了胜利的气息。6月11日，隆美尔向东进攻，次日将英军三个装甲旅中的两个困在其装甲师之间，迫使英军在一个狭窄的区域承受交叉火力打击。如果不是因为梅瑟维在去见集团军司令的路上被敌人的进攻切断了与部队的联系（三个星期内第三次），英军本可能更积极地突围。到12日午后，两个装甲旅被困，仅有残部逃脱，而前来救援的第3旅在德军的严密防守下损失惨重。13日，隆美尔挥师北上，将英军挤出骑士桥据点，同时继续袭击英军残余装甲部队。到夜幕降临时，英军仅存不足百辆坦克。此时隆美尔首次在坦克数量上占有优势，而且，由于控制了战场，他可以回收、修复许多受损的坦克，而英军则无法做到这一点。

固守加扎拉防线的两个师此刻正面临被切断退路、陷入重围的危险，因为6月14日隆美尔派遣德国非洲军团向北越过阿克鲁马，朝海岸公路进发。但那里的雷区拖延了他们的行动，直到下午晚些时候才得以通过，此时装甲部队已经非常疲惫，他们在夜幕降临时就睡着了——完全不顾隆美尔继续前进、切断海岸公路的紧急命令。这对南非师来说非常幸运，他们的车队连夜沿公路火速后撤。但是，部分后卫部队于清晨被推进至海岸线的装甲部队阻截。加扎拉防线的另一支部队——英国第50步兵师，只能通过向西突破敌军前线，然后向南绕行，再向东到达边境，才得以逃脱。南非第1师沿海岸公路撤退后，也继续向百余英里外、远在托布鲁克以东70英里的边境撤退。

如此长时间的后撤违背了奥金莱克将军的作战意图，他给里奇将军的指令是英国第8集团军在图卜鲁格以西重新集结固守防线。但是，里奇未能向其总司令报告加扎拉防线各师正在向边境撤退的情况，而当奥金莱克意识到这一点时，已经无力阻止事态发展。更糟糕的是，英军部队此刻进退维谷。

6月14日，当英军节节后撤之际，丘吉尔首相发出了一封语气强硬的电报："任何情况下都不得放弃图卜鲁格。"他在15日和16日的电报中又重申了这一警告。来自伦敦的遥控指挥最终导致了一场无以复加的失误。因为英国第8集团军仓促地将部分兵力留守图卜鲁格，其余部队则撤退到边境，这让隆美尔有机会在图卜鲁格的孤立部队尚未组织好防御之前就将其击溃。

在隆美尔的指挥下，德军装甲部队在向海岸推进后迅速向东转，横扫图卜鲁格的防御圈，攻克或孤立了英国第8集团军后方预设的防御据点，并继续进攻图卜鲁格以东的甘布特机场。在这次进攻中，德军将英国装甲旅残部逐退至边境。但是，隆美尔此时还没有追击他们。他控制了甘布特机场后，就让部队掉头西行，以惊人的速度对图卜鲁格发动了进攻。得到增援的守军包括克洛珀斯将军指挥的南非第2师（包括印度第11旅）、近卫旅和第32装甲旅（拥有70辆坦克）。但是，在看到隆美尔的装甲部队向东推进后，他们没想到会遭到攻击，也没有做好迎战的准备。6月20日凌晨5时20分，东南防区突遭炮火与俯冲轰炸机的飓风式猛击，随后步兵发起进攻。到早上8时30分，德军坦克从防线的突破口涌入，隆美尔亲临督战加速进攻。到下午，德军装甲部队瓦解混乱守军的抵抗，开进图卜鲁格。到了次日早上，守军部队指挥官克洛珀斯将军判定继续抵抗是没有希望的，撤退也不可能，因此他做出了投降的决定。虽然有几支小队成功逃脱，但仍有3.5万名官兵被俘。

这场灾难的后果是里奇的残存部队仓皇撤退到埃及，隆美尔紧追不舍。在继续追击的过程中，隆美尔从图卜鲁格获得的大量补给帮了大忙。据德国非洲军团参谋长拜尔莱因说，当时隆美尔80%的运输工具都是缴获的英军车辆。虽然这些战利品为他提供了维持机动性所需的运输工具、燃料和食物，但没有恢复他的战斗力。当非洲军团于6月23日到达边境时，它只剩下44辆坦克可以投入战斗，而意军只有14辆。尽管如此，隆美尔还是决定再次遵循"乘胜穷追"的格言。

图卜鲁格失守的第二天，凯塞林元帅从西西里飞抵北非，反对继续在非洲推进——要求按先前的约定调回空军部队进攻马耳他。驻非洲的意军总司令部也反对继续推进，22日，巴斯蒂科正式下达停止前进的命令——隆美尔回答说他不会"接受建议"，并开玩笑地邀请这位名义上的上级到开罗和他共进晚餐。在取得这样的胜利后，他有资本违抗命令，尤其是希特勒大本营发出电令，宣布将他晋升为元帅，以奖励他的胜利。与此同时，隆美尔直接向墨索里尼和希特勒请求允许他继续前进。希特勒和他的军事顾问对进攻马耳他的计划深感怀疑，他们认为意大利海军无法在英国海军面前为他们提供支援，而空降马耳他的德军伞兵部队将陷入没有补给和增援的困境。早在一个月前的 5 月 21 日，希特勒就决定如果隆美尔成功占领图卜鲁格，便放弃进攻马耳他的"大力神行动"。墨索里尼也欣然接受这个更轻松的替代方案，并渴望赢得更辉煌的前景。因此，24 日一早，隆美尔收到了一条无线电信息："领袖批准装甲集团军向埃及追击敌军。"几天后，墨索里尼乘坐一架飞机抵达德尔纳，另一架飞机运来一匹白马，他准备骑着这匹白马胜利进入开罗。根据意大利人的记载，就连凯塞林似乎也同意追击残兵进入埃及比攻击马耳他更可取。

英军甚至在隆美尔抵达边境之前就从边境仓促撤退，既证明也确认了他的大胆行为的正确性。这是士气影响的绝佳例证——拿破仑经常引用的名言是"在战争中，士气与物质的关系是三比一"。因为当里奇决定放弃边境时——"以空间换时间"，正如他给奥金莱克的电报中所说——他在那里有三个几乎完整的步兵师，第四个新锐步兵师正在赶来，可供作战的坦克数量是非洲军团的三倍。

但是，图卜鲁格传来的消息令人震惊，里奇放弃了守住边境的任何尝试——这是他在 6 月 20 日晚上做出的决定，比克洛珀斯决定投降早了六个小时。

里奇的意图是在马特鲁坚守阵地，用从边境调回的师和刚从叙利亚抵达的新西兰第 2 师来解决这个问题。但 6 月 25 日晚上，奥金莱克从里奇手中接管了英国第 8 集团军的指挥权。在与他的参谋长埃里克·多尔曼－史密斯一起研判形势后，他取消了坚守马特鲁防御阵地的命令，并决定在阿莱曼地区开展机动防御。这是一个艰难的决定，因为这不仅意味着撤走部队和储备时会面临很多困难，而且必然会给国内，尤其是白厅带来新的恐慌。此举展现了奥金莱克的冷静与魄力。虽然从物质实力的对比来看，进一步撤退是没有道理的，但考虑到马特鲁阵地易被迂回的弱点和英军的士气，这也许是明智的。尽管前线撤回的部队尚未溃败，但他们的信心动摇了，而且陷入了混乱。新西兰指挥官兼战争历史学家基彭伯格少将目睹了他们抵达马特鲁地区的情形，他们"完全混杂在一起，没有组织"，无论步兵、装甲部队还是炮兵，他"没有看到一个成建制的战斗单位"。① 隆美尔没有给他们重组的时间，他追击的速度也使里奇放弃边境"以空间换时间"的想法化为泡影。

得到罗马的"许可"后，隆美尔于6月23日及24日夜间越过边境，在月光下穿过沙漠，到24日晚已行进超过100英里——到达西迪拜拉尼以东的沿海公路，尽管他只截住了英军后卫部队的一小部分，但仍紧随英军步伐。到第二天晚上，他的部队已经逼近英军在马特鲁及其南部建立的防线。

由于马特鲁很容易被绕过，戈特指挥的英国第13军机动部队被部署在南部的沙漠中，由新西兰师提供支援，而马特鲁的防御则由霍姆斯指挥的英国第10军的两个步兵师负责。两个军之间有近10英里的空隙，是一片雷区。

隆美尔没有时间来周密地准备进攻。由于兵力不足，他不得不依靠速度和突袭。英军装甲部队总共有160辆坦克（其中近一半是格兰特式），而隆美尔只有不到60辆德国坦克（其中四分之一是二号轻型坦克）和少量意大利坦克。他的3个德国师的步兵总数仅为2500人，6个意大利师仅有6000人左右。用如此弱小的兵力发动任何攻势都是冒险之举——但是，凭借士气和速度，这种冒险最终取得了胜利。

26日下午，减员严重的三个德国师率先发起进攻，其中两个师已经到达了前面提到的缺口对面。第90轻装师很幸运地找到雷区危险最小的地方，到午夜时分已经越过雷区12英里（第二天晚上再次到达沿海公路，从而封锁了英军从马特鲁撤退的直接路线）。第21装甲师花了较长的时间

---

① 霍华德·基彭伯格：《步兵准将》，第127页。

才突破双倍密度的雷区，但在天亮时继续前进了20英里，然后转向新西兰师在明卡尔盖姆的后方，在遭遇反击前已打散其部分运输队。更南边的第15装甲师与英军装甲部队相遇，并在当天大部分时间里被对方阻拦。但第21装甲师的深入快速突进以及对英军撤退路线的威胁，迫使戈特于当日下午下令撤退，这场撤退很快变得非常混乱。新西兰师虽然被孤立，但在天黑后成功突破了德军的薄弱包围圈。马特鲁的英国第10军直到第二天黎明时分才收到英国第13军撤退的消息，此时其撤退路线已被封锁九小时。然而，近三分之二的马特鲁守军在第二天晚上设法逃脱，他们在夜幕掩护下分成小股向南突围。但仍有6000人被俘（这个数字超过隆美尔的全部突击兵力），大量的补给和装备被德军缴获，便宜了隆美尔。

与此同时，德军装甲先头部队高速推进，破坏了英军在富卡建立临时防线的计划。28日晚，德军迅速抵达沿海公路，击溃了在首轮攻击中被打散的印度旅残余部队，第二天早上，他们又围困了从马特鲁逃出的一些纵队。德国第90轻装师一直在马特鲁进行扫荡，当天下午继续沿沿海公路向东进发；到午夜时分，他们已经前进了90英里，赶上了装甲先头部队。6月30日早上，隆美尔兴高采烈地写信给妻子："离亚历山大只有100英里了！"到了当天晚上，他离目标只有60英里了，打开埃及的钥匙似乎已触手可及。

第 20 章　非洲局势的转折

1942年6月30日，德军在等待意大利部队到来的同时，向阿莱曼防线逼近，这是一次相对较短的推进。这一短暂的停顿，最终使隆美尔失去了获胜的机会。因为当天早上，英国装甲旅的剩余部队仍然驻守在海岸线以南的沙漠中，他们没有意识到在自己撤退时隆美尔的装甲部队已经远远超过了他们。幸亏追击部队势单力薄，他们才没有被困住，也没有在回到阿莱曼防线的掩护下之前被"收入囊中"。

隆美尔的短暂停顿，可能是由于情报部门对防御阵地实力的误判。实际上，它由四个防御据点组成，分布于海岸线与盖塔拉洼地之间35英里宽的区域内——由于遍布盐沼和柔软的沙地，这个洼地限制了迂回包抄行动。规模最大、最坚固的据点位于阿莱曼海岸，由南非第1师驻守。第二个类似的据点位于南部，新近在代尔谢因建成，由印度第18旅驻守。第三个是七英里之外的巴布盖塔拉据点（德军称之为"卡雷特阿卜德"），由新西兰第6旅驻守。然后，经过14英里的空隙，来到纳克布埃尔德维斯据点，由印度第5师的一个旅驻守。守卫各据点之间空隙的，是由这三个师和驻扎在马特鲁的两个师的残余部队组成的小型机动纵队。

在制订7月1日的进攻计划时，隆美尔既不知道代尔谢因有新的据点存在，也不知道英军装甲部队在自己的推进中已遭超越，而且当时才刚刚返回阿莱曼。因此，他推测英军装甲部队可能会驻扎在南部以掩护侧翼。根据这一判断，他计划在那里发动一次牵制性攻击，随后迅速将非洲军团调往北部，在阿莱曼和巴布盖塔拉之间的防区取得突破。但是，德国非洲军团却意外撞上代尔谢因据点,并激战至当天晚上才成功拿下,大部分守军都被俘。但是,守军的顽强抵抗粉碎了隆美尔快速突破的战术构想。英军装甲部队来得太晚,无法挽救据点,但其迟到的增援仍阻止了非洲军团继续前进。隆美尔命令部队在月光下继续前进,但英军飞机利用月光轰炸并驱散了德军的补给纵队,挫败了德军的进攻意图。

这一天——7月1日星期三——是非洲战事中最危险的时刻。相比8月底击退隆美尔的重新进攻或者以隆美尔败退而告终的10月之战,这其实是更关键的战略转折点。10月之战,因为更富戏剧性的结果,人们习以为常地称为"阿莱曼战役"[①]。实际上,存在一系列的"阿莱曼战役",而"第一次阿莱曼战役"才是最关键的一战。

隆美尔到达阿莱曼的消息促使英国舰队离开亚历山大,通过苏伊士运河撤退到红海。开罗军事总部的烟囱里烟雾缭绕,他们的文件被匆匆烧毁。士兵们幽默地称之为"灰烬星期三"。一战老兵回忆起这天是1916年索姆河战役开战26周年纪念日,当年那天英军损失了6万人,是英军历史上损失最惨重的一天。看到漫天飞舞的焦黑纸屑,开罗人自然认为这是英国人逃离埃及的征兆,人们争相涌向火车站逃亡。外界听到这个消息,也认定英国在中东的战争失败了。

但是,夜幕降临时前线的局势出现转机,英国守军也更加自信,与战线后方的恐慌形成鲜明对比。

隆美尔于7月2日继续发动进攻,但此时非洲军团只剩下不到40辆坦克可供作战,部队也筋疲力尽。直到下午,非洲军团才开始新的进攻,但很快在发现两支规模更大的英军坦克群后停了下来——其中一支挡住前方道路,另一支正绕向其侧翼。奥金莱克冷静地评估了形势,意识到隆美尔进攻部队的弱点,并制订了他希望产生决定性成果的反击计划。他的计划没有按原来设想的那样付诸实施,执行中的困难打消了他的希望,但

[①] 阿莱曼战役,亦译阿拉曼战役。——译者注

仍成功挫败了隆美尔的战略意图。

隆美尔于7月3日再次发起进攻，但是那时非洲军团只有26辆坦克可以投入战斗。当天上午非洲军团向东的推进遭到英军装甲部队的阻拦，不过下午非洲军团再次发起进攻，推进了9英里才被阻止。"阿利埃特"师发起的集中攻势也被击退，在这次行动中，新西兰第19营通过一次侧翼突袭，几乎俘虏了"阿利埃特"师的全部炮兵——"其余的部队惊慌失措地逃跑了"[①]，这次溃败清楚表明隆美尔的部队已处于过度紧张状态。

第二天，7月4日，隆美尔遗憾地写信回家："不幸的是，事情并没有像我们希望的那样发展。抵抗过于顽强，我军力量已耗尽。"他的进攻不仅被化解，而且还遭到了凌厉的反击。他的部队因疲惫不堪且兵力短缺，一时无法发起新的攻势。隆美尔被迫停止进攻，让部队喘口气，尽管这意味着将给予奥金莱克调遣援军的时间。

另一方面，奥金莱克重夺主动权，甚至在增援部队抵达之前，他几乎已经决定性地扭转了战局。他当天的计划与前一天大致相同——用诺里的英国第30军遏制德军的进攻，而戈特的英国第13军向敌军后方实施穿插。但这次，大部分装甲部队被留在北部的英国第30军指挥下，尽管英国第13军包括最近重组的英国第7装甲师，现在被称为"轻装甲师"，由一个摩托旅、装甲车和"斯图亚特"坦克组成。这支部队虽缺乏打击力，但具备实施快速大范围机动包抄的能力，同时强大的新西兰师将攻击敌军侧翼。

不幸的是，无线电保密措施的缺失，让德军监听部门截获了奥金莱克的计划，并向隆美尔发出了警告。德国第21装甲师撤退以应对包围攻击，而这一反制措施可能加剧了指挥官在执行奥金莱克的决战意图时所表现出的犹豫。北部地区的英军也表现出了类似的犹豫。当德国第21装甲师撤退时，英国第1装甲师的一些"斯图亚特"坦克开始向前推进，这一微

[①] 埃尔温·隆美尔：《隆美尔文件》，第249页。

不足道的推进产生了非常重大的影响——德国第 15 装甲师突然陷入恐慌（该师现在的战斗力只有 15 辆坦克和大约 200 名步兵）。如此坚韧的德军部队出现恐慌，正说明他们已经过度劳累。但是，英军无论是装甲师还是军级单位都没有采取任何行动来抓住总攻的机会，而这次总攻很可能是决定性的。

那天晚上，奥金莱克比以前更明确地命令他的部队发动进攻，他在命令中说："我们的任务仍然是尽可能地消灭东部的敌人，不让他们逃脱……不能给敌人任何喘息的机会……第 8 集团军将进攻并消灭目前阵地上的敌人。"但他未能成功地将自己的旺盛斗志传递给"指挥链"。虽然他已将战术司令部移至第 30 军司令部附近，但它位于战线后方差不多 20 英里处，距离南部的第 13 军司令部也同样遥远。相比之下，德军装甲集团军司令部位于战线后方仅 6 英里处，隆美尔本人经常与前线部队一起行动，实施现场指挥。这种频繁远离司令部和喜好直接掌控战事的作风，曾遭到德英两国传统派军官的诸多非议。但这种直接指挥虽引发部分问题，却正是他取得巨大成功的主要原因。它在现代战争中重现了古代名将的统御之道。

7 月 5 日，英国第 13 军几乎没有执行奥金莱克的命令，英国第 30 军更是没有。新西兰师的各旅被选为进攻隆美尔后方的主力，但他们既未被告知其总司令的战略意图，也不知晓他们被赋予的决胜重任。奥金莱克将大部分装甲部队留给了第 30 军，而不是派它们去增援第 13 军以加强其后方的预定攻势，这种做法可能会受到合理的批评，但没有理由认为，这些装甲力量如果用在该方向会比用在中央战线时更积极。考虑到敌人兵力空虚，中央战线若实施猛烈的进攻很容易取得成功。现在，英国第 1 装甲师的坦克数量已增至 99 辆，而与其对峙的德国第 15 装甲师坦克只剩下 15 辆，整个非洲军团剩余的坦克也不过 30 辆。

最站得住脚且最真实的解释，就是长时间的劳累导致极度疲劳。这一因素在此关键初期阶段最终决定了战局走向——以僵持收场。

总的来说，这种僵局可能对德意联军有利，但长远来看则弊大于利。英军的处境远未像表面上看起来那么绝望，而到 7 月 5 日，隆美尔的部队距离彻底溃败比其曾经距离彻底胜利要近得多。

在短暂的平静后，余下的意大利步兵师抵达前线，接管了北部战区现已陷入停滞的战线，从而腾出德军兵力，让他们可以按照隆美尔的计划在南部发动新的攻势。但在 7 月 8 日，当他准备尝试这次进攻时，他的 3 个德国"师"的战斗力只增加到 50 辆坦克和大约 2000 名步兵，而 7 个意大利"师"（包括刚刚抵达的"利托里奥"装甲师）只有 54 辆坦克和大约 4000 名步兵。英军得到了澳大利亚第 9 师的增援，该师曾在 1941 年顽强地守卫图卜鲁格，并增加了两个新编的团，使其坦克总数达到 200 多辆。澳大利亚师被编入英国第 30 军，该军此时迎来了一位新军长拉姆斯登[①]中将，他此前指挥第 50 步兵师。

隆美尔打算将他的攻击方向转向南方，这与奥金莱克的希望和谋划非常吻合——奥金莱克的新计划是命令澳大利亚部队沿海岸公路向西进攻。当德军向南移动时，新西兰部队向东撤退，撤离了巴布盖塔拉据点，使得德军 7 月 9 日攻势仅取得对该据点的"空壳占领"。

次日清晨，澳大利亚部队在海岸附近发动了进攻，并迅速击溃驻守该区域的意大利师。虽然德军急调部队实施反扑，并夺回了一些失地，但这个对隆美尔沿海补给线的重大威胁迫使他放弃了向南的进攻。奥金莱克立即试图趁势向鲁维萨特岭上隆美尔已被削弱的防线的中心地带发起进攻。但是，由于下属指挥官处置失当，以及装甲部队和步兵之间缺乏熟练的配合，一个精心策划的计划再次失败——而德军屡屡凭此制胜。

长期以来，这种兵种间糟糕的战术配合因步兵部队对装甲支援的不信

---

① 威廉·拉姆斯登（1888—1969），1940 年 12 月至 1942 年 7 月任英国第 50 步兵师师长，1942 年 7 月至 9 月任英国第 30 军军长，1942 年 12 月至 1943 年 12 月任英国第 3 步兵师师长，1944 年 1 月至 1945 年 5 月任驻苏丹和厄立特里亚英军部队司令兼苏丹国防军总司令。——译者注

任而雪上加霜。倘若推进过猛致使己方暴露于德军装甲反击之下，步兵部队不相信自己的装甲部队会给予他们支援：

> 此时，整个第 8 集团军，不仅仅是新西兰师，对我们的装甲部队都抱有极深的不信任，甚至是仇恨。到处都有其他兵种被放鸽子的传闻；坦克无法及时到达需要它们的地方，被认为是不言而喻的。[①]

即便如此，这番攻势与威胁仍对隆美尔捉襟见肘的资源构成了重压，而他在北方试图发动的反击也收效甚微。尽管英军坦克在应对德军坦克反击自己的步兵时动作迟缓，但它们至少帮忙吓退了意大利步兵，迫使他们大量投降。隆美尔 7 月 17 日写信回家时说：

> 目前，情况对我来说非常糟糕，至少在军事层面上是如此。敌人正在利用其优势，尤其是步兵方面的优势，一个接一个地摧毁意大利兵团，而德国兵团太弱了，无法独自抵抗。这足以让人哭泣。[②]

第二天，英国第 7 装甲师对隆美尔南翼的威胁行动加剧了其压力，而奥金莱克则准备利用已经抵达的更多增援部队发动新一轮更猛烈的攻势。此次目标仍定于在德军防线中部取得突破，但主攻方向定在鲁维萨特岭南端，直指埃尔米雷尔。一个刚刚抵达的新装甲旅，即英国第 23 装甲旅（装备 150 辆"瓦伦丁"坦克）将用于这次进攻——但其三个团中的一个被派去帮助澳大利亚部队对北部的米特里亚岭发动辅助攻击。

由于英国第 8 集团军有了这个额外的旅和新装备以及其他补给，现在前线有近 400 辆坦克，胜算看似更大了。事实上隆美尔的坦克兵力

[①] 霍华德·基彭伯格：《步兵准将》，第 180 页。
[②] 埃尔温·隆美尔：《隆美尔文件》，第 257 页。

甚至比他的对手预想的还要孱弱——非洲军团残余坦克不足30辆。但是，凭借运气与判断力的双重加持，它们被部署在英军主力进攻方向的前沿——而实际上只有一小部分英军坦克在那里投入了战斗。

奥金莱克这次的计划是，在新西兰师向北发动侧翼攻击，削弱敌军抵抗力量后，由步兵（印度第5师）沿鲁维萨特岭及其南部山谷直线前进，通过夜袭突破敌军中心。拂晓时分，新的第23装甲旅将穿过山谷，直抵埃尔米雷尔谷地，随后第2装甲旅将通过山谷继续进攻。这是一个构思精妙的计划，但需要执行者对详细步骤进行彻底研究，而这一点英军指挥官没能做到。各阶段行动在军级会议上未能妥善协调，戈特的下属对彼此的任务仍模糊不清。

袭击于7月21日晚上发起，新西兰部队到达了目标区域。但随后德军坦克赶到，在黑暗中对他们发动反击，让他们一片混乱。天亮时，德军装甲部队击溃了最靠前的新西兰旅——而原本要掩护新西兰旅前进侧翼的第22装甲旅却没有出现在现场。该旅指挥官宣称坦克在黑暗中无法行动，这与德军形成鲜明的对比。

与此同时，印度第5师的夜袭未能达到目标。更糟糕的是，它未能为后续推进的第23装甲旅在雷区中清理出一条通道。当第40皇家坦克团和第46皇家坦克团在早上发起冲锋时，他们遇到了撤退的印度部队，但无法确认前进道路上的地雷是否被清除。于是他们英勇地继续前进，被新西兰官兵恰如其分地称之为"真正的巴拉克拉瓦冲锋"。他们很快发现雷区缺口未被打开，他们深陷三重陷阱——当他们冲进雷区并被困在那里时，遭到了德军坦克和反坦克炮的猛烈射击。最终只有11辆坦克返回。这次不幸的袭击中唯一可取的一点是，这两个新的皇家坦克团的奋勇作战，重塑了步兵部队的信心，尤其是新西兰部队的信心，他们不会因为自己的装甲部队过于谨慎而陷入困境。该旅的另一个团在北线的进攻中也表现出了同等锐气。但代价是惨重的——这一天，英军损失了118辆坦克，相较之下德军只损失了3辆。即便如此，英军的坦克数量仍是隆美尔的十倍。

但是，初次进攻失利产生了很大的抑制作用，英军几乎没有再次发起进攻，也没有利用自己有潜在压倒性优势的兵力。

经过四天的重组和休整后，英军再次试图突破隆美尔的防线——这次主攻北线。澳大利亚部队在月光下占领了米特里亚岭，攻势开局顺利，他们南翼的第50步兵师也取得了良好的进展。但负责跟进突破的第1装甲师师长认定雷区缺口宽度不足，其延误令整个进攻胜算尽失。直到上午10时左右，先头的坦克才开始穿越雷区，随即遭到北调的德军坦克牵制。雷区另一边的步兵部队陷入孤立，继而被反击部队分割歼灭。与此同时，澳大利亚部队也被赶下山岭，其中一部分人员遭遇类似困境。

奥金莱克现在不得不停止进攻。经过长期激战，许多部队都显露出疲惫的迹象，如果被孤立，他们投降的可能性越来越大。同样明显的是，在如此狭窄的战线上，防守方占有优势，而这种优势将随着终于到来的对隆美尔部队的增援而加大——到8月初，他的坦克数量已经增加到7月22日的五倍多。

虽然这场战役以英军的失望而告终，但他们的处境比开战时已大幅改善。隆美尔对这场战役的最后描述道出了最终结论："虽然英军在阿莱曼战役中的损失比我们大，但对奥金莱克来说，代价并不大，因为对他来说，唯一重要的事情就是阻止我们前进，不幸的是，他做到了这一点。"[①]

虽然英国第8集团军在7月的阿莱曼战役中伤亡超过1.3万人，但它俘虏了7000多人，其中包括千余名德军。如果计划的执行更加有力和有效，代价会更低，而战果更丰。但即便如此，双方总体损失的差异并不大，隆美尔更无法承受损失。鉴于英军增援部队正大量涌入埃及，他的失败已成定局。

隆美尔自己的叙述清楚地表明，到7月中旬，他已经濒临失败。他在

---

① 埃尔温·隆美尔：《隆美尔文件》，第260页。

18 日写给妻子的信中坦白得更清楚："昨天是特别艰难和关键的一天。我们又挺了过来。但不能再这样持续下去了，否则前线就会崩溃。从军事上讲，这是我经历过的最艰难的时期。当然，援军就在眼前，但我们能否活着看到它还是个问题。"① 四天后，由于后备力量仍然不足，他的部队不得不遭受更猛烈的打击，幸运的是他们奇迹般地顶住了冲击。

隆美尔在战后的记述中高度赞扬了中东英军总司令："奥金莱克将军……在阿莱曼亲自接管了指挥权，他以非常高超的技巧指挥着他的部队……他似乎以非常冷静的态度面对局势，因为他不允许自己因为我们采取的任何行动而仓促接受'二流'解决方案。这一点在随后发生的事情中尤为明显。"②

但是，奥金莱克与其才华横溢的参谋长多尔曼 – 史密斯设计的每一轮"一流"解决方案，却在"三流"的基层执行中出了问题。上下沟通的孔道也被堵塞了，其中一个重要原因是英联邦不同国家的部队在压力巨大的情况下混编在一起，指挥官们被各自政府焦急的质询和警告所困扰。虽然在经历最近几个月的不愉快后，这种焦急实属自然，但它却加剧了战争中常见的摩擦。

7 月战役结束时普遍存在的失望情绪，再次加深了 6 月惨败留下的领导不力的印象，并使人们产生了一种冲动，认为高级司令部需要彻底改变。像往常一样，批评集中在指挥链顶端，而不是发生差错和失误的中下层。恢复部队的信心更有必要，奥金莱克反攻的失败再次动摇了部队的信心。在这种情况下，更换指挥官是最方便的强心剂，甚至可能成为必要之举——不管这对被替换的指挥官来说有多么不公平。

丘吉尔决定亲赴埃及研判战局，并于 8 月 4 日抵达开罗——这一天是英国参加第一次世界大战的重要纪念日。尽管如丘吉尔所言，奥金莱克

---

① 埃尔温·隆美尔：《隆美尔文件》，第 257 页。
② 埃尔温·隆美尔：《隆美尔文件》，第 248 页。

"阻止了逆流"，但形势并没有真正逆转，这一点回想起来还是可以看得出来的。隆美尔仍然距离亚历山大和尼罗河三角洲仅有 60 英里——近得令人不安。丘吉尔此时已萌生换帅之念，在发现奥金莱克就反攻时机激烈争执，并坚持必须将进攻推迟到 9 月，以便让新的增援部队有时间适应沙漠作战环境并完成训练后，他下定了决心。

他的决定也受到南非总理史末资元帅（应丘吉尔之邀飞往埃及）的支持，这进一步巩固了首相的决断。丘吉尔最初的想法是将指挥权交给非常能干的帝国总参谋长艾伦·布鲁克上将——但布鲁克出于谨慎和政策方面的考虑，不愿离开陆军部接替奥金莱克的位置。因此，经反复磋商，丘吉尔向伦敦战时内阁同僚发电报，提议任命亚历山大为总司令，并将英国第 8 集团军的指挥权交给戈特[①]中将——考虑到这位英勇的军人在最近的战斗中作为军长表现拙劣，这是一个令人惊讶的选择。但第二天，戈特在前往开罗的途中因空难丧生。幸运的是，蒙哥马利随后被从英国调来填补空缺。两名新任军长也被调来了——奥利弗·利斯中将接管英国第 30 军，布赖恩·霍罗克斯中将填补英国第 13 军的空缺。

讽刺的是，此番人事震荡导致英军重启攻势的时间节点，较奥金莱克原定计划更为延后。因为急躁的首相不得不向蒙哥马利让步，等待准备和训练完成。这意味着战略主动权拱手让予隆美尔，让他有另一次机会在所谓的"阿拉姆哈勒法战役"中争取胜利——但实际上只是给了他"足够的绳索来吊死自己"罢了。

8 月份，只有两支新部队抵达增援隆美尔——一个德军伞兵旅和一个意军伞兵师。两者都取消了摩托化，作为步兵部署。但是，已经参战的师的损失在很大程度上被征兵和新装备补给所弥补——尽管意大利师的装

[①] 威廉·戈特（1897—1942），1941 年 9 月至 1942 年 2 月任英国第 7 装甲师师长，1942 年 2 月至 1942 年 8 月任英国第 13 军军长。1942 年 8 月 7 日在飞往开罗的途中因空难丧生，没能按预定计划继任英国第 8 集团军司令。——译者注

备比德国师多得多。到隆美尔计划于 8 月底发动的攻击前夕，他的两个装甲师有大约 200 辆配备火炮的坦克，两个意大利装甲师另有 240 辆。虽然意军仍装备过时旧型坦克，但德军 74 辆 "三号坦克" 已换装长管 50 毫米火炮，27 辆 "四号坦克" 更配备新型长管 75 毫米火炮。这是质量上的一次重要提升。

但是，前线的英军坦克数量已增加到总共 700 多辆（其中约 160 辆是 "格兰特" 坦克）。实际上，只有大约 500 辆参加了装甲战役——这次战役时间很短。

防御阵线仍由 7 月份的四个步兵师守卫，但兵力得到了加强，英国第 7（轻型）装甲师继续驻防，而英国第 1 装甲师则返回整编，由英国第 10 装甲师（师长亚历山大·盖特豪斯少将）接替。第 10 装甲师由英国第 22 装甲旅和新抵达的英国第 8 装甲旅组成，而重新装备的英国第 23 装甲旅也在战斗开始后由其指挥。一个新抵达的步兵师也被派往前线，守住阿拉姆哈勒法岭的后方阵地。

防御工事没有发生根本性变化，该工事由多尔曼-史密斯设计，并由奥金莱克在任时批准。战役胜利后，虽多有传言称该计划因指挥权的变更而被彻底修改，但亚历山大在他的电报中诚实地陈述了事实，这与那些传言相去甚远。他说，当他从奥金莱克手中接过指挥权时：

> 计划是尽可能稳固地守住大海和鲁维萨特岭之间的区域，依托阿拉姆哈勒法岭预设坚固阵地，威慑任何自该岭南进之敌。现任第 8 集团军统帅的蒙哥马利将军在原则上接受了这个计划，我也同意，并希望如果敌人给我们足够的时间，他就能通过加强左翼或南翼来改善我们的防御态势。①

---

① 哈罗德·亚历山大：《作战电令》，第 841 页。

阿拉姆哈勒法阵地虽在隆美尔发起攻势前获得加强，但其防御工事并未受到真正考验——因为战斗的结果取决于英军装甲部队的精心部署和非常有效的防御行动。战线的北部和中部防御十分坚固，以至于南部 15 英里的路段（位于新西兰部队在阿拉姆纳伊尔岭的"据点"和盖塔拉洼地之间）是战线中唯一可能快速突破的区域。因此，隆美尔若要尝试取得突破，必然会选择这条前进路线。这是显而易见的——而奥金莱克制订的防御计划正是为了迫使敌军采取这一行动。

在目标地点发动突袭已无可能，所以隆美尔不得不依靠时间和速度实现突袭。他希望迅速突破南部地区，并切断英国第 8 集团军的交通线，从而瓦解其防御部署，使其陷入混乱。他的计划是通过夜袭突破雷区，此后非洲军团和意大利机动部队的一部分在天亮前向东行驶约 30 英里，然后向东北方向驶向海岸，直奔第 8 集团军的补给区。他希望这一威胁会引诱英国装甲部队追击，让他有机会摧毁它。与此同时，德国第 90 轻装师和意大利机动部队余部将形成一条足以抵御来自北方反击的防护走廊，直到他赢得英军后方的装甲战斗。在其个人记述中，他表示"特别依赖英军司令部的缓慢反应，因为经验告诉我们，他们总是需要耗费相当长的时间才能决策并付诸实施"。

但当 8 月 30 日晚发动攻击时，人们发现雷区纵深远超预期。天亮时，隆美尔的先头部队仅突入雷区后方八英里处，而德国非洲军团的大部分部队直到上午 10 时左右才开始向东进发。此时，非洲军团的大量车辆遭到英国空军的猛烈轰炸。军团指挥官瓦尔特·内林装甲兵上将在战斗初期受伤，此后的战役中，非洲军团由参谋长弗里茨·拜尔莱因上校指挥。

当发现任何奇袭效果都已消失，推进速度严重滞后时，隆美尔曾考虑停止进攻。但在与拜尔莱因讨论后，加之其自身固有的倾向，他决定继续进攻——尽管目标有所调整并减少了预期战果。显然，英国装甲部队已有足够的时间进入战斗位置，因而可以威胁到德军纵深推进的侧翼，因此他感到必须"比原计划更早向北转向"。因此，他命令非洲军团立即转向，朝阿拉姆哈勒法岭的制高点132高地前进。这一改变使它朝着英国第22装甲旅驻扎的区域前进，同时也朝着一个软沙区域前进，机动能力大打折扣。而最初的推进路线是远离这个"粘性"区域的。

英国第8装甲旅的战斗阵地在英国第22装甲旅东南方向约十英里，可以更直接地遏制敌军迂回行动，而不是依靠侧翼阵地的间接牵制和威胁。蒙哥马利甘愿冒着将两个旅分散开的风险，因为他相信，每个旅的装甲力量几乎与整个非洲军团不相上下，因此任何一旅都足以坚守到另一个旅赶来支援。

然而，英国第8装甲旅直到凌晨4时30分才到达指定阵地——幸运的是，敌军也耽误了同样长的时间，因为根据隆美尔最初的计划，德国非洲军团本应直扑该区域，并在黎明前到达那里。第8装甲旅若在尚未稳固阵地时遭遇夜间突袭或拂晓强攻，战局将极为凶险，尤其是对于首次参战的部队来说。

由于隆美尔被迫比原计划更早地向北转向，攻击完全落在了英国第22装甲旅身上——但这直到当天晚些时候才发生。由于持续的空袭以及燃料和弹药车队延迟到达，非洲军团的推进被拖后了，以致其直到下午才开始转身向北。在接近阿拉姆哈勒法山和第22装甲旅的战斗阵地时，装甲纵队遭遇精心布防的坦克群打出的火力风暴，随后第22装甲旅的支援炮兵部队也加入打击——该旅由年轻的新任旅长菲利普·罗伯茨准将巧妙地指挥。英军成功遏制了德军多次冲锋与局部侧翼包抄的企图——直到夜幕降临，战斗才结束，精疲力竭的守军终获喘息，而攻势受挫的进攻方则士气低迷。然而，这次袭击的失败不仅仅是源于战场受挫。由于德国非洲军团燃料短缺，隆美尔在下午取消了全力夺取132高地的命令。

甚至到了9月1日早晨，燃料仍然短缺，隆美尔被迫放弃了当天发动任何大规模进攻的想法。他最多只能动用德国第15装甲师进行局部有限的攻击，以夺取阿拉姆哈勒法岭。德国非洲军团现在处于非常危险的困境中。由于夜间遭受英国轰炸机和霍罗克斯第13军炮火的袭击，非洲军团损失持续扩大。德军日渐衰弱的装甲攻势在英军得到加强的防御面前接连受挫——因为当天清晨,蒙哥马利确信敌人不会向东驶向他的后方,命令另外两个装甲旅与罗伯茨的装甲旅一起集结。

当天下午,蒙哥马利"下令着手制订夺回战场主动权的反击计划"。他的想法是从新西兰部队的阵地向南发动迂回攻势,堵住德军退路。他还前调英国第 10 军司令部"统率追击部队",要求它"集中所有可用的后备力量向达巴推进"。

此时装甲集团军只剩下一天的燃料供应——这个数量只够其部队行进大约 60 英里。因此,在经历第二天夜里近乎无休止的轰炸后,隆美尔决定停止进攻并逐步撤退。

白天,阿拉姆哈勒法方向的德军逐渐减少,并开始向西移动。但英军追击的请求被拒绝了——因为蒙哥马利的战略原则是避免他的装甲部队被诱入隆美尔的陷阱,这种情况以前经常发生。与此同时,蒙哥马利下令,新西兰部队将在其他部队的增援下于 9 月 3 日至 4 日夜间向南进攻。

但 9 月 3 日,隆美尔的部队开始全面撤退,英军仅以侦察分队进行有限追踪。当晚,英军对敌人的后方发起了"封堵瓶口"的攻势,该侧翼由第 90 轻装师和的里雅斯特师守卫。这次攻击因部队协同混乱而损失惨重,最终被迫中止。

在接下来的两天,即 9 月 4 日和 5 日,德国非洲军团持续有序后撤,英军没有进一步努力切断其后路,而用小股先遣部队以非常谨慎的方式跟进。6 日,德军在原先战线以东六英里的一处高地上停了下来,显然要在那里坚守阵地。第二天,蒙哥马利在亚历山大的批准下决定停止战斗。至此,隆美尔在南部占领了这片有限的土地。这点微薄战果根本无法弥补其惨重损失与战略企图的彻底破灭。

对于英国第 8 集团军的部队来说,看到敌军撤退,尽管只退了几步,兴奋远远超过了未能切断敌军的遗憾。这清楚地表明形势已经逆转。蒙哥马利已经在部队中重塑了必胜信念,而官兵对他的信任也得到了证实。

然而，问题依然存在，当德国非洲军团被"围困"时，是否错过了一次摧毁其继续抵抗能力的绝佳机会？如果真能如此，就可避免后来进攻敌人准备好的阵地时产生的所有麻烦和沉重代价。但就目前而言，阿拉姆哈勒法战役对英军来说是一次巨大的胜利。当战役结束时，隆美尔已彻底失去了主动权——而且，鉴于英军增援部队不断涌入，下一场战役对隆美尔来说注定是一场如其本人精准定义的"没有希望的战役"。

根据战后对各方部队和资源更清晰的了解，可以看出，隆美尔最终的失败从他冲进埃及被阻挡的那一刻起就已成定局，因此，7月的第一次阿莱曼战役，可以被视为北非战局的有效转折点。尽管如此，当他得到增援在8月底再次发动进攻时，他仍然看起来是一个巨大的威胁，相较于战役前后的力量对比，此时双方军力最为接近均势，隆美尔仍然有获胜的可能性——如果他的对手像以前几次在占优的局势下那样犹豫不决或失手，他可能已经取得了胜利。但是结果，这种可能性彻底化为泡影。阿拉姆哈勒法战役的关键意义在于，尽管它与阿莱曼的其他战役在同一地区进行，但它被赋予了一个独立而独特的名字。

从战术层面上讲，这场战役也有特别的意义。因为它不仅是由防守方赢得的，而且结果完全由防守决定，没有任何反攻甚至真正的反攻企图。因此，它与第二次世界大战和更早的战争中的大多数"转折点"战役形成了鲜明对比。虽然蒙哥马利决定放弃乘胜追击的决策，从而失去了包围和摧毁隆美尔部队的机会（当时有很好的机会），但这并没有削弱这场战役作为转折点的决定性意义。从那时起，英军部队确信最终会获胜，这提高了他们的士气，而敌方部队则陷入绝望之中，意识到无论他们付出多少努力和牺牲，所能取得的也不过是暂时推迟的败亡结局。

它的战术技巧也有很多值得学习的地方。英军部队的部署和战场选择对战役结局有很大影响。部署的灵活性同样功不可没。最重要的是空中力量与地面部队作战计划的高度协同。这场战役的防御模式提高了其有效性，地面部队固守"圆形竞技场"，而空军得以对冲进"竞技场"内的隆美尔部队（此刻已成困兽）实施持续轰炸。在这种战斗模式中，空军可以更自由、更有效地行动，因为他们能够将"竞技场"内的所有部队视为"敌人"，也就是目标——这与空中行动在更动态的战斗中受到阻碍形成鲜明对比。

七个星期后，英军发动了进攻。不耐烦的首相丘吉尔对这次拖延极为不满，但蒙哥马利决心等到他的准备工作完成，他可以相当肯定地取得成功，亚历山大也支持他。因此，在年初以来英国连续战败的阴云下，其政治地位岌岌可危的丘吉尔，此时不得不屈服于将领们的看法，将进攻推迟到 10 月下旬。

进攻的具体日期由月相决定，因为按计划，进攻从一次夜间突击开始——旨在减轻敌军防御火力——而清理雷区缺口的过程又需充足的月光帮忙。因此，进攻定于 10 月 23 日晚上进行——24 日是满月。

丘吉尔希望提前发动攻势的一个关键因素是，美英联合登陆法属北非的伟大计划，即"火炬行动"，现在预定于 11 月初启动。阿莱曼战役对隆美尔的决定性胜利将鼓舞法属殖民地民众迎接反轴心解放者的热情，也将使佛朗哥将军更不愿意欢迎德军进入西班牙和摩洛哥——德军的这一反击可能会扰乱和威胁盟军的登陆。

但亚历山大认为，如果"轻足行动"比"火炬行动"提前两个星期发动，那么这段时间内"将足以摧毁我们所面对的轴心国部队的主力，另一方面，这段时间太短，敌人无法大规模增援"。他认为，无论如何，如果在北非的另一端登陆能取得好结果，那么确保自己这边的成功至关重要。"关键在于，我确信仓促进攻将会冒着失败的风险，甚至会招致灾难。"这些观点占了上风，虽然他提议的日期比丘吉尔此前向奥金莱克建议的日期晚了近一个月，但他接受了推迟到 10 月 23 日的决定。

到那时，英军在数量和质量上的优势比以往任何时候都要大。按照通常的"师级单位"计算，双方似乎势均力敌——因为双方都有 12 个

"师"，其中4个是装甲师。但实际兵力的对比则截然不同，英国第8集团军的战斗人员为23万，而隆美尔的不到8万，其中只有2.7万名德国官兵。此外，英国第8集团军有7个装甲旅共计23个装甲团，而隆美尔只有4个德国坦克营和7个意大利坦克营。实际坦克力量的对比更为悬殊。战役爆发时，英国第8集团军共有1440辆配备火炮的坦克，其中1229辆随时可以投入战斗——在长期战斗中，英国第8集团军还可以利用当时在埃及基地储备的另外1000辆坦克。隆美尔只有260辆德国坦克（含20辆正在维修的坦克及30辆轻型二号坦克）和280辆意大利坦克（全部是过时型号）。在决定性的装甲战斗中，只有210辆装备火炮的德国中型坦克堪用——因此，实际上英国在数量上以6∶1的优势开始，而且战损补充能力远胜对手。

在坦克对抗火力方面，英军的优势更大，因为"格兰特"坦克现在得到了大批量运抵的更新、更先进的美国"谢尔曼"坦克的增援。到战斗开始时，英国第8集团军拥有500多辆"谢尔曼"和"格兰特"坦克，还有更多的坦克正在运送途中，而隆美尔只有30辆新型四号坦克（配备高速75毫米火炮）可以与这些新型美国坦克相匹敌——这个数字仅比在阿拉姆哈勒法时多4辆。此外，隆美尔已经失去了他此前在反坦克炮方面的优势。他的88毫米反坦克炮数量已增至86门，尽管又有68门缴获的苏制76毫米反坦克炮补充，但他的标准德国50毫米反坦克炮除非在近距离攻击，否则无法穿透"谢尔曼"和"格兰特"或"瓦伦丁"坦克的装甲。更糟糕的是，新式美国坦克配备了高爆弹，使它们能够在远距离上击毁对方的反坦克炮。

在空中，英军也享有前所未有的优势。中东英国皇家空军总司令阿瑟·特德（爵士）空军上将现在拥有96个作战中队，其中包括13个美国中队、13个南非中队、1个罗得西亚中队、5个澳大利亚中队、2个希腊中队、1个法国中队和1个南斯拉夫中队。他们总共拥有1500多架一线战机。其中，驻扎在埃及和巴勒斯坦的1200架可用战机随时准备协助英国第 8 集团军的进攻，而德意联军在非洲总共只有 350 架可用战机来支援德意非洲装甲集团军。这种空中优势在袭扰敌军的行动与补给、保障己方补给线的通畅方面有重大价值。但对于这场战役而言，更为重要的是英国空军与英国海军潜艇协同实施的战略行动，它们切断了装甲集团军的海上补给动脉。9 月，运往该集团军的补给中有近三分之一在穿越地中海时被击沉，大量船只被迫返航。10 月，补给中断的情况更加严重，运到非洲的补给不到一半。炮弹短缺，几乎没有弹药可用来对抗英国的轰炸。最惨重的损失是油轮被击沉，在英军进攻前几个星期，没有一艘油轮抵达非洲——因此，当战斗开始时，德意非洲装甲集团军只剩下 3 天的燃料，而不是最低要求的 30 天储备量。这种严重的短缺从各方面限制了德军的反击。机动部队被迫分散部署，无法快速集中到进攻点，随着战斗的持续，他们的机动能力不断下降。

粮食供应危机同样导致部队疾病肆虐。战壕的卫生条件恶劣，尤其是意大利部队驻守的区域，使疾病的传播速度倍增。早在 7 月的战斗中，英国人也常常因不堪恶臭放弃他们占领的意军战壕，在挖掘新的战壕之前，他们多次暴露在德军装甲火力的打击下。但是，对卫生条件的漠视最终引发反噬，痢疾和传染性黄疸不仅蔓延于意军，更波及德军阵营——患者甚至包括一些德意非洲装甲集团军的核心军官。

最重要的"病患"是隆美尔本人。在 8 月阿拉姆哈勒法攻势之前，他就一直卧床不起。战役期间虽勉强复出指挥，但医疗压力迫使其于 9 月回到欧洲接受治疗和休息。其职务暂时由施图姆装甲兵上将接替，而德国非洲军团指挥的空缺则由冯·托马中将填补——这两位指挥官都来自苏德战场前线。隆美尔的缺席以及继任者对沙漠战场的缺乏经验，极大削弱了德军应对英军攻势的备战能力。这场战争开始后的第二天，施图姆驱车视察前线，突遇猛烈的炮火，坠车后突发心脏病而身亡。当夜，正在奥地利疗养的隆美尔接到希特勒的紧急来电，问他是否能返回非洲，隆美尔的疗养就此中断。第二天，也就是 10 月 25 日，他飞抵阿莱曼前线，此时防线已被严重突破，当天的反攻中几乎损失了一半的可用坦克。

最初，蒙哥马利的计划是同时发动左右攻势——奥利弗·利斯中将的英国第30军在北部，布莱恩·霍罗克斯中将的英国第13军在南部——然后（集中赫伯特·拉姆斯登①中将的英国第10军的力量）突破敌方装甲部队以切断敌人的补给线。但10月初，他意识到这个计划太过雄心勃勃，"因为该集团军训练水平不足"，于是改订了一个目标更有限的作战计划。新计划"轻足行动"将主攻集中在北部海岸附近，艾萨岭和米特里耶岭之间4英里宽的地带——而第13军将在南部实施佯攻以分散敌军的注意力，除非敌方防御崩溃，否则不会发起进攻。这个谨慎的计划导致了一场旷日持久、代价高昂的消耗战，如果采用更大胆的原始计划，考虑到英国第8集团军在兵力上的巨大优势，本可避免僵局。战事变成在消耗中艰难推进而非机动对决，一度濒临失败。即使双方的消耗比相差悬殊，蒙哥马利的目标也一定会实现——他所采取的行动都具有坚定不移的决心。在既定战术框架下，他还展示了改变进攻方向和利用战术优势使对手失去平衡的调整能力。

经过1000多门火炮15分钟的猛烈轰击后，步兵于10月23日（星期五）晚上10时发起进攻。初战告捷得益于敌军炮弹短缺，施图姆此前严令禁止炮兵轰炸英军的集结阵地。但雷区的纵深和密度远超预期，需要比预想中更长的时间来清理，所以当天亮时，英军装甲部队仍然困于通道或出口处。直到第二天，在步兵又一次发动夜间攻击后，四个装甲旅才成功从原来的防线推进了六英里——他们在穿越这些狭窄通道的过程中遭受了重大损失。与此同时，南部的英国第13军的助攻也遇到了类似的困境，并在第二天（25日）放弃行动。

---

① 赫伯特·拉姆斯登（1897—1945），1945年1月6日在与日军的战斗中阵亡，成为第二次世界大战中英国陆军最高级别的战斗阵亡者。——译者注

但是，北线防区被楔形突破的态势在德军看来非常危险，以至于守军指挥官在当天零散地投入坦克部队，防止楔形攻势扩大。此举正中蒙哥马利下怀，他的装甲部队现在处于有利位置，能够在德军断断续续的反击中予以重创。到了晚上，德国第15装甲师只剩下四分之一的坦克可以投入战斗——德国第21装甲师仍然滞留在南线。

第二天，即10月26日，英军重启攻势，但他们的推进尝试受到了阻拦，装甲部队为徒劳的进攻付出了沉重的代价。突破的机会已经消失，庞大的英军装甲楔形攻势深陷德军反坦克炮火力网。第二天晚上，拉姆斯登和他的师级指挥官已经对装甲部队在狭窄通道中强行突破的战术提出了异议，随着在狭窄的通道中损失不断增加，基层官兵们越来越普遍地认为装甲部队被滥用了。

蒙哥马利在保持着极度自信的同时，敏锐地意识到他最初的进攻失败了，突破口被堵住了，他必须制订一个新的计划，同时让他的主攻部队休整一下。无论是这次还是后来，他都随时准备根据情况调整目标，这比他事后总是说一切都"按计划进行"的习惯更能鼓舞士气，也更能彰显他的指挥才能。颇具讽刺意味的是，这种习惯反倒经常掩盖了他因为适应性和多种才能而应得的赞誉。

新计划被命名为"超级增压行动"——这个名字很贴切，可以让执行者相信它完全不同，而且更有可能取得成功。德国第7装甲师被调往北方增援。但是，隆美尔也趁着间歇期重组部队，德国第21装甲师已经在北上，紧随其后的是意大利"阿里埃特"师[①]。英国第13军在南部的助攻未能达成牵制敌军装甲部队之目的。装甲军团向北转移以及随之而来的兵力集中，在战术层面上对隆美尔有利。这让英军更加依赖纯粹的猛攻和消耗战。幸运的是，他们拥有巨大的数量优势，即使在消耗比例上非常不利，只要他们坚定不移地进行"绞杀"，就会锁定胜局。

---

① 即意大利第132"白羊座"装甲师。——译者注

蒙哥马利的新攻势于 10 月 28 日夜间开始——从打入敌人前线的楔形突破区向北向海岸推进。蒙哥马利的意图是切断敌人的沿海"口袋"阵地，然后沿着海岸公路向西，朝达巴和富卡进发。但新的攻势陷入了雷区泥潭，随着隆美尔迅速反击，将德国第 90 轻装师转移到这个侧翼，战局的前景黯淡。尽管如此，当这次进攻停止时，隆美尔还是认为自己很幸运，因为此时他的兵力已经所剩无几。德国非洲军团只剩下 90 辆坦克，而英国第 8 集团军仍有 800 多辆可用的坦克——因此，尽管第 8 集团军付出了近 4 辆英国坦克交换 1 辆德国坦克的代价，英军的力量优势仍然已经上升到 11：1。

隆美尔 29 日写信给妻子说："我已经不抱太大希望了。夜深人静时辗转难眠，因为肩上的重担令人窒息。白天我筋疲力尽。如果战局崩溃，会发生什么？这个想法日夜折磨着我。如果出了问题，我看不到出路。"[①] 从这封信中可以清楚地看出，重担不仅压垮了士兵，也压垮了病体未愈的指挥官。那天清晨，他曾考虑下令撤退到西边 60 英里处的富卡阵地，但又不愿意后退，因为这意味着要牺牲大部分非机动化步兵，因此他推迟了这一重大决定，希望再一次阻击能让蒙哥马利停止进攻。结果，英军沿海岸推进受挫反成利好。因为如果隆美尔此时撤离，英军的所有计划都会被打乱。

蒙哥马利一看到他朝海岸方向的突击未能奏效，就决定恢复原来的进攻路线——希望抓住敌人薄弱的后备力量向北转移的机会。这是一个明智的决定，也是他灵活用兵的又一范例。但是，他的部队没有那么灵活，而且重新集结花费了时间，使得新的攻势直到 11 月 2 日才开始。

这种接二连三的停顿加深了伦敦的沮丧和焦虑。丘吉尔对进攻的缓慢进展感到非常失望，好不容易才忍住没有给亚历山大发那封尖酸刻薄的电报。压力主要落在英帝国总参谋长艾伦·布鲁克上将肩上——他努力安

---

① 埃尔温·隆美尔：《隆美尔文件》，第 312 页。

抚内阁，但内心却越来越怀疑，焦虑地想着"我是不是判断失误，蒙蒂是不是被打败了"。就连蒙哥马利本人也无法像表现出的那般自信，他私下承认了自己的不安。

新一轮进攻于11月2日凌晨开始，再次令人沮丧——更强化了可能不得不中断进攻的预感。因为雷区造成了更长的拖延，抵抗强度超出预期。天亮时，担任前锋的装甲旅"发现自己正处在拉赫曼通道上强大的反坦克炮火下，而不是像计划的那样在通道外"[1]。在那个狭窄的位置，他们遭到了隆美尔装甲部队的反击，在当天的战斗中失去了四分之三的坦克。其余的坦克勇敢地坚守阵地，从而使后续旅团得以突破缺口，但后续部队却被困在拉赫曼通道外。当夜幕降临战斗结束时，战损和机械故障导致英军又损失了近200辆坦克。

尽管在这一新挫败后，局势似乎不容乐观——尤其是从远处看——但阴云即将消散。因为到了这一天结束时，隆美尔已经精疲力竭。令人惊讶的是，防御部队竟然坚持了这么久。防御部队的核心是德国非洲军团的两个装甲师，但即使在战斗开始时，他们的战斗人员也只有9000人，在炮火打击后只剩下2000多人。更糟糕的是，非洲军团只剩下30辆坦克可以投入战斗，而英军仍有600多辆坦克，因此英军对德军的优势现在是20比1。至于薄皮的意大利坦克，它们已被英军的火力击得粉碎，许多幸存者也已向西逃亡遁离战场。

当晚，隆美尔决定分两步撤退到富卡阵地。正当撤退顺利推进时，3日正午刚过，希特勒下达了紧急命令，坚持必须不惜一切代价守住阿莱曼阵地。隆美尔以前没有受到希特勒的干涉，也没有意识到在这种情况下不服从命令的必要性，于是他停止了撤退，并召回了已经在撤退途中的纵队。

这次大撤退断送了在后方构筑有效防线的可能，而试图在阿莱曼恢

---

[1] 哈罗德·亚历山大：《作战电令》，第856页。

复抵抗的尝试更是徒劳。3日早些时候，英军空中侦察发现并报告了敌军向西撤退的行动，这自然刺激了蒙哥马利继续加强攻势。虽然白天两次绕过敌人警戒线的尝试都失败了，但当天晚上，新的步兵进攻（由第51高地师和印度第4师）从西南方向发起，成功突入了非洲军团和意大利部队之间的接合部。4日黎明后不久，三个装甲师通过了突破口并展开部署——他们奉命向北转，切断敌人沿海岸公路的撤退路线。新西兰机动师及其指挥下的第4装甲旅加强了他们的进攻。

现在，有绝佳的机会可以围歼隆美尔全军。德国非洲军团司令托马在早晨的混乱中被俘，致使撤退命令直到下午才下达，这样一来，英国人的机会就更大了。而希特勒姗姗来迟的撤退许可直到第二天才收到。但是，隆美尔下达撤退命令后，德军部队迅速行动，挤上剩余的机动车辆，而英军的行动却因谨慎、犹豫、动作缓慢和机动范围狭窄而受到影响。

英军三个装甲师穿过缺口并完成部署后，受命向北前往位于敌军被击破的战线后仅10英里的加扎勒海岸公路。这个狭窄的通道让德国非洲军团的残余部队有机会通过快速而短距离的侧移来实施拦截。推进几英里后，英军被这道单薄的屏障阻挡，一直到下午，这时德意非洲装甲集团军开始按照命令撤退。当夜幕降临时，谨慎的英军停下来过夜。此举尤为不智，因为他们早已超过装甲集团军残存主力，现在位于其身后。

第二天，11月5日，合围行动依旧展现出范围过窄与节奏滞缓的缺陷。英军第1装甲师和第7装甲师最初受命向加扎勒以西仅10英里处的达巴进军，但先头部队直到中午才抵达达巴，发现撤退的敌人已溜过防线。第10装甲师受命转向西边15英里处的加拉尔，在那里抓住了敌军的尾巴，俘获了大约40辆坦克，其中大部分是燃料耗尽的意大利坦克。直到晚上，英国装甲部队才开始追击撤退的主力部队，前进了11英里后，英国装甲部队按惯例停下来过夜，此时距离新目标富卡悬崖还有6英里。

新西兰师及其配属装甲部队被告知在突破后前往富卡，但由于交通管制混乱，他们未能跟随装甲师穿过缺口，随后又因清剿沿途的意大利部队浪费了更多时间。因此，当4日夜幕降临时，他们离富卡有不到一半的路程。5日中午，他们到达目标附近，但随后在一个疑似雷区面前停了下来——事实上，这是英军为了掩护他们撤退到阿莱曼而设置的假雷区。新西兰部队还没有穿过雷区，夜幕就降临了。

与此同时，英国第7装甲师在过早进军达巴后，又被派回沙漠，向距离富卡15英里的巴库什进军。但是，它在越过新西兰部队的后方时耽搁了，而且受到疑似雷区的阻滞，然后就停下来过夜。

第二天早上，这三个追击师在富卡和巴库什附近集结，但撤退的敌人已经向西溜走了。他们只俘获几百名散兵和几辆耗尽燃料的坦克。

此时追上隆美尔纵队的主要希望寄托在英国第1装甲师身上——在达巴错失目标后，第1装甲师受命沿沙漠实施远距离包抄，切断马特鲁以西的海岸公路。但是，它的推进因燃料短缺而两次停止，第二次是在距离海岸公路只有几英里的时候。这让指挥官尤为恼火，因为他与同僚曾敦促至少有一个装甲师应该做好长期追击到塞卢姆的准备，用额外的燃料替换运输车上的弹药。

11月6日下午，沿海地带开始降雨，夜间雨势愈发猛烈。这彻底阻止了所有追击行动，确保了隆美尔部队的逃脱。事后，这场雨成为未能切断其撤退路线的主要借口。但分析后发现，最佳战机早在降雨前就已丧失——因为迂回幅度过窄、过于谨慎、缺乏时间观念、不愿在夜间继续推进，以及过于专注于战场局部而忘记了决胜扩张的基本要求。如果追击部队深入沙漠，到达塞卢姆陡峭悬崖等更远的阻断点，本可以避免遭到抵抗或天气阻碍的风险——毕竟降雨多见于沿海地带，在沙漠内部很少见。

7日晚，隆美尔从马特鲁撤退到西迪拜拉尼，在那里又进行了一次短暂的抵抗，而他的运输纵队正通过塞卢姆和哈尔法亚悬崖上的通道穿过边境瓶颈地区，这些通道遭到英国空军的猛烈轰炸。有一段时间，沿海公路上出现了严重的交通堵塞，排队的车辆长达25英里，但由于交通管制组织良好，第二天晚上大部分车辆还是顺利通过了。因此，尽管仍有大约

1000辆车待通过这个瓶颈地区，但到了9日，隆美尔还是命令后卫部队撤退到边境。

与此同时，蒙哥马利组织了一支由英国第7装甲师和新西兰师组成的特遣追击部队，并让另外两个装甲师停在原地，以防止燃料耗尽后隆美尔有机会对陷入困境的部队进行反击。这场长途追击于8日开始，但新西兰部队直到11日才到达边境，尽管第7装甲师的两个装甲旅在前一天下午才穿过海岸公路南部的沙漠，但当敌人于11日经过卡普佐时，他们差点追上敌人的尾巴。

虽然隆美尔摆脱了蒙哥马利的"魔爪"，成功挫败了每一次试图切断其退路的企图，但此刻其兵力已过于虚弱，无力在边境或更远的昔兰尼加重新建立一条新的防线。他当时的战斗力量仅存约5000名德国人和2500名意大利人，配备11辆德国坦克和10辆意大利坦克、35门德国反坦克炮、65门德国野战炮和几门意大利火炮。虽然约有1.5万德国战斗部队安全撤离，但三分之二的作战装备已丢失，而意大利部队中更大一部分人丢弃了装备。第8集团军除了歼敌数千人外，还俘获了约1万名德国人和2万多名意大利人（包括行政后勤人员），以及约450辆坦克和1000多门火炮。这大大补偿了其自身1.35万人的伤亡，也补偿了目送隆美尔溜走"以待他日再战"的遗憾。

在短暂的休整和补充物资后，英军恢复了推进。但这是一次跟踪，而不是追击，隆美尔过去的反击令对手心有余悸，部队谨慎地沿着海岸环线行进，而不是走直线穿过班加西弧形沙漠地带。领头的装甲部队直到11月26日才抵达卜雷加港，此时距离他们穿越昔兰尼加东部边境已经过去了两个多星期，而隆美尔早在此瓶颈要地重设屏障。在撤退途中，他的部队唯一重大的危机与隐患来自燃料短缺。在卜雷加港，他得到了一个新的意大利"半人马座"装甲师和三个意大利步兵师的增援——尽管这些部队没有摩托化，因此带来的负担多于好处。

现在，英军又暂停了两个星期，调集援军和物资准备进攻卜雷加港阵地。蒙哥马利再次制订了一项"歼灭防御之敌"计划——通过强大的正面突击将隆美尔牵制住，同时派遣重兵实施大范围迂回包抄以切断其撤退路线。正面攻势将于 12 月 14 日发起，在此之前，将在 11 日至 12 日夜间进行大规模突袭，以转移敌军对迂回机动的注意力，后者将同时展开沙漠穿插行动。但隆美尔在 12 日夜间悄然撤离，从而使英军的计划落空。他迅速回到卜雷加港以西 250 英里的布埃拉阵地，比英国第 8 集团军在班加西的新前进基地与该港的距离还要再远一倍。

时至年底，隆美尔仍固守着布埃拉特阵地，因为在蒙哥马利准备恢复进攻之前，有一个月的停顿用于调动和集结。但是，非洲战局的形势显然已经发生了变化。隆美尔的部队已无可能再次集结到能够匹敌英国第 8 集团军的兵力，而他的后方地区和潜在的后方阵地现在正受到英美第 1 集团军从阿尔及利亚向东推进到突尼斯的威胁。

然而，希特勒的幻想很快死灰复燃，而墨索里尼则拼命地坚持自己的幻想，因为他不忍心看到意大利的非洲帝国分崩离析。事实上，尽管隆美尔能否成功躲过追兵、保全残部还不确定，但二人的幻想已经再次占据上风。安全抵达卜雷加港后，隆美尔接到命令，要"不惜一切代价"坚守这条防线，防止英军进入的黎波里塔尼亚。为了加强这一空中楼阁式的要求，他还再次被置于巴斯蒂科元帅的指挥之下，就像在进军埃及之前一样。11 月 22 日，他见到巴斯蒂科时，直截了当地告诉对方，在沙漠边境"抵抗到底"的命令意味着残存部队必将遭到毁灭——"我们要么提前四天失去阵地而保全部队，要么四天后阵地和部队都完蛋。"

然后，卡瓦列罗上将和凯塞林空军元帅于 24 日来见隆美尔，隆美尔直言他的部队中只有 5000 人拥有武器，为了守住卜雷加港阵地，他需要在蒙哥马利进攻之前迅速交付 50 辆配备新型 75 毫米长管火炮的"四号坦克"、50 门同类型的反坦克炮，以及充足的燃料和弹药。虽然这是评估得出的适中需求，但很明显，他的需求不可能得到满足，因为大多数可用的装备和增援都被调往突尼斯。然而，他们仍然坚持命令隆美尔坚守卜雷

北非，1942年11月。第二次阿莱曼战役中，蒙哥马利将军指挥坦克部队作战

加港。

为了让希特勒面对现实,隆美尔飞往东普鲁士森林中拉斯滕堡附近的元首大本营。他受到了冷遇,当他提出最明智的做法是撤离北非时,希特勒"勃然大怒",不听任何进一步的解释。这次冲突比以往任何一次都更能动摇隆美尔对元首的信心。正如他在日记中写道:"我开始意识到阿道夫·希特勒根本不想直面现实,他情绪化地反对情报部门告诉他的正确情况。"希特勒坚持认为"继续守住非洲的主要桥头堡是政治上的需要,因此绝不允许从卜雷加港撤退"[①]。

但是,当隆美尔在返程中途经罗马时,他发现墨索里尼更通情达理,同时也更清楚将足够的补给运往的黎波里并将它们转运到卜雷加港的困难。因此,他设法获得墨索里尼的许可,在布埃拉特构筑一个中间阵地,以便及时将非摩托化的意大利步兵部队后撤,英军一旦进攻,再撤回其余兵力薄弱的部队。获得许可后,隆美尔迅速采取行动,在英军显露出进攻迹象时,他立即趁着夜色悄然撤离。更关键的是,他已下定决心,不会在布埃拉特或的黎波里前停下来,让蒙哥马利有困住自己的机会。他制订的计划是退守突尼斯边境和加贝斯瓶颈地区,在那里他不容易被迂回包抄,并可以利用更近的增援部队发动有效的反击。

[①] 埃尔温·隆美尔:《隆美尔文件》,第366页。

第 21 章 "火炬行动"——来自大西洋的新浪潮

1942年11月8日,盟军登陆法属北非。此次进入西北非的行动,发生在英军对隆美尔在非洲最东北部阿莱曼的阵地发动进攻两个星期后,也是该阵地崩溃四天后。

1941年圣诞节期间在华盛顿举行的"阿卡迪亚会议"上——这是日本偷袭珍珠港将美国卷入战争后举行的第一次盟国会议——丘吉尔先生提出了"西北非计划",作为"收紧对德包围圈"的一个步骤。他告诉美国人,已经有了一个名为"体操运动员"的计划,如果英国第8集团军在昔兰尼加取得决定性胜利,向西推进到突尼斯边境,那么他们将在阿尔及利亚登陆。他接着提议:"在法国同意的情况下,美军部队应受邀同时实施摩洛哥海岸登陆。"罗斯福总统赞成这一计划,因为他很快就看到了它在大战略中的政治优势,但他的军事顾问对它的可行性表示怀疑,同时担心它会妨碍更直接地攻击希特勒欧洲占领区的计划。他们最多只同意继续研究这个现在被重新命名为"超级体操运动员"的行动计划。

在接下来的几个月里,讨论集中在一个横跨英吉利海峡的攻击计划上,该行动将于8月或9月发起,以满足斯大林开辟"第二战场"的要求。经美国陆军参谋长马歇尔上将和他亲自选定并派往伦敦担任美国陆军

第 21 章 "火炬行动"——来自大西洋的新浪潮

欧洲战区司令的艾森豪威尔[①]少将力荐，科唐坦半岛（瑟堡半岛）成为最受青睐的地点。英国人强调了在兵力不足时过早登陆欧洲的弊端，指出这样的桥头堡可能遭封锁或击溃，而无法给苏联带来实质性的援助。但罗斯福总统支持该计划，并在 5 月底莫洛托夫访问华盛顿时承诺，他"希望"并"期待"在 1942 年开辟"欧洲第二战场"。

6 月，在隆美尔先发制人地攻击加扎拉防线后，英军在东北非意外溃败，这促使在西北非登陆的计划重新启动。

6 月 17 日，丘吉尔和英国参谋长们飞往华盛顿参加新一轮会议时，加扎拉战役形势已经恶化。抵达后，丘吉尔乘飞机前往罗斯福在哈得孙河畔的海德公园家宅进行私下会谈。在这里，他再次强调了过早登陆法国的弊端和危险，同时建议恢复"体操运动员"计划作为更好的替代方案。6 月 21 日，英美参谋长们在华盛顿会面，他们对瑟堡计划意见不一，但一致认为北非计划不合理。

他们对这个计划的负面结论很快就被事态发展的压力所扭转，再加上罗斯福迫切希望在 1942 年采取一些积极行动，以兑现他对苏联人的承诺，即使不是那么直接。6 月 21 日，有消息称图卜鲁格要塞已被隆美尔攻陷，英国第 8 集团军的残余部队正在撤退到埃及。

在接下来的几个星期里，英军的处境恶化，要求美国直接或间接干预非洲的论调也相应高涨。到 6 月底，隆美尔紧随撤退的英军抵达阿莱曼防线，并开始攻击。7 月 8 日，丘吉尔发电报给罗斯福，说当年登陆法国的"大锤"计划必须放弃，并再次敦促"体操运动员"计划。随后，他通过时任英国驻华盛顿联合参谋团团长的陆军元帅约翰·迪尔爵士发来信息，

[①] 德怀特·艾森豪威尔（1890—1969），1942 年 6 月至 8 月任美国陆军欧洲战区司令，1942 年 8 月任实施北非登陆的盟军最高司令，1943 年 1 月任北非战区盟军最高司令（北非战役之后，北非战区盟军司令部即改组为地中海战区盟军司令部，改任地中海战区盟军最高司令），1943 年 12 月至 1945 年 7 月任盟国远征军最高司令。——译者注

称"'体操运动员'计划是美国在1942年打击希特勒的唯一手段",否则西方两个盟国在1942年都不得不"按兵不动"。

针对这一看法,美军参谋长们对"体操运动员"计划提出了新的反对意见——马歇尔谴责它"代价高昂而无效",金[①]海军上将也宣称"不可能在其他战区履行海军承诺的同时,为这项可能实施的行动提供必不可少的船只和护航"。他们还一致认为,英国拒绝在1942年尝试登陆法国,清楚地表明英国人即便在1943年也不想冒险。因此,得到金欣然支持的马歇尔提出彻底改变战略——除非英国接受美国提出的尽早横跨英吉利海峡攻击的计划,"否则我们应该转向太平洋,对日本进行果断打击;换句话说,除空中行动外,对德国采取防御态度,并在太平洋使用所有可用的手段"。

但是,总统反对向英国盟友发出这样的最后通牒,表示不赞成战略转变的提议,并告诉他的参谋长们,除非他们能说服英国在1942年进行横跨英吉利海峡的行动,否则他们必须向法属北非发动一次进攻,或者向中东派遣一支强大的增援部队。他强调,在年底之前采取一些打击行动在政治上势在必行。

面对总统的决定,参谋长联席会议可能会选择暂时增援在中东的英军,而不是开始实施他们如此强烈和持续反对的"体操运动员"计划。在审查了这两种方案后,马歇尔的参谋人员得出结论,前者是两害相权取其轻。但出人意料的是,他和金转而支持"体操运动员"计划。当他们在7月中旬与哈里·霍普金斯一起作为总统代表飞往伦敦时,这成了他们首选的替代方案,因为他们发现英国参谋长委员会坚决反对艾森豪威尔在瑟堡附近尽早登陆的计划。

[①] 欧内斯特·金(1878—1956),美国海军作战部长兼美国舰队总司令。——译者注

第 21 章　"火炬行动"——来自大西洋的新浪潮

哈里·霍普金斯认为，马歇尔选择登陆西北非而不是增援中东作为替代方案，主要原因是"我们的部队很难与驻扎在埃及的英军部队混编"。虽然在西北非联合行动中也会发生混编，但很明显，美国对中东的增援将由英军总司令指挥。

"超级体操运动员"计划是在7月24日、25日在伦敦举行的另外两次美英联合参谋长会议上确定下来的，罗斯福立即批准了这一计划。此外，他在电报中强调，登陆应计划在"10月30日之前"进行，这是霍普金斯在私人电报中提出的建议，旨在"避免拖沓和延误"。在丘吉尔的倡议下，该行动被重新命名为"火炬行动"，这是一个更鼓舞人心的名字。双方还一致同意，最高指挥权应该交给美国人——为平息美国参谋长们的怒火，丘吉尔非常乐于释放善意。26日，马歇尔告诉艾森豪威尔，他将担任这一职务。

虽然"火炬行动"的决定已经明确，但是，这一决定是在时间和地点问题尚未解决，甚至尚未得到充分研究之前做出的。因此，围绕这两个问题又出现了新的观点冲突。

在时间问题上，英国参谋长委员会在丘吉尔的鼓动下，提议将10月7日定为目标日期。但是，美国参谋长联席会议建议定在11月7日，因为这是"根据攻击运输舰的可用性，部队登陆的最早合理日期"。

在地点问题上，双方的观点分歧更大。英国人主张在非洲北边的地中海沿岸登陆，以便能够快速向突尼斯推进。但美国参谋长联席会议坚持"体操运动员"计划的有限目标，该计划于6月进行了修改，当时设想这是一次纯粹的美军行动，并希望将登陆限定在摩洛哥西海岸（即大西洋海岸）的卡萨布兰卡地区。他们不仅担心法国的反对，还担心西班牙的敌对反应和德国占领直布罗陀、封锁通往地中海的门户的反击行动。美国人对战略问题如此谨慎的态度令英国人感到沮丧。他们认为，这将使德国人有时间占领突尼斯，巩固或取代法国在阿尔及利亚和摩洛哥的反对力量，从而挫败盟军行动的目标。[①]

艾森豪威尔和他的参谋人员倾向于同意英国人的观点。他于8月9日制订的第一个纲要计划是一种妥协方案。它提议在地中海内外同时登陆,但登陆地点不要超过阿尔及尔——因为有敌方从西西里岛和撒丁岛发起空袭的风险——除了在波尼进行一次小规模登陆,以夺取那里的机场(波尼位于阿尔及尔以东270英里处,但距离比塞大130英里)。这一妥协方案并没有让英国的规划者满意,因为它似乎不太可能满足取得成功的主要条件,他们将条件定义为:"我们必须在通过直布罗陀后26天内占领突尼斯的关键要地,最好是在14天内。"在他们看来,在波尼或更远的东部进行大规模登陆对于快速进军突尼斯至关重要。

这些论点给总统留下了深刻印象,他指示马歇尔和金重新研究该计划。这些论点也给艾森豪威尔留下了深刻印象,他向华盛顿报告说,他手下的美国参谋人员现在都相信英国人的判断合理,他现在正在制订一项新计划,取消卡萨布兰卡登陆,并提前实施其他登陆行动。

他的参谋人员(8月21日)制订了第二份纲要计划,在很大程度上遵循了英国的想法。该计划放弃了卡萨布兰卡登陆,规定美国人在奥兰(直布罗陀以东250英里)登陆,英国人在阿尔及尔和波尼登陆。但是,艾森豪威尔本人没有热情地赞同这个计划,并强调这种完全在地中海内部的远征将严重暴露其侧翼。这一结论与马歇尔的意见一致。

第二份纲要计划对美国参谋长联席会议来说就像第一份计划对英国人那样难以接受。马歇尔告诉总统,"通过海峡只有一条线路,太危险了",

---

[①] 6月28日,华盛顿会议结束后不久,有人询问我对西北非计划的看法,当时有人提出要恢复该计划。当被告知主要登陆点定在大西洋沿岸的卡萨布兰卡时,我指出,这个地点距离战略要地比塞大和突尼斯有1100英里,而获得早期成功的最好机会在于尽快占领这两个地方,这意味着登陆点应该尽可能靠近这两个地方。我还强调了于阿尔及利亚北部海岸"在法国人后方"登陆的重要性,这样可以削弱在正面进攻卡萨布兰卡并缓慢推进的情况下可能增强的抵抗。

他反对在比奥兰（比塞大以西 600 英里处）更远的地中海内部进行任何登陆。

丘吉尔在与布鲁克上将访问埃及和莫斯科返回后，得知了这一谨慎转变的消息。在莫斯科，斯大林曾嘲笑西方列强未能开辟"第二战场"，轻蔑地问道："你们打算让我们在你们面前做所有的工作吗？你们永远不会开始战斗吗？一旦开始，你们就会发现情况并不那么糟糕！"这自然刺痛了丘吉尔，但他成功激起了斯大林对"火炬行动"潜力的兴趣，并生动地描述了它如何能间接减轻苏联的压力。因此，当他发现美国人提议削减计划的规模时，他感到震惊。

8 月 27 日，他给罗斯福发去一封长电报，抗议美国参谋长联席会议提出的改变可能"对整个计划造成致命影响"，而且"如果我们不能在第一天就占领阿尔及尔和奥兰，整个行动就会失去意义"。他强调，缩小目标会给斯大林留下不好的印象。

罗斯福在 30 日的答复中坚称："无论如何，我们的登陆点必须有一处在大西洋沿岸。"因此，他建议美国人在卡萨布兰卡和奥兰登陆，让英国人在东部登陆。此外，考虑到英国在北非、叙利亚和其他地方对维希法国军队的军事行动，他提出了一个新问题：

> 我坚决认为，最初的进攻必须完全由美国的地面部队进行……我甚至可以说，我相当肯定，如果英美同时登陆，将导致非洲所有法军部队全面抵抗，而如果美国首次登陆时没有英国地面部队的配合，法国很可能不会抵抗，或者只会象征性地抵抗……我们认为，德国空军或伞兵在首次进攻发起后至少两个星期内无法大批抵达阿尔及尔或突尼斯。[①]

[①] 温斯顿·丘吉尔：《第二次世界大战》第四卷，第 477 页。

英国人对暂停一个星期再向东登陆的想法感到震惊,就战略目标来说,向东登陆比向西登陆更重要、更紧迫,他们对美国人的乐观估计——认为德国人无法在两个星期内有效干预——感到非常不满。

丘吉尔非常愿意利用美国驻维希政府大使莱希[①]海军上将的影响力,在政治和心理上铺平道路。虽然他"急于保持这次远征的美国特色",因此愿意让英军部队"尽可能地退居幕后",但他认为不可能隐瞒大部分航运船只、空中支援和海军部队将由英国人提供这一事实,他们将比地面部队先出现。他在9月1日给罗斯福的委婉回复中谈到了这些,并强调"政治上不流血的胜利(我同意你的观点,这种胜利很有可能实现)一旦失败,将导致后果极为严重的军事灾难"。他继续说道:

> 最后,尽管存在困难,但我们认为同时占领阿尔及尔、卡萨布兰卡和奥兰至关重要。阿尔及尔是整个北非最友好、最有希望的地方,这里的政治反应将最具决定性。为了在卡萨布兰卡实施可能性存疑的登陆而放弃阿尔及尔,在我们看来是一个非常严重的决定。如果这导致德国人不仅在突尼斯而且在阿尔及利亚先发制人,那么整个地中海地区的力量对比将不堪设想。[②]

这番话很好地阐明了将阿尔及尔登陆作为计划一部分的理由,但没有提到在更远的东部和比塞大附近登陆的重要性——这一疏忽和让步对尽早取得战略成功产生了决定性的影响。

9月3日,罗斯福回复丘吉尔的电报,同意将登陆阿尔及尔列入计划中,同时建议由美军部队先登陆,"英军部队在一小时内跟进"。丘吉尔立

---

① 威廉·莱希(1875—1959),亦译"威廉·李海"。1942年7月至1949年3月任美国陆海军总司令的参谋长(即美国总统的参谋长),成为美国参谋长联席会议的召集人。——译者注

② 温斯顿·丘吉尔:《第二次世界大战》第四卷,第479—480页。

第 21 章 "火炬行动"——来自大西洋的新浪潮 325

即接受了这个解决方案,条件是减少拨给卡萨布兰卡的兵力,以实现阿尔及尔登陆。罗斯福对此表示同意,但有所调整,建议在卡萨布兰卡和奥兰各减少"一个团级战斗队",以提供"一万名士兵用于在阿尔及尔登陆"。丘吉尔在 9 月 5 日回电说:"我们同意你提出的军事部署。我们有足够的训练有素的登陆部队。如果方便的话,他们可以穿你们的制服。他们会为此感到自豪。运输没有问题。"同一天,罗斯福回复了仅有一个词的电报:"Hurrah!"(万岁!)

就这样,罗斯福和丘吉尔之间的电报交流最终解决了这个问题。三天后,艾森豪威尔确定 11 月 8 日为登陆日期,同时拒绝了丘吉尔让英国突击队穿上美军制服的提议,因为他希望最初的登陆保持全美式风格。丘吉尔接受了延迟和计划的修改。事实上,在 9 月 15 日发给罗斯福的后续电报中,他顺从地说道:"在整个'火炬行动'中,无论是军事还是政治方面,我都认为自己是你的副手,只要求你允许我清楚地表达我的观点。"[①]

9 月 5 日,罗斯福的"万岁!"电报平息了所谓"跨大西洋的笔墨官司"——尽管马歇尔继续表示怀疑,他政治上的顶头上司、陆军部长亨利·史汀生也向总统强烈抱怨在北非登陆的决定。但总统的决定使得详细计划得以加快推进,以弥补拖延造成的影响。然而,该计划具有妥协的双刃剑效应。它减少了在北非迅速取得决定性胜利的机会,因此盟军在地中海地区必定会被牵制更长时间——正如美国官方历史学家所承认和强调的那样。[②]

[①] 温斯顿·丘吉尔:《第二次世界大战》第四卷,第 488 页。
[②] 参阅莫里斯·马特洛夫和埃德温·斯内尔在《1941—1942 年联盟战争战略规划》中非常出色和透彻的分析。

最终计划是，由小乔治·巴顿[①]少将指挥的完全由美国人组成的部队共计2.45万人，在大西洋沿岸登陆，攻占卡萨布兰卡，肯特·休伊特海军少将指挥的西部海军特遣舰队负责运载。该舰队直接从美国启航，由102艘舰船组成，其中29艘是运输舰，主力从弗吉尼亚州的汉普顿锚地出发。

攻占奥兰的任务交给中央特遣部队，该部队有1.85万名美国官兵，由劳埃德·弗雷登道尔少将指挥，但由托马斯·特鲁布里奇海军准将指挥的英国海军舰队护送。该部队从克莱德启航，因为它由8月初被带到苏格兰和北爱尔兰的美国官兵组成。

在对阿尔及尔的行动中，东部海军特遣部队也完全由英国人组成，由海军少将哈罗德·巴勒斯爵士指挥，但突击部队由9000名英国士兵和9000名美国士兵组成，其指挥官查尔斯·赖德少将也是美国人。此外，2000多人的英国突击队里也有美国士兵。这种奇怪的混合编制是出于这样的目的：将美国人放在"橱窗"前，好让法国人认为突击部队完全由美国人组成。11月9日，即登陆后的第二天，新成立的英国第1集团军司令肯尼思·安德森中将接过阿尔及利亚所有盟军部队的总指挥权。

去往奥兰和阿尔及尔的突击部队分搭两支大型护航船队从英国出发，速度较慢的那支于10月22日启航，较快的一支在四天后启航。这样安排是为了让它们能够在11月5日夜间同时通过直布罗陀海峡，此后它们得到海军上将安德鲁·坎宁安爵士指挥的英国地中海舰队的掩护。这支舰队的存在足以阻止意大利舰队干涉，即使在登陆后也是如此。因此，正如坎

[①] 小乔治·巴顿（1885—1945），1942年8月至11月任美军伦敦基地司令部司令，1942年11月至1943年1月任美国西线特遣部队司令（率部参加北非登陆作战），1943年3月至4月任美国第2军军长，1943年7月至1944年1月任美国第7集团军司令（任内率部参加西西里战役），1944年1月至1945年10月任美国第3集团军司令（任内率部参加盟军在欧洲实施的历次重大战役）。战后曾兼任巴伐利亚军事长官。1945年10月7日至12月21日任美国第15集团军司令。1945年12月21日因车祸去世。——译者注

宁安遗憾地指出的那样，他强大的舰队不得不"无所事事地巡航"。但是，他手头上有很多工作要做，因为他是艾森豪威尔手下的盟军海军司令，因此要负责"火炬行动"的整个海上方面。包括 10 月初提前到达的护航船队中的补给船在内，超过 250 艘商船从英国出发，其中约 40 艘是运输船（包括 3 艘美国船），而英国海军在此次行动中承担护航和掩护任务的共有 160 艘各种类型的军舰。

登陆前的外交序幕犹如一部夹杂着间谍故事和"西部片"元素的影片，穿插着喜剧情节，被带入历史领域。美国驻北非首席外交代表罗伯特·墨菲一直在积极为登陆做准备，他秘密地向他认为可能会赞同并支持该计划的法国军官打探。他特别看重阿尔及尔地区指挥官马斯特将军（此前任法属北非法军总司令朱安[①]中将的参谋长）和卡萨布兰卡地区法军部队司令贝图阿尔少将——尽管整个地区由米舍利耶海军中将指挥，这是美国人没有意识到的事实。

马斯特曾力主盟军派一位高级军事代表秘密前往阿尔及尔与朱安等人幕后会谈和讨论计划。因此，马克·克拉克少将（刚被任命为"火炬"行动盟军副总司令）带着四名关键参谋人员飞抵直布罗陀，然后乘坐英国皇家海军"炽天使"号潜艇（艇长是诺曼·朱厄尔上尉）前往阿尔及尔以西约 60 英里的一座海岸别墅会面。潜艇于 10 月 21 日清晨抵达海岸，但为时已晚，马克·克拉克的团队无法在天亮前登陆，因此不得不整天潜伏在水下，而困惑和失望的法国团队回家了。潜艇发往直布罗陀的一封电报通过秘密无线电链转发到阿尔及尔，第二天晚上，墨菲和一些法国人回到了别墅，克拉克的团队乘坐四艘帆布独木舟上岸——其中一艘在登船时翻了。别墅的一盏灯将他们引向会面地点，灯后面挂了一条白色床单，透过

[①] 阿尔方斯·朱安（1888—1967），1941 年 11 月至 1943 年 6 月任法属北非法军总司令，1942 年 11 月至 1943 年 8 月任驻突尼斯法军部队司令，1943 年 6 月至 9 月任法属北非与法属西非法军总司令，1943 年 8 月至 1944 年 7 月任法国意大利远征军司令，1944 年 8 月至 1947 年 5 月任法国国防参谋长。——译者注

窗户发出光来。

马克·克拉克向马斯特透露,一支庞大的美军部队正准备派往北非,并将得到英国空军和海军的支援——这一说法不够坦率。此外,出于安全考虑,他没有向马斯特透露盟军登陆的时间和地点。与一个能提供至关重要的帮助的人物打交道时,这种过度保密的做法是不明智的,因为这剥夺了他和他的同事制订计划和采取合作措施所需的信息和时间。克拉克授权墨菲在登陆前立即通知马斯特登陆日期,但是,即使那时也不许告知登陆地点。这对马斯特来说太晚了,以至于无法通知他在摩洛哥的同事。

这次会议因形迹可疑的法国警察的出现而戏剧性地暂时中断。警察搜查别墅时,马克·克拉克和他的同伴匆忙躲进一个空酒窖,当一名带领这支队伍的英国突击队军官开始咳嗽时,危险变得更加严重。马克·克拉克递给他一块口香糖作为止咳药,但他很快要求再给一些,说它没什么味道——克拉克回答说:"这并不奇怪,因为我已经嚼了两个小时了!"警察终于离开后,他们仍然心存疑虑,警察很可能还会回来。克拉克和他的队伍在黄昏时分试图重新登船时又遇到了新的麻烦,因为海浪变得很大,他们的独木舟翻了,他险些溺水身亡。黎明前不久,在另一次尝试中,其他人也翻船了,但最后所有人都穿过海浪登上潜艇,虽然浑身湿透,但都安全了。第二天,他们被转移到一架水上飞机上,返回直布罗陀。

这次会议上进一步讨论的一个重要问题是,选择最合适的法军领导人,将北非的法军召集到盟军一边。虽然他们的总司令朱安私下里表示基本赞成,但他表现出尽可能长时间"保持中立"的倾向,不愿采取主动。他的下属指挥官缺乏足够的威望,同样不愿意采取任何明确措施无视或违抗维希政府的命令。达尔朗[①]海军上将是维希法军总司令,如果年迈的贝

[①] 弗朗索瓦·达尔朗(1881—1942),1941—1942年任维希政府副总理兼内政、国防、外交、海军等部部长。1942年11月至1942年12月任法国驻非洲高级专员、驻非洲法国武装部队总司令。1942年12月24日遭到法国抵抗运动战士博尼埃·德·拉·沙佩勒枪击后伤重而亡。——译者注

当元帅去世，他有可能成为法国的元首。达尔朗曾在 1941 年向莱希暗示，最近又向墨菲暗示，如果美国保证提供规模足够大的军事援助，他愿意放弃与德国的合作政策，带领法国加入盟军一方。但是，他与希特勒合作的时间太长了，他的暗示并不能让人信服。此外，他有反英倾向，这种倾向自然因 1940 年法国沦陷后英国在奥兰和其他地方对法国舰队采取的行动而加剧。鉴于英国在"火炬行动"中扮演重要角色的事实难以掩盖，他的态度更加令人怀疑。

戴高乐[①]将军被排除在外，原因恰恰相反。他在 1940 年反抗贝当，随后又参与了丘吉尔对达喀尔、叙利亚和马达加斯加的军事行动，这将使所有忠于维希政府的法国军官都不愿接受他的领导——即使是那些最渴望摆脱德国统治的人。墨菲强调了这一点，罗斯福也很快接受了，他不信任戴高乐的判断力，也不喜欢他的傲慢。

丘吉尔最近自称"您的副手"，对主官的话言听计从，在登陆行动开始之前没有把有关这一计划的信息透露给戴高乐。

在这种情况下，自总统以下的美国人，都欣然接受了马斯特将军及其同僚的观点，即吉罗将军是法属北非法军领导人最理想、最可接受的候选者——正如墨菲在会议召开前已经传达的那样。吉罗[②]上将 1940 年 5 月担任集团军司令，曾被德国人俘虏，但于 1942 年 4 月成功逃脱，到达法国未被占领的地区，并获准留在那里，条件是承诺支持贝当的政权。他住在里昂附近。在那里，他尽管受到监视，还是与法国国内和北非的许多军官取得了联系，他们也希望在美国的帮助下组织一场反抗德国统治的起

[①] 夏尔·戴高乐（1890—1970），"自由法国"运动领袖，法兰西共和国总统，法国将军。——译者注

[②] 亨利·吉罗（1879—1949），1942 年 12 月至 1943 年 6 月任法属北非法军总司令，1943 年 6 月至 8 月任法属北非与西非法军总司令，1943 年 6 月至 10 月任法兰西民族解放委员会联合主席，1943 年 8 月至 1944 年 4 月任法属非洲法军总司令，1945 年至 1949 年为法国最高军事委员会成员。——译者注

义。吉罗在写给他的一位支持者奥迪克将军的信中表达了自己的看法："我们不希望美国人解放我们,我们希望他们帮助我们自己解放,这两者是不一样的。"此外,在与他们的私下谈判中,他提出了一个条件,即不管法军在法国领土的哪里作战,他都应该担任在法盟军的总司令。他从收到的一条消息中了解到罗斯福接受了他的条件。但是当吉罗于11月7日——登陆前夕——抵达直布罗陀与艾森豪威尔会面时,这些条件让艾森豪威尔大吃一惊。

吉罗在法国南部海岸的一个会合点被那艘英国皇家海军"炽天使"号潜艇①接走,这艘潜艇曾搭载马克·克拉克执行前往阿尔及利亚海岸的秘密任务。他随后被转移到一架水上飞机上,尽管在飞行过程中差点被淹死,还是被带到了直布罗陀。到达那里后,他惊讶地得知盟军将在第二天清晨登陆北非——他之前被告知登陆计划在下个月进行——而且他发现登陆的指挥权掌握在艾森豪威尔而不是他自己手中。这导致了一场激烈的争论,在争论中,他以自己更高的军衔和得到的保证为依据,不断重申如果不能掌握最高指挥权,就意味着放弃国家和他自己的威望。但是,当谈判于8日上午恢复时,他接受了事实,因为他得到保证,将成为北非法军和行政部门的首脑——这一承诺很快就被搁置一旁:一来它只是权宜之计,二来达尔朗海军上将有更高的利用价值。

美国人把自由的"火炬"带到法属北非的动作十分突然,让他们的朋

---

① 出于政治原因,吉罗曾明确要求必须派一艘美国船来接他,他的要求得到了满足,英国皇家海军"炽天使"号潜艇名义上由美国海军军官杰罗尔德·赖特海军上校指挥,并携带一面美国国旗,必要时可以展示。吉罗由他的儿子和两名年轻的参谋军官陪同,其中一人是安德烈·博弗尔上尉,他在这次策动法军倒戈反对德军的戏剧性行动中发挥了重要作用。赖特和博弗尔后来都在各自的部队和北约指挥机构中升到了很高的位置。(杰罗尔德·赖特,1954年至1960年任北约大西洋盟军司令部最高司令兼美国大西洋司令部总司令兼美国大西洋舰队总司令,1954年晋升为海军上将。安德烈·博弗尔,1958年至1960年任北约欧洲盟军司令部参谋部主任,1960年任驻华盛顿北约常设小组的法国负责人。1960年晋升为上将,法国著名军事战略家。——译者注)

友和帮手陷入了混乱——比敌人造成的混乱还要大。他们的法国合作者没有做好有效协助扫清道路的准备,大多数法军指挥官因突遭入侵而震惊,在这种情况下自然而然地做出反应,继续效忠于合法的权威,其代表即维希的贝当元帅。因此,登陆最初遇到了抵抗——不过在阿尔及尔的抵抗比在奥兰和卡萨布兰卡的抵抗要小。

在卡萨布兰卡,法军师长贝图阿尔将军在 7 日晚间收到消息:登陆将于 8 日凌晨 2 时进行。他派出几支部队逮捕德国停战委员会官员,并派出一些军官赶往北边 50 英里处的拉巴特海滩迎接美国人,他认为美国人会在那里登陆,因为那里没有海岸防御炮台,而且是法国在摩洛哥的政府所在地。

完成这些准备工作后,贝图阿尔亲自率领一个营占领了拉巴特的陆军总部,并护送陆军司令离开。贝图阿尔还向法国驻摩洛哥总督(兼驻军总司令)诺盖斯上将和米舍利耶海军中将发送了信件,告知他们美军即将登陆,吉罗将接管整个法属北非的指挥权,他本人已被吉罗任命接手摩洛哥的陆军指挥权。他在给诺盖斯和米舍利耶的信中要求他们支持他发布的不抵抗美军登陆的命令,或者不要插手,这样他们以后接受既成事实更方便些。

收到这封信后,诺盖斯试图"保持中立",直到情况明朗。当诺盖斯犹豫不决时,米舍利耶迅速采取行动。他的空中和潜艇巡逻队在夜幕降临之前没有发现正在接近的舰队,因此他得出结论,贝图阿尔要么被欺骗了,要么被戏弄了。米舍利耶保证在海岸附近没有发现任何强大的部队,这给诺盖斯留下了深刻的印象,以至于当他在凌晨 5 时后不久收到第一份登陆报告时,认为这只不过是突击队的袭击。因此,他不再保持中立,而是站在反美一方,命令法军部队抵抗登陆,同时以叛国罪逮捕贝图阿尔。

巴顿的主要登陆点在卡萨布兰卡以北 15 英里的费达拉,辅助登陆点在更北 55 英里的迈赫迪耶和卡萨布兰卡以南 140 英里的萨菲。费达拉是离卡萨布兰卡最近的适合登陆的海滩,其港口防守严密——这是摩洛哥在大西洋沿岸唯一一个设备齐全的大型港口。之所以选择迈赫迪耶，是因为它离利奥泰港机场最近，而利奥泰港机场是摩洛哥唯一一个有混凝土跑道的机场。之所以选择萨菲，是因为在那里作战的右翼部队可能会阻止内陆城市马拉喀什的强大法国驻军干预卡萨布兰卡，也因为它有一个可以卸载中型坦克的港口——当时正在生产的新型坦克登陆舰来不及用于"火炬行动"。

11月6日，当美国舰队顺利通过海洋驶往摩洛哥海岸时，收到报告说那里"海浪汹涌"，预计8日海浪会非常大，无法登陆。但是，休伊特海军上将的气象专家预测风暴将会过去，于是他决定冒险继续执行在大西洋海岸登陆的计划。7日，海浪开始变小，8日海面平静，只有温和的涌浪。海浪比这个月任何一天早晨的都要小。即便如此，由于缺乏经验，还是发生了许多意外和延误。

但是，至少事情进展得比巴顿在登船前最后一次会议上所作的具有其标志性夸夸其谈的"血与胆"演讲所预测的要好。当时他尖刻地告诉海军成员，他们精心策划的登陆计划将在"头五分钟"内失败，并接着宣称："历史上海军从来没有在计划的时间和地点成功登陆过。但是，如果你们在D日[①]一个星期内把我们送达费达拉50英里范围内的任何地方，我就会继续前进并取得胜利。"

幸运的是，法国人一片混乱、犹豫不决，几个波次的登陆攻击部队在守军的火力变得猛烈之前就安全上岸了，那时光线也足够好，有助于美国海军炮兵压制海岸炮台。但是，由于陆军海岸工作队缺乏经验和他们的混乱，在建立和扩大滩头阵地的过程中出现了新的麻烦，因此巴顿转而激烈批评他自己的部队和后勤人员的失误。部队和舰船都处于超负荷状态。尽管第二天对卡萨布兰卡的进攻没有遇到严重的抵抗，但被缺乏装备拖了后腿，进攻戛然而止。装备在海滩上堆积如山，却没有及时送到战斗部队手

[①] D日，即D-Day，大规模进攻开始日或重大军事行动开始日。——译者注

中。第三天进展不大，抵抗愈演愈烈，前景变得黯淡。

要不是第一天法国海军的威胁被消除，情况会更加严重。消除该威胁是在卡萨布兰卡附近的一场具有旧式风格的战斗中实现的。战斗在早上7时前开始，设在汉克角的海岸防御炮台和停泊在港口的"让·巴尔"号——这是法国最新的战列舰，但尚未完工，无法离开泊位——向罗伯特·吉芬海军少将的掩护舰队开火，该舰队由"马萨诸塞"号战列舰、两艘重型巡洋舰和四艘驱逐舰组成。这些舰只尽管有几次险些中弹，但有惊无险，而其反击非常有效，暂时压制了汉克角炮台和"让·巴尔"号。但他们太过专注于这场激烈的战斗，以至于忘记了将其他法国舰艇困在港口的任务。到上午9时，一艘轻型巡洋舰、七艘驱逐舰和八艘潜艇已经溜出港口。驱逐舰驶向费达拉，美国运输舰在那里是"活靶子"。幸运的是，休伊特海军上将派出一艘重型巡洋舰、一艘轻型巡洋舰和两艘驱逐舰拦截并驱赶它们。然后，在他的召唤下，掩护舰队赶来切断它们的退路。由于法国人航海技术高超、烟幕弹使用熟练，以及潜艇救援攻击的干扰效果，他们成功抵挡住了这种压倒性的强大火力，只损失了一艘驱逐舰，然后又英勇地努力驶向运输船所在区域。然而，在第二次交战中又有一艘驱逐舰被击沉，八艘法国舰船中只有一艘完好无损地返回港口。在那里，又有两艘沉没，其他舰船因轰炸而进一步受损。

但结果并不是决定性的，因为汉克角炮台和"让·巴尔"号的15英寸火炮又恢复了活力，而美国军舰已经消耗了太多弹药，人们担心如果驻扎在达喀尔的法国军舰赶过来，美国人可能无法将之驱离。

幸运的是，卡萨布兰卡以及整个大西洋沿岸的局势因阿尔及尔政局有了利好的发展而发生了决定性的变化。下午晚些时候，诺盖斯上将间接听说，以达尔朗海军元帅为首的法国当局已于10日下令停止战斗。诺盖斯迅速采取行动，根据这份未经证实的报告，命令自己的下属指挥官停止积极抵抗，等待停战。

与此同时，美军登陆奥兰遭遇的抵抗比西部海军特遣部队在卡萨布兰卡地区遭遇的抵抗要强烈一些。然而，美军特遣部队与将其运到登陆点并送上岸的英国海军部队的联合计划和合作非常出色。此外，它的先头部队，由特里·艾伦少将指挥的美国第1步兵师，是一支训练有素的部队，并得到了美国第1装甲师一半兵力的支援。

计划是通过两翼包抄攻占奥兰港和城市——特里·艾伦的两个团级战斗队在东边24英里的阿尔泽湾海滩登陆，而第三个团级战斗队（由西奥多·罗斯福准将指挥）在城市以西14英里的安达卢西亚海滩登陆。然后，一支轻型装甲纵队从阿尔泽的滩头阵地向内陆推进，另一支较小的装甲纵队从较远的奥兰以西30英里处的布扎贾尔登陆点向内陆推进，目标是占领奥兰南部的机场，并从后方包围该城市。迅速封锁该城市更为重要，因为据估计，从内陆得到增援后，其驻军人数将在24小时内增加近一倍。

行动开始得很顺利。11月7日夜幕降临时，护航队假装经过奥兰向东行驶，但在黑暗中折返。登陆行动在阿尔泽准时（凌晨1时）开始，在安达卢西亚和布扎贾尔的行动仅晚了半小时。盟军的登陆完全出乎敌人的意料，海滩上没有遇到任何抵抗。虽然13座海岸防御炮台覆盖了这一区域，但直到天亮后才有骚扰火力，即使在天亮后，造成的损失也非常小，因为海军的支援和它制造的烟幕很有效。登陆和卸载总体上进展顺利，但由于部队负重过多，每人携带近90磅的装备，速度有所减慢。中型坦克由运输船运输，在阿尔泽港口被占领后卸载在码头上。

唯一一次严重的挫折发生在试图直接攻击奥兰港时。盟军不想破坏其设备和停泊在那里的船只。两艘小型英国快艇，"沃尔尼"号和"哈特兰"号，载着400名美国士兵，并由两艘摩托艇随行，执行了这项大胆的计划。美国海军当局曾谴责该计划过于草率。结果证实了他们的观点——这是一次"自杀式任务"。尤其不明智的是，进攻时间定在登陆后两个小时，而当时法国人已经被其他地方的登陆所惊醒。突击部队打出一

美军部队在阿尔及尔附近登陆

英军部队在阿尔泽登陆

面巨大的美国国旗作为预防措施，但未能阻止法国人用持续的炮火进行反击，两艘快艇都损坏了，一半的船员和士兵丧生，其余的人大多受伤被俘。

上午9时或更早，从滩头阵地向内陆的进攻就开始了，11时过后不久，沃特斯上校的轻装甲纵队从阿尔泽抵达塔法拉乌伊机场，一小时后传来的报告说，该机场已准备好接收来自直布罗陀的飞机。但当这支部队向北转时，他们在到达拉塞尼亚机场前就被阻挡住了，来自布扎贾尔的罗比内特上校的部队也是如此。来自阿尔泽和安达卢西亚的步兵部队在接近奥兰时也遭遇了抵抗，停滞不前。

第二天进展不大，因为法军部队的抵抗愈演愈烈，法军对阿尔泽滩头阵地侧翼的反击打乱了整个作战计划，各种耸人听闻的报告夸大了威胁，这导致弗雷登道尔将军不得不从其他任务中抽调部队。虽然拉塞尼亚机场在下午被占领，但大多数法军飞机已经飞走，由于持续的炮火，该机场无法使用。美军在夜间绕过了进场道路上的部分设防岛屿后，第三天早上对奥兰发动了向心进攻。步兵从东边和西边发起的进攻再次遭到阻击，但吸引了守军的注意力，两支轻装甲纵队的先遣队从南边冲入城市，除了偶尔的狙击外，没有遇到抵抗，并在中午前到达法军司令部。法军指挥官们随后同意投降。在三天的地面战中，美军伤亡人数不到400人，法军伤亡人数更少。这种轻微的损失，尤其是最后一天法军抵抗的减少，都是因为法军指挥官们意识到谈判正在阿尔及尔进行。

阿尔及尔的登陆更加顺利，耗时也更短，这主要归功于当地法军指挥官马斯特将军及其合作者。除了试图强行提前进入港口（和奥兰的情形一样）的时候之外，其他地方都没有遇到严重的抵抗。

"托马斯·斯通"号运输舰7日拂晓在距阿尔及尔150英里处被一艘德国潜艇发射的鱼雷击中，暂时失去动力，但此后，深入地中海的护航队没有遇到更多麻烦。护航队尽管被几架敌方侦察机发现，但于天黑后向南转向驶向登陆海滩之前，没有遭遇空袭。一个大队在阿尔及尔以东约15

英里的马提富角附近登陆,另一个大队在阿尔及尔以西10英里的西迪费鲁赫角附近登陆,第三个大队在更往西10英里的卡斯蒂廖内附近登陆。为了进行政治上的伪装,美军主力在阿尔及尔附近登陆,里面混编了英国突击队,而英军主力登陆点在卡斯蒂廖内附近更靠西的海滩。

登陆于凌晨1时准时开始,尽管海滩地势崎岖危险,但没有发生任何意外。在内陆不远处遇到的法军部队表示,他们接到指示,不得抵抗。上午9时左右,他们抵达了卜利达机场。在阿尔及尔东部,登陆稍晚了一些,并出现了一些混乱,但由于没有抵抗,情况很快得以妥善处理。

上午6时后不久抵达重要的白宫机场,守军象征性地放了几枪后,他们便占领了机场。然而,对阿尔及尔的进军遭遇一个村庄据点的阻挡,随后又因三辆法国坦克的攻击威胁而被迫停止。马提富角的海岸炮台也拒绝投降,直到下午遭到两次军舰炮击和俯冲轰炸后才放弃抵抗。

企图突袭阿尔及尔港的行动更糟糕。英国驱逐舰"布罗克"号和"马尔科姆"号悬挂着巨大的美国国旗,搭载着一个美国步兵营,实施这次行动。计划在登陆三小时后进入港口,希望届时即使守军不愿投降也会被调离。然而,驱逐舰一接近入口就遭到了猛烈的炮火攻击。"马尔科姆"号被击中后撤退。"布罗克"号在第四次尝试中成功穿越了险境,并停泊在码头旁,它搭载的部队在那里下船登陆。起初,他们占领设施没遭到抵抗,但大约在早上8时,炮火开始轰击"布罗克"号,迫使其解缆撤退。登陆部队被法属非洲部队包围,因为弹药即将耗尽,也没有主力部队前来救援的迹象,他们中午过后不久便投降了。然而,法军的火力旨在阻挡登陆部队,而不是消灭他们。

在阿尔及尔西边西迪费鲁赫角附近的登陆中,延误和混乱更加严重,一些登陆艇迷失方向,抵达了更西边的英军海滩。每个营的部队分散在15英里的海岸线上,许多登陆艇在海浪中失事,或因发动机故障而延误。幸运的是,部队一开始受到了友好的接待,马斯特和他的一些军官前来迎接他们,并为他们开道。若非如此,这些登陆将变成一场代价高昂的惨败。但是，在匆忙重组后，当纵队向阿尔及尔推进时，他们在好几个地方遇到了抵抗。因为此时马斯特已被解除指挥权，他下达的合作命令也被取消了，他的部队奉命阻止盟军前进。

盟军在阿尔及尔的合作者面对种种困难发挥了出色的作用，虽然他们接到登陆通知的时间太晚，而且对登陆目标知之甚少。他们自己为帮助登陆而制订的计划也迅速付诸实施。军官们被派往海岸欢迎和引导美国人，控制点被有组织的部队占领，电话服务大部分被关闭，警察总部和各分部被占领，不赞同投靠盟军的高级官员被关起来，电台被接管，以便吉罗或他的代表发表能起到决定性作用的广播讲话。总而言之，在登陆时，合作者已经取得了足够的成果，使反对派陷入瘫痪，他们一直控制着这座城市，直到早上7时左右——比他们预计的或认为必要的时间要长。但是，盟军从登陆海滩向前推进的速度太慢，无法予以配合。

当美国人未能在早上7时出现，合作者对同胞的影响力的局限性就显而易见了。此外，吉罗也没有按预期到达，当他们以吉罗的名义通过广播发出呼吁时，毫无成效，表明他们高估了吉罗的名声。他们很快就开始失去对局势的控制，不是被驱逐就是被逮捕。

与此同时，高层正在进行决定性的讨论。午夜过后半小时，罗伯特·墨菲去见了朱安将军，告诉他势不可挡的强大部队即将登陆，并敦促他合作并下令法军不要抵抗。墨菲说，他们是应吉罗的邀请而来，帮助法国解放自己。朱安没有表现出接受吉罗领导的意愿，也不认为他的权威足够强，他说必须向达尔朗海军上将呼吁——达尔朗海军上将当时恰好在阿尔及尔，他是乘飞机来看望病危的儿子的。达尔朗被电话铃声吵醒，他被要求前往朱安的别墅接收墨菲的紧急消息。到达后，当得知盟军即将登陆的消息时，他的第一反应是愤怒地大喊："我早就知道英国人很蠢，但我一直认为美国人更聪明。我现在开始相信，你们犯的错误和他们一样多。"

经过一番讨论，他最终同意向贝当元帅发送无线电信息报告情况，并请求得到授权代表元帅酌情应对。与此同时，别墅已被一群反维希法国武装人员包围，因此达尔朗实际上被软禁。但不久之后，他们被一支警卫队驱赶，墨菲被逮捕。达尔朗和朱安互生疑忌，二人前往阿尔及尔的总部。朱安从这里采取措施重新掌控局势，释放了被马斯特及其同伙逮捕的科尔茨将军和其他军官，同时又逮捕了马斯特。然而，达尔朗在早上8时之前又给贝当元帅发了一封电报，强调说："情况越来越糟，防御系统很快就会被击溃。"这明显暗示屈服于不可抗力是明智之举。贝当在回复中给了他所要求的授权。

上午9时刚过，美国驻维希政府代办平克尼·塔克就去面见贝当，并递交了罗斯福请求他合作的信函。贝当给他一份已经准备好的复函，对美国的"侵略"表示"困惑和悲伤"，并宣称法国将抵抗对其帝国的攻击，即使攻击者是老朋友——"这是我下达的命令。"但是，他对塔克的态度非常和善，似乎一点也不悲伤。事实上，他的行为给人的印象是，他的正式答复实际上是为了消除德国的疑虑和干预。但几个小时后，总理皮埃尔·赖伐尔①在希特勒的压力下接受了德国派出空中支援的提议——到了晚上，轴心国开始准备向突尼斯派遣部队。

与此同时，达尔朗亲自下令阿尔及尔地区的法军部队和舰艇停止射击。虽然这项命令不适用于奥兰和卡萨布兰卡地区，但达尔朗授权朱安为整个北非制订解决方案。此外，双方当晚还达成协议，阿尔及尔的控制权应于晚上8时移交给美国人，盟军应于次日（9日）清晨能够使用港口。

9日下午，马克·克拉克到了，主持更加全面的必要谈判，肯尼思·安德森则指挥盟军向突尼斯推进。吉罗到得稍早一些，但他发现自己

---

① 皮埃尔·赖伐尔（1883—1945），1931年1月至1932年2月、1935年6月至1936年1月任法国部长会议主席（法国总理），1940年7月12日至12月14日任维希法国部长会议副主席（维希法国副总理），1942年4月18日至1944年8月20日任维希法国政府首脑兼外交部长、内政部长和新闻部长。1945年10月9日被巴黎高等法院以叛国罪判处死刑。——译者注

并不受当地同胞的欢迎，于是他去了一户偏远人家避难。马克·克拉克评论说"他实际上转入了地下"，尽管第二天早上他又出现在克拉克与达尔朗、朱安及其主要下属的第一次会议上。

克拉克敦促达尔朗立即下令法属北非所有地区停火，达尔朗犹豫不决，他辩称自己已经向维希政府发送了一份条款摘要，必须等待那里的答复。克拉克开始拍桌子，说他会让吉罗代替他发布命令。达尔朗指出吉罗缺乏合法权威和足够的个人影响力。他还宣称，这样的命令将导致德军立即占领法国南部——这一预言很快就得到了证实。经过一番争论，克拉克一边拍着桌子，一边严厉地警告达尔朗，除非他立即下达命令，否则他将被拘留——克拉克已采取预防措施，在建筑物周围部署了武装警卫。达尔朗与他的参谋进行了简短的讨论后，接受了这个最后通牒——他的命令于上午11时20分发出。

当消息报告给维希政府时，贝当本人的反应是予以批准。但应希特勒的唐突传唤前往慕尼黑的赖伐尔在途中听说这个消息后，打电话给贝当，说服他不要批准。下午早些时候，克拉克收到维希政府拒绝停战的消息。当达尔朗从克拉克那里得知这一消息时，他沮丧地说："我别无选择，只能撤销我今天早上签署的命令。"克拉克随即反驳道："你不能这么做。这些命令不会被撤销，而且，为了确保万无一失，我得把你关押起来。"达尔朗已经暗示了这个解决方案，他表示自己非常愿意接受，并给贝当回信："我撤销我的命令，并自愿被俘。"——撤销命令仅适用于维希政府和德国车辆。第二天，在希特勒通过赖伐尔施加的压力下，贝当宣布北非的所有权力都已从达尔朗手中移交给诺盖斯，但他已经向达尔朗发出秘密电报，称拒绝停战的决定是在德国的压力下做出的，违背了他自己的意愿。这种模棱两可的说法是迫于法国危险局势所作的托词，却让阿尔及尔以外的北非局势仍然混乱，法军指挥官们仍然感到困惑。

幸运的是，希特勒帮忙澄清了局势并解决了他们的疑虑，他命令德军部队入侵法国未被占领的地区，根据1940年的停战协定，该地区一直处于维希政府的控制之下。11月8日和9日，维希政府拒绝接受希特勒向他们提供武装支持的建议，并提出了一些保留意见，这引起了希特勒的怀疑。10日，赖伐尔抵达慕尼黑与希特勒和墨索里尼会面，当天下午，希特勒坚持必须向轴心国部队开放突尼斯的港口和空军基地。赖伐尔仍然试图回避，他说法国不能同意意大利人进驻，无论如何只有贝当才能决定。希特勒随后失去了所有的耐心，谈判结束后不久，他命令德军部队在午夜进入法国未被占领的地区——这一行动已经准备就绪——并与意军部队一起占领突尼斯的空军和海军基地。

法国南部很快就被德国机械化部队占领，而六个意大利师从东部进军。9日下午，德国飞机开始抵达突尼斯附近的一个机场，地面上还有一支护航部队保护他们，但被法军部队包围在机场内。现在，从11日开始，空运量成倍增加，邻近的法军部队被解除了武装，而坦克、火炮、运输车辆和补给物资通过海路运往比塞大。到月底，1.5万名德国士兵已经抵达，尽管其中很大一部分是管理基地的行政人员，同来的还有大约100辆坦克。大约9000名意大利人也抵达了，大部分是从的黎波里经公路运到的，主要用于掩护南翼。对于一个仓促的临时行动来说，在轴心国部队处处受压的情况下，这是一个了不起的成就。但是，与盟军在法属北非部署的兵力相比，这样的兵力规模非常小。如果"火炬"计划安排更大比例的盟国远征军向突尼斯推进，或者盟军司令部以更快的速度推进，那么法军抵抗盟军进攻的可能性就很小。

德国入侵法国南部，让在非洲的法军指挥官们大感震惊，这比其他任何事情都更有助于改善盟军在非洲的局势。11日早上，在消息传来之前，阿尔及尔又发生了一场摇摆。克拉克去见达尔朗，并敦促他采取两项紧急措施——一是命令土伦的法国舰队驶往北非港口，二是命令突尼斯总督埃斯特瓦海军上将抵抗德国人的入侵。达尔朗起初含糊其词，辩称他的命令可能不会被服从，因为广播已宣布他被解除法军的指挥权——在被进一步逼迫后，他拒绝遵从克拉克的要求。克拉克大步走出屋子，砰的一声关上门来发泄他的情绪。但是到了下午，克拉克接到一个电话，要求他再次去见达尔朗。鉴于法国局势的发展，达尔朗现在同意遵从克拉克的意愿——尽管他给土伦舰队司令的电报中所用措辞是紧急建议，而不是命令。另一个有利的转折是，维希政府提名的达尔朗继任者诺盖斯将军同意第二天来阿尔及尔参加会议。

但是，12日凌晨，克拉克听说达尔朗在突尼斯的抵抗命令被撤销，再次大吃一惊。他把达尔朗和朱安叫到他的酒店，很快就发现这是朱安在搞鬼。朱安认为这不是撤销，只是暂停先前的命令，等诺盖斯来了再说。诺盖斯现在是他的合法上级。这种对合法性的拘泥，虽然是法国军事法规的特点，但在克拉克看来，只是法律上的诡辩。尽管二人屈服于克拉克的坚持，即必须立即重新发布对突尼斯的命令，而不必等待诺盖斯的到来，但他们不愿接受吉罗参加会议，这使克拉克再度产生怀疑。克拉克对他们的拖延感到非常恼火，他提出要逮捕所有法军领导人，并将他们关在港口的一艘船上，除非他们在24小时内做出令人满意的决定。

与此同时，达尔朗在非洲地区其他法国领导人当中的地位已获得加强，因为他收到了贝当的第二封秘密电报，贝当重申了他对达尔朗的信任，并强调他本人与罗斯福总统意见一致，但是由于德国人的存在，他不能公开表达自己的想法。这帮助了达尔朗，他比他的许多同胞更识时务，他争取到诺盖斯和其他人同意与盟军达成工作协议，包括承认吉罗。克拉克再次威胁要把很多人关起来，这加速了他们在13日另一次会议上的讨论。当天下午，协议敲定，刚从直布罗陀飞过来的艾森豪威尔迅速批准了。根据协议，达尔朗将担任高级专员兼海军总司令；吉罗将担任陆军和空军总司令；朱安将担任东区司令；诺盖斯将担任西区司令，并兼任法属摩洛哥总督。与盟军在解放突尼斯方面的积极合作将立即开始。

艾森豪威尔之所以如此欣然地支持这项协议，是因为他和克拉克一样意识到，只有达尔朗才能让法军站到盟军一边，也因为他记得丘吉尔在离开伦敦前对他说的话："如果我能见到达尔朗，尽管我很讨厌他，但只要能让他把他的舰队带入盟军的队伍，我愿意手脚并用地爬上一英里。"罗斯福和丘吉尔也迅速认可了艾森豪威尔的决定。

但是，达尔朗长期以来一直被媒体描述为邪恶的亲纳粹人物，这样一项"与达尔朗的交易"在英国和美国引起了强烈的抗议，这场抗议比丘吉尔或罗斯福所预见的还要严重。在英国，抗议的规模更大，因为戴高乐当时在那里，他的支持者竭力煽动民众的怒火。罗斯福试图通过一份公开声明来平息风波，他在声明中引用了丘吉尔给他的私人电报中的一句话，称与达尔朗的安排"只是权宜之计，完全是由于战斗的压力"。此外，在一次不做记录的新闻发布会上，他引用了东正教的一句古老谚语："我的孩子们，在危急时刻，你们被允许与魔鬼同行，直到你们过桥为止。"

罗斯福将这一安排解释为"只是权宜之计"，自然让达尔朗感到震惊，他觉得自己被骗了。在给马克·克拉克的一封抗议信中，达尔朗愤怒地指出，无论是公开声明还是私下言论，似乎都表明他被视为"一个美国人榨干后就会扔掉的柠檬"。罗斯福的声明遭到了支持达尔朗与盟军达成协议的法国指挥官们更强烈的反感。艾森豪威尔非常不安，给华盛顿发电报强调"法国人目前的情绪与以前的估计完全不同，最重要的是不要采取任何会破坏我们已经建立的平衡的鲁莽行动"。史末资将军在从伦敦返回南非途中飞往阿尔及尔，他给丘吉尔发电报说："关于达尔朗，发表的声明让当地法国领导人不安，如果再继续这样做，将非常危险。诺盖斯威胁要辞职，由于他控制着摩洛哥的人口，此举可能产生深远的影响。"

与此同时，达尔朗与克拉克就合作行动达成了一项明确而详细的协议。达尔朗还说服西非的法国领导人效仿他，将达喀尔的重要港口和空军基地提供给盟军。但在圣诞节前夕，他被一名狂热的年轻人博尼耶·德·拉·沙佩勒①暗杀，此人属于保皇党和戴高乐派，这个派别一直在敦促达尔朗下台。这个被加速的"移除"有助于解决盟军尴尬的政治问题，为戴高乐的到来扫清了道路，而盟军已经从"与达尔朗的交易"中获益。丘吉尔在回忆录中评论道："谋杀达尔朗，尽管是犯罪行为，却使盟军摆脱了与他合作的尴尬，同时让盟军在登陆的关键时刻获得了他所能给予的一切便利。"在吉罗的命令下，刺杀者立即接受军事法庭审判，并迅速被处决。第二天，一众法国领导人同意推选吉罗接替达尔朗担任高级专员。他"填补了空缺"——但时间很短。

如果盟军没有成功获得达尔朗的帮助，他们的问题将比实际遇到的更加棘手。因为在北非有近12万名法国官兵——摩洛哥约5.5万人，阿尔及利亚5万人，突尼斯1.5万人。虽然分布广泛，但如果他们继续抵抗盟军，可能会造成很大障碍。

达尔朗的帮助和他的权威唯一未能取得预期效果的重要方面，是没能将法国主力舰队从土伦调往北非。舰队司令德·拉博德海军上将犹豫不决，没有贝当的指示他就不回应达尔朗的召唤，而达尔朗派去说服他的特使被德国人逮住了。德国人精明地在海军基地外围停下，让基地继续成为法军部队驻扎的未被占领地区，这让拉博德的犹豫持续了很长时间，他的焦虑也得到了缓解。与此同时，德国人准备了一个政变计划，以完整地夺取舰队，他们在11月27日用水雷封锁港口出口后发动了政变。尽管延误导致法军失去了突围的机会，法国人还是设法迅速实施了他们预先制订的凿沉舰队的计划，挫败了德国人夺取舰队的企图，从而兑现了达尔朗在11月10日与克拉克在阿尔及尔举行的首次会议中做出的保证："无论如

---

① 博尼耶·德·拉·沙佩勒（1922—1942），法国抵抗运动战士。1922年11月4日出生于法属阿尔及利亚阿尔及尔。1942年12月24日，在阿尔及尔夏宫使用手枪刺杀了弗朗索瓦·达尔朗。1942年12月26日，被移交阿尔及尔军事法庭判处死刑并执行。此次刺杀事件极大地改变了北非的政治局势。1945年12月21日，阿尔及尔上诉法院作出裁决，判定沙佩勒刺杀达尔朗是"为了法国的解放"，从而为沙佩勒平反。——译者注

何,我们的舰队都不会落入德国人手中。"盟军对舰队未能抵达北非感到失望,但值得欣慰的是,随着舰队沉没,德国人利用它们对付盟军的危险已经消除了。

在这个关键时期,尤其是最初几天,另一件让他们感到宽慰的事情是,西班牙人没有进行任何干预,希特勒也没有试图通过西班牙对地中海的西部门户进行反击。西班牙军队本可以从阿尔赫西拉斯发射炮弹,使直布罗陀的港口和机场无法使用[1],还可以切断巴顿部队与阿尔及利亚盟军之间的联系,因为从卡萨布兰卡到奥兰的铁路靠近西班牙摩洛哥边境——最近处只有20英里。在制订"火炬行动"计划时,英国人曾表示,如果佛朗哥进行干预,将无法保住直布罗陀的使用权,而艾森豪威尔的参谋人员则认为,占领西属摩洛哥需要五个师的兵力,而且这项任务需要三个半月才能完成。幸运的是,佛朗哥作为轴心国的"非交战"盟友,乐意保持沉默——更让他满意的是,美国人既购买西班牙产品,又允许他从加勒比地区获取石油。轴心国档案显示,希特勒此前领教过佛朗哥巧妙地婉拒其借道西班牙进攻直布罗陀这一要求的花招,他并没有真正考虑在1942年11月尝试这样的反击。这一想法直到次年4月才被墨索里尼重新提出——当时轴心国军队在突尼斯面临重重压力,人们担心盟军会提前入侵意大利。即便如此,希特勒也拒绝了墨索里尼的请求,因为他担心借道西班牙的行动会遭到他的"非交战"盟友激烈而顽强的抵抗,也因为他仍然相信轴心国军队能够控制突尼斯。11月底,派往突尼斯的少量轴心国部队成功阻止了盟军的前进,这进一步增强了希特勒的信心。

---

[1] 这并不是什么新结论。1936年西班牙内战爆发后,我曾在无数文章、演讲和私下讨论中强调过这一点,当时我讨论了如果西班牙被法西斯政权统治,并且决定与轴心国积极合作,可能产生的危险。

第22章　争夺突尼斯

对突尼斯和比塞大的进攻始于一次海上行动，但这次行动的路程很短——目标是布日伊港，在阿尔及尔以东约100英里，距离比塞大只有阿尔及尔至比塞大路程的四分之一。这是对原计划的缩减，原计划假设法军全面迅速地合作，连续几天（11月11日、12日和13日）使用伞兵和海上突击队夺取波尼、比塞大和突尼斯的机场，同时在阿尔及尔登陆的海运后备部队将驶向并夺取布日伊港和前进基地40英里外的吉杰勒机场。但是，在阿尔及尔登陆后，由于形势不确定，该计划被认为过于冒险，因此更远距离的行动就被取消了。于是，决定在9日占领布日伊港和机场，然后派遣一支部队前往突尼斯边境附近苏格艾赫拉斯的铁路终点站，同时派第二支海上和空降部队占领波尼。

10日傍晚，两支受到良好保护的护航队从阿尔及尔启航，载着英国第78步兵师（师长维维安·伊夫利少将）的先头旅（第36旅）和远征所需的物资。第二天一早，护航队抵达布日伊，但由于担心遭到港内守军抵抗，他们不顾汹涌的大浪在附近的海滩登陆，耽误了时间——尽管事实证明守军态度很友好。由于海浪汹涌，原定在吉杰勒附近的登陆计划未能实施，也没有及时占领机场以提供有效的战斗机保护，因此几艘船在空袭中被摧毁。然而，12日清晨，一支突击队潜入波尼港，一支伞兵小队空降机场（两天之后才占领该机场），都受到了当地法国人的热烈欢迎。

到13日，在布日伊的旅向前推进，而该师的其他部队则从阿尔及尔沿陆路推进，紧随其后的是刚刚登陆的装甲纵队"刀锋部队"，它由第

17/21枪骑兵团和配属部队组成,由理查德·赫尔上校指挥——它是英国第6装甲师的先头部队。[①] 为了铺平道路,计划在15日将一个英国伞兵营空投到突尼斯境内距突尼斯城80英里的苏格阿尔巴,并将一个美国伞兵营空投到泰贝萨附近以掩护南翼,并确保那里的前方机场安全。美军的空投按计划进行——两天后,该营在埃德森·拉夫上校的率领下,向东南方向前进了80英里,以夺取加夫萨机场,该机场距离加贝斯湾和的黎波里的瓶颈通道仅有70英里。由于天气原因,英国的空投推迟了一天,而先头地面部队来得很快,16日也到达了苏格阿尔巴。当时,另一支沿着海岸公路前进的纵队也到达了位于通往比塞的道路上的突尼斯小港口泰拜尔盖。

第二天,即17日,安德森将军命令第78步兵师在完成前线集结后"向突尼斯进军以摧毁轴心国部队"。暂停下来集结兵力看起来是可取的,但考虑到当时抵达的轴心国部队人数很少,这种做法还是很不明智——突尼斯的伞兵团兵力不足,只有两个营,11日从意大利空运而来;比塞大有两个营(一个是伞兵工兵营,另一个是步兵营)。16日,前非洲军团司令内林装甲兵上将抵达,他在阿拉姆哈勒法战役中受了重伤,刚刚康复。他带着一名参谋军官来指挥这支核心部队,该部队被称为"第90军",有约3000名士兵。即使在月底,这支部队也只有一个师的兵力。

德军没有等待集中兵力,就迅速向西推进,这种大胆之举掩饰了他们的薄弱兵力。突尼斯的法军虽然人数多得多,但他们还是在盟军增援部队到来之前撤退,以避免过早发生冲突。17日,一支由克诺赫上尉率领的德国伞兵营(约300人)沿突尼斯—阿尔及尔公路推进,驻扎在那里的法军撤退到迈贾兹巴卜(突尼斯以西35英里)的公路中心,那里有一座横

[①] 在第17/21枪骑兵团和该师的其他装甲团中,每个中队有两个小队配备了新型、快速的"十字军III型"坦克,该坦克装备了强大的6磅炮,而其他两个小队配备了装备2磅炮的"瓦伦丁"坦克,尽管速度较慢,但更加可靠,装甲也更好。

跨迈杰尔达河的重要桥梁。18日晚，法军得到了"刀锋部队"部分力量（包括一个英国伞兵营和一个美国野战炮兵营）的增援。（第17/21枪骑兵团及其坦克还没有到达；领头中队于18日到达苏格阿尔巴，但未向前推进。）

凌晨4时，突尼斯法军司令乔治·巴雷将军被叫到那里会见德国特使，特使递交了内林的最后通牒，要求法军部队撤退到突尼斯边境附近的一条线上。巴雷试图进行谈判，但德国人意识到这只是为了拖延时间，清晨的侦察发现了盟军部队的存在。因此，他们在上午9时中断了谈判，并在一刻钟后开火。一个半小时后，德国俯冲轰炸机出现在现场，为虚张声势助威。在轰炸袭击严重震撼了守军之后，伞兵进行了两次小规模的地面攻击，这种来势汹汹的气焰使人们对德军的实力产生了超出实际的印象。法军指挥官认为，除非有更多增援部队，否则他们无法坚持下去——而安德森将军的指示限制了这种援助，为了按计划向突尼斯进军，他首先要完成盟军的集结。

天黑后，克诺赫上尉派出小队游过河，这些小队演出了一场攻势越来越猛的好戏。盟军从桥上撤退，没炸毁它。午夜前，当地的英军指挥官把法军指挥官叫到他的指挥所，坚持要求法军立即撤退到八英里外高地上更安全的位置。法军照做了，德军占领迈贾兹巴卜。这是一个惊人的虚张声势的战例，一支不到驻扎部队十分之一的小分队靠大胆取得胜利。

再往北，维齐希少校的伞兵工兵营带着一些坦克从比塞大出发，沿着海岸公路向西推进，在杰贝勒艾卜耶德与第36步兵旅的领头营，即第6皇家西肯特营相遇。尽管德军击溃了该营的一部分，但他们坚持到该旅的其余部分赶来救援。

与此同时，派往南方的规模较小的德军部队已经占领了通往的黎波里的关键城镇——苏塞、斯法克斯和加贝斯。大约50名伞兵从天而降，吓住了法国驻军，使他们撤离加贝斯。20日，德军得到了来自的黎波里出发的两个意大利营的增援，这两个营及时赶到，挫败了拉夫上校的美军伞兵对加贝斯的行动。22 日，一小支德国装甲纵队将法军赶出了斯贝特拉的中央路口，并在那里安置了一个意大利支队，然后返回突尼斯——但这个意大利支队很快就被拉夫营的另一个支队赶走了。

尽管如此，内林的精干部队不仅保住了他们在突尼斯和比塞大的桥头堡，而且还将它们大大扩展，包括了突尼斯北部的大部分地区。

安德森计划的旨在占领突尼斯的进攻直到 25 日才开始。在此期间，德军的薄弱兵力增加了三倍，尽管其近战部队只有两个小型伞兵团（每个团有两个营）、一个伞兵工兵营、三个步兵新兵营和一个装甲营（第 190 装甲营）的两个连，共有 30 辆坦克（其中包括一批配备长管 75 毫米炮的新型"四号坦克"，这是一项重要资产）。因此，当安德森在突尼斯边境附近长时间停留完成集结时，轴心国部队和盟军部队之间的巨大差距已经缩小。

21 日，安德森本人也对自己的兵力是否足以实现这一目标表示怀疑。因此，按照艾森豪威尔的命令，他匆忙增派了更多美军部队，特别是美国第 1 装甲师 B 战斗司令群，他们从 700 英里外的奥兰一路赶来——轮式和半履带车辆沿公路行驶，坦克则通过铁路运输。[①] 然而，其中只有一部分在行动开始前及时抵达。

这是一次兵分三路的进攻，第 36 步兵旅在靠近海岸的左路，规模大得多的"刀锋部队"在中路，沿主干道前进的第 11 步兵旅在右路——每路部队都得到了美军装甲部队和炮兵部队的增援。

左路部队在多山的沿海公路上晚了一天出发，前两天每天只前进了六英里，而且行动很谨慎——维齐希的小型伞兵工兵营在他们面前退却了。

---

① 战争期间，美国装甲师包括两个装甲团，每个团由一个轻型装甲营和四个中型装甲营组成；还有一个装甲步兵团，由三个装甲步兵营组成；以及三个装甲野战炮兵营。它拥有 390 辆坦克——158 辆轻型坦克和 232 辆中型坦克。在作战方面，它被分为 A、B 两个战斗司令部，后来又增加了第三个。

随后在28日,他们又向前推进了12英里,但遭到了维齐希的伏击,领头的营遭到重创。30日,一次更大规模的进攻因防御力量加强而失败,随后进攻被放弃。这次失败又导致英美混合突击队的两栖行动失败。该突击队于次日清晨在杰夫纳以北的海岸登陆,并封锁了马特尔以东的道路。但由于没有援军到来的迹象,并且补给即将耗尽,该突击队在三天后被迫撤退。

中路部队由"刀锋部队"组成,由于美国轻型坦克营(第1装甲团第1营,配备"斯图亚特"坦克)的加入,该部队的兵力进一步增强,目前拥有超过100辆坦克。25日,该部队突破了轴心国一支小分队把守的前哨防线,向丘依吉山口挺进了30英里。然而,第二天早晨,一支德国分队阻击了他们,这是一支由十辆坦克组成的装甲连,后面跟着两个步兵连,他们从马特尔向南进攻。其中八辆坦克被击毁,大部分是美军的37毫米反坦克炮打的,但他们在制造这次侧翼威胁时所作出的牺牲促使英军高级司令部命令"刀锋部队"停止推进,并分散这支部队掩护右路部队的侧翼。

双方都在"战争迷雾"中摸索,但在关键时刻,这种谨慎与德国人的大胆对比,显得很不明智——尤其是在前一天下午,"刀锋部队"的一小支分遣队偶然吓坏了德军高级司令部。赫尔命令指挥美国轻型坦克营的约翰·沃特斯中校侦察特布尔巴和杰代伊达附近迈杰尔达河上的桥梁。鲁道夫·巴洛少校指挥的C连被派去执行这项任务,却意外地到达了新投入使用的杰代伊达机场边缘。巴洛看到并抓住机会,率领17辆坦克横扫机场,摧毁了大约20架飞机——报告中夸大说有40架。这次纵深突袭在内林收到的报告中也被夸大了,这让他大吃一惊,于是他撤回部队,近距离防守突尼斯。

在主干道上，盟军右翼部队在进攻迈贾兹巴卜时遭遇阻击[1]，敌军的一次小规模反击导致部队无组织地撤退。但 25 日夜幕降临后，被杰代伊达的突袭吓坏的内林命令守军撤退，担心他们可能会被新的进攻击溃。随后，盟军纵队于 27 日凌晨占领了 20 英里外的特布尔巴。但第二天短暂前进后，在距离突尼斯 12 英里的杰代伊达，一个混合营突然阻截了他们。29 日的再次进攻也被击退。伊夫利将军建议暂停进攻，等增援部队赶到，另外他们还需要更有效的战斗机保护，以抵御德军俯冲轰炸机，这些轰炸机不断骚扰盟军，使他们神经紧张。

安德森和艾森豪威尔接受了这一建议。艾森豪威尔在那两天视察了前线地区，美军军官们"不断抱怨：'我们那支该死的航空队在哪里？为什么我们看到的只有德国佬的飞机？'"他在回忆录中写道，关于损失，"沿途路边的每一次谈话都惊人地夸大其词"，但听到像"我们的部队肯定会撤退，人类无法在这种条件下生存"这一类话时，还是让人心生不祥。[2]

与此同时，凯塞林空军元帅也访问了突尼斯，他指责内林过于谨慎和保守。他不理会所谓盟军力量强大得多的辩解，也不理会盟军轰炸机场严重阻碍轴心国增援部队进入的事实。凯塞林批评了从迈贾兹巴卜撤退的决定，命令他收复失地，至少要到特布尔巴。因此，12 月 1 日，三个装甲连[3]发动了反攻，他们拥有大约 40 辆坦克和一些支援部队，包括一个由三门火炮组成的野战炮兵连和两个反坦克炮连。反攻的目标不是攻击杰代伊达的盟军部队，而是从北面向侧翼的丘依吉山口发动突击，意图绕到特布尔巴附近的后方。德军分成两个纵队，首先袭击了正在承担侧翼防御任务

---

[1] 迈贾兹巴卜由德国伞兵营、意大利反坦克连和两门 88 毫米火炮守卫，有 17 辆坦克的第 190 装甲营的一个连提供支援。

[2] 艾森豪威尔：《远征欧陆》，第 120 页。

[3] 第 10 装甲师的主力部队刚刚抵达突尼斯，包括新装甲营的两个连——配备有 32 辆"三号坦克"和两辆新型"四号坦克"。这两个连与之前抵达的装甲营的一个连一起立即用于反击。

但太过分散的"刀锋部队",该部队一部分被击溃和歼灭。然后,下午时分,德军向特布尔巴推进,但在到达目标并跨过主干道之前,他们被炮击和轰炸阻止。

但是,他们持续施压对这条交通动脉造成了近在眉睫的威胁,因此盟军在杰代伊达的先锋部队被撤回到更靠近特布尔巴的位置。3日,压力增加到令人窒息的程度,内林把所有其他可调动的德国支队投入战斗,只留下极少数人在突尼斯城守卫。那天晚上,盟军的先锋部队被挤出特布尔巴,他们利用沿河岸的一条土路勉强逃脱,大量装备和交通工具被遗弃。德军在反击中俘虏了1000多名战俘,缴获了50多辆坦克。

值得一提的是,最近出现的德国增援部队包括五辆56吨重的新型"虎"式坦克,装备了一门88毫米长炮。这些庞然大物是"秘密武器",但希特勒决定将其中几辆派往突尼斯进行实战测试,其中两辆被编入杰代伊达战斗群,参与了这场争夺特布尔巴的战斗。

在接下来的几天里,盟军指挥官们计划增强兵力,尽早恢复进攻。但是,由于内林提早展开行动以扩大战果,这一计划的前景很快黯淡下来。内林现在计划用他的小型装甲部队从迈杰尔达河以南进行大范围侧翼进攻,重新夺回迈贾兹巴卜。美国第1装甲师的B战斗司令群刚刚部署在这里,目的一是恢复进攻,二是将它与英军部队分开,以便它能够作为一支完整的部队战斗。一支先遣部队驻扎在杰贝尔盖萨,这是特布尔巴西南的一块可以俯瞰更南边平原的高地。作为他们侧翼行动的预备措施,德国人在12月6日早些时候袭击了这个观察点,并击溃了它的守军,守军在匆忙撤退时变得混乱不堪。增援部队已被派出,但行动缓慢,当他们到达现场时遭德军击退,损失惨重。

德军的这次新打击和威胁,导致新到任的英国第5军军长奥尔弗里[①]

[①] 查尔斯·奥尔弗里(1895—1964),1942年3月至1944年8月任英国第5军军长,1944年11月至1948年1月任驻埃及英军司令。——译者注

中将下令将河以北的部队，从特布尔巴附近的阵地撤退到更靠近迈贾兹巴卜的290高地（英国人将其命名为"长停山"）附近的阵地。此外，他还建议进一步后撤到迈贾兹巴卜以西一线。这项建议得到了安德森的支持，但被艾森豪威尔拒绝了。然而，英军还是撤离了"长停山"。

7日，艾森豪威尔在给朋友汉迪将军的信中写道："我认为，描述我们迄今为止所有行动的最佳说法是，它们违背了所有公认的战争原则，与教科书上规定的所有作战和后勤方法相抵触，整体上将在未来25年内受到莱文沃思（美国陆军指挥与参谋学院）和战争学院所有课程的谴责。"

12月10日，德军恢复了侧翼进攻，出动了大约30辆中型坦克和2辆"虎"式坦克。德国人在距离迈贾兹巴卜2英里处被一个部署良好的法国炮兵团阻拦，当他们试图离开公路进行侧翼包抄时，暂时陷入困境，随后，由于美国B战斗司令群的一个支队威胁到他们的后方，他们被迫撤退。但是，他们取得了间接的意想不到的胜利，B战斗司令群在天黑后开始从暴露的位置撤退，他们疑心重重，听到关于德军威胁的谣言后改变路线，沿着河边的泥泞小路前进，许多坦克和其他车辆陷在那里，被遗弃了。这场灾难使盟军暂时陷入瘫痪，同时也断送了他们早日推进至突尼斯的希望。目前，B战斗司令群只剩下44辆坦克可以投入战斗——仅为其编制力量的四分之一。德军的这两次反击非常有效地破坏了盟军的计划和前景。

与此同时，希特勒派遣于尔根·冯·阿尼姆上将接管轴心国部队的最高指挥权，该部队更名为第5装甲集团军。阿尼姆于9日接替内林，随着更多增援部队的到来，他着手将覆盖突尼斯和比塞大的两个防区扩大为一个总桥头堡，它由100英里长的防御哨所链组成，从比塞大以西约20英里的海岸延伸到东海岸的昂菲达维尔。该桥头堡被分成三个区，北区由临时组建的布罗伊希师（得名于师长）把守，中区（从丘依吉以西到法赫斯桥机场以外）由断断续续抵达的德国第10装甲师把守，南区由意大利的苏佩加师把守。12月中旬，盟军情报部门估计，轴心国部队约有2.5万名战斗人员和1万名行政人员，以及80辆坦克——这个估计未免过高。盟军的有效战斗部队接近4万人——约2万名英国人、1.2万名美国人和7000名法国人——他们的总兵力要大得多，行政组织更加庞大。

由于天气恶劣，集结工作延误了，安德森不得不推迟新的攻势。但是，16日，他决定在24日发动进攻，以便利用满月进行步兵夜间攻击。这次攻击将由英国第78步兵师、第6装甲师以及美国第1步兵师的一部分共同执行。

为了获得部署空间，初步攻击以夺回"长停山"以及更北边的靠近特布尔巴的466高地为目标。双方因恶劣天气而陷入混乱，并发展成旷日持久的拉锯战，因此主要攻击不得不推迟。到25日，德国人已经完全收复了原来的阵地——很自然地，他们现在把"长停山"命名为"圣诞山"。

早在圣诞节前夕，因为这些挫折和倾盆大雨将战场变成了泥沼，艾森豪威尔和安德森不情愿地决定放弃进攻。盟军输掉了争夺突尼斯的先机。

然而，具有讽刺意味的是，这次失败竟变相成了可能发生的最大好事之一。如果没有这样的失败，希特勒和墨索里尼就不会有时间或精力向突尼斯增派大批援军，并将这座桥头堡的防御力量扩充到超过25万人——他们必须背靠敌人主宰的大海作战，一旦失败就会被困住。当轴心国部队最终在5月被击溃时，欧洲南部几乎完全空虚，因此盟军在7月对西西里岛的后续入侵轻而易举。没有盟军在12月的失败，就没有次年5月的大胜，盟军重返欧洲很可能会被击退。丘吉尔喜欢将南欧称为"柔软的下腹"。这里多山，对于进攻部队来说其实是块硬骨头，只有在缺乏防守部队的情况下才会变得"柔软"。